科学出版社“十四五”普通高等教育本科规划教材

# 生命科学导论

**主　编**　宋晓峰　黄凤玲

**副主编**　杨　红　陈　忱　牟会荣

**编　者**（按姓氏拼音排序）

陈　忱（扬州大学）

高克强（南京医科大学）

黄凤玲（南京航空航天大学）

刘晶晶（南京航空航天大学）

牟会荣（江苏科技大学）

宋晓峰（南京航空航天大学）

杨　红（电子科技大学）

杨雅敏（南京航空航天大学）

科学出版社

北　京

## 内 容 简 介

本书编写的主要目的是帮助读者解密我们周围的生物现象，弄清与生活健康相关及生命科学时事热点问题背后的生物基本知识，领悟现代生命科学发展对人类自身发展的影响。

本书首先从生命科学的重要性及生命的物质基础讲起，介绍了生物作为一个整体，在分子、细胞的功能和结构，有机体的发育、遗传、新陈代谢等方面存在普遍适用的规律，以及当前生命科学研究的热点及先进技术，如组织器官3D打印、基因编辑、肿瘤的诊断与治疗、生物仿生等。同时介绍一些同日常生活密切相关的生物学和医学知识，如味觉的形成、肌肉收缩、遗传病、病毒病等，引导读者积极健康地学习、生活。书中穿插很多科学家的感人事迹，旨在培养读者积极乐观的心态、克服困难的品质、良好的科学精神和职业素养等。

本书可作为高等学校通识课程、现代生物学课程教材或参考书，也适用于对生命科学领域感兴趣的读者学习参考。

**图书在版编目（CIP）数据**

生命科学导论 / 宋晓峰，黄凤玲主编．—北京：科学出版社，2024.3
科学出版社“十四五”普通高等教育本科规划教材
ISBN 978-7-03-077688-4

Ⅰ．①生… Ⅱ．①宋… ②黄… Ⅲ．①生命科学－高等学校－教材 Ⅳ．①Q1-0

中国国家版本馆CIP数据核字（2024）第006139号

责任编辑：林梦阳 马程迪 / 责任校对：严 娜
责任印制：赵 博 / 封面设计：无极书装

科学出版社出版
北京东黄城根北街16号
邮政编码：100717
http://www.sciencep.com
北京富资园科技发展有限公司印刷
科学出版社发行 各地新华书店经销

*

2024年3月第 一 版 开本：787×1092 1/16
2025年6月第三次印刷 印张：15
字数：360 000

**定价：59.80元**

（如有印装质量问题，我社负责调换）

# 前　言

编者从2007年就开始在南京航空航天大学讲授“生命科学导论”这一课程，经过十多年的教学实践，以及与学生的日常交流，发现学生对与生活健康相关，以及热门的知识、技术非常感兴趣。编者每年按照学生的反馈精选教学内容，积极参加学校教改，并已在大学生慕课网站开课，课程上线以来深受广大师生好评。

本书主要讲解了基础及前沿的生命科学知识，编写力求简洁扼要。编写过程中借鉴国内外一些高校采用的“以问题为基础进行学习”（PBL）的方式，围绕问题先编写所需要的生命科学基础知识，最后集中对问题进行解答，从而引起读者的兴趣，在保证先进性的前提下增加可读性。同时，在书中以窗口的形式穿插优秀科研工作者的事迹，培养学生的爱国主义情怀教育。

同时，本书增加了配套的立体化资源，包括课件和教学视频，融入“互联网+”思维，配套资源以二维码形式展现，力求线上线下相互呼应融通，让学生学习起来更轻松，提高学习效果。

本书的编写和出版离不开许多人的关心与帮助。感谢电子科技大学生物技术学院杨红教授、扬州大学农学院的陈忱教授及江苏科技大学生物技术学院牟会荣副教授等编写了本书相关内容，并对本书出版提出了宝贵意见。在此，感谢所有为本书的出版提供帮助的人！

由于编者水平有限，书中难免有不妥之处，敬请读者批评、指正。

编　者

2023年11月

● **索取教学课件**

凡使用本书作为教材的主讲教师，可获赠教学课件一份。关注微信公众号“科学EDU”→“教学服务”→“课件申请”索取教学课件。

● **电脑端查看配套资源**

注册、登录“中科云教育”平台（www.coursegate.cn），搜索“生命科学导论”并报名学习，可查看课程视频。

● **手机端查看配套资源**

扫描课程码，报名学习，注册后登录，再次扫描本课程码，进入课程，可查看课程视频。

科学EDU

生命科学导论
课程码

全书微课

- 21世纪是生命科学的世纪（上）
- 21世纪是生命科学的世纪（下）
- 生命科学向我们每个人走来（上）
- 生命科学向我们每个人走来（下）
- 构成生物体的元素与水及无机盐
- 糖类
- 脂类
- 蛋白质
- 核酸
- 营养与健康
- 信息传递的基础——细胞连接
- 细胞与细胞结构
- 细胞骨架
- 细胞分化
- 细胞癌变
- 细胞衰老
- 细胞凋亡
- 生物医学3D打印技术
- 细胞信号转导（上）
- 细胞信号转导（中）
- 细胞信号转导（下）
- 味觉的产生和肌肉收缩
- 生物信号NO的作用机制
- 神经系统与信号传递
- 激素系统与信号传递
- 基因的概念与结构
- 染色体与基因组
- 遗传的分子基础
- 聚合酶链式反应与基因测序
- 发育的突变体
- 基因组编辑技术（上）
- 基因组编辑技术（下）
- 遗传病的特征与分类
- 遗传病的诊断与治疗
- 精子与卵细胞的发生
- 受精与胚胎发育
- 试管婴儿
- 微生物学基础
- 细菌
- 肠道菌群与健康
- 病毒
- 朊病毒与新冠病毒
- 纳米科学简介
- 纳米技术在生物医学中的应用
- 大自然中的纳米现象
- 蚊子叮咬及仿生应用
- 生物与环境的关系
- 生物与环境关系的原理
- 生态系统的一般特征
- 生态系统的能量流动
- 生态系统的物质循环
- 生态系统的稳定和调控
- 生态平衡及其维护

# 目　录

前言
第1章　绪论……1
1.1　21世纪是生命科学的世纪……1
1.2　生命科学的发展及其研究方法……2
1.3　为什么要学习生命科学……3
1.4　生命科学发展现状及研究前沿……5
课程思政　“杂交水稻之父”袁隆平院士与杂交稻……6
第2章　生命的化学基础……7
2.1　水……7
2.2　无机离子……7
2.3　糖类……8
2.4　脂类……11
2.5　蛋白质……15
2.6　核酸……19
2.7　营养与健康……23
第3章　生命活动的基本单位——细胞……28
3.1　细胞外基质与细胞间连接……28
3.2　细胞器……30
3.3　细胞骨架……38
3.4　细胞周期……43
3.5　细胞分化……49
3.6　细胞癌变……52
3.7　细胞衰老……61
3.8　细胞死亡……64
3.9　生物医学领域的三维打印技术……66
课程思政　机械工程专家赵淳生院士的抗癌故事……69
第4章　生物体内的信息传递……71
4.1　化学信息物质……71
4.2　受体……72
4.3　信息传递的途径……74
4.4　信号传递的具体例子……77
4.5　神经系统在信息传递中的作用……81
4.6　激素系统和细胞信息传递……83

**第5章　基因的秘密** ······ 85
5.1　基因的概念与结构 ······ 85
5.2　染色体与基因组 ······ 88
5.3　遗传的分子基础 ······ 95
5.4　聚合酶链反应与基因测序 ······ 103
5.5　基因突变 ······ 109
**第6章　人类遗传与优生** ······ 118
6.1　遗传病的特征与分类 ······ 118
6.2　遗传病的诊断与治疗 ······ 127
6.3　优生学 ······ 130
**第7章　生物的发育与演化** ······ 133
7.1　生物的发育 ······ 133
7.2　生物演化 ······ 144
**第8章　微生物** ······ 153
8.1　微生物特性 ······ 153
8.2　原核生物 ······ 154
8.3　真核微生物——真菌 ······ 162
8.4　非细胞型生物——病毒 ······ 163
**第9章　植物** ······ 172
9.1　植物的类群及基本特征 ······ 172
9.2　植物的结构与生殖 ······ 177
课程思政　正在消失的毛乌素沙漠 ······ 185
**第10章　纳米医学与自然界的纳米现象** ······ 187
10.1　纳米与纳米技术 ······ 187
10.2　纳米医学 ······ 190
10.3　自然界的纳米现象——纳米仿生学 ······ 198
课程思政　江雷院士与荷叶 ······ 207
**第11章　生物与环境** ······ 208
11.1　生物与环境的关系 ······ 208
11.2　种群增长与生物多样性 ······ 211
11.3　生态系统 ······ 219
11.4　人与自然和谐发展 ······ 225
课程思政　“双碳”目标与废旧物资循环利用 ······ 232
**主要参考文献** ······ 233

# 第1章 绪 论

生命科学是研究生命现象，生命活动本质、特征和生命发生、发展规律，以及各种生物之间和生命与环境之间相互关系的科学。为什么那么多人对生命科学感兴趣？其中一个主要原因是我们的日常生活同生命科学息息相关，生命科学还存在大量未解之谜等待着人们去解开。

## 1.1 21世纪是生命科学的世纪

微课
21世纪是生命科学的世纪（上）

20世纪后半叶分子生物学的突破性成就，使生命科学在自然科学中的位置发生了革命性的变化，并聚集起更大的力量，酝酿着更大的突破走向了21世纪。生命科学的发展和进步也向数学、物理学、化学、信息、材料及许多工程科学提出了很多新问题、新思路和新挑战，带动了其他学科的发展和提高。

近300年来（17～20世纪），物理学作为自然科学的引领学科，17世纪后半叶的牛顿经典力学，18世纪中叶的（蒸汽机）工业革命，19世纪中后期的电气革命直到20世纪初量子论、相对论和核物理标志着物理学革命性飞跃。20世纪上半叶被称为“现代物理学黄金半世纪”，物理学主导着工业革命和经济发展，带领着天文、地质、气象、化学等学科发展。

牛顿以来的物理学把宇宙统一为一个整体，同时却把我们的世界一分为二为物理世界及生命世界（生物世界和人类社会）。近代物理学家埃尔温·薛定谔（Erwin Schrödinger，1887～1961）试着跨越物理世界-生命世界之间难以逾越的鸿沟，写出了启发多个科学家的书籍——《生命是什么》，试着从物理学的角度解释：“自然万物都趋向从有序到无序，即熵值增加。而生命需要通过不断抵消其生活中产生的正熵，使自己维持在一个稳定而低的熵水平上，生命以负熵为生。”比利时物理学家伊利亚·普里高津（Ila Prigogine，1917～2003）提出了“耗散结构”理论，认为生命是一种远离平衡态的“非平衡热力学系统”，一个远离平衡态的开放系统会通过不断与外界交换物质和能量（耗散），维持自身系统的熵不增加。

面对复杂系统的众多问题，科学界把目光转向生命科学，寻求新的概念、新的观点及新的思路。例如，美国应用数学家诺伯特·维纳（Norbert Wiener，1894～1964）对科学发展做出的最大贡献是创立控制论。这是一门以数学为纽带，把研究自动调节、通信工程、计算机和计算技术及生物科学中的神经生理学和病理学等学科共同关心的共性问题联系起来而形成的边缘学科。美籍奥地利理论生物学家路德维希·贝塔朗菲（Ludwig Bertalanffy，1901～1972）的重要贡献之一是建立关于生命组织的机体论，并由此发展成一般系统论；美国数学家克劳德·香农（Claude Shannon，1916～2001）是信息论的奠基人，香农理论重要特征是熵的概念，证明了熵与信息内容的不确定程度有等价关系，并在生命科学中得到广泛应用。

近年来，生物科技领域发展迅猛，基因组测序、基因编辑、合成生物学、点击化学等前沿研究不断取得突破性进展，脑机接口、神经芯片、仿生机器人等交叉融合技术开发不断迈向转化应用，生物技术在农业食品、生物资源与生物安全等领域的应用彰显巨大作用，生物医药、化工、材料、能源等产业的颠覆性创新层出不穷，生物产业集群在国民经济中逐渐发挥越来越重要的作用。当前，生命科学领域的发展已经成为全球关注的焦点，很多国家将生命科学列为重点发展领域之一。

## 1.2 生命科学的发展及其研究方法

微课
21世纪是生命科学的世纪（下）

工业发展带来愈益严重的社会问题，如人口问题、粮食问题、环境问题、健康问题和资源问题等。这众多问题的解决离不开生命科学，生命科学经历了4个发展阶段。

（1）前生物学阶段

这个阶段发生于17世纪以前，劳动人民在生活实践中积累了生物知识并广泛应用于制造生物制品，如种植、养殖、制酱、酿醋等。其中，我国劳动人民的贡献比西方国家早500～1000年。例如，在北魏贾思勰编著的《齐民要术》中，有对酿酒、制醋、制酱及做豉的详细记载；唐末韩鄂编著的《四时纂要》中，也有关于制酪、制醋和造豉等的记载；在北宋寇宗奭撰写的《本草衍义》中，对做豆腐有较具体的叙述。在欧洲由于“生机论”的影响，生命科学的发展一度停滞不前。

（2）描述生物学阶段

从17世纪到19世纪中叶，主要从外部形态特征观察、描述、记载各种类型生物，寻找它们之间的异同和进化脉络。这一阶段典型事件有1665年罗伯特·胡克（Robert Hooke）发现软木中的细胞，1838～1839年德国植物学家马蒂亚斯·施莱登（Matthias Schleiden）和动物学家西奥多·施旺（Theodor Schwann）建立细胞学说，1859年查尔斯·达尔文（Charles Darwin）发表《物种起源》。

在学习和研究过程中，观察是最基本的方法，也是从客观世界中获得第一手原始材料的方法。科学观察的基本要求是客观地反映观察事物，观察的结果必须是可以重复的，只有可重复的结果才是可检验的、可靠的。观察需要科学知识作为基础，如果没有必要的科学知识，就说不上是科学的观察。例如，达尔文于1831年12月随贝格尔号环球考察，历时5年，绕地球一圈，于1836年10月2日回到英国，对动植物和地质结构等进行了大量的观察和采集，还未回国就已在科学界出了名。达尔文环球航行回来后写作的第一本物种演变笔记并未发表，但他开始思考生物的起源问题，并查资料不断地学习，直到1844年才撰写未发表的阐述“进化论”的论文，1858年伦敦林奈学会宣读达尔文和阿尔弗雷德·华莱士（Alfred Wallace）各自关于进化论的论文，达尔文于1859年正式发表《物种起源》。

（3）实验生物学阶段

从19世纪中叶起，生物学研究逐渐由表及里，向理解生命现象的内在规律、探索生命过程的运行机理深入。单纯的形态解剖、观察描述已不能满足需要。科学家开始利用各种仪器工具，通过实验过程，探索生命活动的内在规律，以实验的手段窥探生命的奥秘。这一阶段典型事件有1862年法国路易斯·巴斯德（Louis Pasteur）发明热灭菌法（巴斯德消毒法），1865年奥地利科学家格雷戈尔·孟德尔（Gregor Mendel）发表《植物杂交实验》，1926年美国路易斯·摩尔根（Lewis Morgan）发表《基因论》，1928年英国亚历山大·弗莱明（Alexander Fleming）发现青霉素，1937年英籍德裔生物化学家汉斯·阿道夫·克雷布斯（Hans Adolf Krebs）提出三羧酸循环，1944年奥斯瓦尔德·艾弗里（Oswald Avery）证明DNA是遗传信息的载体等。

观察可以在自然条件下进行，也可以在人工干预、控制研究对象的条件下进行，后者称为实验。可以人工模拟自然环境条件设计实验，开展科学研究。实验不仅意味着某种精确操作，还是一种思考方式。要进行实验，首先要对研究对象表现出来的现象提出某种可能的解释，即提出某种设想或假说，然后设计实验来验证这个设想或假说。如果实验证明这个假说是正确的，那么这个假说就不再是假说，而是定律或学说了。19世纪60年代法国微生物学家路易斯·巴斯德（Louis Pasteur）设计了一个简单而令人信服的鹅颈烧瓶实验，证明了细菌不是自然产生的，生命只能来源于生物，从非生命物质中不可能随时产生出新的个体，即生物只能来源于生命，非生命物质绝对不能随时间自发地产生新生命，推翻了自然发生论。

（4）创造生物学阶段

20世纪中叶以后，分子生物学和基因工程的发展使人们有可能“创造”新的物种，创造生物学发展迅猛。1953年詹姆斯·沃森（James Watson）和弗朗西斯·克里克（Francis Crick）提出DNA双螺旋模型，标志着DNA生物大分子最终被确认为遗传的物质基础，人们可以通过对DNA大分子的操作，实现遗传物质的转移。仅仅20年后，1973年阿瑟·科恩伯格（Arthur Kornberg）体外重组质粒并成功转化大肠杆菌（*Escherichia coli*），把抗四环素质粒（一种可自主复制的DNA分子）转入大肠杆菌中，使受体菌获得对四环素的抗性这一新的遗传性状。1997年英国罗斯林研究所的伊恩·威尔穆特（Ian Wilmut）用羊乳腺细胞克隆出“Dolly”。2006年基因编辑技术成熟。2021年首个人体基因编辑临床试验数据刊登在《新英格兰医学杂志》上，效果突出、副作用小，全球医药界兴奋不已，这标志着人们正在开启一针治愈遗传病的新时代……生命科学的发展势如破竹。

现代生物学的发展史表明，结合生物学研究特点，充分利用现代生物学仪器和手段，在实验上做出创新，是生物学研究中重大成就的关键。

## 1.3　为什么要学习生命科学

**微课**
生命科学向我们每个人走来（上）

新生命的诞生使人们欢欣鼓舞，但人口问题已成为一个日益严重的全球性问题。它不仅加重了环境和资源问题，也带来严重的社会问题。据联合国权威机构公布的最新数据，预计全球人口将由2021年的76亿增加到2025年的80亿和2050的91.5亿，全球人口最终能稳定在105亿或110亿左右。全球人口的高速增长，导致了全球性的生态破坏、环境污染和资源短缺等严重问题。发展中国家问题尤其严重，可能会引起空前的危机。这些问题的解决都离不开生命科学。

（1）粮食短缺

2023年5月3日全球抗击粮食危机网络（Global Network Against Food Crises，GNAFC）正式发布由粮食安全信息网络（Food Security Information Network，FSIN）编写的新版《2023年全球粮食危机报告》，该报告显示2022年在58个国家和地区约2.58亿人面临严重粮食不安全问题，为该系列报告发布7年来的最高水平。

（2）环境污染

人们对工业高度发达的负面影响预料不够、预防不力，导致了全球性的三大危机：环境污染、资源短缺和生态破坏。环境污染是指自然的或人为的破坏，向环境中添加某种物质而超过环境的自净能力而产生危害，使生物的生长繁殖和人类的正常生活受到有害影响。例如，工业化前英国乡村有很多白色蛾子停在布满淡色苔藓的树皮上，不易被鸟发现；工业化后，黑色蛾子逐渐取而代之，因为黑烟污染了环境，黑色蛾子更易藏身。

（3）资源问题

资源是人类安身立命的基本条件，是人类生存的基础和财富的源泉，人类的生活和生产活动离不开自然资源，人类自诞生以来，就一刻也没有停止过对自然资源的获取。人类对自然资源的无节制利用，会导致资源短缺或耗竭。石油、煤炭不是取之不尽用之不竭的，未来其理想代替物为生物能源。海藻、玉米、木薯、秸秆，以及其他各式各样的植物，在生物学家眼中，几乎和石油、煤炭没有区别，甚至是更优的能源。最早进入人类视野的是以玉米、甘蔗、大豆等农作物为代表的第一代生物能源。然而，第一代生物能源的过度开发会导致“与粮争地”的现象，甚至有人认为大量使用乙醇燃料就是以“饿死穷人”的代价去“喂饱汽车”。中国以自己优势的非粮能源作物甜高粱、薯类等原料生产乙醇燃料，被称为1.5代生物能源。这种非粮乙醇能避免粮食消耗，但目前其产业化程度还不高，原料成本也是制约因素。以麻风树为代表的木本油料作物作为第二代生物能源，但成本居高不下，也难与石油竞争。随后，纤维素进入人类的视野，科学家既可以利用现有的、被废弃的纤维素资源，如秸秆、林业废弃物等，也可以规模化种植可收获纤维素的能源植物，如芒草、柳枝等，但现实的困境依旧，成本还是太高。第二代生物能源受困于成本，还没有进入产业化阶段，全球范围内又掀起了第三代生物能源——藻类的开发热潮，可从转基因海藻中提取海藻油。海藻是地球上最古老的生命形式之一，它的生长不占用土地和淡水这两大资源，只要有阳光和海水就能生长，甚至在废水和污水中也能生长，生长周期短（两周左右），产油量高（亩[①]产至少2t）。石油是“黑色金子”，海藻油的出现使海藻成为“绿色钻石”。无论哪一代生物能源目前都依旧需要解决许多问题，亟待生物技术进一步发展。

（4）生态破坏

人类社会活动引起的生态退化及由此衍生的环境效应，导致了环境结构和功能的变化，对人类生存发展及环境本身发展产生不利的影响。《2022年全球空气质量报告》指出仅6个国家（澳大利亚、爱沙尼亚、芬兰、格林纳达、冰岛和新西兰）达到了世界卫生组织的PM2.5指导标准（年均5μg/$m^3$或以下）。动植物的生存繁衍也与环境息息相关，人类早已对生态造成了严重破坏，造成大量物种消亡，2022年世界自然基金会（WWF）发布的全球旗舰报告《地球生命力报告2022》中指出，监测范围内的野生动物种群数据——包括哺乳动物、鸟类、两栖动物、爬行动物和鱼类，自1970年以来平均下降了69%，强调当前自然生态面临严峻挑战，政府、企业和公众必须刻不容缓地采取变革行动，扭转生物多样性退化趋势。

**微课**
生命科学向我们每个人走来（下）

（5）疾病危害

一方面由于医疗保健的发展、生活质量的提高，人均寿命延长；另一方面人类又面临新型疾病的威胁，如艾滋病、新的传染病等。据世界卫生组织（WHO）报道，自2019年新型

① 1亩≈666.67$m^2$

冠状病毒肺炎（corona virus disease 2019，COVID-19）被首次报道以来，截至2023年7月中旬全球累计确诊7.68亿例，累计死亡695万例。

人类需要了解生命和认识自身，生命科学时时刻刻影响着我们的生活质量。

## 1.4 生命科学发展现状及研究前沿

20世纪是生命科学迅猛发展的时代，尤其是最后20年，它的发展速度之快令人瞩目。利用基因技术培育的转基因食品已经摆上普通百姓的餐桌；基因方法已经开始挽救患者的生命；克隆技术的重大突破已使动物的复制成为可能。人类数千年来的梦想正随着生命科学发展逐一实现。

分子生物学将在生命科学中保持主导地位；细胞生物学还将作为生命科学的基础科学继续发展；脑科学将代表生命科学发展的一个高峰；基因组计划、基因工程、细胞工程、酶工程、蛋白质工程将带来农业、食品、医药和化工等领域的革命，产生难以估量的社会效益和经济效益。生物技术的飞速发展及其广泛的应用前景，将使生物产业成为全社会的支柱产业之一。在所有的科研突破中，基因科学及其在疾病诊断和治疗中的应用给人们带来的希望最大。始于1990年的人类基因组计划，于2003年完成，把人类23对染色体上的碱基排列顺序测试出来，并最终弄清大部分基因的位置、结构和功能。这项工程获得个人基因组图谱，有助于预防遗传疾病，为新药物研制及新医疗方法提供依据。

21世纪科学家将在人体的器官和组织“重造”及修复方面取得巨大进步。在人身上进行转基因动物器官移植将成为可能；一些科研小组正在致力于完成人体细胞代谢程序的重新编排，使之具有新的功能；科学家还研制人工器官，即研制能抗排异的人体或动物的假器官，这种人工器官将取代人造器官。

基因工程将引发一场新的绿色革命，农业的生产效率将获得全面提升。未来的基因工程作物不但可以在恶劣的环境里茁壮成长，还会含有更高的营养成分。未来的农民也许既可以种粮食，又可以“种”疫苗，科学家还将利用基因工程培育可以生产疫苗、化学药品及可替代塑料能生物降解的作物等。

生物技术还有可能为计算机领域的研究带来突破，目前采用的硅芯片上集成的电子器件数量已逐渐接近极限，因此计算机的计算处理能力也就接近极限。以DNA计算机为首的生物计算机也许将会成为传统计算机的理想终结者。各种生物计算机可彻底实现现有计算机无法真正实现的模糊推理功能和神经网络运算功能，是人工智能的一个突破口。

生物学及生物技术的应用必将对21世纪产生重要的影响，它不仅能促进人类社会的进步，还会带来一系列环境问题和严重的伦理问题，因而在各国纷纷加大对生物产业投入的21世纪，科学家还应树立起保护自然资源、生物多样化和人类生存系统的责任心，维护人类的尊严和人类生存的基本权利。在1999年世界科学大会上，联合国教育、科学及文化组织通过了《科学与利用科学知识宣言》，强调科学道德和科学家的社会责任，制定出科学与社会之间的新契约。

课程思政

## “杂交水稻之父”袁隆平院士与杂交稻

袁隆平（1930年9月7日～2021年5月22日），享誉海内外的著名农业科学家，中国杂交水稻事业的开创者和领导者，中华人民共和国国家勋章和国家荣誉称号获得者，中国工程院院士。被誉为“杂交水稻之父”的袁隆平，将“发展杂交水稻，造福世界人民”“禾下乘凉梦”作为终其一生的梦想和追求。

袁隆平为我国研究和发展杂交水稻的开创者，他认为，养活世界人口最经济有效的办法就是使用优良的高产品种，他终其一生致力于杂交水稻技术的研究、应用与推广，并将其成果推广到印度、孟加拉、印度尼西亚、越南、菲律宾、美国、巴西等数十个国家和地区，每年种植面积达到800万$hm^2$，平均每公顷产量比当地优良品种高出2t左右。

袁隆平在1960年发现天然杂交稻株表现出明显的杂交优势，于是利用水稻的杂种优势，首推利用水稻雄性不孕性育种的设想，并设计出整套培育杂交水稻的方案，即培育出不育系、保持系和恢复系，然后通过“三系”配套，完成杂交水稻生产。1964年，袁隆平和助手找到了天然雄性不育株。从选种、试验、失败，到再选种、再播种、再观察……通过将近10年的探索，袁隆平和团队终于于1973年攻克了“三系”配套难关，同年10月正式宣告中国籼型杂交水稻“三系”配套成功。随后成功研究出了“二系法”杂交水稻，创建了超级杂交稻技术体系。他从事杂交水稻研究50余载，一生浸在稻田里，90岁依然没有停下迈向稻田的脚步，坚持在海南三亚南繁科研育种基地开展科研。

水稻研究生涯中，袁隆平遇到的失败、质疑和挫折数不胜数。但这些困顿从未将袁隆平的热情击垮，他认为“爬起来再干就是了”。

1995年两系杂交水稻开始大面积推广应用，随后在袁隆平超级稻理想株叶型理论的指导下，培育出了一大批超级杂交稻。

2013年，经历了重重考验的“两系法杂交水稻技术研究与应用”，荣膺国家科学技术进步奖特等奖。

2015年袁隆平及其团队选育的‘超优千号’，在位于湖南衡东县的超级稻示范基地首次亩产1069kg，达成了每公顷16t的产量。

2017年在河北省硅谷农业科学研究院超级杂交稻示范基地，袁隆平团队选育的超级杂交稻品种‘超优千号’，平均亩产1149.02kg，即每公顷17.2t，创造了世界水稻单产的最新、最高纪录。

2018年‘超优千号’亩产高达1203.36kg，再创世界纪录。

2019年袁隆平被授予“共和国勋章”。

2020年在湖南省衡南县的第三代杂交水稻新组合试验示范基地，袁隆平团队研发的杂交水稻双季测产突破1500kg大关，再一次刷新纪录。

2021年在湖南省衡南县清竹村，杂交水稻双季亩产1603.9kg，纪录又一次被刷新。

# 第2章　生命的化学基础

地球上的生物，无论是低等的微生物，还是高等的植物或动物绝大部分都是由细胞构成的，而细胞主要是由水、无机盐、有机物诸如糖类、脂类、蛋白质、核酸等构成。本章主要介绍构成生命体的各种物质。

## 2.1　水

地球上生命起源于水，水占生物体的60%～95%的重量，生命活动的基础——细胞内的一切代谢过程，都是在水环境中进行的。对绝大多数生物来说，没有水就不能生活。水的以下特性符合生物生存的需要：①水是高度极性分子，分子间容易形成氢键（图2.1），细胞内的一切代谢过程都依赖各种物质溶解在水环境下进行，水的极性便于物质溶解。由于氢键的存在，水形成固态时密度反而低于液态的水（4℃水密度最大），这也是在寒冷的冬季水生生物能正常生活的前提条件。②水还具有一些独特的物理性质，如强大的表面张力和内聚力、大的比热和蒸发热等。水黾能在水面上行走，除了水黾腿是超疏水材料外，水的表面张力也非常关键（图2.2）；参天大树能正常生长离不开水的内聚力特性。

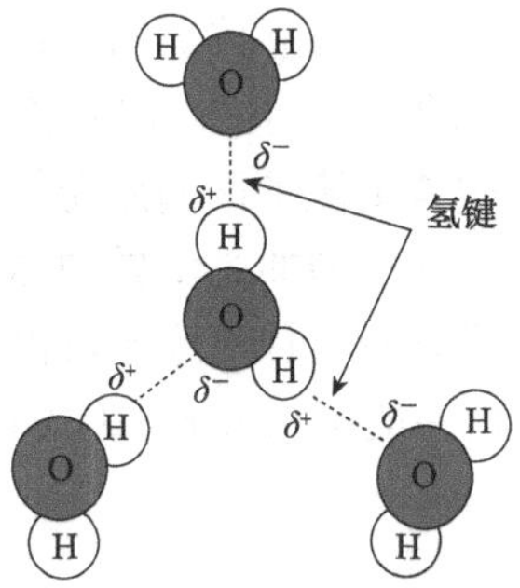


图2.1　水分子的极性与氢键

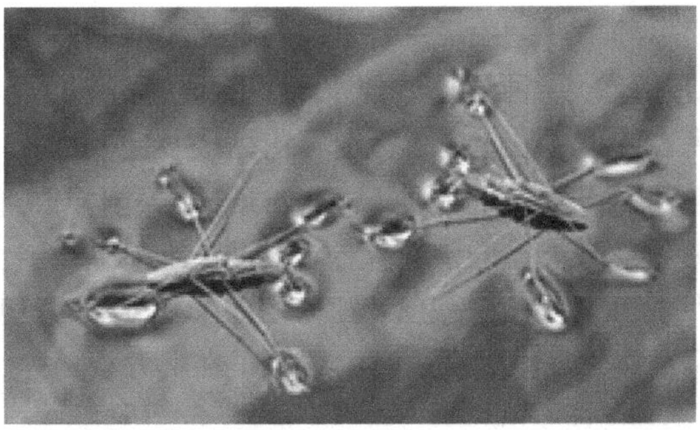

图2.2　水黾在水面上行走（水的表面张力）

彩图

## 2.2　无 机 离 子

微课
构成生物体的元素与水及无机盐

细胞中无机盐含量约占1%，离子浓度具有调节渗透压和维持酸碱平衡的作用，细胞中阳离子和阴离子有许多其他作用，如动作电位、肌肉收缩等需要$Na^+$、$K^+$、$Ca^{2+}$和$PO_4^{3-}$等离子。Ca、P、Fe、Cu、Mg、Mo、Zn、Se等也是生物体组成与活性物质的必要组成成分。

人体各部的pH必须保持大致的恒定，否则会产生疾病。人体全身性酸碱平衡，主要依靠血浆中的缓冲系统，如碳酸氢钠和碳酸来调节，肺脏和肾脏在调节酸碱平衡上也能助一臂之力。如果酸或碱的量超出人体代偿能力，就需要应用药物来调节，以保证血浆的pH在正常范围（7.35～7.45）。由于血液是弱碱性的，因此在它的“流域”内，大多数体液也表现程度不同的碱性。例如，唾液和眼球内pH为7.2；脑脊液、胆汁都是7.4；小肠液为7.6；胰液为8，有时高达8.3～8.4；大肠液由于结肠分泌碳酸氢盐，其pH为8.3～8.4。然而，人体也有呈酸性的部位，pH最低的地方是胃，胃腺壁细胞分泌大量以盐酸为主的胃液，使其pH低至0.9～1.5。

正常血浆钠离子浓度为135～145mmol/L，吃盐太少，影响生长，引起骨骼软化，全身乏力、疲倦、恶心、呕吐、食欲不振、嗜睡，甚至昏迷，医学上称为低钠综合征；反之，钠离子在体内大量聚集，对身体极为有害，一次服用600g盐对人有致死作用。食物中的钙主要来源于奶及奶制品，其含量高、吸收率也高。蔬菜、豆类钙含量也高，连骨吃的小鱼、虾皮、食用骨粉及蛋壳粉都是补钙的好材料。膳食中铁的来源是肝脏、血、肉、鱼、豆和某些蔬菜等，其中含铁最多的是黑木耳，为185mg/100g。

## 2.3 糖　　类

微课
糖类

糖类物质是多羟基醛类（aldehyde）或酮类（ketone）化合物，以及它们的衍生物或聚合物。据此可分为醛糖（aldose）和酮糖（ketose）。还可根据碳原子数分为丙糖（triose）、丁糖（tetrose）、戊糖（pentose）、己糖（hexose）。最简单的糖类是丙糖，如甘油醛（glyceraldehyde）和二羟丙酮（dihydroxyacetone）。

### 2.3.1 糖的结构

最简单的单糖之一——甘油醛有两种立体异构形式（图2.3）。这两种立体异构体在旋光性上刚好相反，一种异构体使平面偏振光（plane polarized light）的偏振面沿顺时针方向偏转，称为右旋型（dextrorotary）异构体或*D*型异构体。另一种异构体则使平面偏振光的偏振面逆时针偏转，称为左旋型（levorotary）异构体或*L*型异构体。其他单糖的光学异构体是指分子中离羰基碳最远的手性碳原子构型，该碳原子上—OH在空间取向与甘油醛比较得出的结果，即—OH在左边者为*L*型，—OH在右边者为*D*型。链状结构一般用Fisher投影式表示：碳骨架竖直写，氧化程度最高的碳原子在上方。

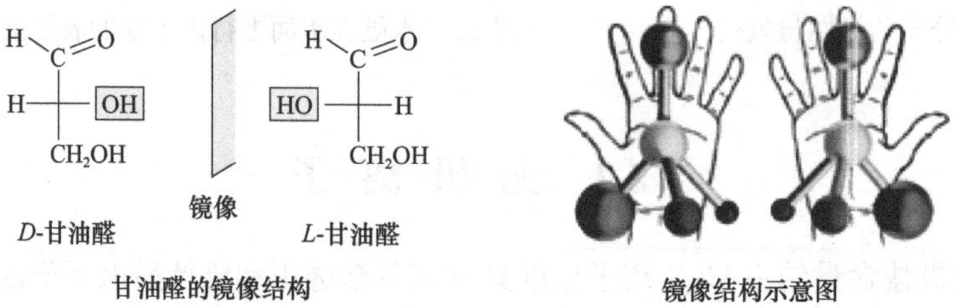


图2.3　甘油醛的变旋

在溶液中，含有4个以上碳原子的单糖主要以环状结构形式存在，糖链最易形成五元环和六元环。单糖分子中的羟基能与醛基（或酮基）可逆地缩合成环状的半缩醛（或半缩酮）。环化后，羰基碳就成为一个手性碳原子，称为端异构性碳原子（anomeric carbon atom），环化后可以形成两种非对映异构体，称为端基异构体［或头异构体（anomer）］。葡萄糖分子中半缩醛羟基与5号碳羟甲基在环平面异侧的定为α-异构体，反之定为β-异构体（图2.4）。环状结构一般用Havorth透视式表示。（＋）表示使偏振光右旋，（－）表示使偏振光左旋。

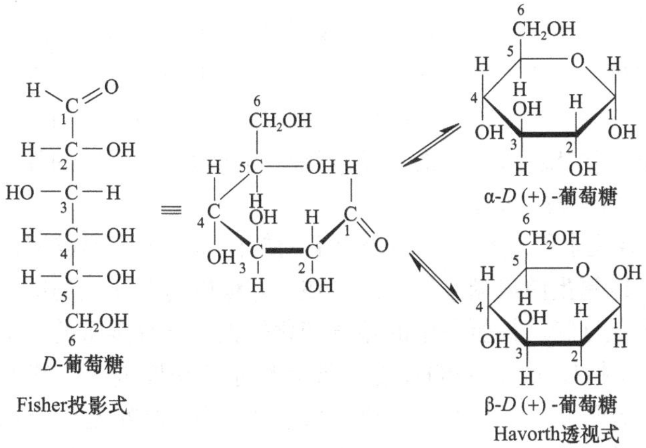


图2.4　葡萄糖结构D（＋）-葡萄糖

## 2.3.2　糖的种类与生物学功能

糖类根据其结构单元数目多少分为单糖、寡糖、多糖。单糖是指不能被水解成更小分子的糖，如葡萄糖、果糖、半乳糖等。寡糖由2～10个单糖分子脱水缩合而成，以双糖最为普遍。双糖在自然界中含量丰富，是人类饮食中主要的热源之一。重要的双糖有麦芽糖、蔗糖、乳糖、纤维二糖等（图2.5）。

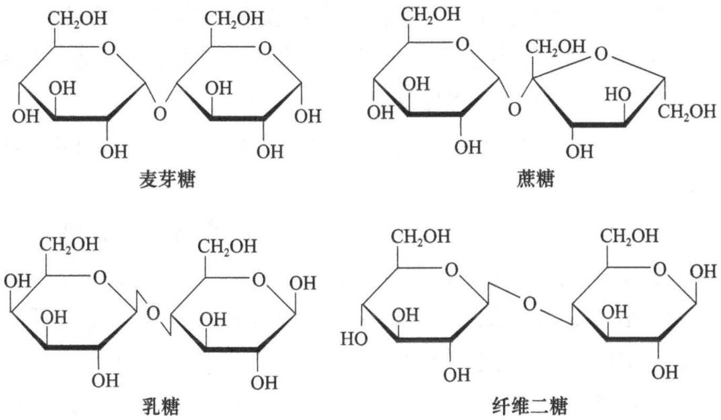


图2.5　重要的双糖

麦芽糖（maltose）是直链淀粉的水解中间物，在自然界中似乎并不存在天然的麦芽糖，其结构为两分子α-葡萄糖通过α-1,4-糖苷键相连形成。蔗糖的结构是α-葡萄糖、β-果糖通过α,β-1,4-糖苷键相连，无异构体。植物的茎、叶都可以产生蔗糖，它可以在整个植物体中进行运输，也是光合产物的运输形式之一。乳糖（lactose），顾名思义，主要存在于哺乳动物的乳汁中，其结构为半乳糖和葡萄糖脱水形成。纤维二糖（cellobiose）为纤维素的降解产物，自然界中不存在游离的纤维二糖，其结构为两分子β-葡萄糖通过β-1,4-糖苷键相连。如果蔗糖的甜度值为100，则葡萄糖甜度为70，果糖175，麦芽糖35，乳糖16，纤维二糖无甜度。

在小肠中，双糖必须在酶的作用下水解成单糖才能被人体吸收。如果这些酶有缺陷的话，那么人体摄入双糖后由于不能消化而出现消化病。未消化的双糖进入大肠，在渗透压的作用下从周围组织夺取水分而出现腹泻症状，结肠中的细菌消化双糖（发酵）产生气体会出现气胀、绞痛和痉挛等症状。最常见的双糖消化缺陷如缺乏乳糖酶的乳糖过敏，解决办法就是用乳糖酶处理食物或避免摄入乳糖。

2～20个单糖缩合脱水形成寡糖，20个以上的单糖缩合脱水形成多糖。寡糖常常与蛋白质或脂类共价结合，以糖蛋白或糖脂的形式存在。寡糖链与多肽上的部分氨基酸相连形成糖蛋白，与膜脂相连形成糖脂。糖蛋白中的糖链变化较大，含有丰富的结构信息，往往是受体和酶类的识别位点。例如，决定ABO血型系统凝集原的是糖蛋白，其中多糖部分决定血型的特异性；人类免疫缺陷病毒（HIV）的靶细胞结合蛋白GP120是一个糖蛋白，能与人类靶细胞表面的$CD_4$受体结合从而附着在靶细胞表面，如果去掉GP120糖蛋白的糖部分则不能与$CD_4$受体结合从而失去感染能力。

构成多糖的单糖种类和单糖间的连接方式都可以不同，因此多糖的结构复杂，而且数量和种类也庞大。多糖可以分为均一性多糖（由同一种单糖分子组成）和不均一性多糖（由两种或两种以上单糖分子组成）。均一性多糖有淀粉、糖原、纤维素、半纤维素、几丁质等，不均一性多糖有糖胺多糖类，如透明质酸、硫酸软骨素、硫酸皮肤素等。

淀粉、糖原和纤维素是最常见的多糖，并且都由葡萄糖残基组成。淀粉分为直链淀粉和支链淀粉（图2.6），是植物营养物质的一种贮存形式，也是植物性食物中重要的营养成分。直链淀粉是葡萄糖以α-1,4-糖苷键依次相连成长而不分开的葡萄糖多聚物，形成长而紧密的螺旋管形。螺旋结构导致直链淀粉遇碘呈紫蓝色。支链淀粉，在直链的基础上每隔20～25个葡萄糖残基就形成一个α-1,6-支链。由于分支的存在不能形成螺旋管，遇碘显紫红色。

糖原与支链淀粉的不同只是分支程度更高，分支更多，每低于4个葡萄糖残基便有一个分支。结构更紧密，更适应其贮藏功能，而且它含有大量的非还原性端，可以被迅速动员水解。糖原遇碘显棕红色。

纤维素是β-*D*-葡萄糖分子以β-1,4-糖苷键相连而成的直链。植物细胞壁的主要结构成分是纤维素，占植物体总重量的1/3左右，是地球上最古老、最丰富的天然高分子，有重要的经济价值，如木材、纸张、纤维、棉花、亚麻等。纤维素链间的氢键把纤维素相连成纤维细丝，进而构成细胞壁完整的纤维骨架。人不能产生消化纤维素的酶而无法消化纤维素，但纤维素的存在可以帮助肠胃蠕动促进排便。一些反刍动物如牛、羊等可以利用其消化道内的微生物产生的纤维素酶消化纤维素，产生的葡萄糖供自身和微生物共同利用。

几丁质又称为壳聚糖，是*N*-乙酰-β-*D*-葡萄糖胺以β-1,4-糖苷键相连成的直链，自然界中，广泛存在于低等植物、菌类、虾、蟹、昆虫等甲壳动物的外壳，真菌的细胞壁等。其用途广泛，在医学领域可用于制作外壳手术线加速人体伤口愈合，也可单独用作伤口愈合剂。

大部分的多糖类物质没有固定的分子量。多糖的大小从一定程度上可以反映细胞的代谢状态。例如，当血糖水平高时（如饭后），肝脏合成糖原，这时糖原分子量可达$2\times10^7$，当

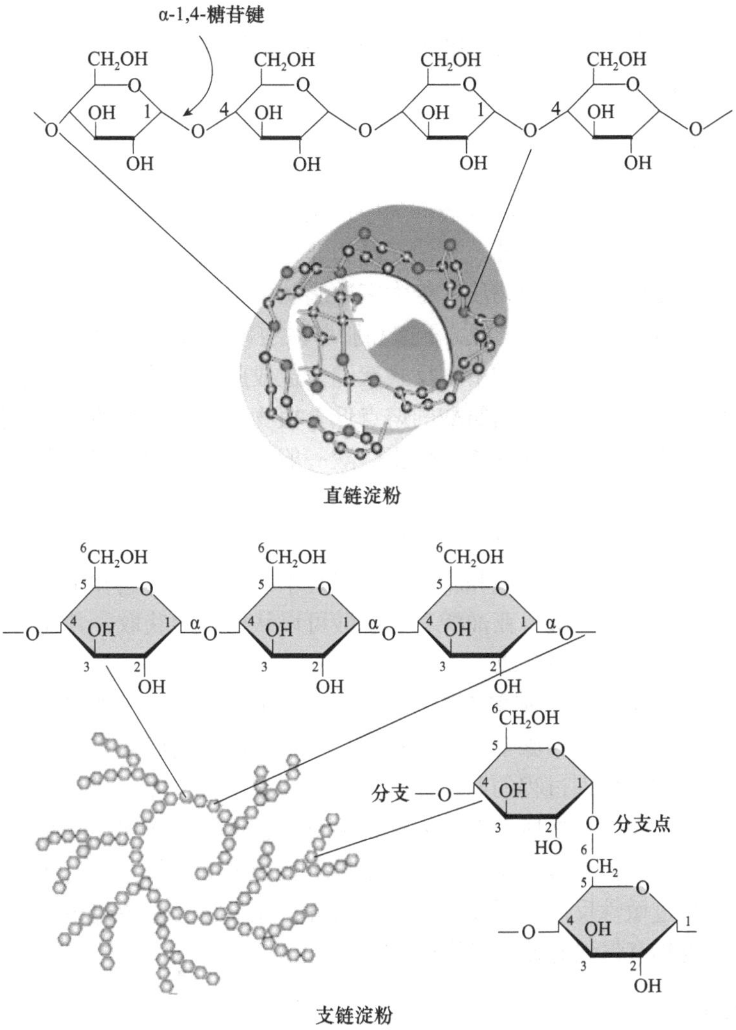


图2.6　直链淀粉与支链淀粉

血糖水平下降时，肝脏中的酶类水解糖原，把葡萄糖释放到血液中。

总之，多糖是生物体重要的能量贮存形式，如谷物种子和马铃薯块茎中储存的淀粉供幼芽成长时使用；肌肉中的肌糖原和动物肝中的肝糖原供运动和饥饿时使用；植物的纤维素和动物的几丁质又是细胞的骨架物质；多糖还有更复杂的生理功能，如黏多糖具有多种药理活性，包括抗凝血、降血脂、抗病毒、抗肿瘤及抗辐射等作用，蛋白多糖和脂多糖同信号分子相关。

## 2.4　脂　　类

微课
脂类

脂类是生命体的重要构件和储能物质，是生物体内不溶于水而溶于有机溶剂的各种小分子，包括油脂（甘油三酯）和类脂（磷脂、糖脂、固醇、萜类等）。脂类可分为4类：①单纯脂，即脂肪酸与醇类形成的酯，如脂酰甘油、鞘脂；②复合脂，如甘油磷脂、鞘磷脂；③衍生脂，如固醇类和萜类等及各种脂类的衍生物，它们不含脂肪酸，都是异戊二烯的衍生物；④结合脂类，如糖脂、脂蛋白等。

### 2.4.1 脂肪

脂酰甘油因为不带电荷，有时也被称为中性脂，主要为三酰甘油，即甘油和三个脂肪酸以酯键相连而成，也称为甘油三酯。甘油三酯为非极性物质，以非水合形式贮存于体内，是体内储量最大和产能最多的能源物质。绝大多数脂肪酸含有偶数个碳原子，形成长而不分支的链（也有分支的或含环的脂肪酸）。不饱和脂肪酸有顺式和反式两种异构体。但生物体内大多数是顺式结构。不饱和脂肪酸中，反式双键会造成脂肪酸链弯曲，分子间没有饱和脂肪酸链那样结合紧密，因此不饱和脂肪酸的熔点低。植物性甘油三酯的脂肪酸往往含有不饱和双键，密度低，多为油，动物性甘油三酯脂肪酸一般不含有双键，密度高，多为脂，统称为油脂。

植物和细菌可以合成所需的全部脂肪酸，哺乳动物主要从食物中获得大部分脂肪酸，也可以合成饱和脂肪酸和一些单不饱和脂肪酸，但是不能合成多不饱和脂肪酸，如亚油酸和亚麻酸，二者被称为必需脂肪酸。亚油酸和亚麻酸可以从植物中获取，其他多不饱和脂肪酸如花生四烯酸可由亚油酸在体内合成。

类花生酸是一大类由二十碳多不饱和脂肪酸氧化产生的具有生物活性的不饱和脂肪酸，是重要的炎症因子，包括前列腺素、血栓素和白细胞三烯。它们大多数是花生四烯酸的衍生物。前列腺素参与许多生理过程的调节控制，促进炎症反应，促进子宫收缩等。前列腺素也可促进体温升高，阿司匹林之所以能降体温，主要是它作用于前列腺素前体，抑制前列腺素的生成。血栓素主要由血小板产生，促进血小板凝聚和平滑肌收缩。白细胞三烯最初是在白细胞中发现的，是过敏性反应的慢反应物质的组分，在炎症反应中起积极作用，促进白细胞趋向受伤组织，也具有强烈的缩血管作用。

### 2.4.2 磷脂

磷脂是指含有磷酸的脂类（图2.7），属于复合脂。它是组成生物膜的主要成分，分为甘油磷脂及类似甘油磷脂的鞘磷脂。甘油磷脂由甘油、脂肪酸、磷酸和一分子氨基醇（如胆碱、乙醇胺、丝氨酸或肌醇）组成，鞘磷脂只是以鞘氨醇代替了甘油和一个脂肪酸。磷脂是重要的两亲物质（极性头、非极性尾），它们是生物膜、乳化剂和表面活性剂的重要组分。

甘油磷脂依照氨基醇的不同主要分三类：①磷脂酰胆碱［卵磷脂（PC）］，主要分布于植物如大豆，动物如脑、精液、肾上腺、红细胞、卵黄等中，其作用是可以调节胆固醇在人体中的含量，防止脂肪肝的形成，保护肝脏、心脏，也可以促进大脑发育，增强记忆等；②磷脂酰乙醇胺［脑磷脂（PE）］，在生物体内含量仅次于卵磷脂，存在于脑、神经、大豆等中，是神经细胞膜的重要组成部分，调节神经细胞的一切代谢活动，影响着神经组织的一系列重要功能，还参与血液凝聚等；③磷脂酰丝氨酸（PS），存在于所有动物、高等植物及微生物的生物膜中，人体中的PS主要集中在大脑，约占大脑磷脂总量的15%，功能主要是改善神经细胞功能，调节神经脉冲的传导，增进大脑记忆功能，由于其具有很强的亲脂性，吸收后能够迅速通过血脑屏障进入大脑，起到舒缓血管平滑肌细胞、增加脑部供血的作用等。

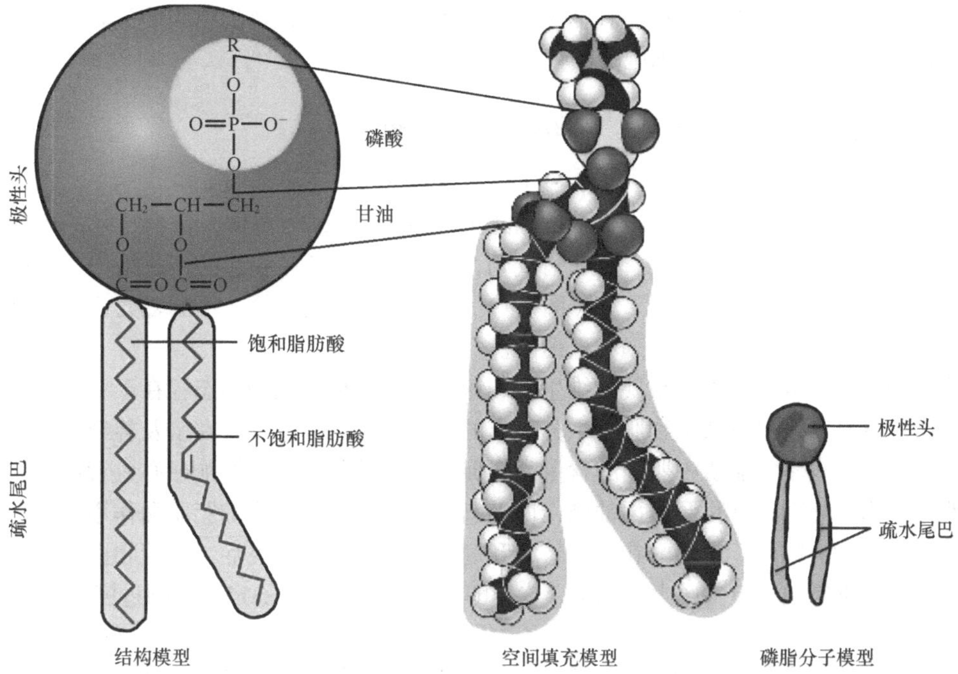


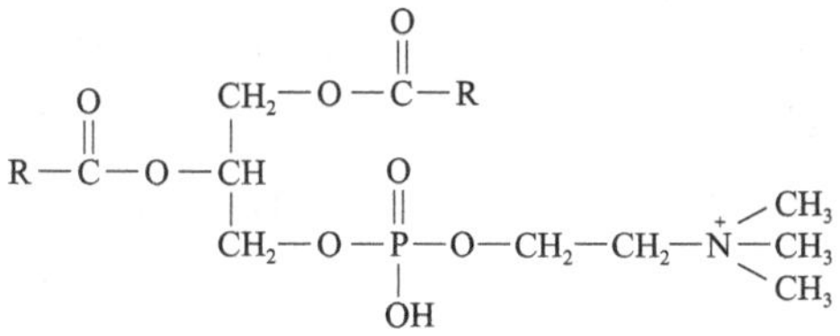
卵磷脂

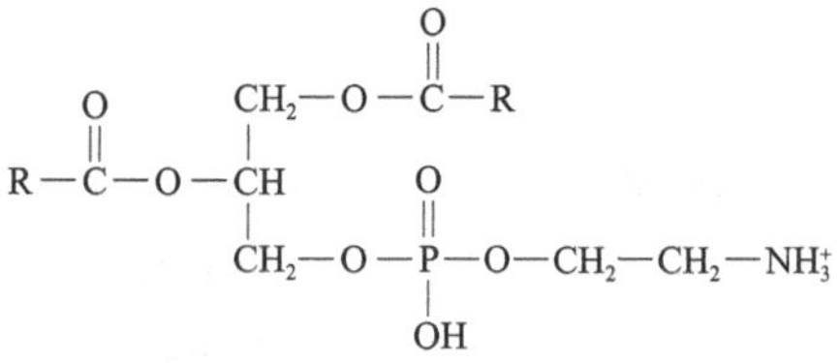
脑磷脂

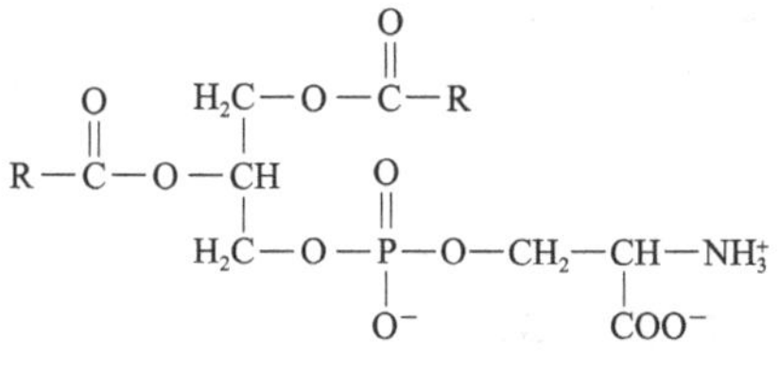
磷脂酰丝氨酸

图2.7　磷脂结构

鞘磷脂在高等动物组织中含量较丰富，其组成为鞘氨醇（图2.8）、脂肪酸、磷酸、胆碱或乙醇胺。鞘磷脂的核心结构是神经酰胺，由鞘氨醇氨基以酰胺键与长链（18C～26C）脂肪酸的羟基相连。在鞘磷脂中，神经酰胺1位的—OH被磷酸胆碱或磷酸乙醇胺的磷酸基团酯化，成

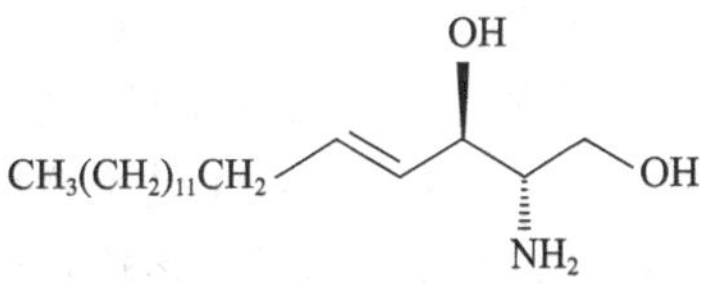

图2.8　鞘氨醇

为鞘磷脂的极性头。鞘磷脂性质与甘油磷脂基本相同，也是动植物生物膜的重要组分，除了动物细胞膜外，鞘磷脂在神经细胞的髓鞘中含量最丰富。

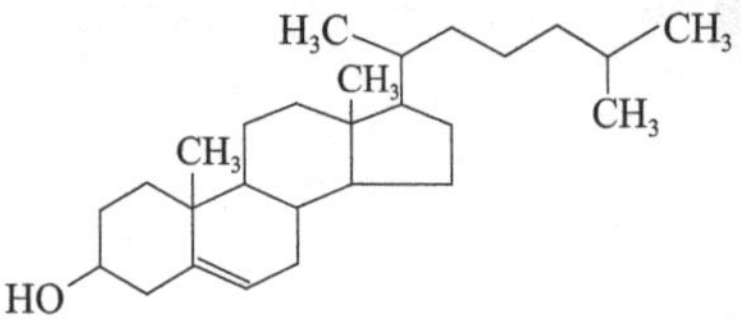

图2.9 胆固醇

### 2.4.3 衍生脂

（1）类固醇（甾体）

类固醇（steroid）又称为甾体，是含羟基的环戊烷多氢菲衍生物，核心是4个拼在一起的环状结构，包括胆固醇（图2.9）、胆汁酸和皮质醇等，不同之处只是侧链基团和双键位置。

胆固醇参与构成一些人体重要的维生素和激素，以游离或酯的形态存在于一切动物组织中，植物中没有，是最早从动物胆石中分离出的固醇。胆固醇大部分在脑及神经组织中，肝脏、肾脏含量也较多。血清中胆固醇含量高会促使形成动脉硬化，增加患心血管疾病的可能性。胆汁酸为乳化剂，乳化肠腔内油脂，协助脂肪酶消化脂质，增加脂肪酶作用位点，帮助消化食物中的脂类物质。皮质醇在调节情绪和健康、免疫细胞和炎症、血管和血压间关系等方面具有特别重要的功效。压力状态下，皮质醇有助于维持血压稳定和控制过度发炎。

（2）萜类

萜类化合物是指分子式为异戊二烯整数倍的烯烃类化合物。萜类是一类广泛存在于植物体内的天然来源碳氢化合物，可从许多植物，特别是针叶树得到。它是树脂及来源于树脂中松节油的主要成分，天然橡胶也是萜类化合物。在生命活动中，萜类化合物尤其在植物体内具有重要的功能，如赤霉素、脱落酸和昆虫保幼素是重要的激素，类胡萝卜素和叶绿素是重要的光合色素，维生素A来源于胡萝卜素，维生素A也可以氧化为视黄醛，视黄醛在人体视觉细胞中参与对光的信号感受。

### 2.4.4 脂蛋白

虽然脂蛋白可以指任何与脂基（如脂肪酸、异戊二烯）共价相连的蛋白质，但它常常用来指哺乳动物血浆（尤其是人）中的脂-蛋白质复合物。食物中的脂类物质在胆汁酸盐的协助下被各种酶分解为脂肪酸、甘油单酯、胆固醇等，随后形成内部疏水、外部亲水、体积小（直径20nm）的混合微团。混合微团易于穿过小肠黏膜细胞表面的水屏障而被肠黏膜细胞吸收，在肠黏膜细胞内再酯化成甘油三酯、胆固醇酯和磷脂。它们不溶于水，如果直接进入血液会使血液变成乳浊液从而影响流动。血液中的载脂蛋白负责解决这一问题。小肠黏膜细胞中重新酯化的脂质可与内质网上的载脂蛋白结合成脂质蛋白复合体，进而经淋巴进入血液循环实现脂质在血液中的运输。

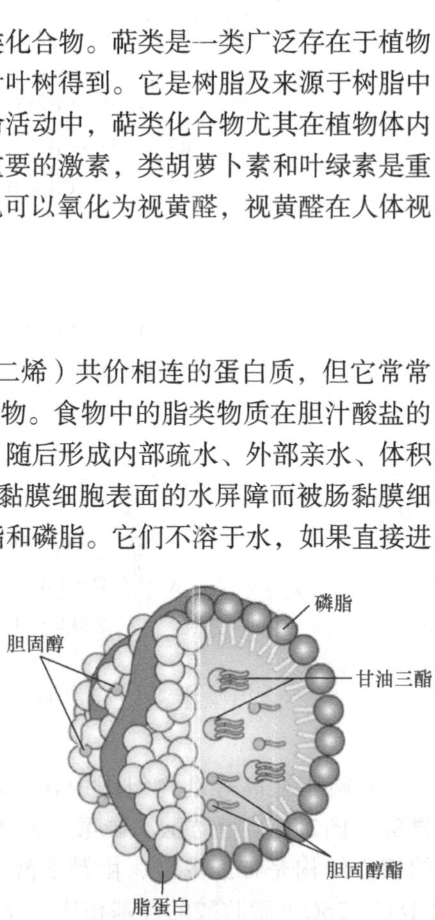


图2.10 血浆脂蛋白复合体

人体血浆中的脂蛋白复合体主要由磷脂、甘油三酯、胆固醇、胆固醇酯和脂蛋白构成（图2.10），根据密度可分为四类：①乳糜微粒（CM），甘油三酯含量最高，密度非常低，运输甘油三酯和胆固醇酯，乳糜微粒经淋巴系统移入血流到达各组织。②极低密度脂蛋白（VLDL），甘油三酯含量也较高，在肝脏中生成，将脂类运输到组织中，当VLDL被运输到全身组织时，被分解为三酰甘油、载脂蛋白和磷脂，最后，VLDL被转变为低密度脂蛋白。③低密度脂蛋白（LDL），胆固醇及胆固醇酯含量高，负责把胆固醇运输到组织，经过一系列复杂的过程，LDL与LDL受体结合并被细胞吞食，家族性高胆固醇血症就是由于LDL受体缺乏，LDL无法进入细胞导致的。④高密度脂蛋白（HDL），蛋白质含量高，也是在肝脏中生成，负责清除细胞膜上过量的胆固醇。血浆中胆固醇酰基转移酶将卵磷脂上的脂肪酸残基转移到胆固醇上生成胆固醇酯时，HDL将这些胆固醇酯输送到肝脏。由于其可输出胆固醇，促进胆固醇的代谢，防止冠心病的发生，被称为“血管清道夫”。

血脂高是指总胆固醇、甘油三酯、低密度脂蛋白有一个或是多个高于正常水平。动脉粥样硬化是一种慢性病，是冠心病、脑梗死、外周血管病的主要原因。一般血管内壁巨噬细胞和各种细胞残渣逐渐聚集，当巨噬细胞吞食了大量脂类物质（主要是LDL中的胆固醇和胆固醇酯）就成为粥样化细胞。首先脂质和复合糖类积聚、出血及血栓形成，进而纤维组织增生及钙质沉着，以及动脉中层逐渐蜕变和钙化，导致动脉壁增厚变硬、血管腔狭窄（图2.11），阻止血液流动，大脑、心脏、肺等器官就会缺氧和营养，进而破坏心肌。

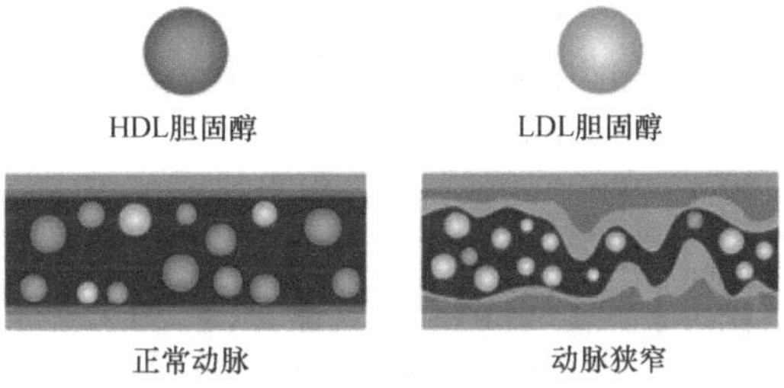

图2.11　胆固醇与动脉粥样硬化

高水平的血浆LDL与动脉粥样硬化直接相关，其他相关因素还包括高血脂、肥胖、糖尿病、抑郁、吸烟、缺少运动和遗传等。巨噬细胞也具有LDL受体，可通过胞吞作用吞食LDL。在正常情况下，进入细胞中的LDL释放出的胆固醇和其他脂类可用于细胞结构和代谢上的需要。通常情况下LDL受体功能是高度可调控的，吞入相对大量的LDL后，LDL受体合成就降低。巨噬细胞却不同，LDL受体的合成并不降低，结果导致其含有高水平的LDL受体，并且对被氧化破坏的LDL亲和力高。巨噬细胞对氧化的LDL摄入速度比天然LDL高，因此氧化的LDL同动脉粥样硬化密切相关，抗LDL修饰的氧化修饰是阻断动脉粥样硬化的关键环节，维生素E和β-胡萝卜素都是抗氧化剂，能抑制粥样斑的形成。

## 2.5　蛋　白　质

微课
蛋白质

蛋白质是最重要的生物大分子，也是食物中最重要的、不可或缺的营养成分。蛋白质是生命存在的基础，是生命活动的执行者，具有多种重要功能。蛋白质由氨基酸组成，自然界中存在着300多种氨基酸，但构成蛋白质的只有20种氨基酸（图2.12和图2.13），在蛋白质生物合成时它们受遗传密码控制。组成蛋白质的氨基酸，不存在种族差异和个体差异。

### 2.5.1　蛋白质的构件分子——氨基酸

组成蛋白质的氨基酸可根据其酸性基团（羧基）和碱性基团（氨基、胍基、咪唑基）的多寡而分为酸性氨基酸、碱性氨基酸和中性氨基酸三类。还可以分为非极性氨基酸、极性不带电荷氨基酸和极性带电荷氨基酸（图2.13）。组成蛋白质的氨基酸一般为*L*-氨基酸（甘氨

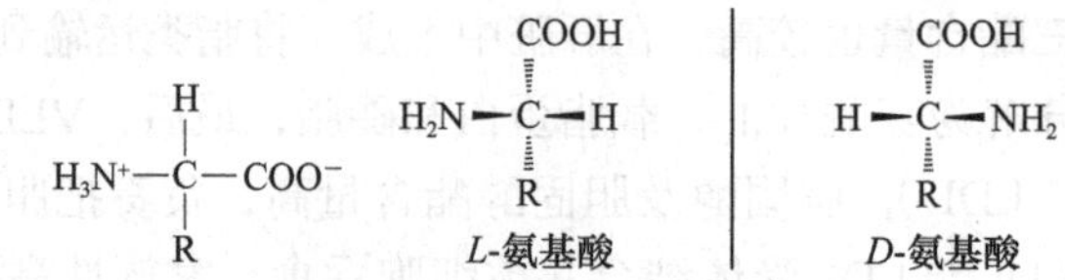


图2.12 氨基酸通式与构型

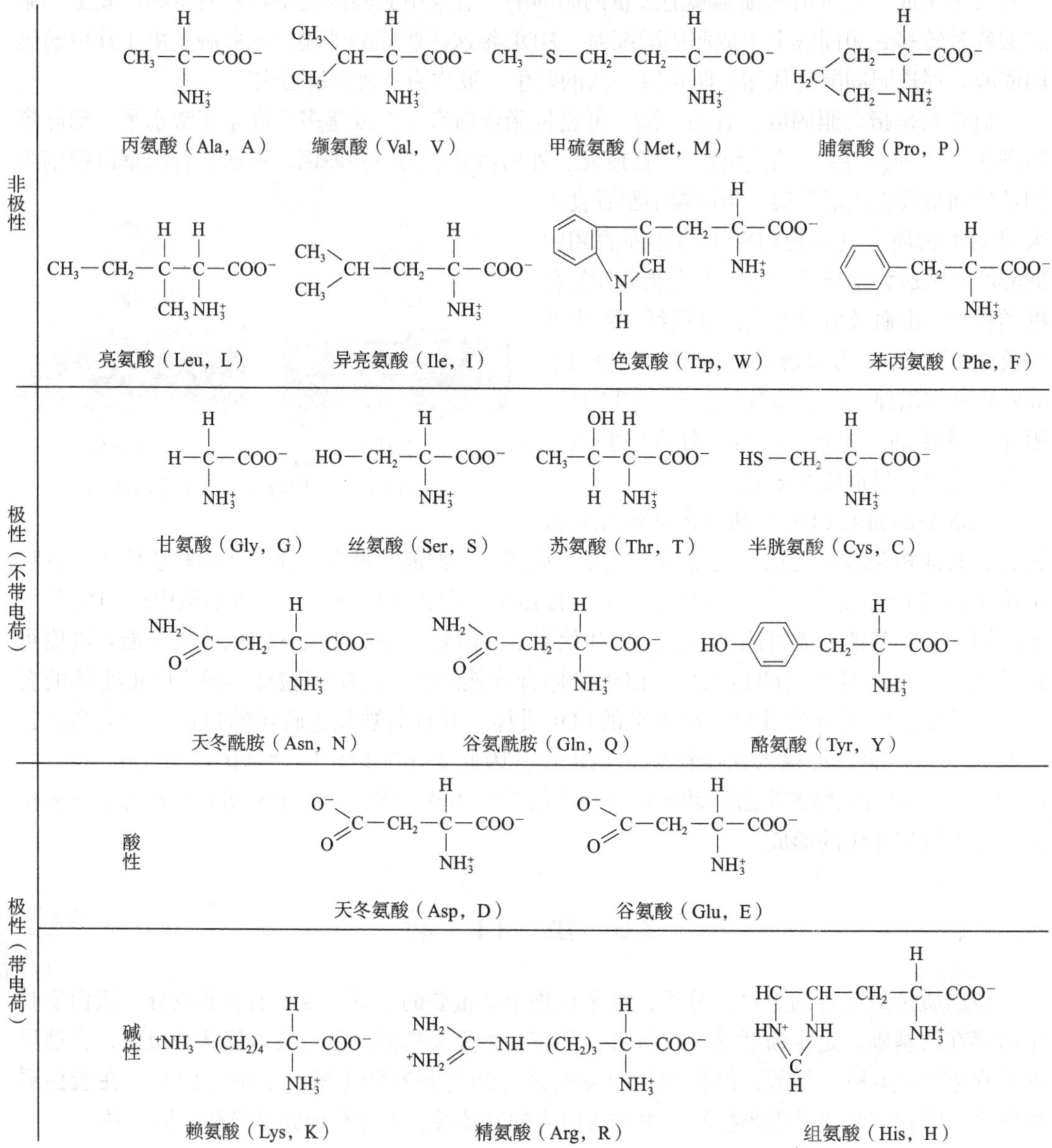


图2.13 组成蛋白质的20种氨基酸

酸除外），具旋光性，属α-氨基酸（脯氨酸为α-亚氨基酸），属两性电解质。

在医学营养学上，该20种氨基酸分为营养必需氨基酸和营养非必需氨基酸两种，人类营养必需氨基酸有8种，不能由人体合成（婴儿和儿童还包括组氨酸），必须从外界摄取。8种必需氨基酸为缬氨酸、亮氨酸、异亮氨酸、苏氨酸、苯丙氨酸、甲硫氨酸（蛋氨酸）、色氨酸、赖氨酸（记忆：苏缬亮异亮，色苯属芳香，还有赖与蛋，缺一人遭殃）。

### 2.5.2　蛋白质的结构

蛋白质在生物体内具有广泛和重要的功能，是各器官、组织的主要化学组成，生命活动中各种生理功能的完成大多是通过蛋白质来实现的，其是生命的体现者。蛋白质的重要生理功能包括催化功能、调节功能、保护和支持功能、运输功能、储存和营养功能、收缩和运动功能、防御功能、遗传信息表达功能、接受和传递信息功能等。

两个氨基酸分子之间通常是前一个氨基酸的α羧基与后一个氨基酸的α氨基之间脱水缩合形成肽键（peptide bond）而连接起来。肽键是蛋白质分子中的主要共价键，性质比较稳定。肽（peptide）是氨基酸通过肽键相连的化合物，蛋白质不完全水解的产物也是肽。肽按其组成的氨基酸数目分别称为二肽、三肽和四肽等。生物体中广泛存在着许多长短不同的游离肽，有些具有特殊的生理调节功能，被称作活性肽，如由谷氨酸、半胱氨酸和甘氨酸组成的谷胱甘肽（GSH）可参与氧化还原反应，防止氧化物堆积，维持红细胞膜的完整性；催产素与加压素同是由脑垂体分泌的九肽激素，含有二硫键，分子之间只有第3位和第8位两个氨基酸残基不同，但却有不同的生理功能，催产素能刺激平滑肌引起子宫收缩，表现为催产及使乳腺排乳作用；加压素能使小动脉收缩，增高血压，并减少排尿，表现为抗利尿作用。

蛋白质是由氨基酸按照一定的排列顺序通过肽键连接起来的生物大分子。自然界存在的蛋白质有$10^{10}$～$10^{12}$种。在水溶液和活细胞中蛋白质链并不是杂乱的线团状，而是有序地盘绕折叠，形成具有特定立体形状的高级结构。蛋白质结构分为四级（图2.14）。一级结构特指蛋白质或多肽链的排列顺序及二硫键的位置。蛋白质的一级结构是决定其高级结构的基础。它是由遗传物质DNA分子上相应核苷酸排列顺序，即遗传密码决定的。

1953年英国科学家弗雷德里克·桑格（Frederick Sanger）在历史上第一个测出了牛胰岛素的一级结构，即由21个和30个氨基酸组成的A、B两条肽链，其中存在一个链内二硫键和两个链间二硫键（图2.15）。

完全伸展的多肽链在热力学上并不稳定，一般都是折叠盘曲的。蛋白质的二级结构是指多肽链主链本身的折叠和盘绕方式，只涉及多肽链的构象和链内与链间形成的氢键。天然蛋白质中常见的二级结构包括有规则的α螺旋、β片层、β转角和无规则卷曲等结构单元（图2.14），也是蛋白质结构预测的基础。

蛋白质的三级结构（图2.14）是构成蛋白质的多肽链在二级结构的基础上进一步盘绕、卷曲和折叠形成的特定空间结构，它包括肽链上所有原子的空间排布。部分蛋白质由多条肽链组成，往往每条肽链都有其独立的三级结构。

蛋白质的四级结构（图2.14）是指各具独立三级结构的多肽链再以非共价键彼此缔合而形成的聚合体，是蛋白质最高层次三维空间结构。例如，主要由肝脏分泌的甲状腺素转运蛋白（图2.14）由4个相同的α亚基按特定方式接触、排布组成的一个球状、接近四面体的分子结构。但是，并不是所有蛋白质都有四级结构。

蛋白质的四级结构，包括亚基组成数目、种类和空间排布方式。自然界蛋白质的亚基组成数目多为偶数，可以由相同或不同的亚基组成，不同的亚基一般都用α、β、γ等来命名，而具有不同催化功能和调节功能的酶蛋白亚基，则多用催化亚基C和调节亚基R来命名。

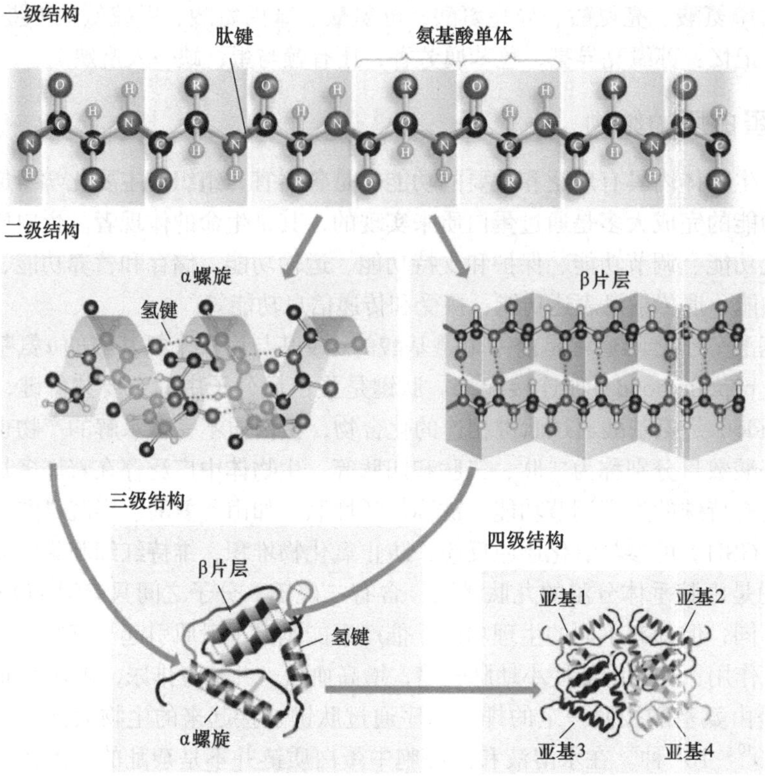


图2.14　蛋白质的结构

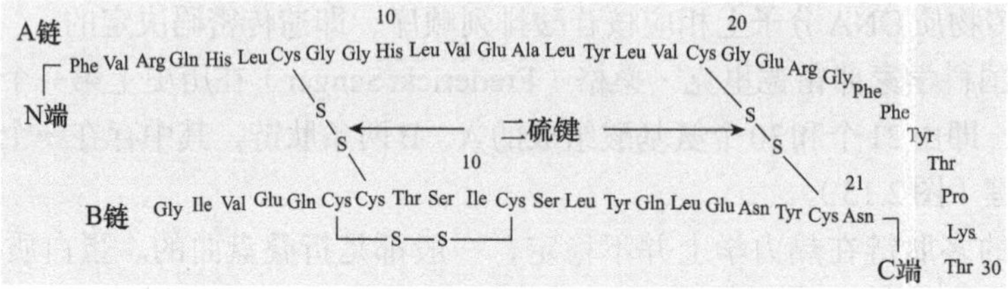


图2.15　胰岛素一级结构

## 2.5.3　蛋白质分子结构和功能的关系

蛋白质的功能是同结构密切相关的，其功能往往取决于蛋白质的一级结构和空间结构。

（1）蛋白质一级结构与功能的关系

蛋白质一级结构分子中关键活性部位氨基酸残基的改变，会影响其生理功能，甚至造成分子病。例如，镰状细胞贫血（图2.16）就是由于血红蛋白分子中2个β亚基第6位正常的谷氨酸变异成了缬氨酸，从极性氨基酸换成了非极性氨基酸，降低了血红蛋白在红细胞中的溶解度，其在红细胞中随血流至氧分压低的外周毛细血管时，容易沉淀析出，从而造成红细胞破裂溶血和血红蛋白运氧功能低下。

在蛋白质结构和功能关系中，一些非关键部位氨基酸残基的改变或缺失，则不会影响蛋白质的生物活性。例如，人、猪、牛、羊等哺乳动物胰岛素分子中A链8、9、10位和B链30

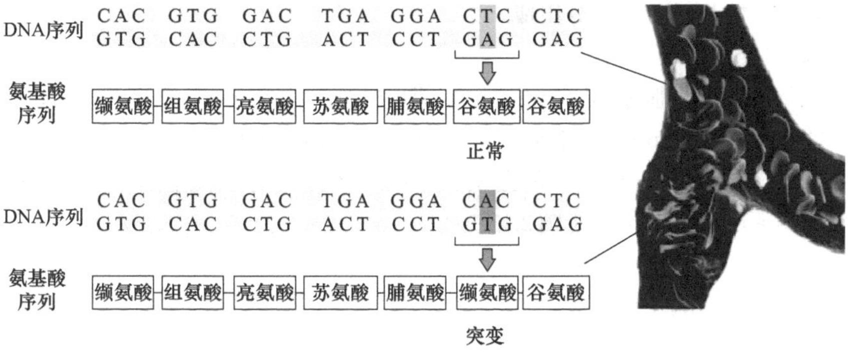


图2.16 镰状细胞贫血

位的氨基酸残基各不相同，但这并不影响它们都具有降低生物体血糖浓度的生理功能。

（2）蛋白质空间结构与功能的关系

不同的蛋白质，正因为具有不同的空间结构，因此具有不同的性质和生理功能。当蛋白质的空间结构被破坏时，其活性往往丧失。有的蛋白质执行功能时，需要其空间构象进行相应的改变才能更好地行使其功能，有的蛋白质空间改变会导致疾病，如血红蛋白运氧，当血红蛋白分子第一个亚基与氧结合后，该亚基构象的轻微改变，可导致亚基间弱键的断裂，使亚基间的空间排布和四级结构发生轻微改变，血红蛋白分子从较紧密的T型转变成较松弛的R型构象，从而使血红蛋白其他亚基与氧的结合容易化，呈现出与肌红蛋白不同的血红蛋白“S”形氧解离曲线，完成其更高效的结合与运氧功能。人类朊病毒蛋白（PrP）由20号染色体短臂上面*PRNQ*基因编码，有两种异构体，分别是存在于正常细胞的$PrP^{c}$和引起动物及人类朊病毒病的$PrP^{Sc}$（参见8.4.4），前者是一种细胞内膜结合蛋白，生物学功能不清；后者不仅存在于细胞内膜，在细胞外淀粉样蛋白丝和斑块中也可发现，$PrP^{Sc}$可促进$PrP^{c}$转化为$PrP^{Sc}$，引起脑海绵状变性，为进行性致死性神经变性疾病。

## 2.6 核 酸

微课
核酸

核酸是以核苷酸为基本单位的生物大分子，具有复杂的结构和重要的生物学功能。早在1868年，瑞士科学家米歇尔（F. Miescher）从外科绷带脓细胞的核中分离出一种富含磷元素的酸性化合物，由于存在于细胞核中而将其称为“核素”（nuclein）。核素是含有蛋白质的核酸制品。1889年阿尔特曼（R. Altmann）从酵母及其他动物细胞中分离得到不含蛋白质的核酸，并首先以“核酸”（nucleic acid）来命名。现已证明，动物、植物、微生物（朊病毒除外）都以核酸作为遗传物质。

### 2.6.1 核苷酸

核酸按其所含戊糖种类不同分为脱氧核糖核酸（DNA）和核糖核酸（RNA）两大类。DNA分子巨大，贮存细胞所有的遗传信息，是物种保持、进化和世代繁衍的物质基础。RNA分子相对较小，主要参与蛋白质的合成和遗传信息的传递，主要分为三种：信使核糖核酸（mRNA）、转运核糖核酸（tRNA）和核糖体核糖核酸（rRNA）。核苷酸是大分子核酸的构件分子，由碱基、戊糖和磷酸三部分组成。

（1）碱基

碱基分三种嘧啶，即胞嘧啶（cytosine）、胸腺嘧啶（thymine）和尿嘧啶（uracil），以及两种嘌呤，即腺嘌呤（adenine）和鸟嘌呤（guanine）。胸腺嘧啶只存在于DNA分子中，尿嘧啶只存在于RNA分子中。三种嘧啶的差别在于嘧啶环侧链的取代基团不同，两种嘌呤的差别也是嘌呤环侧链取代基团不同（图2.17）。

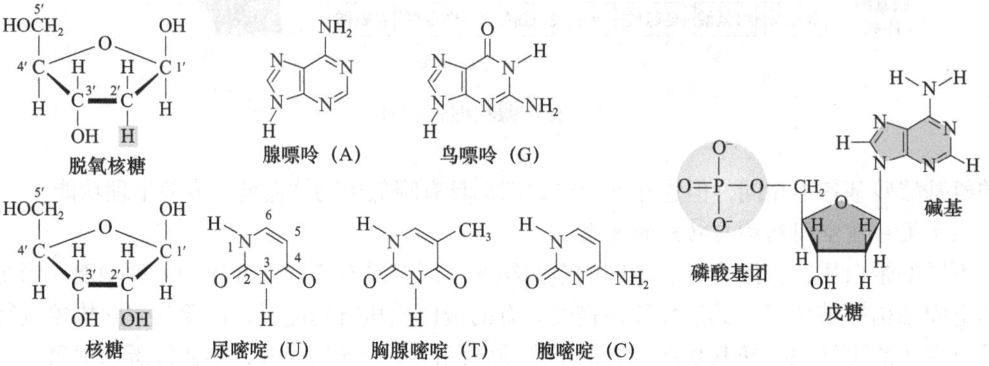


图2.17　核苷酸的结构单元与核苷酸

（2）戊糖

核苷酸中发现两种戊糖，均为β-呋喃糖形式。DNA中为脱氧核糖，RNA中则为核糖。两者的差别只在于脱氧核糖中没有2′位羟基，这点差别使DNA在化学上比RNA稳定得多。为了与碱基原子编号相区别，戊糖原子编号加（′）。核糖或脱氧核糖的第1位碳原子上的羟基与嘌呤碱基第9位氮原子或嘧啶碱基的第1位氮原子上的氢脱水形成C-N糖苷键而形成核苷或脱氧核苷。

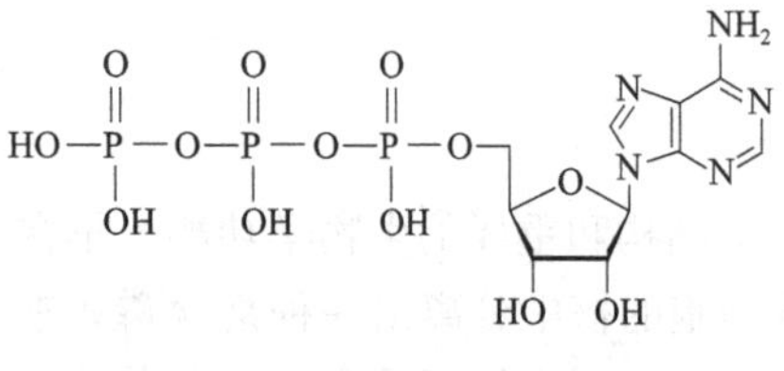

图2.18　三磷酸腺苷（ATP）的结构

（3）磷酸

磷酸通过磷酸酯键与糖的5′碳原子相连，这个磷酸基团决定了核苷酸和核酸都带有较多的负电荷。依磷酸基团的多少，可有核苷一磷酸、核苷二磷酸和核苷三磷酸（图2.18）。核苷一磷酸的磷酸根同另一个核苷3′碳原子相连形成3′,5′-磷酸二酯键，核苷酸通过磷酸二酯键形成核酸。

### 2.6.2　核酸的分子结构

组成DNA的脱氧核糖核苷酸主要有4种，为dAMP、dGMP、dCMP和dTMP。组成RNA的核糖核苷酸则主要为AMP、GMP、CMP和UMP。核酸中的核苷酸以3′,5′-磷酸二酯键相连，多个核苷酸依次连接成长链大分子即核酸。核酸链具有方向性，链的一个末端的核苷酸5′位上只有磷酸基团而无其他核苷酸相连的称为5′端；链的另一头，其末端核苷酸3′位上只有羟基而无其他核苷酸相连的称为3′端。

（1）DNA的分子结构

DNA的一级结构是指DNA中脱氧核糖核苷酸的排列顺序。不同种类的生物，其DNA在大小、组成和一级结构上差异大。比较它们的碱基组成，发现如下规则：①不同生物的DNA碱基组成一般不同；②同一生物不同组织的DNA碱基组成相同；③某一特定生物的DNA碱基组成不随年龄、营养状况和环境因素而变化；④任何生物的DNA碱基组成都为A=T，G=C，即A+G=T+C。

DNA的二级结构主要有A型、B型和Z型。沃森和克里克于1953年提出的描述DNA二级结构的模型，也称为Watson-Crick结构模型为B构型（图2.19），其结构特点如下。

1）两条DNA互补链反向平行，即一条链为5′→3′，另一条为3′→5′方向。二者以一共同轴为中心相互缠绕成右手螺旋。

2）由脱氧核糖和磷酸间隔相连而成的亲水骨架在螺旋分子的外侧，而疏水的碱基对则在螺旋分子内部，其疏水环境可避免许多具有亲水性分子的干扰。

3）螺旋表面有两个螺旋形凹槽，一条深宽的称为大沟（major groove），一条浅窄的称为小沟（minor groove），蛋白质分子能通过这两条沟与碱基接触。

4）双螺旋内部的碱基对由一条链的碱基与另一条互补链的相应碱基通过氢键配对而成。根据碱基结构特征，只能形成嘌呤嘧啶配对，即G≡C，A=T。其中G≡C之间形成三个氢键，A=T则为两个。

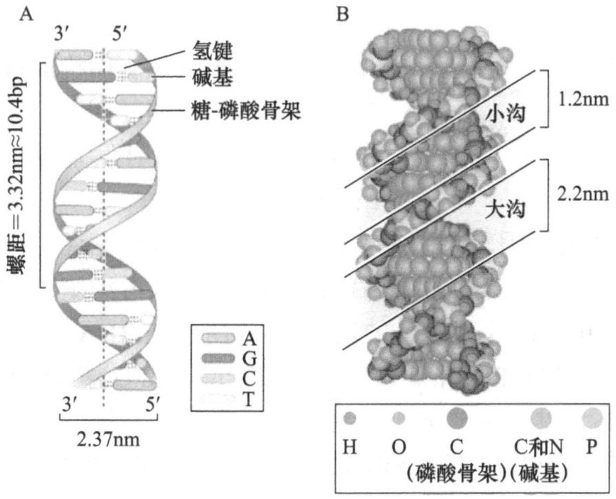


图2.19　DNA二级结构（Mader，2008）

A．DNA二级结构示意图；B．DNA二级结构原子模型图

彩图

5）碱基对为平面分子，与螺旋轴垂直。相邻碱基对平面间隔距离为0.34nm，并有一个36°的夹角。螺旋旋转一周有10.4bp，螺距为3.32nm。链上存在大量带负电荷的磷酸基团，它们之间存在很强的静电斥力。如果不中和负电荷，这种强烈的斥力，会使两条互补链分开。在生理条件下，DNA双螺旋表面存在大量碱性蛋白质和正离子（如$Na^+$），能有效中和磷酸基团的负电荷而大大降低静电斥力。

双螺旋DNA是细长无分支的巨大分子，直径仅2.37nm，在细胞中往往进一步折叠成更紧密的结构。原核生物如大肠杆菌，往往形成超螺旋（super coil）结构。原核生物和病毒基因组DNA都是环状的，为无末端的DNA。真核生物基因组DNA往往折叠成染色体。每条染色单体由一个巨大的DNA双螺旋分子组成。线性双螺旋DNA折叠的第一层次是串珠样核小体结构。核小体直径11nm，由140bp长的双螺旋DNA绕组蛋白八聚体核心1.75圈构成。由核小体构成的念珠状结构进一步盘绕压缩形成更高层次的染色体结构。据估算，人的DNA分子在染色体中反复折叠盘绕共压缩至其的1/10 000～1/8000（见5.2.1）。

（2）RNA的分子结构

细胞所含RNA，由DNA上相应RNA基因转录而来，其数量比DNA约多10倍。主要存在于细胞质中（占总RNA的90%），代谢活跃。RNA主要是由4种核糖核苷酸A、G、C和U通过3′,5′-磷酸二酯键相连而成的单链多核苷酸。RNA分编码RNA（mRNA）和非编码RNA（non-coding RNA，ncRNA）两大类。

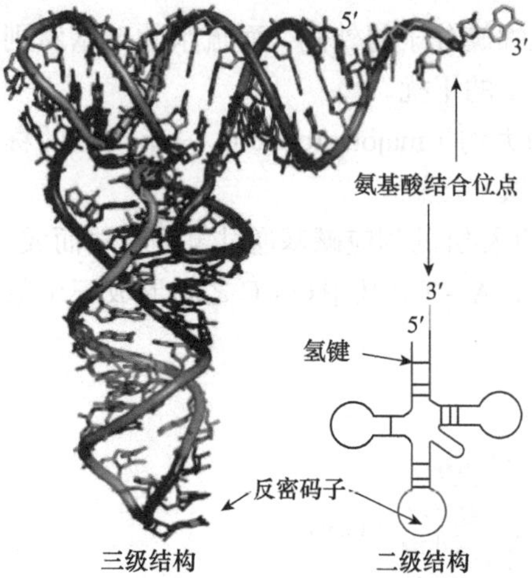

图2.20　tRNA结构

转运RNA（tRNA）长约70个核糖核苷酸，其中约有30%的碱基固定不变。tRNA 5′端总是磷酸化，3′端为—CCA—OH结构，其中羟基可与氨基酸的α羧基结合而携带氨基酸。tRNA含有不少稀有碱基，如双氢尿嘧啶（DHU）、核糖胸腺嘧啶（rT）、假尿嘧啶（$\psi$）和次黄嘌呤（I）。此外还有不少甲基化碱基。这些特殊碱基都是tRNA在转录后通过修饰形成的。

tRNA的二级结构为三叶草形（图2.20），配对碱基形成局部双螺旋而构成臂，不配对的单链部分则形成环，形成四环四臂。用X射线衍射技术分析tRNA的空间结构时发现其三级结构为倒“L”形（图2.20）。

mRNA由DNA上相应基因转录而来，其结构除了供直接翻译蛋白质的编码序列外，还有与翻译的起始、终止等信号有关的非编码序列。mRNA占细胞总RNA的1%～5%，分子大小不均一。一般含300～600个氨基酸的蛋白质，对应的mRNA中则至少应有900～1800个核苷酸的编码序列。在成熟mRNA，5′端第一位核苷酸是$m^7G$，其5′碳通过三磷酸酯与第二位核苷酸的5′碳形成不常见的5′,5′-磷酸酯键连接。在第二和第三位核苷酸的2′位羟基上常常见到甲基。大多数成熟mRNA都有polyA尾，其长度为20～250个腺苷酸，其功能可能与mRNA的稳定性有关。

核糖体RNA（rRNA）占细胞总RNA的60%左右，其大小用经验性的简便方法斯韦德贝里（Svedberg）沉降系数（S）表示。以大鼠肝细胞为例，真核生物核糖体直径为23nm，大小为80S，可分为40S和60S大小两亚基。40S小亚基含1分子18S rRNA和33种核糖体蛋白。60S大亚基则含5S、5.8S和28S三种rRNA各1分子和49种核糖体蛋白。

### 2.6.3　核酸的理化性质

生物的遗传物质为核酸，不同生物大小不一，如多瘤病毒为5.1kb，大肠杆菌为4000kb，人为30万kb。在一定的理化因素作用下，核酸的双螺旋等天然空间构象被破坏解体，但其一级结构仍完整的现象称为变性（denaturation）。核酸的碱基具有共轭双键，其溶液在波长260nm处有强烈的紫外吸收。当核酸变性时，双螺旋等高级空间构象被破坏，碱基暴露，其紫外吸收便会大大增加。该特性可用来检测核酸的变性程度。变性DNA经过一定处理重新形成双螺旋DNA的过程称作复性（renaturation）或退火（annealing）。复性过程基于分子的随机碰撞，碱基正确配对和双螺旋构象的重新形成。不同来源，但具互补序列的核酸，按碱基配对原则杂合在一起称为杂交（hybridization）。杂交可发生在DNA-DNA、RNA-RNA和DNA-RNA之间。杂交是分子生物研究中常用的技术之一，利用它可以分析基因组的结构、定位和表达等。常用的杂交方法有Southern（DNA分子）和Northern（RNA分子）印迹法。

## 2.7　营养与健康

微课
营养与健康

根据世界卫生组织（WHO）的定义健康是生理、心理及社会适应三方面全部良好的一种状况，而不仅仅是没有疾病。每个人的健康和寿命有60%取决于自己，15%取决于遗传基因，10%取决于社会因素，8%取决于医疗保障，7%取决于气象因素（Ziglio et al.，2004）。

充足的睡眠、乐观的心态、适量的运动、均衡的营养就像桌子的四条腿支撑着桌面一样支撑着健康，无论哪一条腿短了，桌子的功能都会受到影响。其中最重要的就是均衡的营养，打破了均衡就会生病。

人体必需的营养素包括蛋白质、脂类、碳水化合物三种宏量营养素，以及包括常量与微量元素的矿物、脂溶性和水溶性维生素，其他如膳食纤维、水、植物化学物等也是健康所必需的。

20世纪80年代以前，中国人民的营养是缺乏的，最容易导致死亡的疾病是肺病、天花等传染性疾病。目前容易导致死亡的疾病是癌症、心脑血管疾病、糖尿病、肾病等，它们与不良生活和饮食习惯有很大的关系，主要原因是营养足却不均衡。食物营养要讲究品种多样化、种类齐全、成分充足、比例平衡、人体的利用率高。中国营养学会发布的《中国居民膳食指南》中，推荐了中国居民每天摄入的食物种类和需要量。人体只有摄入全面的、足量的营养才能够保持健康。

### 2.7.1　蛋白质与健康

恩格斯说，没有蛋白质就没有生命。正常人体内蛋白质为16%～19%，是生命的体现者，是构成人体内酶、激素、抗体、补体等的重要物质。蛋白质在人体内主要起构建机体、修复组织、调节生理功能、提供能量的作用，可见蛋白质在人体中的重要性。当一个人躺在医院里不能吃也不能喝的时候，要维持患者的生命除了生理盐水、葡萄糖和药物以外，还必须补充白蛋白（氨基酸）。

蛋白质分为内源性和外源性两种类型。蛋白质的主要来源是谷薯类、鱼肉类、虾贝类、豆类、蛋奶类。根据食物蛋白质所含氨基酸的种类和数量，蛋白质被分为完全蛋白、半完全蛋白和不完全蛋白三类。

完全蛋白的必需氨基酸种类比较齐全、数量充足、比例适当，不但能维持人体健康，还可以促进生长发育，如蛋、奶、鱼、肉等。

半完全蛋白的必需氨基酸种类也比较齐全，但数量不足，虽然也可以维持生命，但不能促进生长发育，如小麦中的麦角蛋白。

不完全蛋白的必需氨基酸种类是不全的，既不能促进生长发育，也不能维持生命，如肉皮中的胶原蛋白、玉米角蛋白。

优质蛋白的摄入不足，会导致婴幼儿生长发育的停滞，包括贫血、智力发育差、视觉差、营养不良性水肿、体重下降、脏器功能衰竭等，以及成人消化不良、消瘦、免疫力下降、骨质疏松、贫血、水肿等。

### 2.7.2 脂类与健康

人体脂类重量占体重的15%左右，脂类中脂肪酸和胆固醇与血管之间有着相互调节和平衡的作用。胆固醇有1/4是通过饮食摄取的，3/4是自身通过肝脏代谢、调节合成后被血液所利用的，所以胆固醇不能超标，也不能没有。脂类能够调节脂蛋白和血脂。HDL的主要成分是蛋白质，能逆转血管的风险，是好的；而LDL是不好的。

脂类能够存储及提供人体所需的能量，促进脂溶性维生素的吸收，维持人体正常的体温，固定和保护人体的脏器，增加饱腹感，提高口感及感官性状等。

脂肪酸按照饱和度被划分为饱和脂肪酸和不饱和脂肪酸。

饱和脂肪酸属于不动脂，它能够升高血浆中的胆固醇和LDL，二者结合在一起对血浆影响更甚，LDL会把胆固醇带入血管细胞，形成斑块减小血流速度。

不饱和脂肪酸属于动脂，是不稳定的，不会升高血浆中的胆固醇和LDL，因此一般认为饱和脂肪酸对人体有害，不饱和脂肪酸则有益。不饱和脂肪酸可分为单不饱和脂肪酸和多不饱和脂肪酸两类：①单不饱和脂肪酸主要来源于橄榄油、茶籽油、鱼油等，属于高密度脂蛋白类，具有能够逆转血管风险的作用。②多不饱和脂肪酸是指含有2个或2个以上双键且碳链长度为18～22个碳原子的直链脂肪酸，通常说的多不饱和脂肪酸是顺式的。人体必需脂肪酸亚油酸和亚麻酸为多不饱和脂肪酸，前者主要来源于大豆油、玉米油、芝麻油、葵花籽油，后者主要来源于亚麻籽油、紫苏油、深海鱼油等。人体最重要的两种不饱和脂肪酸是DHA（二十二碳六烯酸）和EPA（二十碳五烯酸），具有清理血管中“垃圾”（胆固醇和甘油三酯）的功能。DHA具有软化血管、健脑益智、改善视力的功效，俗称“脑黄金”。

脂肪酸按照空间构象分为反式脂肪酸和顺式脂肪酸。

反式脂肪酸是一类不饱和脂肪酸，其双键上2个碳原子结合的2个氢原子分别在碳链的两侧，其空间构象呈线性，与饱和脂肪酸相似。与之相对应的是顺式脂肪酸，其双键上2个碳原子结合的2个氢原子在碳链的同侧，其空间构象呈弯曲状。反式脂肪酸同饱和脂肪酸一样，可以增加有害物质胆固醇，影响人体健康。

反式脂肪酸也普遍存在于多种天然食物中，如牛羊肉、乳及乳制品、水果和蔬菜等。膳食中的反式脂肪酸主要有两种来源。

1）氢化植物油是反式脂肪酸最主要的食物来源。以不饱和脂肪酸为主的植物油在加压和镍等催化剂的作用下加氢硬化，从液态不饱和脂肪酸变成固态或半固态饱和脂肪酸。但在处理过程中，植物油中一部分不饱和脂肪酸从天然构象顺式不饱和脂肪酸转变成了反式不饱和脂肪酸。不饱和脂肪酸氢化时产生的反式脂肪酸含量因加工工艺不同有很大波动，一般占油脂含量的8%～70%。氢化植物油比普通植物油熔点和烟点高，室温下能保持固态形状，可以保持食物外形美观，在油炸食品时油烟也少；由于氧化稳定性好，可以防止变质，因此使得运输和储存更加便利。此外，它还能够增加食品的口感和美味，使成本更加低廉。所有含有“氢化油”或者使用“氢化油”油炸过的食品都含有反式脂肪酸，如人造黄油、人造奶油、咖啡伴侣、西式糕点、薯片、炸薯条、珍珠奶茶等。我国于20世纪80年代初引进氢化植物油技术，并开始应用于食品工业。

2）反刍动物（如牛、羊）的脂肪组织和乳及乳制品。饲料中的不饱和脂肪酸经反刍动物肠腔中的丁酸弧菌属菌群的酶促生物氢化作用，形成反式不饱和脂肪酸异构体，这些脂肪酸能结合于机体组织或分泌到乳中，不过含量一般都比较低。

日常生活的烹调过程中，尤其是油炸、煎烤时，植物油中的顺式脂肪酸高温受热后也可以部分转变为反式脂肪酸，但量很少。

对反式脂肪酸的警觉始自荷兰和英国科学家的一项研究：人造奶油中的反式脂肪酸降低了有益的HDL的含量而使有害的LDL增加，这一发现在国际上引起普遍重视。反式脂肪酸是一种对于人体健康有害的物质，但它对于人体是否真的产生危害取决于其摄入量。过多的反式脂肪酸摄入会潜在地影响胎儿的生长发育，导致血栓形成，促进动脉硬化，诱发2型糖尿病的发生和造成大脑功能减退、老年痴呆等。

### 2.7.3 碳水化合物（糖）与健康

人体碳水化合物重量占体重的2%左右。碳水化合物的主要来源是谷薯类、杂豆类、坚果类、水果类等。碳水化合物在人体内主要用于产生能量。一部分会在日常活动中被消耗掉，剩下的部分都变成了脂肪存储着，存储在肝脏里的叫作肝糖原，存储在肌肉里的叫作肌糖原。当人体需要爆发性能量时，糖原就会首先被转换利用。

碳水化合物和蛋白质在人体内能转化成脂肪，碳水化合物和脂肪都能转化成能量，但是两者之间是有区别的，碳水化合物主要用于供能，而脂肪主要用于储能。人体糖类摄入不足时就会没有精神，会出现一些症状，如全身无力、疲乏、头晕、心悸等，严重者还会导致低血糖昏迷症状。反之，糖摄入过多，多余的就会转化成脂肪储存在人体内，使人变得肥胖，易导致高血脂、糖尿病等疾病。2012年10月，美国著名梅奥诊所的一项研究让很多人都意识到碳水化合物摄入过多的危害不只是肥胖，还可能伤害大脑认知能力。直到2018年出现反转，悉尼大学科学家发现，长期几乎只食用碳水化合物的老年小鼠，它们的海马体与年轻时相比几乎没有减少，活性也没有下降，并得出可能性结论：食用碳水化合物可以维持海马体活力（Wahl et al.，2018）。

纤维素是不被人体吸收的，吃多少排多少，过去人们都认为其是废物，后来科研发现它在保障人类健康方面起着重要作用，后被世界卫生组织称为第七大营养素。食用含有纤维素的食物对于健康是必需的和有益的。人不能对纤维素进行分解与利用，但纤维素却具有吸附大量水分、促进肠蠕动的功能，是肠道的清洁工，就像是一把大扫帚，快速把肠道里的垃圾毒素清扫出去。当人体长期缺少纤维素时，会导致便秘及痔疮的形成，更甚者会导致肠癌。纤维素在保障人类健康、延长生命方面有着重要作用。

### 2.7.4 其他微量元素与健康

维生素重量在人体内占1%，它既不参与构成人体细胞，也不为人体提供热量，但是是维持人体生命代谢的营养物质，是正常生理功能所必需的一类有机物。它们具有以下共同特点：①维生素或其前体都在天然食物中存在，但比较分散；②一般体内无法合成或合成量少，无法满足机体需要；③维持机体正常功能所必需，但需要量极少，以mg或μg计算；④在体内不提供热量。

维生素分为脂溶性维生素和水溶性维生素两大类。脂溶性维生素不溶于水，却能溶于脂肪，在人体内消耗得比较慢，如维生素A、维生素E、维生素D、维生素K。其中维生素A对保持正常视力、保持上皮组织的完整和健全、增强机体免疫力等有着重要作用；维生素D可促进钙、磷的吸收，为抗佝偻病作用的物质，对骨骼和牙齿的生长发育起着重要作用；维生素E又称生育酚，是一种强抗氧化剂，可保护细胞膜免受不饱和脂肪酸氧化产生的毒害作用，同时可保护生命大分子物质免遭自由基破坏，是细胞伤害、组织破裂的天然抑制剂；维生素K又称为凝血维生素，是同血液凝固有关的维生素。水溶性维生素是溶于水的，在人体内流失得比较快，主要包括维生素C和维生素B等，维生素C又称为抗坏血酸，具有强酸性和强还原性，可促进胶原物质合成，利于伤口组织愈合，促进生物氧化还原过程，保证细胞膜完整性等；维生素B一般为人体内催化物质代谢酶的辅助因子，对维持体内正常代谢起着重要作用。

矿物质是构成人体组织的重要营养素，参与人体建造与修复，维持正常的生理功能，其重要性不亚于维生素。

Ca是人体含量最多的矿物质，广泛分布在血液、软组织和细胞外液中，是构成骨骼和牙齿的主要物质，缺乏时会出现发育不良、骨质疏松、牙齿松动等症状。

P存在于所有细胞中，几乎参与所有生理上的化学反应，是维持骨骼和牙齿的必要物质，缺乏时影响骨骼发育和生长。

Mg是制造DNA必需的物质，在血糖转变为热量过程中扮演重要角色，对神经有显著的镇定作用，当人体缺乏时容易出现心律不齐、肌肉抽搐、紧张、焦虑、不安等症状。

K广泛分布于肌肉、神经及血细胞中，与神经传导、心肌活动密切相关，可维持人体酸碱平衡，帮助体内水平衡，充足的K能保护神经健康，也有助于提高肌肉和人体活力，缺乏时容易引起头晕心慌、四肢无力。

Na广泛存在于人体所有细胞中，参与体内糖等的代谢过程，调节渗透压，维持人体酸碱平衡及正常血压，胃、肌肉、神经、心血管的正常功能也需要Na的参与，缺乏时容易头晕乏力、体重减轻。

Co能够刺激造血功能及促进红细胞的生成，当人体严重缺乏时会导致心血管病、贫血、脊髓炎、气喘、青光眼等疾病。

Cu主要与血的代谢有关，是血红蛋白的活化剂，主要参与体内多种酶的代谢，当人体内严重缺乏时会导致贫血、关节炎、溃疡、脑障碍、心血管病等疾病。

Zn是参与合成蛋白质的重要物质，可促进胶原蛋白合成，帮助伤口愈合，增强体内白细胞的战斗力，提高免疫力及促进生殖器官的发育。当人体内严重缺乏时会导致生长发育（侏儒）、性发育、感官器官等障碍，以及肠原性皮炎、溃疡、不孕、白发、免疫力下降等，过多会中毒。

Mo是各种酶的激活剂，也是生长发育的重要活性剂，当人体内严重缺乏时会导致心血管病、克山病、食道癌、肾结石、龋齿等疾病。

Cr的功能主要是增强胰岛素的作用，用于调节胆固醇、脂质、糖、蛋白质的代谢等，当人体内严重缺乏时会导致心血管病、糖尿病、高血脂、胆结石、胰岛素功能失常等疾病。

I是人体各个系统，特别是神经系统发育不可缺少的部分，严重缺乏时会导致甲状腺肿、心悸、动脉硬化疾病等。

Se能够促进人体内抗体的形成，能够增强免疫力、维持人体内酶和维生素的活性，并参与人体激素的生理功能的作用。当人体内严重缺乏时会导致心血管病、癌症、关节炎、心肌病等疾病。

Fe参与体内氧的运送和组织呼吸的过程，用于维持造血和免疫功能，催化胡萝卜素转化成维生素A，以及抗氧化和解毒。当人体内严重缺乏时会导致心慌气短头晕、肝脾肿大、缺铁性贫血、贫血性心脏病、智力和耐力降低、神经异常、异食癖、口腔炎等疾病，过多会中毒。

Mn也为构成骨骼发育的矿物质，主要是促进骨骼的正常发育，并参与人体内糖和脂肪的代谢，与中枢神经正常运作相关，可提升大脑记忆力。

# 第3章　生命活动的基本单位——细胞

细胞是生物体基本的结构和功能单位，如同一个小宇宙。300多年前荷兰显微镜学家、微生物学的开拓者安东尼·列文虎克（Antony Leeuwenhoek）制造出世界上最早的显微镜，是最早看到细菌的人。17世纪英国博物学家、发明家罗伯特·胡克制作或发明了显微镜、望远镜等多种光学仪器，并将自己用显微镜观察所得写成《显微制图》一书，“细胞”一词即由他命名。

1838～1839年德国科学家施莱登和施旺提出细胞学说，直到1858年，德国科学家鲁道夫·魏尔肖（Rudolf Virchow）提出细胞通过分裂产生新细胞的观点，细胞学说才较完善。细胞学说是关于生物有机体组成的学说。

最初提出细胞学说观点的两篇论文是施莱登1838年发表的论文《植物发生论》和施旺1839年发表的论文《关于动植物的结构和生长一致性的显微研究》。细胞学说可以归纳为以下两点：①所有生物都由细胞和细胞的产物组成；②新的细胞必须由已存在的细胞分裂而产生。

细胞是生命的基本结构单位，除病毒外，所有生物都是由细胞组成的，细胞具有不同的形态和大小。成人有机体含有40万亿～60万亿个细胞，刚出生的婴儿含有千亿个细胞。人体内有200多种不同类型的细胞。细胞生命活动以物质代谢为基础，以能量代谢为动力，以信息调控为机制，有非常狭窄的遗传桥梁和惟妙惟肖的表型特征。细胞是生殖和遗传的基础和桥梁，具有相同的遗传语言，人与人之间的基因组差别只有千分之一，细胞是生命起源的归宿，是生物进化的起点，形状与大小各异的细胞是生物进化的结果。

## 3.1　细胞外基质与细胞间连接

**微课**
信息传递的基础——细胞连接

细胞质膜不仅是细胞的界膜，还严格控制着细胞内外物质、能量和信息交流，维持着细胞内环境的稳定。各个细胞通过细胞外基质（ECM）（图3.1）连接在一起形成复杂的细胞社会。

### 3.1.1　细胞外基质

ECM是分布于细胞外部空间的网状结构，它由蛋白质（胶原蛋白、弹性蛋白、黏连蛋白）、糖蛋白和蛋白聚糖等组成，它们结合在一起沉浸于胞液中并与细胞结合。虽然ECM的组成因组织而异，但它通常包括与质膜内整合素相连的一些连接，从而实现结构完整性，以及组织内的通信和协调。其中胶原蛋白构成骨架体系；黏连蛋白帮助细胞连到细胞外基质上，促进细胞迁移；蛋白聚糖具有高度亲水性，使细胞外基质具有抗压能力，同时可与多种生长因子结合，将胞外信号向胞内传递。

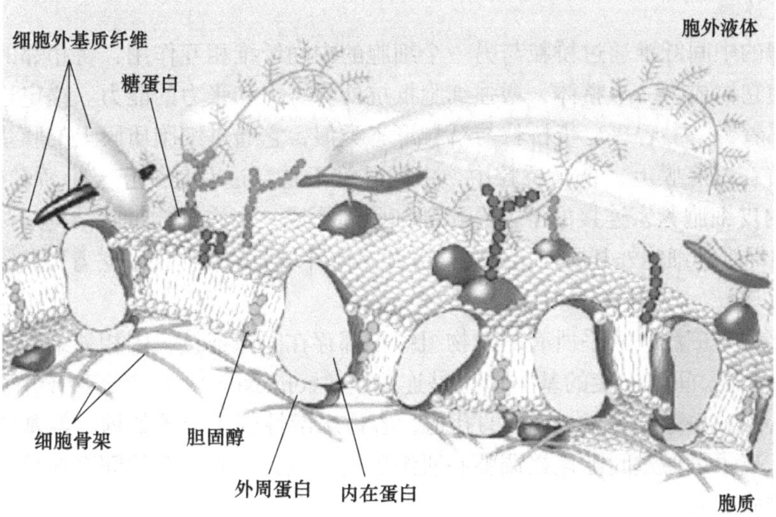


图3.1　细胞质膜及细胞外基质（Punjabia et al.，2015）

### 3.1.2　细胞间连接

动物细胞之间的连接方式主要有三种：紧密连接、锚定连接和间隙连接。它们普遍存在于动物体内表面的上皮组织中（图3.2）。

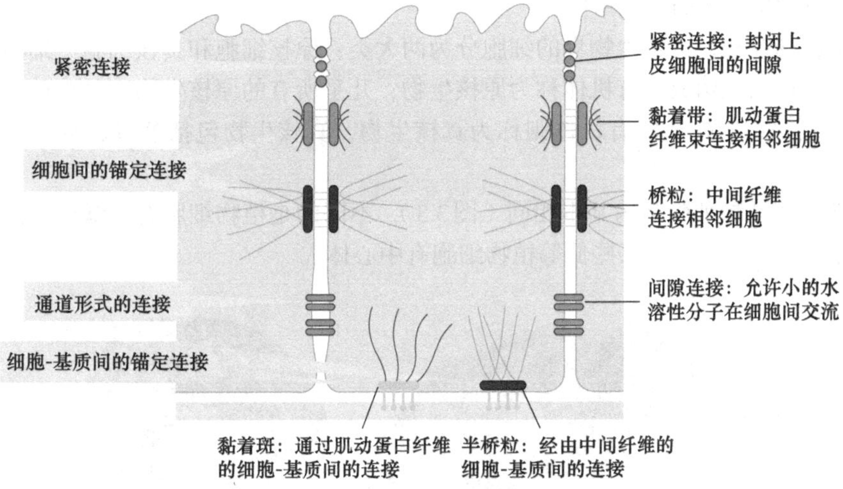


图3.2　动物内皮细胞中的各种细胞连接（Alberts，2014）

（1）紧密连接

在内皮细胞中该连接环绕各个细胞一周成带状结构。在该连接中，相邻细胞膜通过膜整合蛋白紧紧地靠在一起，没有间隙，可以阻止可溶性物质从内皮细胞一侧扩散到另一侧，起着重要的封闭作用。例如，小肠内皮细胞的紧密连接能将体液和小肠内的消化物隔开；膀胱内皮细胞的紧密连接可防止尿液渗漏等。

（2）锚定连接

一个细胞的中间纤维通过桥粒与另一个细胞的中间纤维相互作用，将相邻的两个细胞锚定在一起，使它们成为一个整体，增强细胞抵抗外界压力和张力的能力。锚定连接包括半桥粒、桥粒、黏着带、黏着斑。半桥粒与桥粒形态类似，它通过细胞质膜上的膜蛋白整合素将内皮细胞固着在基底膜上，在半桥粒中，中间纤维不是穿过而是终止于半桥粒的致密斑内。黏着带位于内皮细胞紧密连接的下方，相邻细胞间形成一个连续的带状结构。黏着斑是细胞通过肌动蛋白纤维和细胞外基质连接的连接方式。体外培养的细胞通过黏着斑贴附在瓶壁上。

（3）间隙连接

间隙连接分布广泛，几乎所有的动物组织中都存在间隙连接，因相邻细胞质膜间的间隙为2～3nm而得名。间隙连接的基本单位是连接子（connexon），每个连接子由6个蛋白质亚基组成，中心形成一个直径约1.5nm的孔道，容许水溶性的小分子如糖、氨基酸等通过。在心肌组织中，离子可通过间隙连接调整心肌细胞的收缩，肝脏组织的间隙连接可容许相邻细胞间小分子物质交流。

## 3.2 细 胞 器

无论各种细胞的大小和形态有多大的差异，它们都是由一层具有一定生物学功能的细胞膜包裹在细胞外层。这层细胞膜将细胞内部和外部环境分隔开，使细胞内部的各种生命活动发生在特定的环境中，保障了单细胞个体的生命活动和多细胞个体中不同功能细胞的相对独立性，使其成为生物体的功能单位。

根据细胞的结构，可将生物界的细胞分为两大类：原核细胞和真核细胞。细菌、蓝藻和放线菌等由原核细胞构成的有机体称为原核生物，几乎所有的原核生物都是由单个原核细胞构成；而由真核细胞构成的有机体则称为真核生物，真核生物包括酵母、霉菌、植物和动物等。

植物细胞和动物细胞结构基本相同（图3.3），不同的是植物细胞有叶绿体、液泡、细胞壁和胞间连丝，动物细胞和某些低等植物细胞有中心体。

图3.3 细胞结构
A．植物细胞；B．动物细胞

微课
细胞与细胞结构

细胞及部分细胞器都主要由磷脂双分子层构成的生物膜包着，磷脂分子以疏水性尾部相对，极性头部朝向水相组成生物膜骨架。磷脂双分子层上嵌有蛋白质、胆固醇、糖脂、糖蛋白等物质，细胞膜和细胞器膜在结构和成分上差别甚微。

关于生物膜的结构特征，1935年休·戴维森（Hugh Davson）和詹姆斯·丹尼利（James Danielli）提出三明治模型：脂膜由脂双层构成，内外表面各有一层球状蛋白质分子。随后1972年辛格（S. J. Singer）和加思·尼克森（Garth Nicolson）提出流动镶嵌模型：细胞膜由流动的脂双层和嵌在其中的蛋白质组成，脂双层以流体形式存在，单个的脂分子可以在膜平面内侧向移动，蛋白质以不连续的颗粒形式嵌入脂层。随后陆续有科学家提出生物膜的板块镶嵌模型和脂筏模型。前者是指在流动的双层脂质分子中存在许多大小不同、刚度较大、彼此独立运动的脂质“板块”（有序结构的板块），这些有序的板块被无序的流动脂质区（无序结构的板块）所分割，这两种板块处于动态平衡之中；后者是指在甘油磷脂为主体的细胞质膜上胆固醇和鞘脂形成相对有序的脂相，如同漂浮在脂双层上的“筏”一样，载着具有生物功能的膜蛋白。目前普遍认可的是流动镶嵌模型，板块镶嵌模型和脂筏模型都是对其的补充。

细胞内膜系统是真核细胞所特有的，是细胞完成各种复杂生命过程必需的结构。真核细胞质膜以内、核膜以外的部分称为细胞质，细胞质占细胞物质的大部分，包括细胞质基质（细胞液、胞质溶胶）、内含物和细胞器。内含物是细胞代谢产物或储藏物如糖原、淀粉、色素等；细胞器包括没有界膜的细胞器，如核糖体、中心粒微管、微丝、中间纤维等，以及有界膜的细胞器，如内质网、高尔基体、溶酶体、线粒体、叶绿体、微体等。细胞器膜与细胞核膜一起，统称为细胞内膜系统。

### 3.2.1　内质网

内质网（endoplasmic reticulum，ER）（图3.4A）是由膜形成的一些小管、小囊或扁囊构成的管道系统，在细胞质中，这些管、囊、扁囊构成一个连续的网状膜系统，贯通于整个细胞。向内它与核膜外膜相连，向外与胞质内膜相连。

内质网的基本结构是脂质双分子层。根据内质网膜上是否有核糖体可分为糙面内质网（rER）和光面内质网（sER）。糙面内质网表面分布大量核糖体，主要功能是合成分泌性蛋白和多种膜蛋白；光面内质网表面没有核糖体，是脂类合成和糖原代谢的场所，如合成细胞所需的几乎全部脂类（磷脂、胆固醇）等。合成的蛋白质进入内质网腔后会发生糖基化（N连接）、羟基化、酰基化、形成二硫键等。由于光面内质网上的酶参与多种药物和毒物的代谢过程，因此光面内质网也是细胞解毒的场所。肌细胞中的光面内质网（肌质网）膜上$Ca^{2+}$泵可以将胞质中$Ca^{2+}$主动输入肌质网中储存。当$Ca^{2+}$通道开启释放，最终可引起肌肉收缩（参见4.4.2）。

糙面内质网膜上有一种蛋白复合体易位子［由转运腔、核糖体受体、信号肽酶和信号肽识别颗粒（SRP）受体构成］，易位子结构中心有一个直径2nm的通道（转运腔），通过这个通道可以使新合成的多肽进入内质网腔中（图3.4B）。新合成的多肽必须正确折叠才有功能，否则会在胞质降解。帮助多肽进行正确折叠的是内质网中的驻留蛋白，其中蛋白质二硫键异构酶可帮助形成正确的二硫键；还有一类小分子多肽，称为分子伴侣，它们可以帮助内质网新合成的多肽进行正确的折叠与装配。细胞中蛋白质合成一般起始于细胞基质中，但有些蛋白质开始合成不久便转移到了内质网膜上。

信号肽为分泌蛋白N段的一段特定的氨基酸序列，存在于新生肽N端，为由15～35个氨

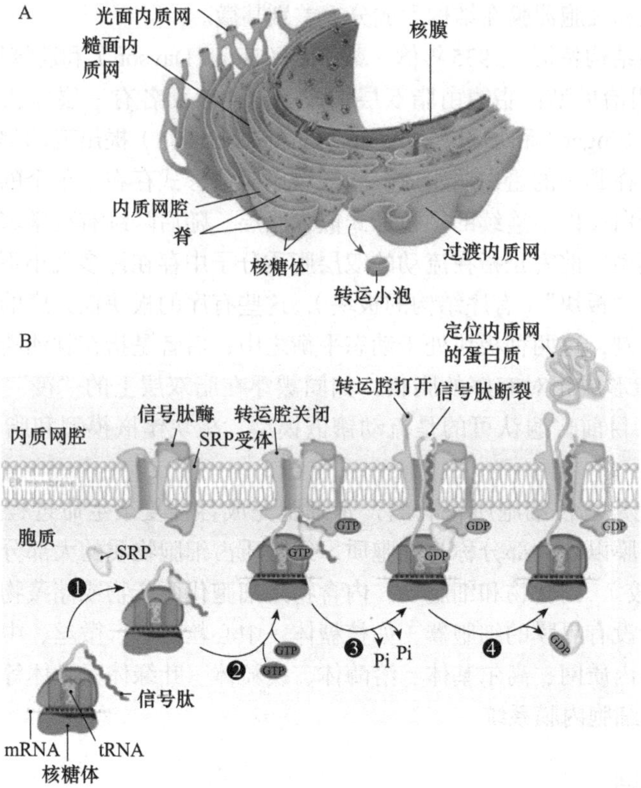


彩图

图3.4　内质网（A）与内质网上分泌蛋白的合成过程（B）
GTP．鸟苷三磷酸；GDP．鸟苷二磷酸

基酸组成的富含疏水氨基酸的肽段，它可指导分泌性蛋白到内质网膜上合成，在蛋白质合成结束前被切除。

### 3.2.2　高尔基体

高尔基体（Golgi body）又称为高尔基器、高尔基复合体、内网器。电子显微镜（简称电镜）下看到的高尔基体由光滑膜组成（图3.5），其显著特征是：由扁囊堆叠而成，一般由3～8个扁囊构成，每个扁囊有一底部，边缘拢起像一摞碟子。扁囊内充满无定形或颗粒状内含物。在腺体细胞中，高尔基体有明显的极性，靠近细胞核紧紧挨着内质网的一面为顺面高尔基网（CGN），又称为形成面高尔基网；面向细胞膜的一面为反面高尔基网（TGN），又称为成熟面高尔基网；顺反面中间为中间高尔基网（MGN）。顺面高尔基网可接受来自内质网新合成的物质，并将其分类后大部分转入高尔基体的中间高尔基网，小部分蛋白质与脂类再返回内质网。中间高尔基网主要是进行糖的合成与修饰，大多数糖基化修饰、糖脂形成及多糖合成都在中间高尔基网完成。反面高尔基网的主要功能是参与蛋白质分类与包装，最后再将蛋白质从高尔基体中运出。CGN→MGN→TGN是一条高度有序的流水作业线，CGN接受分选半成品，再转给MGN加工修饰，然后将产品转给TGN，最后由TGN分类包装后运出。因此由顺面至反面，逐一推进，渐次发展，每一特征性高尔基网都有不同的酶系统，催化不同的酶促反应，完成不同的功能。

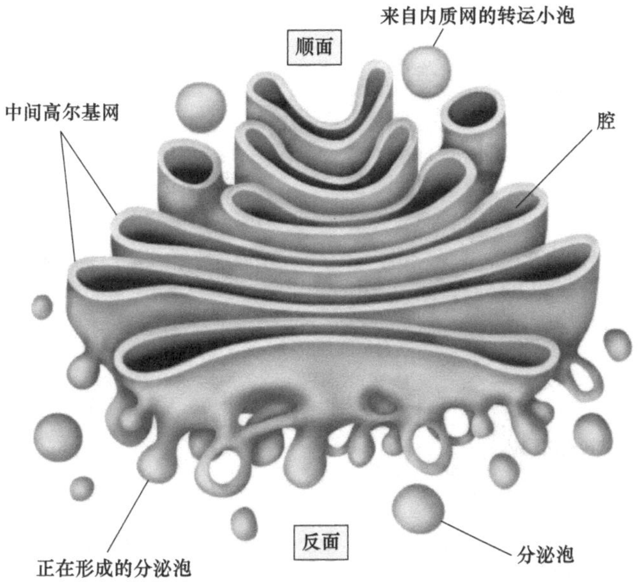


图3.5　高尔基体

在高尔基体周缘还有一些大小不等的囊泡。现已确定，小囊泡来源于内质网，由糙面或连续的光面内质网出芽形成，小囊泡运动到CGN经识别再融合；反面一侧的大囊泡是经高尔基体扁囊群加工修饰再通过TGN出芽被包装形成的，小囊泡膜厚6.0～6.5nm，与内质网膜相近，大囊泡膜厚7.5～8.5nm，与质膜相近。因此，内质网→高尔基体→质膜过程中，囊膜在逐渐地加厚，囊中成分也在逐渐地更新。

高尔基体是细胞内大分子运输的一个重要交通枢纽。它的主要功能是将内质网合成的各种蛋白质进行加工、分类、包装，然后把它们运到胞外或细胞的特定部位。

### 3.2.3　溶酶体

溶酶体（lysosome）是由单层膜围绕、内含多种酸性水解酶类的囊状细胞器。其主要功能是进行细胞内的消化。

溶酶体的发现较晚，1949年克里斯汀·德·迪夫（Christian de Duve）在研究大鼠肝组织有关糖代谢酶的分布时，证明了溶酶体的存在；1955年迪夫又与诺维科夫（A. Novikoff）合作首次用电子显微镜观察到了溶酶体的存在。此后，人们又在所有原生动物和多细胞动物及真菌和一些植物细胞中发现了溶酶体，但在哺乳动物红细胞和细菌中没发现溶酶体。

溶酶体内有多种水解酶，这些酶是在糙面内质网上合成的，并在内质网上加上寡糖链，然后转运到高尔基体，在高尔基体的CGN中加工后经CGN→MGN→TGN形成运输囊泡运到初级溶酶体，再形成次级溶酶体（图3.6）。

机体内很多细胞都具有吞噬消化作用，如巨噬细胞、中性粒细胞能识别入侵机体的病毒和细菌。当病菌侵入机体后，各种吞噬细胞就会迅速聚集到感染部位，一般最先到达的是中性粒细胞，它存在于血液中，个体较小，能以40μm/min的速度移动，在传染的急性期内大量出现，几个小时后，巨噬细胞也赶到了，巨噬细胞个体较大，速度慢些，但却是吞噬主

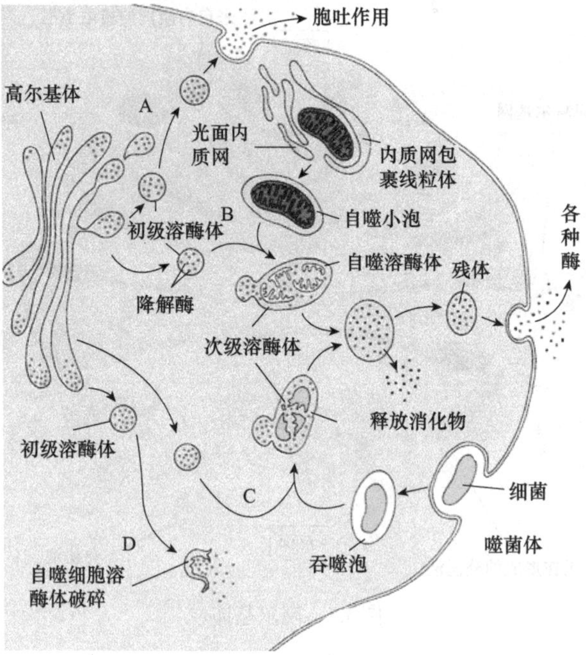


图3.6 溶酶体的作用

A．高尔基体内加工后的蛋白质形成运输囊泡，通过胞吐作用外排；B．高尔基体内加工的蛋白酶以囊泡形式运输至初级溶酶体形成次级溶酶体；C．初级溶酶体吞噬细菌形成次级溶酶体；D．初级溶酶体为自噬细胞溶酶体，直接胞内破碎

力，这样在巨噬细胞、单核细胞和中性粒细胞的共同围歼下，病原菌就会被限制在一定范围内被吞噬，吞噬中有伤亡、死亡的细胞，又会被后来的吞噬细胞吞噬掉，最终病原菌被彻底消灭掉。

溶酶体也参与食物的消化过程，食物颗粒首先由细胞膜包围，落入细胞中形成食物泡，食物泡渐移入细胞中央，和高尔基体产生的初级溶酶体相融合，而成为次级溶酶体，在次级溶酶体中，各种水解酶将颗粒降解消化成小分子物质，小分子物质穿过溶酶体膜而进入细胞质中；一些未被消化的物质，残存在溶酶体中，随后溶酶体逐渐移向细胞表面与质膜融合，将不能被利用的残余物质排到胞外。溶酶体不但能消化从外界摄入的食物，还能分解细胞中受到损伤或失去功能的细胞结构碎片。

人们发现细胞中的生物大分子和细胞器都是有一定寿命的，如肝细胞中线粒体的平均寿命为10d，人体血细胞寿命为120d，这样每天需要消除的红细胞达100亿个，而许多生物大分子的半衰期甚至只有几小时或几天，这些无用的大分子、衰老的细胞器和细胞等废弃物都需要溶酶体和蛋白酶来消除，因此溶酶体是细胞的“清道夫”。

精子头部有顶体，它来自精母细胞内的高尔基体，含有多种水解酶，如透明质酸酶、酸性磷酸酶等，因此顶体被认为是动物精子中一个巨大的特异性溶酶体。当精子与卵子放射冠的滤泡接触时，顶体膜与精子的质膜就会融合在一起，并产生一个穿孔，通过这个孔把顶体内含有的水解酶扩散到周围的介质中，滤泡很快被消化掉，精子很快与卵子的质膜融合在一起，精子核就会进入卵子，被包围在细胞质中。在精子穿入卵子的瞬间，精子的头部就会被卵外层的皮质颗粒中的酶分解，于是就形成了新的膜（受精膜），它可抵抗酶的分解。

基因突变会导致先天性溶酶体病，病因是某些大分子代谢出现异常，此病是遗传病，如糖原贮积病是由于缺少了α-糖苷酶。也有后天性溶酶体病如硅肺和自身免疫病。

### 3.2.4　微体

微体（microbody，Mb）是含一种或几种氧化酶类的单层膜围绕的细胞器。微体与溶酶体比较接近，都是单层膜包围并含有水解酶类。一般认为微体包括两种类型，一种是过氧化物酶体，另一种是乙醛酸循环体。过氧化物酶体普遍存在于动植物细胞中，电子显微镜下可以看到过氧化物酶体为直径0.15～0.25μm、单层膜包裹的球形小体。过氧化物酶体中酶为氧化酶和$H_2O_2$酶，前者主要降解脂肪酸，后者可将有毒的$H_2O_2$分解，在动物细胞具有重要的解毒作用。乙醛酸循环体只存在于植物细胞中。在油料作物种子萌发成幼苗的细胞中，乙醛酸循环体非常丰富。机体中由脂肪到糖类的转变过程存在于乙醛酸循环体中。所以，乙醛酸循环体的作用之一是将脂肪转变成糖类，为种子萌发提供能量。

### 3.2.5　液泡

液泡（vacuole）是仅具单层膜的细胞器。液泡来自内质网和高尔基体，是其囊泡膨胀而成。液泡内部充满水溶液，在植物细胞中普遍存在。植物细胞内，液泡的大小、形状、数目差异很大，一般幼龄细胞只有分散的小液泡，而在成长的细胞中，小液泡就会逐渐合并在一起而发展成为一个大中央液泡，占据细胞中央的很大部分，可达90%，同时将细胞质和细胞核挤到细胞的周缘。植物液泡最主要的功能是维持细胞膨压，并是细胞内多种物质的贮藏库（贮藏大量的无机离子、蛋白质、脂肪、糖类物质及各种色素）。液泡可以吸收细胞质中的一些毒物，并将它们隔离起来，以避免细胞中毒。液泡含有多种酸性水解酶，如酸性磷酸酶、蛋白酶、核酸酶、酯酶及糖苷酶等，同溶酶体一样，可以吞噬消化细胞中被损害和衰老的成分。

### 3.2.6　线粒体

线粒体（mitochondrion）是由双层膜包围形成的一种封闭的囊状结构，普遍存在于一切需氧的真核细胞中。

线粒体的外形多种多样，最常见的呈线状或颗粒状，还有椭圆形、哑铃形、环形、圆柱形、棒状、蛇形等，如在高压电子显微镜下看到的蜗牛内皮细胞的线粒体，呈细长弯曲的“蛇形”。线粒体的形状变化与细胞类型及所处生理条件密切相关。一般线粒体的直径为0.5～1.0μm，长2～3μm，有的线粒体较大，如骨髓肌细胞中的线粒体直径为2～3μm，长达7～10μm，被称为“巨大线粒体”。

线粒体的数目与细胞的生理状态有关。需要能量越多，往往线粒体也多，如哺乳动物的心肌、肝脏细胞、精子的尾部，飞翔鸟类的胸肌细胞；细胞内部也如此，如在蛋白质合成活跃的细胞中线粒体被包围在糙面内质网中。

（1）线粒体结构

线粒体主要由外膜、内膜、膜间隙及基质构成（图3.7A），其中线粒体电子传递链组成成分主要嵌合于线粒体内膜上。

1）外膜。线粒体外膜是包围在线粒体最外面的一层膜，平整光滑，厚约6nm，膜上有圆桶状的孔蛋白，孔蛋白中心有直径2～3nm的小孔，通过该小孔，可以使10kDa以下的小分子进入膜间隙。外膜的特点是通透性较大，含酶蛋白较少。

2）内膜。内膜较外膜稍厚，为6～8nm。内膜的特点是通透性小，含酶蛋白较多，$H^+$、ATP、丙酮酸等不能透过内膜；内膜内陷折叠成嵴，扩大了线粒体能量转换的表面积，内膜上有许多基粒，即ATP合酶。

3）膜间隙。内外膜之间的空隙为膜间隙，宽度为6～8nm，间隙中含有许多可溶性酶和底物。

4）基质。内膜所包围的空间为基质，充满蛋白胶状物，为三羧酸循环、脂肪酸氧化、丙酮酸氧化有关的酶；线粒体内还含有线粒体DNA（mtDNA）、核糖体、RNA等。

（2）线粒体的功能

线粒体的主要功能是进行氧化磷酸化产生ATP。氧化磷酸化的结构基础为呼吸链（图3.7B），呼吸链是由氧化磷酸化蛋白复合物组成的电子传递链。呼吸链由4种蛋白复合物（组分Ⅰ、Ⅱ、Ⅲ、Ⅳ）及2种流动传递体［辅酶Q（CoQ）、细胞色素c（Cytc）］组成。这些组分按照一定的顺序进行排列，电子按照该顺序进行传递，就形成了电子传递链。当高能电子在膜中沿着呼吸链传递时，所释放的能量将$H^+$从内膜基质侧泵到膜间隙，由于内膜对$H^+$是不通透的，因而膜间隙的$H^+$浓度高于基质，在内膜两侧形成电化学质子梯度，在这个梯

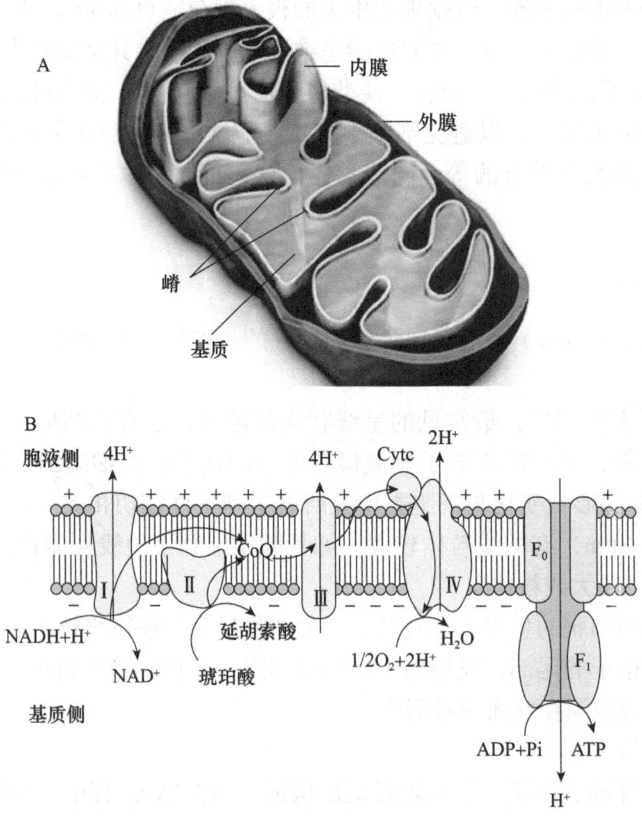


图3.7　线粒体与呼吸链

A. 线粒体结构；B. 呼吸链

度驱动下，$H^+$穿过内膜上的ATP合酶流回到基质，其能量促使ADP和Pi合成ATP。

### 3.2.7 叶绿体

叶绿体属于质体，质体是一类与碳水化合物合成与贮藏密切相关的细胞器，是植物细胞特有的结构，包括叶绿体、有色体和白色体。叶绿体的主要功能是进行光合作用，光合作用为大气带来氧气，使需氧生物得以生存。

细胞内叶绿体的形状、大小和数目随植物种类不同而差异很大。高等植物中典型的叶绿体呈透镜状，直径4～10μm，厚2～3μm。多数高等植物的叶肉细胞一般含有50～200个叶绿体，可占细胞质体积的40%～90%。

（1）叶绿体的超微结构

电子显微镜下看到叶绿体由叶绿体被膜、类囊体和基质三部分构成（图3.8）。

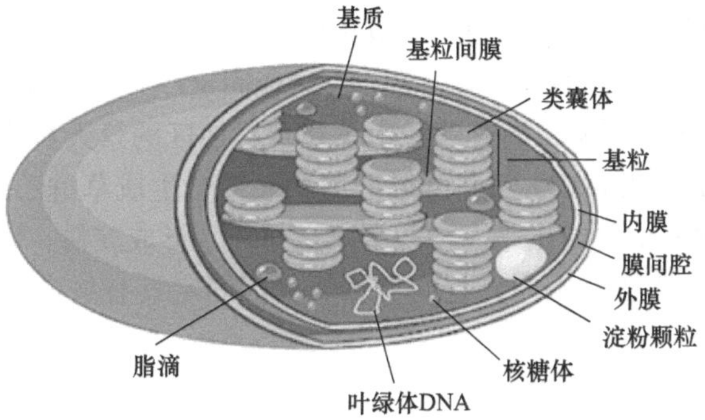


图3.8 叶绿体

1）被膜。采用锇酸染色在电镜下可看到叶绿体表面由双层膜包围，称为叶绿体被膜。被膜分为内膜和外膜，厚度各为6～8nm，两膜之间的空隙称为膜间腔，宽10～20nm。内外两层膜的通透性、选择性不同，外膜的通透性大，含有孔蛋白，允许许多化合物通过；内膜的通透性差，不能直接通过的物质需要膜上的转运蛋白协助才能通过，如磷酸甘油、草酰乙酸等。

2）类囊体。类囊体是由双层膜形成的扁平小囊，称为类囊体的内膜系统，通常沿叶绿体长轴平行排列。圆盘状类囊体堆垛在一起称为基粒，基粒之间没有重叠的类囊体，称为基质类囊体。类囊体垛叠成基粒，极大地增加了膜片层的总面积，并且各类囊体腔彼此相通，构成了连续的膜囊，有利于$H^+$梯度的形成。类囊体集中有光合作用能量转换的蛋白质复合体。叶绿体中ATP合成的机制与线粒体的非常相似。

3）基质。叶绿体的片层系统悬浮在基质中，基质中含有与碳同化反应有关的酶和各种代谢产物。来自光反应的一部分ATP，可用于$CO_2$的固定，将$CO_2$转换成三碳中间物（甘油醛-3-磷酸），该中间物在叶绿体中用于合成淀粉；送入细胞基质后，可用于合成蔗糖。基质中还含有各种颗粒，如核糖体、DNA纤丝、淀粉粒、质体小球等。电子显微镜下可观察到直径为2.5nm的DNA纤丝，为双链闭合环状DNA，这个形状的叶绿体DNA使得叶绿体在遗传上具有一定的自主性。叶绿体发育、增殖及其功能发挥，是由叶绿体DNA和核DNA共同控制的，因此叶绿体也是半自主性细胞器。内共生学说认为，叶绿体可能起源于蓝细菌。

（2）叶绿体的主要功能

叶绿体的主要功能就是进行光合作用。光合作用是绿色植物利用体内的叶绿素吸收光能，把$CO_2$和$H_2O$转化成有机物，同时释放$O_2$的过程。

光合作用包括：①光反应，分为原初反应、电子传递及光合磷酸化；②暗反应，发生光合碳同化，分为卡尔文（Calvin）循环、$C_4$途径［也称为哈奇-斯莱克途径（Hatch-Slack pathway）］和景天酸代谢。

原初反应为将光能转变成电能的过程，包括光能的吸收、传递和转换；光合作用的电子传递是在两个光系统中进行的，由光系统Ⅰ、光系统Ⅱ协同完成。在光合作用中进行的电子传递链，称为光合链；由光照引起的电子传递与磷酸化作用相偶联而产生ATP的过程，称为光合磷酸化，包括环式光合磷酸化和非环式光合磷酸化。

光合碳同化是将光反应生成的ATP和NADPH中的化学能转变为糖类中的化学能的过程。高等植物的碳同化有三条途径：卡尔文循环、$C_4$途径和景天酸代谢。卡尔文循环固定$CO_2$的最初产物是甘油醛-3-磷酸（三碳化合物），故称为$C_3$途径，$C_3$途径为所有植物进行光合碳同化共有的基本途径。$C_3$植物有小麦、大豆等。$C_4$途径固定$CO_2$的最初产物是草酰乙酸（四碳化合物）。$C_4$植物有甘蔗、玉米、高粱等。生长在干旱地区的景天科等肉质植物的叶子，气孔白天关闭，夜间开放，吸收$CO_2$与磷酸烯醇丙酮酸结合生成草酰乙酸，再还原为苹果酸。白天$CO_2$从储存的苹果酸中释放出来，参与卡尔文循环，形成淀粉。景天酸代谢植物，如仙人掌、多肉植物等与一般植物不同，它们对二氧化碳固定具有昼夜节律，实行的是时间分离，具体过程类似$C_4$途径。

## 3.3 细胞骨架

微课
细胞骨架

真核细胞内部由细胞器和细胞质基质共同构成。细胞质基质（cytoplasmic matrix，CM）又称胞质溶胶，是指细胞质中除去可分辨的细胞器之外的胶状物质。细胞骨架（cytoskeleton）是指存在于真核细胞质内的蛋白纤维网架体系，包括广义和狭义的细胞骨架。广义的细胞骨架包括细胞核骨架、细胞质骨架、细胞膜骨架和细胞外基质。狭义的细胞骨架指细胞质骨架，包括微丝、微管和中间纤维。原核细胞只含有履行细胞骨架某些功能的动态蛋白纤维。本节主要介绍真核细胞胞质中的细胞骨架。

### 3.3.1 微丝

微丝（microfilament，MF）也称为肌动蛋白丝（actin filament），是由肌动蛋白单体首尾相连装配成的多聚体螺旋链，平均直径约为7nm。

（1）微丝的结构成分与组装

构成微丝的结构成分是肌动蛋白单体，肌动蛋白存在于所有真核细胞中。肌动蛋白包括球状肌动蛋白（G-actin）和纤维状肌动蛋白（F-actin）。球状肌动蛋白是构成微丝的基本成分，占肌原纤维总蛋白的25%，其分子质量为43kDa，由于每个肌动蛋白分子接近球形，称为球状肌动蛋白，其分子的三维结构已为X射线研究阐明。球状肌动蛋白进化上保守，直径为5～6nm，长约1000nm，由375个氨基酸组成，为凹凸不平的“U”形，在它的中心结合有ATP或ADP。G-actin头尾相接聚合成纤维状肌动蛋白（F-actin）（图3.9）。每个G-actin分子

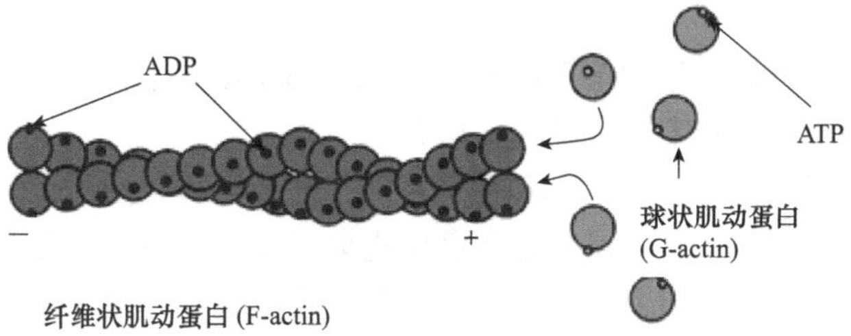


图3.9　微丝的组装

具有极性，带有暴露的ATP结合槽的一端，称为（－）极，相反的一端称为（＋）极。（－）极结合ATP时，微丝可持续组装；ATP解聚为ADP时，则倾向于解聚。微丝装配需要有ATP和$Mg^{2+}$。装配成F-actin时头尾相接，整个微丝也具有极性。聚合速度快的一端是微丝的正极。

微丝正常发挥功能还需要微丝马达蛋白，微丝马达蛋白即肌球蛋白（myosin）（图3.10）。肌球蛋白约占肌肉总蛋白的50%，分子质量约为500kDa，不保守，种类较多。所有肌球蛋白的头部都是马达结构域，它包含一个微丝结合位点和一个具有ATP酶活性的ATP结合位点。各种肌球蛋白依赖于它们的尾部具有不同细胞学作用。肌球蛋白分子沿着微丝运动的机制则包含ATP周期性结合和水解，以及伴随着肌球蛋白和肌动蛋白的附着和脱落。

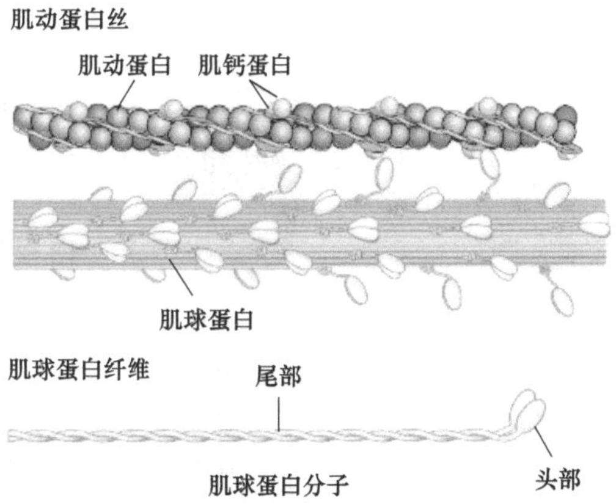


图3.10　肌纤维结构

（2）微丝的功能

微丝的功能主要有肌肉收缩、细胞的变形运动、胞质分裂等。同时，微丝还具有维持细胞形态、细胞内信号转导等功能。

1）肌肉收缩。骨骼肌由肌纤维构成，每一肌纤维又由1000～2000条紧密排列的细丝即肌原纤维（myofibril）组成。肌原纤维排列整齐，显示出相间排列的明带和暗带。每一肌原纤维是由许多纵向更细的肌丝（myofilament）组成，肌丝有粗细两种。细肌丝是一种肌动蛋白丝，粗肌丝是肌球蛋白丝。骨骼肌肌球蛋白有4条肽链，两条重链，两条轻链。两条重链形成双股α螺旋，螺旋长约140nm，直径2nm，约一半的重链呈棒状构成尾部；其余与轻链一起折叠成两个球形区域构成头部，位于分子的一端（图3.10）。电镜下可看到，每个肌球蛋白分子具有两个球状的头部和一个杆状的尾部。研究表明肌肉收缩是由肌动蛋白丝（细肌丝）与肌球蛋白丝（粗肌丝）相对滑动引起的（参见4.4.2）。

2）细胞的变形运动。许多种细胞中，紧贴细胞膜下有一层富含肌动蛋白丝的区域——溶胶层（胞质溶胶）。细胞的变形运动、阿米巴运动、胞质环流、吞噬作用等均与肌动蛋白的溶胶与凝胶态转化有关。

3）胞质分裂。动物细胞有丝分裂末期，两个子细胞间产生一个收缩环，收缩环是由大量平行排列的微丝组成的。胞质分裂时，依靠肌球蛋白运动形成收缩环，分裂完成收缩环消失。

4）其他。例如，顶体反应，精子头端有顶体，与卵结合时会发生的顶体反应与微丝有关；形态维持，小肠上皮微绒毛由微丝所支撑等。

微丝的特异性工具药是细胞松弛素和鬼笔环肽，前者可与微丝结合阻止微丝聚合，经细胞松弛素处理后，微丝变短；后者是从毒蘑菇中提取出来的一种多肽蛋白，作用是稳定微丝结构。鬼笔环肽可以特异地结合到F-actin上，其结合十分稳定，由于环肽的结合会使F-actin的动态变化停止，稳定F-actin的结构，因此环肽对F-actin有毒性。

### 3.3.2 微管

微管（microtubule）是由微管蛋白装配成的长管状细胞器结构，它存在于所有真核细胞中。扫描电子显微镜下看到微管呈中空管状，透射电子显微镜下横切的微管，呈有序环状排列。

（1）微管

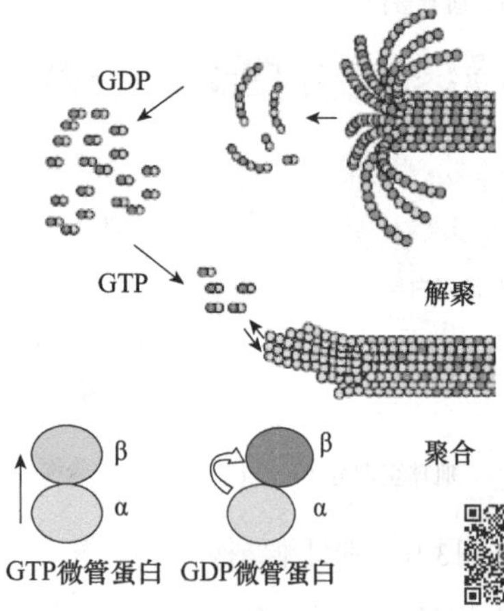


图3.11 微管的组成与组装 彩图

微管由α和β两种微管蛋白组成。首先α和β微管蛋白形成αβ二聚体，然后二聚体头尾相连形成原纤维：α微管蛋白一端为（－）极，β微管蛋白一端为（＋）极。原纤维经过侧面扩展形成片层，片层增加到13根原纤维时，两端合拢形成一段中空的微管。α和β微管蛋白上都各有一个GTP结合点，但α微管蛋白上该位点的GTP通常不水解，而微管末端β微管蛋白带有GTP帽时，微管组装延长；当GTP水解为GDP时，微管原纤维丝末端弯曲、解聚（图3.11）。当微管区组装后，β微管蛋白上的GDP又被GTP替换，然后αβ微管蛋白异二聚体再用于微管组装。测定得知，微管的外径为24nm，内径为15nm。微管可装配成单管、二联管（鞭毛、纤毛）、三联管（中心粒、基体）。

微管结构有两种状态：一种是暂时性的，如间期细胞质中的微管、分裂细胞纺锤体微管，它们处于组装-去组装的动态状态。另一种是永久性的，如纤毛和鞭毛中的微管、神经元突起内部的微管束，组装后就处于相对稳定状态，在一般情况下并不参与微管蛋白交换。

（2）微管结合蛋白

微管结合蛋白（microtubule-binding protein）可对微管网络结构起调节作用。它们附着在微管聚合体上，参与微管装配并增加它们的稳定性。其中，一些微管结合蛋白有阻止或者促进细胞质微管解聚的作用；另一些微管结合蛋白可以将微管组织成束状，或将它们交联到细胞膜、中间丝上，或者把两者交联起来。

秋水仙素和紫杉醇是微管特异性工具药，前者可结合到αβ二聚体上，阻止微管进一步聚合，造成微管解聚；后者可促进微管装配，增加微管稳定性，使细胞周期停止于有丝分裂期。

微管在生理状态及实验处理解聚后重新装配的发生处称为微管组织中心（MTOC）。微管的负极指向MTOC；正极背向MTOC。动物的MTOC是中心体，中心体是由一对相互垂直的中心粒及周围基质构成的。中心体微管与纤毛类似，具有9（2）+2结构（图3.12）。

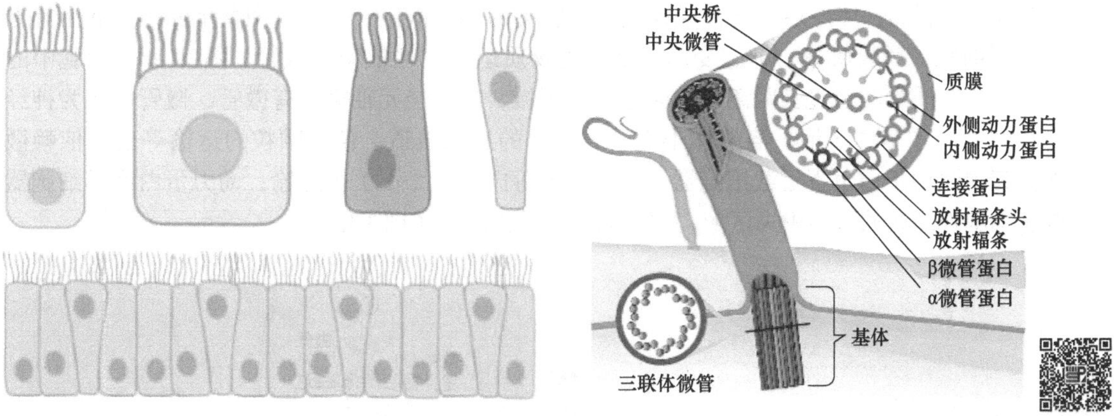


图3.12　纤毛与纤毛的结构

纤毛是基于微管组装的，突出于细胞表面毛发状的亚细胞结构。纤毛广泛存在于真核生物中，在运动、知觉感知、信号转导、胚胎发育及细胞周期调控中发挥着重要的作用。鞭毛、纤毛具有9（2）+2结构（图3.12）。纤毛和鞭毛的区别是纤毛短而多，鞭毛长而少并且粗壮，一个细胞往往只有一根或几根鞭毛。

（3）微管马达蛋白

微管马达蛋白（microtubule motor protein）是一类能利用水解ATP将化学能转变成机械能驱动细胞内微管运动，或使细胞器、膜泡等沿着微管运输的蛋白质。微管马达蛋白有动力蛋白（dynein）和驱动蛋白（kinesin）。动力蛋白位于鞭毛、纤毛的二联管部位，由多种亚单位组成，是一种ATP酶，能被$Ca^{2+}$、$Mg^{2+}$激活，激活后可驱动鞭毛、纤毛运动，缺少这种蛋白质，鞭毛、纤毛运动就会受阻。驱动蛋白可以驱动转运泡由微管（－）极向（＋）极运动。驱动蛋白由4条肽链组成：两条重链构成头部及尾部，两条轻链位于尾部后端，尾部结构域与小泡或其他运输物结合。它柔软的颈部区域决定了驱动蛋白运动的方向，尾部结构域决定了运输物的特殊性，头部的作用为水解ATP和同微管结合的部位。

动力蛋白有胞质动力蛋白和轴丝动力蛋白两种。胞质动力蛋白一般有两个头部结构域，负责将ATP储存的化学能转化成机械能。胞质动力蛋白主要是介导胞内体如溶酶体、高尔基体及其他一些膜泡沿微管运输，也参与细胞分裂时纺锤体的动态变化。其头部因ATP水解转动强力带动颈部、柄部，引起微管结合的柄部沿微管运动。轴丝动力蛋白是永久地附在鞭毛或纤毛二联体微管上，动力蛋白的臂带有小的球形头，突出邻近的二联体微管。行走的动力蛋白臂从一个二联体微管延伸向邻近的二联体微管，在轴心上引起了侧向力，接着这个线状力导致鞭毛发生局部弯曲。

驱动蛋白沿微管运动的模型有两种：①步行模型，即两个球形头部交替前行。每水解一分子ATP，落在后面的那个马达结构域将移动两倍的步距（16nm），原来领先的头部在下一循环中再向前移动。②“尺蠖”爬行模型，即两个头部中的一个始终在前，另一个永远落后，每步移动8nm。

（4）微管的功能

微管对维持细胞形态非常重要，负责细胞内部大部分物质的运输和细胞骨架的重塑（图3.13）。例如，体外培养的神经细胞，其轴突的伸长依赖于微管，用秋水仙素、低温等方法处理细胞，微管解聚，细胞变圆。细胞内物质运输往往依赖于微管（图3.13），细胞中的小泡和蛋白质颗粒经过长距离运输到达特定区域，如神经元轴突中有微管，微管可作为神经元轴突中高尔基体小泡、溶酶体小泡、线粒体的运输轨道。色素颗粒的运输等也都依赖微管。其中驱动蛋白负责运载细胞器、运输小泡等向微管（＋）极运输；动力蛋白将膜细胞器等从细胞外周区域运向中央区域，驱动向（－）极运输（图3.13）。

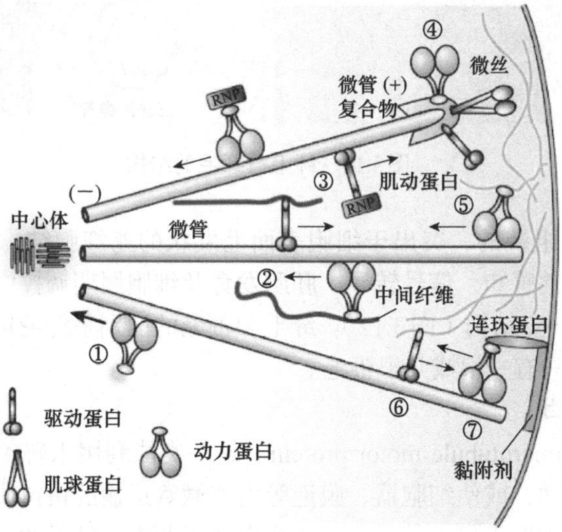


图3.13　微管在细胞内物质运输和细胞骨架重塑中的作用（Schliwa and Woehlke，2003）

①中心体成分的运输；②中间纤维的运输；③核糖核蛋白（RNP）复合物的运输；④肌球蛋白、驱动蛋白和动力蛋白马达与微管（＋）极复合物相互作用；⑤动力蛋白在富含肌动蛋白的细胞内膜上的锚定；⑥驱动蛋白与动力蛋白的相互作用；⑦连环蛋白介导的动力蛋白在膜内侧的锚定

### 3.3.3　中间纤维

中间纤维（intermediate filament，IF）又称为中间丝，是一类直径在8～11nm的中空管状纤维结构。由于它的直径介于微丝和微管之间，被称为中间纤维。

（1）中间纤维的成分及结构

中间纤维是一类形态上十分相似，化学组成明显不同的蛋白纤维。根据其组织来源及免疫学性质不同，将其分为6类：角蛋白丝、波形蛋白丝、结蛋白丝、神经纤维、神经胶质纤维、核纤层纤维。中间纤维蛋白分子由三部分组成：头部（N端）、尾部（C端）和中间的杆状区（图3.14）。研究表明中间纤维蛋白中间的杆状区具有高度同源性，该区大约有310个氨基酸残基具有高度保守性，长度为40～50nm。

中间纤维是由中间纤维蛋白组装而成，不同组织细胞表达的中间纤维蛋白不一样，它是区分不同细胞类型的证据之一。中间纤维由多肽链平行排列组装而成（图3.14），首先两条中间纤维多肽链形成超螺旋二聚体，接着二聚体以反向平行交叠方式构成四聚体，然后四聚

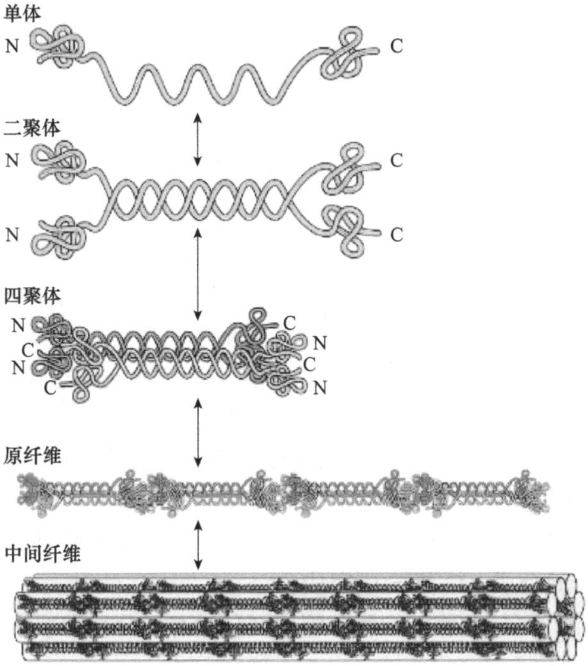


图 3.14　中间纤维的组成

体首尾相连形成原纤维，最后 8 根原纤维构成中间纤维，其直径约 10nm。有丝分裂早期中间纤维会发生磷酸化导致其去组装，而在有丝分裂晚期亚基去磷酸化后它们又发生组装。至今未发现中间纤维特异性工具药。

（2）中间纤维的功能

中间纤维在细胞内形成一个完整的支架系统。它既与细胞膜和细胞外基质直接联系，也与核表面直接联系，与细胞核定位有关，同时还与微丝、微管、细胞器联系，如角蛋白丝参与桥粒的形成和维持。中间纤维为细胞提供机械强度，在细胞承受较大机械张力和剪切力的部位（内皮细胞、肌细胞）中间纤维特别丰富，而且施加张力，可诱导中间纤维增强表达。在神经元细胞中神经纤维（中间纤维）在神经细胞轴突运输中起作用。

## 3.4　细胞周期

细胞周期是指细胞从一次分裂开始，到第二次分裂开始所经历的全过程。在这一过程中，细胞遗传物质复制，各种组分加倍，平均地分配到两个子细胞中去。

### 3.4.1　细胞周期概述

标准的细胞周期包括 $G_1$、S、$G_2$ 和 M 4 个时期（图 3.15）。在一般的细胞中，S＋$G_2$＋M 的时间变化较小，$G_1$ 时间差异较大。

根据增殖特点，细胞分三类：① $G_0$ 期细胞，一般情况下不增殖，当受到损伤后，又重新进入细胞周期，如肝细胞、血管内皮细胞等。②终末分化细胞，完全失去了增殖能力，如成

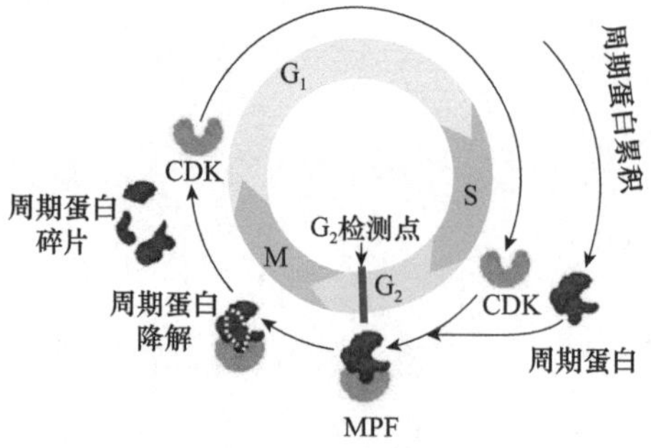


图3.15 细胞周期

CDK．周期蛋白依赖性激酶；MPF．促成熟因子

人心肌细胞、神经细胞等。③连续分裂的细胞，主要包括造血干细胞，皮肤的表皮细胞，消化道、阴道上皮细胞等。

（1）细胞周期时相及其主要事件

细胞进入$G_1$期后，即开始为下一次分裂做准备。该期的特征物质代谢活跃，主要是合成蛋白质、RNA和酶类，测定发现各种与DNA复制有关的酶，RNA在$G_1$期明显增多；细胞体积增大，线粒体、叶绿体、核糖体明显增多，内质网更新扩大，高尔基体、溶酶体数目增加；动物细胞中，2个中心粒彼此分离，开始复制。

S期主要进行DNA的复制，该期核中每条染色质细丝会复制出一条相同的染色质细丝；同时发生组成染色体的组蛋白合成，最后染色质包装成核小体。

$G_2$期核小体形式存在的染色质开始螺旋化缩短；中心粒复制完成，成为两对；组成纺锤体的微管蛋白在S期开始合成，$G_2$期合成完成。

M期即细胞分裂期，真核细胞的细胞分裂主要包括有丝分裂和减数分裂。

（2）特异的细胞周期

特异的细胞周期是指一些特殊的细胞所具有的细胞周期，如胚胎细胞周期的早期卵裂。早期胚胎细胞周期的特点是主要为S期和M期，$G_1$期和$G_2$期极短，卵裂时间比体细胞周期短；酵母细胞周期持续时间较短，大约为90min；细胞核分裂时纺锤体位于细胞核中的，称为封闭式细胞分裂；植物细胞不含有中心体，植物细胞周期的突出特征是以细胞板形式将细胞一分为二。

### 3.4.2 有丝分裂

有丝分裂是体细胞分裂的主要方式，其特点是细胞通过纺锤体将遗传物质精确地等分到两个子细胞中去，以保证细胞在增殖过程中保持遗传稳定。

有丝分裂全过程分为前期、前中期、中期、后期、末期和胞质分裂6个阶段。细胞分裂是一个连续的过程，实际上6个时期之间没有明显的界线。

（1）染色体与纺锤体的形成

前期染色质凝聚成显微镜下可见的染色体是细胞进入有丝分裂前期的标志。前期开始时，染色质开始浓缩，由原来的线性染色质，经过进一步螺旋化、折叠和包装，形成光学显微镜（简称光镜）下可辨的早期染色体结构。早期染色体由两条棒状的染色单体并列而成，中间由着丝粒（centromere）相连。着丝粒也叫主缢痕，其主体是一段特殊的染色质。在不同物种中，着丝粒处核小体外是由不同重复序列、按不同方式排列的DNA序列缠绕，并且其长度各不相同。所有着丝粒的中央位置是一个含有着丝粒蛋白A（CENP-A）特化的核小体，其上连接着着丝粒蛋白C（CENP-C），两侧各有一个以CENP-T-W-S-X组蛋白球（图3.16中的TWSX）为核心的核小体（图3.16）。每个CENP-T-W-S-X组蛋白球是由S、X两单位组成CENP-S-X异四聚体，与由T、W组成的CENP-T-W异二聚体组成，在CENP-T-W-S-X外缠绕的DNA仅100bp，而不是146bp。在CENP-T-W-S-X核小体以外的其他核小体组蛋白仍由

H2A、H2B、H3、H4八聚体构成。着丝粒外附着蛋白质，称为动粒或着丝点。在有丝分裂中，动粒与纺锤体微管整合，同时CENP-T-W-S-X的T通过微管结合物NDC80与动粒上微管接触；而CENP-A核小体上的CENP-C则通过蛋白复合物Mis12与NDC80取得联系。

前中期核纤层纤维磷酸化，降解为可溶的核纤层蛋白。核膜失去核纤层的支持，裂解成小泡，分散到胞质中。染色体浓缩活动剧烈，每个已复制的染色体有两个动粒，朝相反方向，保证与两极的微管结合；染色体与动粒微管相连，此时纺锤体完成装配，每条染色体都与纺锤体联系起来。

中期染色体浓缩到最短，显微镜下可看到染色体的数目和固定形态；染色体列队，排在细胞赤道板上（图3.16）。分裂中期最显著特征是染色体动粒有规律地排列在赤道板上，每条染色体的动粒着丝粒均被动粒微管连接着，此时纺锤体形态最典型，呈纺锤状。

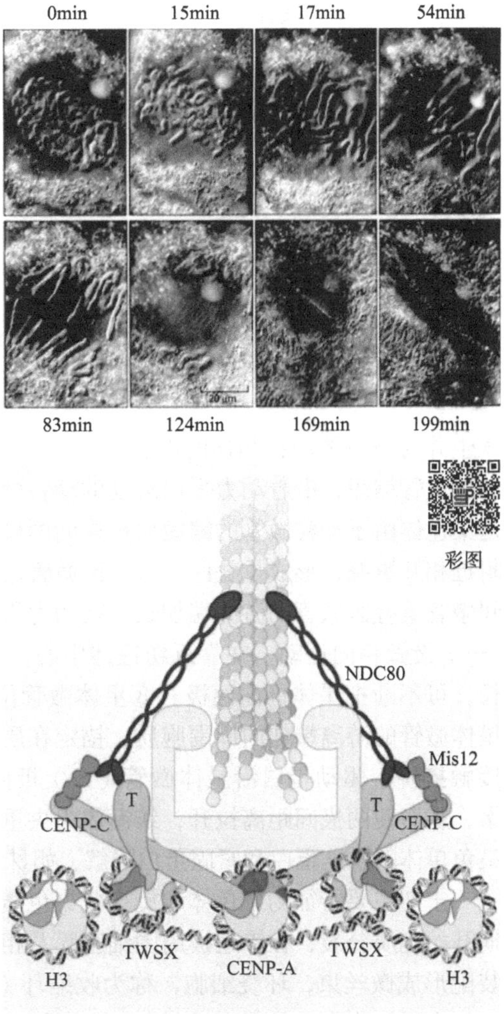


图3.16　细胞分裂扫描电镜图（上）及着丝粒结构示意图（下）（Foltz and Stukenberg，2012）

（2）姐妹染色单体间连接切断

染色体通过动粒被纺锤体微管捕捉后，染色体中期排列在赤道平面。在脊椎动物细胞中，有丝分裂前期的姐妹染色单体，有黏连蛋白将它们“捆”在一起。在中期，在磷脂酰肌醇激酶1和有丝分裂激酶共同作用下，黏连蛋白被磷酸化，其中大部分黏连蛋白被降解，只留下着丝粒附近的黏连蛋白。后期，原本被紧固蛋白抑制的分离酶被活化，将姐妹染色单体上剩余的黏连蛋白劈开，最后实现姐妹染色单体分离。

（3）后期染色体分离

纺锤体微管捕捉住染色体后，形成三种类型的微管：动粒微管、极间微管和星体微管，它们三者组合形成的纺锤形结构称为纺锤体或有丝分裂器（图3.17）。

染色体分离首先是染色体列队，染色体列队有两种假说：①牵拉假说，认为染色体向赤道板的运动，是由于动粒微管的牵拉，动粒微管越长，拉力越大，当两极动粒微管拉力相等时，染色体便稳定在赤道板上。②外推假说，认为染色体向赤道板的运动，是由于两个星体的排斥将染色体外推的结果，染色体距中心体越近，星体的推力越强，当来自两极推力达到平均时，染色体被稳定在赤道板上。

排列在赤道板上的姐妹染色单体分离产生向极运动（图3.17）：①动粒微管是从中心体

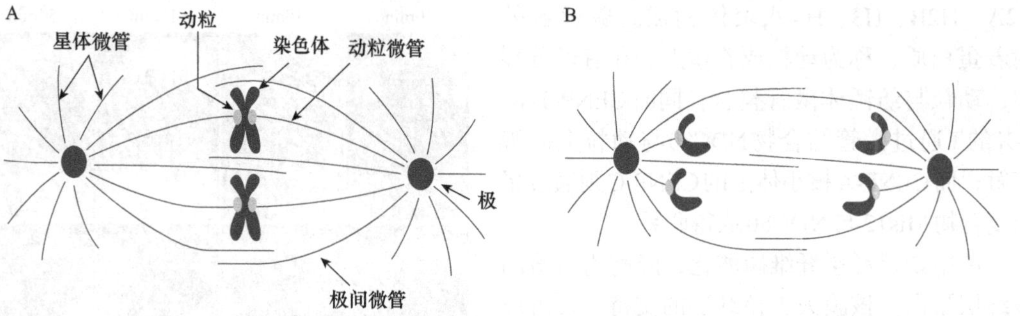


图3.17 染色体分离示意图（Asbury，2017）

A．中期纺锤体；B．后期纺锤体

发生并与染色体动粒相连的微管。当动粒微管越过动粒后，动粒微管的（＋）极端部解聚，动粒微管缩短；沿着动力蛋白滑动的动粒微管（－）极端部也发生解聚，动粒微管缩短，于是染色体由于动粒微管的缩短而被拉向两极。②极间微管是两个星体之间的微管，在赤道板附近相互重叠，形成重叠区，重叠区微管之间有动力蛋白搭桥。在动粒微管缩短的同时，极间微管重叠区微管的游离端加长，在动力蛋白的作用下相互滑动，使极间微管从（＋）极向（－）极做相向运动，在靠近纺锤体中心，极间微管（＋）极端部发生聚合，从而纺锤体拉长，可不断把星体推向两极。③星体微管位于星体周围，星体微管和中心体共同构成星体。星体微管的游离端伸向周围胞质，锚定在质膜上的星体驱动蛋白与星体微管的（＋）极端部接触搭桥，驱动蛋白沿星体微管（－）极向（＋）极运动，并且星体微管（＋）极端部解聚，从而使两极间距离拉开，纺锤体中央重叠区减少，纺锤体也进一步拉长。同时捆绑姐妹染色单体的黏连蛋白和紧固蛋白降解，姐妹染色单体分离。

末期主要特征为染色体解旋变成染色质，纺锤体消失，核膜、核仁出现。细胞分裂的后期开始胞质分裂，在赤道板周围细胞膜及相应的胞质开始下陷，大量的肌动蛋白和肌球蛋白装配形成微丝束，环绕细胞，称为收缩环（contractile ring）。收缩环收缩，分裂沟加深，直至两个子细胞完全分开。

### 3.4.3 减数分裂

减数分裂是生物体的生殖细胞在成熟时发生的一种特殊的有丝分裂。减数分裂前间期分为$G_1$、S、$G_2$期，其中S期较长；减数分裂前间期的细胞核大于体细胞核，一般认为这与染色体及基因重组有关。减数分裂共发生两次。

（1）减数第一次分裂——减数分裂Ⅰ

前期Ⅰ，持续时间最长，达几周、几个月甚至几十年，它的变化最复杂，可呈现出不同形态特征：①细线期也称为凝集期，染色质凝集，染色体呈单条细线，细线两端与核膜相连，染色体纤维上出现染色粒。②偶线期也称为配对期，同源染色体配对，即1条来自父方1条来自母方的一对同源染色体相互靠近，结合在一起。偶线期DNA即zyg DNA（zygotic DNA）。③粗线期也称为重组期，染色体明显变粗变短，紧密结合。同源染色体间发生DNA片段的交换和重组。同时合成DNA，该DNA与偶线期合成的DNA不同，没有特异性，称P-DNA。有些DNA减数分裂期专有的组蛋白在粗线期合成。④双线期也称为合成期，同源染色体分离但有交叉，染色体部分去凝集，RNA转录活跃，核仁明显变大增多。⑤终变期也称为再凝集期，染色体重新凝集呈短棒状，此时观察染色体最容易，核仁消失，染色体四分体端部交叉结合在一起，姐妹染色单体借着丝粒相连。随后核膜破裂，标志着中期Ⅰ的开始。

中期Ⅰ，核膜破裂，纺锤体形成，染色体四分体排在赤道板上，排列后开始分离。

后期Ⅰ，同源染色体对相互分离，移向两极。

末期Ⅰ及间期，时间短，间期没有DNA复制。末期Ⅰ及间期细胞的变化有两种类型：①没有可见的染色体去凝集，立即准备二次分裂；②染色体去凝集形成染色质，核膜出现，胞质分裂，形成两个间期的子细胞，经短暂间隔后，细胞开始进行减数第二次分裂。

（2）减数第二次分裂——减数分裂Ⅱ

减数第二次分裂过程与有丝分裂基本相同，分为前、中、后、末各时期。这次分裂实际上是一次有丝分裂。其过程简单，两条姐妹染色体分开，变成单倍染色体。

### 3.4.4　细胞周期的调控

生物体的各种细胞有的终生分裂不止，有的长成后就不分裂（如神经细胞），表明细胞分裂这一复杂过程必然受控于一定的调节机制。有了该调节机制生物体才能有序地进行分裂分化。癌细胞的一个特点就是不受控制地疯长，分裂不停，到处乱窜，甚至致人死亡。

（1）MPF的发现及其作用

通过对细胞融合和细胞周期突变体的研究，科学家发现并确认了控制细胞周期分子。早在20世纪70年代，人们就曾培养哺乳动物同种处于不同细胞周期的细胞融合，可以得到一个细胞中含有两个异核体。如果用S期细胞和$G_1$期细胞融合，结果异核中原来$G_1$期细胞核进入S期；如果用M期细胞和$G_2$期细胞融合，结果异核中原本$G_2$期细胞也进入M期。因此推测，可能在细胞质中分别存在驱动$G_1 \rightarrow S$、$G_2 \rightarrow M$的物质。后来进一步实验，把M期细胞的细胞质注射到卵细胞，发现可以促进卵细胞成熟分裂，继续用该卵细胞的细胞质诱导新的卵细胞，仍然可以促进卵细胞成熟分裂。因而他们推测M期细胞中必然有一种物质可以诱导卵细胞成熟分裂，即促成熟因子（maturation promoting factor，MPF）。

有两个起作用的控制点：$G_1 \rightarrow S$和$G_2 \rightarrow M$。这两个转变过程都是MPF，又称有丝分裂促进因子或M期促进因子的蛋白质复合体触发的。1988年洛卡（Lohka）等从非洲爪蟾卵中分离纯化了MPF，并发现MPF主要含有称为cdc2的激酶（CDK）和周期蛋白（cyclin）两种蛋白质。这两种蛋白质结合后可表现出蛋白激酶活性，因而MPF是一种蛋白激酶。MPF中，CDK为激酶活性催化亚基，周期蛋白是调节亚基。

（2）细胞周期的运转调节

目前已分离出数十种周期蛋白，$G_1$期表达并只在$G_1$期和S期转化过程中起调节作用的称为$G_1$期调节蛋白，如周期蛋白C、周期蛋白D、周期蛋白E等；间期表达和积累，到M期才表现出调节功能的称为M期周期蛋白，如周期蛋白A、周期蛋白B等。

为了防止细胞在$G_1$期启动DNA复制和细胞分裂等，保证细胞有足够时间完成$G_1$期的事件，$G_1$期CDK活性较低，主要原因是周期蛋白依赖性激酶抑制因子（cyclin-dependent kinase inhibitor，CKI）直接与CDK或CDK蛋白复合体结合，抑制CDK的活性。

1）细胞从$G_1$期到S期的调控机制。Rb是视网膜母细胞瘤细胞中的一种抑癌蛋白，E2F是一种转录因子。细胞在激素或生长因子的刺激下，可诱导$G_1$期周期蛋白-CDK表达，Rb蛋白起初与E2F结合（图3.18），并抑制E2F的活性。当促细胞分裂剂持续地提供信号，结果周期蛋白-CDK复合物磷酸化Rb，释放一些E2F，E2F活化相关基因表达出S期蛋白。$G_1$期囤积S期周期蛋白-CDK，但其活性被CKI抑制，此抑制作用阻碍了DNA复制的启动。$G_1$晚期周期蛋白-CDK集合使CKI多个位点发生磷酸化，随后被泛素蛋白激酶多聚泛素化而被蛋白质裂解体降解。活化的S期周期蛋白-CDK复合物触发了DNA复制的起始，开始细胞从$G_1$期到S期的转换。在M期，Rb去磷酸化又抑制了E2F。

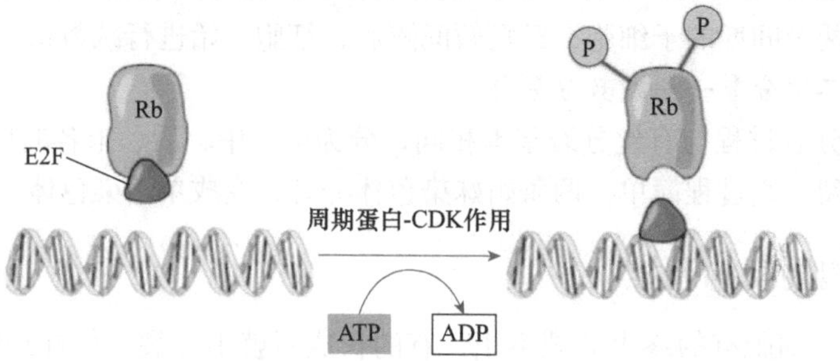


图3.18 $G_1 \rightarrow S$的调控机制

2）细胞从$G_2$期到M期的调控机制。在$G_2$期周期蛋白、CDK结合形成复合物，接着CDK中有三个氨基酸发生磷酸化（图3.19），其中苏氨酸（Thr）-161磷酸化对于活化CDK是必需的；而酪氨酸（Tyr）-15和苏氨酸（Thr）-14发生磷酸化抑制CDK的活性。酵母中*Wee1*基因表达产物可催化Tyr-15和Thr-14发生磷酸化，而人的*Wee1*基因表达产物仅催化Tyr-15磷酸化，Thr-14磷酸化由特异性激酶催化。随后，在蛋白水解酶cdc25催化下，发生Tyr-15和Thr-14去磷酸化，而Thr-161保持磷酸化，MPF活化，接着便引发了有丝分裂进程。只有在分裂中期后，周期蛋白才与CDK分离，CDK的激酶活性达到高峰，通过一种未知的途径，激活后期促进复合物（anaphase promoting complex，APC）。APC是一种遍在蛋白连接酶（ubiquitin ligase），APC使周期蛋白发生遍在蛋白多聚化（泛素化），使蛋白酶体能识别并降解周期蛋白，这种机制称为遍在蛋白化降解机制。最终周期蛋白通过泛素化途径降解，CDK上Thr-161去磷酸化后被重复利用。因此当*cdc25*发生突变，细胞就不会分裂；*Wee1*突变可使细胞提前进入有丝分裂，分裂后子细胞体积明显变小。

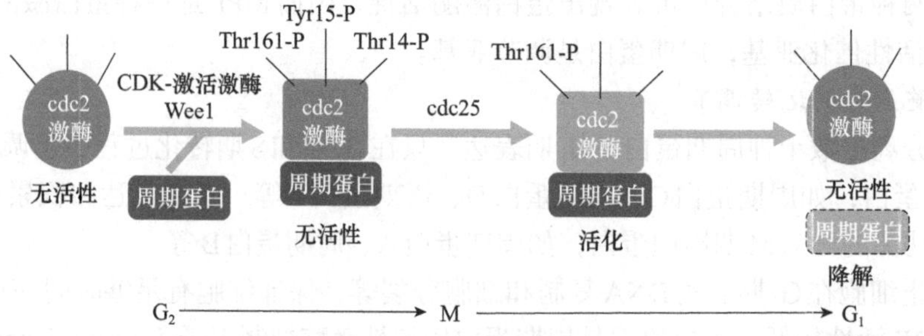


图3.19 $G_2 \rightarrow M$的调控机制

在M期开始后，通过活化其他蛋白激酶及蛋白质的磷酸化作用，如凝缩蛋白和核纤层蛋白磷酸化，MPF诱导核和细胞质发生多重改变，于是细胞便可顺利通过M期。

（3）多因素多途径调节

细胞周期可以受到多种细胞内外因素影响，通过多种途径进行调节。由于细胞癌变机制研究受到人们高度关注，因此p53等胞内因素和生长因子等胞外因素对细胞周期的调节作用研究较多。

1）p53对细胞周期的调控。在正常情况下，细胞内Mdm蛋白可与p53蛋白结合，使p53打上泛素标记，而被蛋白质裂解体降解。当DNA受损后，蛋白激酶使p53蛋白磷酸化，于是p53蛋白就免遭降解厄运。磷酸化的p53与DNA结合，并活化编码p21蛋白的基因转录。p21蛋白是一种CDK抑制物，结果使几种不同的MPF受到抑制，阻碍了Rb蛋白磷酸化，导致细胞周期终止在检验点。

2）生长因子调节作用。对多细胞生物而言，生长因子是细胞外信号蛋白，控制着细胞增殖速率。由于绝大多数生长因子都是促细胞分裂剂，这就意味着生长因子可刺激细胞越过检验点，进入有丝分裂期。

## 3.5　细 胞 分 化

微课
细胞分化

多细胞有机体是由各种不同类型的细胞组成，而这些细胞又都是由一个受精卵经细胞增殖分裂和细胞分化衍生而来的后裔。在个体发育中，由一种相同的细胞类型经细胞分裂后逐渐在形态、结构和功能上形成稳定性差异，产生不同类细胞的过程称为细胞分化。细胞分化是多细胞有机体发育的基础和核心，细胞分化的关键在于特异性蛋白质的合成，而特异性蛋白质合成的实质在于基因选择性表达。

### 3.5.1　细胞分化的基本概念

细胞分化是基因选择性表达的结果。早期人们推测细胞分化是细胞在发育过程中遗传物质丢失所致。现代分子学的证据表明，细胞分化是由于基因选择性表达各自特有的专一性蛋白质而导致形态、结构和功能的差异，如眼睛合成眼晶状体蛋白，胰岛细胞合成胰岛素等。同一个体不同类型的细胞在发育过程中选择性地表达各自不同的基因，这些基因产物决定着细胞的形态结构和生理功能。

细胞分化是通过严格而精密调控基因表达实现的。分化细胞基因组中所表达的基因大致可分为两种基本类型：一类是管家基因，另一类是组织特异性基因。管家基因是指所有细胞中均要表达的一类基因，如微管蛋白基因、糖酵解基因等，这些对维持细胞生命活动是必需的。组织特异性基因是指不同类型的细胞进行特异表达的基因，如血红蛋白基因、胰岛素基因，该基因产物使各类细胞具有特异的形态结构和生理功能。细胞分化的实质是组织特异性基因在时间与空间上的差异表达。此外，还进一步分化出调节基因，其产物用于调节组织特异性基因的表达，即激活或抑制其表达，以适应不同时空的生理需要。

转分化是一种类型的分化细胞转变成另一种类型的分化细胞的现象。例如，神经干细胞可转分化为骨髓细胞和淋巴细胞。转分化一般包括去分化和再分化两个过程。植物体受创伤后，可在创伤部位形成一团没有分化的细胞群——愈伤组织，这种现象是去分化；如果对愈伤组织给一些特殊的刺激进行诱导，它又可以再分化形成根和芽，最后长成一株完整的植株。生物再生现象比较普遍，如壁虎尾巴断掉后一段时间，会再生出一条新尾巴。一般植物比动物再生能力强，低等动物比高等动物再生能力强。水螅具有极强的再生功能，哪怕是断了头，都能再生出一个新的来，而断下来的头部，也可能会长出一个新的身体；两栖类一般只能断肢再生，高等动物只有组织水平的再生能力。

### 3.5.2 影响细胞分化的因素

一枚受精卵具有分化出各种细胞和组织的潜在能力，进而形成一个完整的生物个体。细胞经分裂和分化后仍具有产生完整生物个体的潜在能力和特征，称为细胞全能性。一种细胞分化成其他种类的细胞受其内外环境的影响。

（1）细胞外信号分子（激素）的影响

细胞分化受细胞内外信号分子的影响，其中最显著的细胞外信号分子是激素，如甲状腺素、肾上腺素和5-羟色胺等，它们的化学成分是蛋白质或类固醇。实验证明，激素能决定细胞的类型，是影响细胞分化的重要因素。例如，蝌蚪变成蛙必须要有甲状腺素的参与，如果给幼小蝌蚪喂甲状腺素，它们就会提前发育变成蛙；如果把幼小蝌蚪的甲状腺切除，它们就不能变态而发育成巨型蝌蚪，这种巨型蝌蚪，如果再喂甲状腺素又会引起变态。

（2）细胞记忆与决定

由一个单细胞受精卵可以分化出多种细胞和组织，进而形成一个完整的生物个体。哺乳类动物从受精卵分裂成32个细胞的桑葚胚，每个细胞还是全能的；原肠胚内细胞团重排成内、中、外三胚层后，这些细胞在发生潜能上开始出现一定的局限性，各胚层细胞只倾向于发育成为本胚层的组织器官，这时它们仍然具有演变为多种类型细胞的能力，这种细胞就称为多能干细胞，如胚胎多能干细胞；多能干细胞再继续分化就可诱变为单能干细胞，单能干细胞仅具有分化形成某一种类型细胞的能力。在发育过程中细胞分化中的一个普遍的规律是逐渐从“全能”到“多能”，最后趋向于“单能”稳定的分化趋势。传统观点认为，细胞分化的方向是不可逆的，一旦细胞向一定方向分化后，一般不能再回复到原来的状态。实验证明，随着胚胎发育的完善，胚胎细胞全能性变差。

（3）受精卵细胞质的不均一性影响

研究发现，受精卵每次卵裂，细胞核物质包括基因组都会均匀地分配到子细胞中，是等能的。但受精卵的细胞质物质分布及其在子细胞的分配并不十分均匀，有的物质在细胞中有一定的区域分布。例如，卵细胞本身存在的mRNA在卵细胞质中呈不均匀分布，这种不均匀性对胚胎早期发育有很大的影响，在一定程度上决定了细胞的早期分化。

（4）细胞间的位置效应

在哺乳动物中，早期胚胎细胞可分化为滋养层和内细胞团，滋养层细胞将来发育为胚胎的胎膜和胎盘，内细胞团重组成三胚层进而发育成各组织。滋养层和内细胞团的形成与细胞在胚胎内的分布位置有关，外部细胞覆盖在胚胎表面形成滋养层，内部细胞则发育成内细胞团。实验表明，哺乳动物胚胎从16细胞期开始，有些细胞便被包围在内部，这个阶段是哺乳动物早期胚胎细胞分化的决定时间。

### 3.5.3 动物干细胞

现在人们还很难给干细胞下一个准确的定义，但一般都认为：干细胞是一类理论上具有无限的或者永生的自我更新能力和分化成多种类型细胞潜能的一类细胞。这里所指的自我更新是指由它分裂形成的两个子细胞中，至少有一个细胞仍然保持干细胞特性，另一个细胞则保持有限分裂能力，并分化为组织或器官的特异性细胞。

干细胞群的功能即控制和维持细胞的再生。干细胞是主要来自胚胎、胎儿或成人体内具有在一定条件下无限制自我更新与增殖分化能力的一类细胞。目前通过实验也可以让体细胞转化成干细胞。干细胞能够产生表型与基因型和自己完全相同的子细胞，也能产生组成机体组织、器官的已特化的细胞，同时还能分化为祖细胞。祖细胞是指在发育和分化中已丧失自我更新能力，但仍保留多细胞谱系分化潜能的一群细胞。祖细胞是一类彼此间仍有分化层次差异的细胞。

（1）干细胞的来源

1）来自胚胎的干细胞。胚胎干细胞是指由胚胎内细胞团或原始生殖细胞经体外移植培养而筛选出的细胞。在早期胚胎发育中，内细胞团的细胞发育成两群不同的细胞，称为上胚叶和下胚叶。下胚叶随后形成卵黄囊，最终成为胚胎形成末期的冗余部分。上胚叶最后形成早期内胚层、中胚层和外胚层的前体，并最终形成胚胎个体的全部类型细胞。此外，还可以利用体细胞核移植技术（将供体细胞的细胞核移植到已去除细胞核的卵细胞中去的技术）获得与供体细胞遗传相匹配的胚胎干细胞。胚胎干细胞具有发育全能性，在理论上可以诱导分化成为构成身体的任一类型细胞。1998年詹姆斯·汤姆森（James Thomson）建立人胚胎干细胞（hES细胞）系开启了干细胞研究新的一页。

2）来自出生个体的成体干细胞。成体干细胞存在于发育成熟的个体内，如外周血中的造血干细胞，它们具有受限的分化能力。成体干细胞在体内主要是补充正常生理活动所损失的部分细胞，起损伤修复等作用。成体干细胞存在于机体的各种组织器官中，发现的成体干细胞主要有造血干细胞、骨髓间充质干细胞、胎儿神经干细胞、肝干细胞、肿瘤干细胞等。此外，在早期胎儿的胎盘及血液中也富含造血干细胞。脐带血干细胞是不同于成熟个体骨髓及外周血中造血干细胞的另一类细胞。新生儿的脐带血中含有造血干细胞，能够分化成不同造血谱系的血细胞，可以重建人体造血和免疫系统的造血干细胞。脐带血已成为造血干细胞的重要来源，并被广泛地应用于临床。

3）诱导多能干细胞。日本京都大学山中伸弥（Shinya Yamanaka）等科学家推断胚胎干细胞（ES细胞）特异的基因产物或许可以替代ES细胞质，重编程体细胞返回多能状态，并进行验证。他们开展了多次实验，最终从24个候选基因中筛选出4个关键基因——*Oct-3/4*、*SOX2*、*KLF4*和*c-Myc*，并通过腺病毒载体将这4种基因转入小鼠胚胎或皮肤纤维母细胞，发现可诱导其发生转化。将这些重编程的细胞命名为诱导多能干细胞（induced pluripotent stem cell，iPS细胞）。iPS细胞的形态、基因和蛋白质表达、表观遗传修饰状态、细胞倍增能力、类胚体和畸形瘤生成能力、分化能力等都与胚胎干细胞极为相似。该成果2006年发表于《细胞》（*Cell*），山中伸弥也因此获得2012年诺贝尔生理学或医学奖。2007年末，汤姆森实验室和山中伸弥实验室几乎同时报道，利用iPS细胞技术同样可以诱导人皮肤纤维母细胞成为几乎与胚胎干细胞完全一样的多能干细胞。所不同的是山中伸弥实验室用逆转录病毒将以上4种基因引入人皮肤纤维母细胞，而汤姆森实验室则采用慢病毒载体将*Oct-4*、*SOX2*、*NANOG*和*LIN28*这4种基因引入新生儿阴茎包皮的皮肤细胞。

后继的研究发现，不仅仅是皮肤细胞，其他终末分化的细胞，如肝细胞、血液细胞等不同的细胞类群都可以被这些转录因子逆转成胚胎干细胞类似的状态。这些被诱导出来的细胞被证明可以形成正常的个体，或分化形成个体身体的各种细胞类群，如2019年日本东京医科齿科大学研究人员与美国同行合作，利用人iPS细胞同时培育出了肝脏、胆管和胰脏3种迷你器官。诱导多能干细胞的出现，避免了传统胚胎干细胞使用时的伦理问题，也解决了干细胞在应用中的免疫排斥难题。

（2）干细胞的应用

干细胞最重要的潜在用途就是将胚胎干细胞定向分化成特定的细胞或组织后，再移植给患者，以治疗目前人类无法治愈的各种疾病。在许多成功的实验中，科学家将小鼠胚胎干细胞在体外诱导分化成特定细胞类型后移植到患有相应疾病的小鼠模型中，都可以观察到供体细胞在受体小鼠内发挥正常功能。

理论上讲，胚胎干细胞具有形成200多种类型细胞的潜能，但是我们无法通过直接移植胚胎干细胞来达到治病的目的。主要因为胚胎干细胞和癌细胞类似，具有极强的增殖能力，移植到动物体中容易形成畸胎瘤；另外，移植到体内的干细胞极少或者没有分化成目的细胞，很难达到治疗的目的。因此只有通过体外诱导胚胎干细胞或体细胞分化成特定的细胞类型，使该细胞具有正常的生理功能及较低的增殖能力后，才能进行细胞移植。

iPS细胞一经提出，其研究热潮持续高涨，并取得了多项令人瞩目的进展。2008年哈佛大学乔治·戴利（George Daley）实验室利用诱导细胞重新编程技术把来自10种不同遗传病患者的皮肤细胞转变为iPS细胞，这些细胞将会在建立疾病模型、药物筛选等方面发挥重要作用。美国科学家还发现，iPS细胞可在适当诱导条件下定向分化，如变成血细胞，再用于治疗疾病。哈佛大学另一家实验室则发现利用病毒将3种在细胞发育过程中起重要作用的转录因子引入小鼠胰腺外分泌细胞，可以直接使其转变成与胰岛细胞极为相似的细胞，并且可以分泌胰岛素，有效降低血糖。这表明利用转录因子可以直接获得某一特定组织细胞，而不必先经过诱导多能干细胞这一步。2022年来自日本多个研究机构的研究人员成功地利用在体外产生的大鼠生殖细胞培育出大鼠后代，对未来的生殖医学和动物育种有很大的影响。

与经典的胚胎干细胞技术和体细胞核移植技术不同，诱导多能干细胞技术不使用胚胎细胞或卵细胞，因此没有伦理学的问题。利用诱导多能干细胞技术可以用患者自己的体细胞制备专用的干细胞，所以不会有免疫排斥的问题。然而，诱导多能干细胞的研究还只是刚刚起步，有许多技术难题还有待解决。例如，现在的诱导多能干细胞技术主要采用病毒载体引入细胞因子，这些病毒随机插进基因组后存在激活致癌基因或抑制抑癌基因的可能性，许多方法中还使用了*c-Myc*原癌基因，因此存在较大的致瘤风险，显然不可能应用于临床。当前和今后一段时间的研究将继续优化方法，如使用质粒载体、融合蛋白、小分子等替代病毒载体。另外，目前对诱导多能干细胞特性的认识也很肤浅，究竟它与未经任何遗传修饰的胚胎干细胞有多少异同还需要通过大量深入细致的研究才能搞清楚。

可以预见，在今后相当长的一段时间内，胚胎干细胞技术、体细胞核移植技术和诱导多能干细胞技术还不太可能进入临床应用阶段，需要继续研究和共同发展。

## 3.6 细胞癌变

**微课**
细胞癌变

动物体内细胞分裂调节失控而无限增殖的细胞称为肿瘤细胞。良性肿瘤是在错误的地方或错误的时间生长的正常细胞，不转移。具有转移能力的肿瘤称为恶性肿瘤，上皮组织恶性肿瘤称为癌。目前癌细胞已作为恶性肿瘤细胞的通称。研究证明癌症是由于体细胞DNA突变引起的。

### 3.6.1　癌症的解析

人类对肿瘤的认识可以追溯到约4000年前埃及纸莎草上的文字。一位名为伊姆霍特普的医生留下了弥足珍贵的类似外科教科书式的著作，对48例患者疾病的解剖学、诊断、总结和预后进行了记载。该医生已经认识到这种疾病，临床表现为身上有硬的肿块，当时无治疗方案。2000年后著名古希腊史学家希罗多德在其著作《历史》中记载，波斯一位王后发现她的乳房上长出肿块并有渗血（炎性乳腺癌中有此症状）。希腊一奴隶向她建议并为她实施了手术使其活了下来。约公元前400年希腊名医希波克拉底时代，书籍中出现了“karkinos”一词（源于希腊语的螃蟹），用于描述癌症。当时只能认识到肉眼可见的肿瘤，并无良性和恶性肿瘤之分，但抓住了癌症肿块和可移动这些关键性质。

（1）诱变因子致癌

19世纪早期，人类的平均寿命只有35岁，而癌症特别喜欢光顾老年人，所以直到19世纪癌症一直是一种相对罕见的疾病。1775年，伦敦医生帕西瓦尔·波特（Percivall Pott）发现早年曾干过扫烟囱活计的男人易患阴囊癌；自20世纪50年代起，吸烟人群的肺癌发生率是非吸烟人群的20～30倍。癌症也具有地方特异性：非洲某地的肝癌是英国的18倍；日本的胃癌是美国的11倍；美国的结肠癌是非洲某地的10～20倍。当人们从世界一地移居于另一地时，他们的下一代呈现新居地癌症的典型特征。于是得出结论：影响人体的外部因素如生活方式、饮食习惯等在癌症的发病中扮演着重要角色，即外因致病论。然而直到19世纪末，所有试图在实验动物上重现癌症的实验都未能成功。

20世纪初，日本科学家山极胜三郎（Katsusaburo Yamagiwa）在实验室再现了兔耳皮肤癌；20世纪30年代，化学家开始分离由成百上千种物质组成的煤焦油混合物，证实3-甲基胆蒽和二甲基苯丙蒽致癌；同期美国遗传学家赫尔曼·穆勒（Hermann Muller）发现X射线可使果蝇发生基因突变；20世纪50年代，遗传学家认为X射线和致癌物质通过使基因突变而导致癌症；20世纪70年代遗传学家布鲁斯·埃姆斯（Bruce Ames）建立并不断发展完善的沙门菌回复突变试验（也称Ames试验）证实致癌物质能使细菌的基因发生突变。最终得出结论：诱变因子引起基因突变导致癌症。

（2）病毒致癌

基因变异可以导致肿瘤，于是科学家开始寻找突变基因。1910年，弗朗西斯·劳斯（Francis Rous）发现一种可导致鸡肿瘤的病毒，并将其命名为劳氏肉瘤病毒（Rous sarcoma virus，RSV）。RSV感染健康家禽后，可使其长出肉瘤，说明病毒有致癌性。病毒之所以引起癌症是因其带有病毒癌基因——*src*基因。

1975年，哈罗德·瓦慕斯（Harold Varmus）和迈克尔·毕晓普（Michael Bishop）实验发现去除*src*的RSV感染鸡，鸡发生肉瘤，分离病毒RSV发现RSV又带有*src*，表明鸡本身存在*src*基因，后来在人类细胞中发现了和*src*几乎一样的基因，称为细胞*src*基因，为细胞癌基因。进一步研究发现，病毒中*src*与活性相关的位点被磷酸化而导致失控的高活性，而人类细胞中没有相应基因突变的*src*的活性则被严格调控。于是在20世纪70年代末，癌症的基因突变学说在这些实验的基础上得以提出：某种在细胞里普遍存在的基因，其突变后产生的生物学效应导致肿瘤发生。

1982年麻省理工学院的罗伯特·温伯格（Robert Weinberg）等各自独立地发现了人类导致膀胱癌的*ras*原癌基因的点突变，证实了基因突变致癌论。1986年温伯格的助手与医生合作发现*Rb*为抑癌基因，为上述学说提供了有力支持。此后发现的另一个癌基因*c-Myc*，则在小鼠体内导致癌症的生成，在整体水平上进一步证实了上述学说。

（3）抑癌基因的发现

抑癌基因的发现与分离较晚。20世纪70年代初，人们观察到与正常细胞融合后的杂交细胞会出现致癌性降低或消失的现象，表明正常细胞中可能含有调节细胞正常生长、抑制肿瘤形成的基因即抑癌基因。在细胞增殖调控中，大多数原癌基因是促进，发挥正调作用，而抑癌基因是抑制，具有负调作用。1986年人们首次分离鉴定出第一个抑癌基因即*Rb*基因，目前已知的抑癌基因达10多个，如*p53*等。

*Rb*基因编码一个分子质量为105kDa的蛋白质，该基因定位在人13q14染色体（见5.2.2）上，当*Rb*两个等位基因丢失或失活时，可导致细胞癌变。实验表明，定位在细胞核内的Rb蛋白的C端具有结合活性，它是一个具有DNA结合活性的细胞生长负调控因子，具有抑制细胞增殖和促进分化的功能。例如，将正常的*Rb*基因重组载体感染人视网膜母细胞瘤和骨肉瘤细胞株，不仅能抑制这些细胞的增殖，也能抑制其恶性表型。

野生型*p53*基因是一个重要的抑癌基因。人的*p53*基因定位于17p13染色体上，该基因编码一种分子质量为53kDa的蛋白质，故命名为p53。p53蛋白半衰期很短，是肿瘤抑制因子，主要作用是阻抑细胞周期进行和诱导程序性细胞死亡。p53可与抑癌基因作用产生细胞周期的负调控因子，如p21蛋白抑制细胞周期的进行。如果DNA损伤不能得到有效修复，p53还可能诱导细胞产生程序性死亡。如果两个*p53*等位基因突变，导致野生型*p53*钝化，这个调控就不能正常操作，使损伤DNA复制，产生基因突变与重排，可能导致细胞恶性转化。在许多恶性肿瘤细胞中，发现*p53*基因突变，突变后p53蛋白构象改变，半衰期延长，特别是抑癌活性丧失，产生了一些促进恶性化的特征。

（4）肿瘤的多步发育

癌基因（oncogene）分为细胞癌基因（celluar oncogene，c-onc）和病毒癌基因（viral oncogene，v-onc）。c-onc即原癌基因（proto-onc），它发生突变或过量表达可导致细胞转化成癌细胞。原癌基因一词意味着在我们正常细胞的基因中存在缺陷，即正常细胞潜藏着癌变基础。这种缺陷基因并不是毫无意义的，它们负责细胞增殖。癌症是由于如逆转录病毒、化学致癌物及射线等通过激活原癌基因而使细胞无限增殖导致的。

20世纪八九十年代，原癌基因和抑癌基因以惊人的速度被发现，但这又导致了一个疑问：如果染色体中有如此多的基因突变，为何肿瘤不是随时随地就能发生？人们已知原癌基因需要获得突变才能致癌，而突变并非常见现象；抑癌基因也需要突变后致癌，但因为需要两条染色体均发生突变，因此也不是常见现象。流行病学的所有证据显示：癌症无法用单个基因突变进行解释，癌症与年龄的关系不是成正比的，如果是基因突变导致癌症，那么需要4～6个及以上基因的突变，它们是曲线关系。生长的控制是原癌基因与抑癌基因相互搏斗的结果，癌症的发生需要原癌基因激活、抑癌基因失活；另外，细胞的分裂次数是有限的，此时还需要端粒酶的再生。具有转移能力的肿瘤才称为癌，也即癌细胞还会产生肿瘤转移基因及相对应的抑制肿瘤转移基因。

### 3.6.2　癌症的治疗历程

（1）癌症的手术治疗

公元160年时的古罗马名医克劳迪亚斯·盖伦（Claudius Galenus）认为癌症是一种系统的病态，由体内黑胆汁过量所致，并建议癌症患者不要治疗，因为那样活得更久。中世纪的医生也遵循了盖伦的理论和观点，排斥对癌症患者进行手术治疗，主要由于没有麻醉和抗生素的时代对癌症患者进行大型手术，患者会因疼痛休克甚至因术后感染致死。

盖伦的理论和观点统治肿瘤成因和治疗领域长达1500年，直到16世纪比利时19岁的安德烈·维萨里（Andreas Vesalius）到达巴黎大学学习解剖并自己着手从尸体的组织入手绘制解剖图，解剖过程中一直未能发现关于"肿瘤发生是因黑胆汁过剩"的理论中黑胆汁存在的证据。随后，1793年英国人马修·贝利（Matthew Baillie）编写的病理组织解剖教科书进一步否认了盖伦理论。维萨里未能在正常人体中发现"黑胆汁"，在本应充满"黑胆汁"的肿瘤组织中也看不到它的踪影。于是，基于想象提出并流传了上千年的理论逐渐被人们遗弃了，也为手术切除的回归扫清了思想障碍。例如，贝利的舅舅悄悄地在自己的诊所为患者切除肿瘤，并采用酒精和鸦片止痛，但可惜大多数患者难逃术后感染而死。

19世纪40～60年代出现使用乙醚进行麻醉和使用苯酚进行消毒为手术扫清了最重要的技术障碍。1867年维也纳人西奥多·贝尔罗（Theodor Billroth）在柏林大学开始尝试通过切除腹腔肿瘤治疗癌症患者，经他手术的41名肿瘤患者中有19人在术后活了下来。

癌症患者手术初步成功后，紧接着人们开始研究如何切除肿瘤组织才能治疗癌症。1877年美国约翰霍普金斯医院的第一位外科医生威廉·霍尔斯特德（William Halsted）遍访欧洲多地的医院，在思想和技术上接受了这种源于欧洲的肿瘤切除术，基于他的学习体会提出通过切除更多的组织来彻底清除肿瘤，并在1898年美国外科学会上对自己10余年的实践结果进行了报告，他的手术成功率超过了欧洲的先驱。不过在他的76例接受手术的患者中，只有40例存活超过3年。对此他倡议用更大面积的切除进行"根治性"治疗。不过当时他没能区别对待未转移的早期病例和转移的晚期病例，对于前者这种伤害极大的手术可能过于激进，对于后者又无济于事。

19世纪30年代，这种"根治性"思路仍然大行其道。除了乳腺癌，"根治性"手术又陆续扩展到泌尿系统肿瘤、脑癌和肺癌等。20世纪初外科医生人数迅速增长，并以自己的职业为傲，很多外科医生将对肿瘤的非根治性手术视为"错误的仁慈"。

（2）癌症的放射性治疗

1895年威廉·伦琴（Wilhelm Röntgen）发现X射线后迅速引起研究和应用的热潮。一年后21岁的芝加哥医学生米埃尔·格拉比（Emil Grubbe）尝试利用X射线治疗乳腺癌，使放射性治疗（简称放疗）成为癌症治疗的新武器。不过，X射线的放疗有两个问题：①和手术类似，只在局限性肿瘤的治疗上有效；②有可能诱发DNA突变而致新的癌症，如居里夫人就是广泛用于放疗的镭元素的受害者，于1934年死于白血病。

1932年，科学家发明了与根治性乳房切除术可比肩的X射线乳房切除术。同时美国医生威利·迈耶（Willie Meyer）提出需要在手术或放疗后增加系统性治疗手段。

（3）癌症的化学治疗

20世纪30年代手术和放疗的威力已达到顶峰，进一步解决肿瘤治疗中剩余的难题需要有新的手段，肿瘤化学治疗（简称化疗）以新的面貌加入人类对肿瘤的战斗中。

现代肿瘤化学治疗始于20世纪40年代，1942年氮芥治疗淋巴瘤揭开了肿瘤化疗的序幕，1965年美国国家癌症研究所（NCI）成立全国肿瘤化疗服务中心，欧洲共同体成立欧洲癌症研究与治疗组织（EORTC），我国抗癌药物研究于1958年启动。

1）抑制肿瘤细胞分裂的化疗。肿瘤化疗的发展与抗肿瘤新药的发现息息相关，化疗的目的是抑制肿瘤细胞分裂，早期应用化疗的策略是肿瘤生长指数随时间呈指数性下降，后来发现由于肿瘤细胞固有的遗传不稳定性，发生自发性突变而产生耐药性，耐药细胞出现与肿瘤大小相关，瘤细胞数越多，产生耐药株的概率就越高。因此，肿瘤中往往包含了几种基因型和表型完全不同的肿瘤细胞，即肿瘤异质性。肿瘤具有异质性即含有不同转移性能的细胞亚群，即使是单一细胞起源，也是一个异质性的细胞群，化疗一般采用严格交替的化疗策略。拉里·诺顿（Larry Norton）提出临床前期肿瘤生长快，进行治疗后肿瘤的再生长也加快，即使更大剂量的化疗，如果不能达到根治，残留细胞数在1～10 000个时，5年内很容易复发。因此诺顿指出先用尽可能有效的化疗药物，杀死快速生长的肿瘤细胞，再用另一组化疗药物消灭低速生长的耐药株细胞，最后通过机体的免疫机制消灭残留的癌细胞达到根治的目的。

化疗药物主要作用于完成一次细胞分裂所需要的DNA复制、RNA转录、蛋白质合成的通路上，可分为细胞周期非特异性药物和细胞周期特异性药物，前者可杀伤处于各种增殖状态的细胞，包括休止期（$G_0$期）细胞，如阿霉素、卡氮芥、顺铂等；后者只能杀伤处于增殖周期中各时相的细胞，如长春花碱和紫杉醇（M期特异性药物）、强的松（S期特异性药物）、肾上腺皮质类固醇（$G_1$期特异性药物）等。

2）肿瘤的靶向治疗。20世纪80年代早期罗伯特·温伯格实验室在小鼠体内发现了癌基因*neu*，其表达产物是膜蛋白。1986年，在人体中发现了*neu*的同源基因*Her-2*癌基因，检测发现恶性程度更高、更易转移的乳腺癌患者组织*Her-2*高表达。随后制备小鼠Her-2抗体，在动物实验中证明其具有抗癌性。这是人们首次有意识地针对癌症的突变基因进行治疗。此后制备出人源化Her-2抗体——赫塞汀（Herceptin）。1992年赫塞汀进入临床试验，发现困难重重，如难以量化的治疗效果、严重的副反应，并且不少接受赫塞汀的患者肿瘤并未消退，只是不再生长。直到1998年Ⅲ期临床试验用确凿的证据表明赫塞汀的有效性，并且优于传统化疗药阿霉素和环磷酰胺，如果与传统化疗药物紫杉醇合用效率还可增加50%。

靶药界的鼻祖伊马替尼（Imatinib）又名格列卫（Gleevec）是第一个针对肿瘤生成机制的分子靶向抗癌药。其靶点是由珍妮特·罗利（Janet Rowley）在1973年发现的费城染色体（指22号染色体长臂与9号染色体经转位融合而成）的*bcr-abl*基因所编码的蛋白质，其是一种激酶，可导致慢性髓细胞性白血病（chronic myelogenous leukemia，CML）。1993年美国科学家布莱恩·J. 德鲁克（Brian J. Druker）与瑞士制药公司研究员尼古拉斯·B. 莱登（Nicholas B. Lydon）等合作发表文章清楚表明格列卫可以杀死CML细胞而正常血细胞不受伤害。2001年5月美国食品药品监督管理局批准了该药上市。

用新的基因组技术对多种肿瘤进行了全基因组水平的研究，发现大多数肿瘤含有数十种基因突变，只有少数肿瘤含有较少的（数种）突变。同时不同肿瘤中含有不同突变体及其组合，肿瘤异质性所对应的药物靶点数目是极其庞大的，这对药物分子靶向治疗非常不利。

（4）癌症的免疫治疗

癌症免疫治疗通常分为两类，非特异性免疫和特异性免疫。非特异性免疫治疗主要包括白细胞介素-2（interleukin-2，IL-2）、干扰素α（interferon-α，IFN-α）、肿瘤坏死因子α（tumor necrosis factor-α，TNF-α）、卡介苗等细胞因子和毒素；特异性免疫治疗主要是肿瘤疫苗。非特异性免疫应答是与生俱来的，它的形成并不需要抗原刺激，能广泛地针对多种抗原，是免疫应答的基础，但特异性不强，对某种特定抗原物质往往不能产生足够强度的反应。在进入临床试验的多种细胞因子中，IL-2和IFN-α应用最为广泛。2018年诺贝尔生理学或医学奖授予美国得克萨斯大学安德森癌症中心的詹姆斯·艾利森（James P. Allison）和日本免疫学家本庶佑（Tasuku Honjo），以表彰他们发现了抑制免疫负调节的癌症疗法。免疫系统有“刹车”分子，会抑制免疫持续进行，免疫细胞的过度激活会引起自身免疫病。1996年，詹姆斯·艾利森在小鼠实验中首次发现，免疫细胞T细胞上CTLA-4受体扮演的就是“刹车”的角色，抑制CTLA-4能够激活T细胞并持续地对癌症进行攻击。基于该机理，第一款用于治疗黑色素瘤的癌症免疫药物伊匹单抗（Ipilimumab）问世。他的发现为那些最致命的癌症提供了新的治疗方向。1992年，本庶佑教授发现了另外一个位于T细胞上的重要免疫抑制受体分子PD-1（programmed death 1）。PD-1是T细胞的调节蛋白，可抑制淋巴细胞的免疫杀伤作用，避免T细胞杀伤正常的人体细胞，弊端是肿瘤细胞会产生PD-L1，当PD-1与PD-L1结合，就会阻止T细胞杀死癌细胞，降低T细胞对肿瘤的杀灭作用，从而导致肿瘤的发生（图3.20）。2014年，基于“免疫系统刹车”抑制的第一个PD-1抑制剂在美国上市。2018年6月15日，我国正式批准PD-1抗体注射液上市，意味着我国的肿瘤治疗进入“免疫”时代。

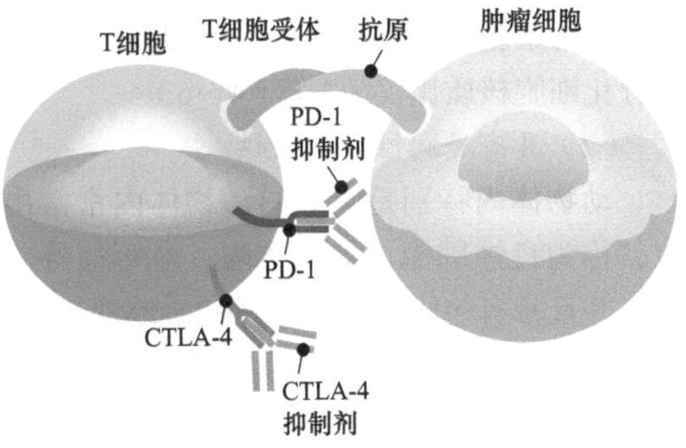

图3.20 免疫刹车分子PD-1和CTLA-4的作用

肿瘤疫苗治疗是通过给患者体内导入肿瘤抗原来激发患者的特异性抗肿瘤免疫反应。由于疫苗治疗具有特异性、在体内免疫效应维持时间长等优点，目前已成为研究热点。近年来多肽疫苗、核酸疫苗、全蛋白疫苗、抗独特性抗体疫苗、重组病毒疫苗、细菌疫苗、基因修饰的肿瘤细胞疫苗等得到广泛研究和应用。

（5）癌症的基因治疗

基因治疗是指将外源正常基因导入靶细胞，以纠正或补偿因基因缺陷或基因表达异常引起的疾病，达到治疗疾病的目的。经过近40年的发展，基因治疗已经由最初用于单基因遗传病的治疗扩大到恶性肿瘤、感染性疾病、心血管疾病、自身免疫病、代谢性疾病等多种重大疾病的治疗。

早期基因治疗主要是针对单基因遗传病进行治疗，随着基因治疗的不断发展，现在更多针对恶性肿瘤的基因治疗进入临床试验阶段，目前全球大约2/3的基因治疗临床试验方案是针对各种恶性肿瘤的。重组腺病毒-p53抗癌注射液是针对恶性肿瘤基因治疗最先上市的药品。癌症基因治疗的最大问题是如何将基因安全、高效地导入肿瘤治疗部位。目前大多数的肿瘤基因治疗缺乏靶向性，只能将表达载体导入体表的肿瘤部位而使治疗受限。即使有部分全身给药的基因治疗方案进入临床试验，但由于缺乏肿瘤的靶向性或存在安全性等问题，使得基因难以安全、高效地靶向导入肿瘤部位，最终导致疗效不理想，甚至会产生很大的毒性作用。

基因治疗理想的情况是能在原位修复病变的基因，目前较成熟的技术是同源重组，但其复杂的操作体系及极低的修复效率限制了在基因治疗中的应用。最近几年，成簇规律间隔短回文重复（CRISPR）/CRISPR相关蛋白9（Cas9）、转录激活因子样效应物核酸酶（TALEN）等靶向基因敲除技术可以快速、高效地编辑基因组中特定靶点的遗传信息，在重大疾病治疗领域显示出了非常好的应用前景。

### 3.6.3 癌细胞的基本特征

癌的根本问题是细胞畸形分化的问题。细胞不按正常规律发育，恶化而成癌细胞。癌细胞没有有用的功能，对正常身体组织有害。同正常细胞相比具有不同的形态特征和生理特征。

（1）癌细胞往往失去其母细胞的特定外观

随着肿瘤恶性程度增加，癌细胞变得更小、更圆润。这种外观变化会使癌症类型的诊断变得困难，因为许多不同类型的癌细胞看起来很相似。癌细胞一般比正常细胞小，但细胞核大于正常细胞，细胞核占据了癌细胞内的大部分空间，产生了很大的核质比，可达1∶1，正常分化细胞核质比仅为1∶（4～6）。

（2）具有浸润性和扩散性

动物体内特别是衰老的动物体内常常出现肿瘤，这些肿瘤细胞仅位于某些组织特定部位，称为良性肿瘤，如脂肪瘤、血管瘤等。良性肿瘤生长缓慢，呈膨胀性生长，其边缘清楚，并且常有包膜覆盖，色泽和质地都比较接近正常组织，肿瘤细胞分化成熟，对机体危害较小。良性肿瘤与恶性肿瘤的最主要区别就是恶性肿瘤细胞（癌细胞）的细胞间黏着性下降，具有浸润性和扩散性，易于浸润周围健康组织，可通过血液循环或淋巴途径转移并在其他部位黏着和增殖，形成转移灶，如癌症从原发部位转移到骨骼形成骨瘤（图3.21）。

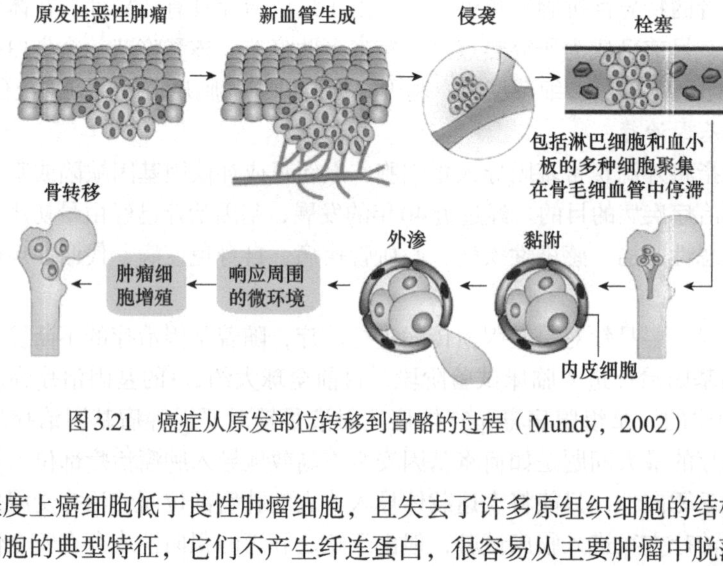


图3.21　癌症从原发部位转移到骨骼的过程（Mundy，2002）

在分化程度上癌细胞低于良性肿瘤细胞，且失去了许多原组织细胞的结构和功能。松散的黏附是癌细胞的典型特征，它们不产生纤连蛋白，很容易从主要肿瘤中脱落。迁移的发生是因为癌细胞没有紧密结合在一起，并且细胞表面有许多酶。这些特征允许细胞穿过血管壁和组织之间，从主要肿瘤部位扩散到许多其他身体部位。这种扩散（转移）的能力是癌细胞独有的，也是导致死亡的主要原因。癌细胞通过有丝分裂而扩张并侵入其他组织。侵袭和持续生长使未经治疗的癌症致命。

（3）细胞间相互作用改变

正常细胞之间通过细胞表面特异性蛋白的相互作用形成特定的组织和器官，癌细胞冲破了细胞识别作用的束缚，在转移过程中主要产生水解酶类水解基底膜，并异常表达某些膜受体蛋白，便于癌细胞在别处黏着并生长。同时借此逃避免疫监视作用，防止自然杀伤细胞等的识别和攻击。即使癌细胞的所有侧面都与其他细胞的表面持续接触，它们也不会发生接触抑制现象，这种细胞分裂的持续性使疾病难以控制。

（4）细胞生长与分裂失去控制

在正常机体中细胞或处于生长与分裂状态，如肝细胞；或处于静止状态执行其特定功能，如神经细胞。在体内的一些组织中会有一些衰老细胞的死亡和细胞的增殖，在动态平衡中维持组织和器官的稳定，这是一种严格的受控过程。而一些癌细胞失去控制，分裂速度加快，生成时间很短（2～4h），几乎连续地重新进入有丝分裂的细胞周期，结果破坏了正常组织的结构与功能。大多数癌细胞的生成时间与亲本细胞相似，但这些细胞对细胞凋亡信号没有反应，往往含有大量的端粒酶，可维持端粒DNA，成为不死细胞。例如，1951年提取的宫颈癌细胞——海拉（HeLa）细胞已经在实验室中培养了70多年，它仍将在实验室内一代一代地传下去。

（5）基因表达或蛋白质活性改变

异常染色体在癌细胞中很常见，会出现染色体丢失、获得、断裂和重排现象，癌细胞的染色体可以超过23对或少于23对。癌细胞的蛋白质表达谱系中往往出现一些在胚胎细胞中表达的蛋白质，如原发性肝癌细胞可表达胚胎细胞中的多种蛋白质和酶。目前已知的肿瘤细胞中表达的胎儿同工酶有20多种，如甲胎蛋白（αFP或AFP）、癌胚抗原（CEA）。甲胎蛋白可作为肝癌早期检测的标志特征，癌胚抗原是结肠癌和直肠癌的特异性标志物。多数癌细胞中具有较高的端粒酶活性。还会表达与其恶性增殖、扩散等过程相关的蛋白质成分。

体外培养的恶性转化细胞的贴壁性下降，可不依附在培养皿壁上生长，有些还可以进行悬浮式培养；正常细胞生长到彼此接触时，其运动和分裂活动将会停止，出现接触抑制现象，而癌细胞无接触抑制现象，可堆积生长，这也是细胞恶性程度的标志之一。

2000年，道格拉斯·哈纳汉（Douglas Hanahan）教授和罗伯特·温伯格教授在*Cell*杂志上发表的“The hallmarks of cancer”（“癌症标志”）开创性综述，系统总结了癌症发生发展的六大特征：自给自足的生长信号（self-sufficiency in growth signal）、对生长抑制信号不敏感（insensitivity to anti-growth signal）、逃避细胞凋亡（evading apoptosis）、无限复制的潜力（limitless replicative potential）、持续的血管新生（sustained angiogenesis）及组织侵袭转移（tissue invasion and metastasis）。该综述的发表改变了以往对癌症研究的散乱认知，将众多艰涩难懂的概念归纳到可以简短表述的特征中来。2011年，他们又更新了同名综述的内容，将首版综述中的6个特征的概念描述进行了些许调整，同时在原有基础上增加了4个特征，分别是细胞能量代谢的失控（deregulating cellular energetics）、逃避免疫清除（avoiding immune destruction）、肿瘤促炎症作用（tumor-promoting inflammation）及基因组的不稳定性和突变

（genome instability and mutation），并将癌症的六大特征扩展为八大特征。总而言之，肿瘤的所有特征本来就存在于正常人体内，而基因突变使那些本应是受控的过程变得不可控制，导致癌症的发生发展。2022年瑞士洛桑联邦理工学院的道格拉斯·哈纳汉（Douglas Hanahan）在*Cancer Discovery*杂志上发表了癌症研究领域的年度重磅综述论文“Hallmarks of cancer: new dimensions”，并被选为当期杂志封面。该综述论文将已建立的癌症标志进一步拓展到了14种，这些癌症标志的新维度有望促进研究人员更充分地了解癌症发展和恶性进展的机制，并将这些知识应用于癌症医学。

### 3.6.4 致癌因子与防癌

（1）化学致癌因子

化学致癌因子分为无机物和有机物两大类。无机物如砷、石棉、铬化合物、镍化合物。有机物有羟基化合物、芳香化合物和芳香羟胺化合物。这些化合物或者直接与DNA相互作用；或者参与机体代谢以形成亲电子基团作用于核苷酸或DNA，特别是其中的氮原子与氧原子的共用电子对，形成稳定的核苷酸或DNA加合物。

DNA加合物，通常可被DNA修复酶所识别，并在DNA复制前被切除，如果没被修复酶识别，DNA聚合酶就会发生错读，使表达的蛋白质中的氨基酸序列发生改变，相当于基因突变，如果突变的正好是调节有丝分裂或细胞凋亡的蛋白质，就会出现细胞数目无序增加或组织增生的现象。

第一个被发现的致癌物是苯并芘化合物，它可以引发清扫烟囱的个人患阴囊癌，在卷烟燃烧中产生的焦油或焚烧垃圾烟气中都含有；发霉的食品中产生的黄曲霉素会引发肝癌。

酒精饮料中含有自然产生和污染的致癌物；酒精是一种良好的溶剂，嗜酒可加速致癌物的吸收；酒精影响机体的酶，使致癌物代谢活化增强，增强致癌物的毒性作用；酒精在微粒氧化过程中产生自由基，攻击肝细胞的大分子，引起细胞结构和功能的破坏；酒精降低了饮食中抗氧化物，如维生素C和维生素E、硒、β-胡萝卜素等的摄入，导致自由基和脂质过氧化物协同损伤肝细胞膜，攻击脱氧核糖核酸，起致癌作用。

香烟中含有多种有害物质：尼古丁，毒害神经，导致成瘾；一氧化碳，破坏血红蛋白后引起缺氧，导致心脑疾病；氰化物，剧毒类，破坏全身器官，导致支气管炎等；烟焦油，由酚类、醛类、苯胺、亚硝胺、多环芳香烃、致癌及促癌毒物组成，导致肺癌、肝癌、肾癌、慢性胃炎、胃溃疡、胃癌等；放射性物质，如镭、钋，导致多种癌症；重金属元素，如汞、镉、镍等是细胞原生质毒，破坏各器官。

（2）物理致癌因子

物理致癌因子如紫外线、离子辐射等。单独紫外线照射，不需要其他化学性或物理性致癌因子的作用，就可因其老化作用而改变DNA结构，使其分子链断裂，并对其修复过程中的酶产生影响，干扰了它的转录和复制过程。这些危害随日光暴晒时间、次数、累积量增多而加剧。此外，光化学反应又破坏了淋巴细胞表面的活性抗原结构，使机体免疫力降低，在其他促癌因素的共同参与下引发皮肤癌。紫外线在致癌作用上既有启动作用，又有促进作用。

因诊断、治疗或职业关系反复接触X射线，多年之后皮肤上出现异色性硬化萎缩性放射性皮炎、角化过度性丘疹或斑块（放射性角化病），这类角化病转化为鳞状细胞癌的机会较大（10%～30%）。过去由于X射线诊疗设备陈旧，技术落后，对放射的危险性了解得不够，容易产生放射损伤并致癌。近年来，因各方面都有了进步，上述问题可避免。

（3）生物致癌因子

2012年有报告称约有20%癌症是由病毒或细菌引起的。致癌病毒大部分是逆转录病毒。当它们感染宿主细胞后，病毒RNA逆转录成cDNA，整合入宿主染色体中。随后病毒的cDNA从宿主染色体上切割下来时，会携带部分宿主（原癌）基因。这些原本正常的宿主基因，在病毒繁殖传代时发生突变，或者这些基因的近端被置换成一个强劲的启动子或增强子，就变成了癌基因。当病毒携带一个或多个癌基因侵染宿主细胞时，将引起宿主细胞的异常增殖，并累积更多突变，最终导致细胞癌变，引发癌症。

一些DNA病毒也携带有原癌基因，如人乳头瘤病毒（human papilloma virus，HPV）和EB病毒（Epstein-Barr virus，EBV），后者又称人类疱疹病毒。HPV是一类小双链DNA病毒，是世界范围内最常见的性传播病原体，其发现是肿瘤病因学研究中的重要成就之一。HPV仅感染人类上皮组织，可引起生殖器乳头状瘤和尖锐湿疣等良性病变，也可引起宫颈不典型增生和宫颈癌。HPV可以通过基因整合及对宿主细胞基因组不稳定性、细胞周期、细胞凋亡及端粒酶活性等产生影响导致宫颈上皮的恶性转化。目前已有宫颈癌疫苗可有效预防宫颈癌的发生。EBV是很常见的疱疹病毒，可以长期潜伏在人体淋巴细胞内。它主要通过人类唾液传播，因此呼吸道是EB病毒潜伏的最大场所。其感染与鼻咽癌、伯基特（Burkitt）淋巴瘤、霍奇金病等恶性肿瘤的发生密切相关。

## 3.7　细胞衰老

微课
细胞衰老

衰老是人们永恒的议题，至今仍是一个谜。细胞衰老以永久性增殖停滞为显著特征，是对内源性和外源性应激的反应，包括DNA损伤、端粒功能障碍、癌基因激活和细胞器应激，并与肿瘤抑制、组织修复、胚胎发生和器官衰老等过程有关。

大量研究表明，细胞衰老实际上是一种重要的生命活动。20世纪40年代由于HeLa细胞和L系小鼠细胞（属于小鼠正常的皮下组织细胞，培养过程中由于甲基胆蒽处理而恶变）系的建立，曾让人们认为培养细胞可以无限地生长分裂，即产生细胞“不死性”的观点。根据此观点细胞本身没有衰老和死亡，衰老只是一种多细胞现象，多细胞衰老是由于体内外环境的影响，但是这一观点在20世纪60年代初由于海弗利克（Hayflick）等的研究和实验而受到了猛烈的冲击，并从根本上动摇。

### 3.7.1　海弗利克极限

1961年，美国生物科学家伦纳德·海弗利克（Leonard Hayflick）和保罗·穆尔黑德（Paul Moorhead）培养的人二倍体细胞表现出明显的衰老、退化和死亡的过程。若以1∶2的比例连续进行传代（即1个细胞瓶内的原代细胞接种到2个细胞瓶内进行传代培养），则平均只能传代40～60次，此后细胞逐渐解体死亡。这项工作表明，至少培养的细胞有一定的寿命，不是不死的；增殖能力有一定的界限，不是无限的，这就是对早期细胞“不死性”学说进行彻底否定的海弗利克极限（Hayflick limit）。

为了确定培养的人二倍体细胞的衰老是细胞本身决定的还是有培养环境的恶化，Hayflick

设计了巧妙的实验：将间期无巴氏小体（见5.2.3）的老年男性体细胞和间期可见巴氏小体的年轻女性体细胞进行单独或混合培养，并统计其倍增次数，实验结果表明，混合培养中的两类细胞倍增次数同各自单独培养时相同。该结果有力地说明，决定细胞衰老的因素在细胞内部，而非外部环境。

科学家为了进一步证明衰老的原因在于细胞本身，设计了细胞质与细胞融合实验：将除去细胞核的细胞质与完整细胞融合。实验发现年轻细胞的细胞质与年老的完整细胞融合时，得到的杂种细胞不能分裂；而年老细胞的细胞质同年轻的完整细胞融合时，杂种细胞的分裂能力与年轻细胞几乎相同。这表明是细胞核而不是细胞质决定细胞的衰老表达。就细胞来说，衰老是不可避免的，衰老的原因在于细胞本身。

身体的衰老是以细胞衰老为基础的。实验证明，细胞有着明显的衰老过程。例如，从胎儿肺得到的成纤维细胞可在体外传代50次，从成人肺得到的成纤维细胞只能传20次，可见细胞的增殖能力与供体年龄有关。海弗利克还发现不同寿命生物的胚成纤维细胞在体外传代的次数不同。例如，加拉帕戈斯象龟的平均寿命达百岁以上，其培养细胞传代达90～125次；小鼠平均寿命为3.5年，其细胞培养仅传14～28次。表明细胞在体外的传代次数与生物机体的寿命有关，寿命越长，传代次数越多。

### 3.7.2 衰老细胞结构的变化

细胞衰老是机体衰老的重要标志和驱动因素，其中表观遗传改变是细胞衰老的重要特征之一。细胞在衰老过程中，其结构会发生深刻的变化。

（1）细胞核的变化

细胞衰老通常表现为细胞核形态异常。在体外培养二倍体细胞发现，随着细胞分裂次数的增加，细胞核会不断增大，核纤层蛋白结构紊乱；随着培养时间增加，传代次数增加或年龄增长，核膜内折现象明显增多；随着细胞的衰老染色质会逐渐固缩化。

（2）内质网的变化

糙面内质网总量减少，排列有序性下降。研究发现，年轻动物细胞中，糙面内质网发育良好，排列有序；而年老动物中，内质网呈弥散状分散于核周围胞质中。光镜下用碱性染料染色可以看到神经元中呈颗粒状的尼氏体（由糙面内质网和核糖体组成的混合物），发现小鼠和人的大脑及小脑某些神经元中尼氏体中物质含量会随着动物年龄的增长而逐渐下降，表明随年龄增大内质网量减少。

（3）线粒体的变化

线粒体数量减少，体积增大。最典型的为人类、大鼠、小鼠衰老的肝细胞中线粒体，其数量明显减少，并发生膨大现象。

（4）致密体的生成

致密体是衰老细胞中常见的一种结构，由溶酶体或线粒体转化而来。其名称较多，如脂褐质、老年色素（斑）、血褐质、脂色素、黄色素等。

（5）膜黏度增加，流动性降低

衰老细胞膜选择通透性改变，物质进出膜的速度下降，因为衰老，细胞膜常处于凝胶相或固相，脂肪酸尾巴不能运动，膜流动性差；年轻健全的细胞膜具典型的液晶相，比较柔韧，脂肪酸尾巴可以自由运动，细胞具有弹性。

（6）细胞连接减少

衰老时细胞的间隙连接明显减少。用$^3$H-U标记尿嘧啶核苷酸，将带$^3$H标记和不带标记的年轻或年老细胞分别放在一起培养，发现培养4h后，有70%的年轻细胞从共同培养的年轻供体细胞得到$^3$H-U，只有30%的年老细胞从共同体培养的年老供体细胞得到$^3$H-U。说明衰老时细胞间的代谢协作关系显著减少。

细胞生理上也会发生一系列变化，如胞内水分减少、细胞萎缩、体积变小，与正常细胞相比衰老细胞含水量明显下降，细胞皱缩；有些酶的活性会下降，代谢速度减慢；衰老细胞的呼吸速率减慢，呼吸强度会下降。

### 3.7.3　细胞衰老的分子机制

（1）衰老的自由基理论

20世纪50年代德纳姆·哈曼（Denham Harman）首次提出细胞衰老的自由基理论，认为生物在代谢过程中，可产生极少的活性氧（ROS）基团，包括超氧自由基、羟自由基和$H_2O_2$，这些ROS具有很高的氧化活性，可攻击脂类、蛋白质和核酸大分子导致氧化性损伤，从而损伤、破坏细胞结构。据此只要清除ROS就可延长生命。近年有人发现一种转基因果蝇的寿命比正常果蝇延长了34%，因该果蝇转入并高效表达了Cu/Zn SOD（超氧化物歧化酶）和过氧化氢酶。科学家将人的*SOD1*基因转入成年果蝇神经细胞中，发现其寿命可延长40%。

最新研究认为，我们的身体每天都面临着紫外线、臭氧、香烟烟雾、工业化学品和其他危害的袭击。这种暴露可能导致我们体内自由基的产生，从而损害我们的DNA和组织，如未及时得到修复会增加衰老的速度。

日常接触一些污染物是不可避免的，尤其一些不健康的生活方式如吸烟、饮酒或因职业危害接触杀虫剂和其他化学品都会大大增加自由基。例如，一根香烟每吸一口就有超过10个自由基，这还只是来自燃烧的碳材料。不仅接触污染物会产生自由基，人体细胞呼吸将食物转化为能量的氧化磷酸化过程中也会产生自由基。尽管线粒体中有清除自由基的机制，但如果它们不堪重负，如营养过剩、吃太多垃圾食品、吸烟等，那么这种防御机制将无法跟上。

随着身体的老化，自由基的形成所造成的损害量逐渐超过了抗氧化剂的防御能力，损害开始超过修复，自由基积累，导致过早衰老。

（2）端粒酶学说

端粒酶学说认为，随着细胞的每次分裂，端粒不断缩短，当缩短到一个阈值时，细胞就进入衰老。1998年研究人员将人的端粒酶逆转录酶亚基的基因引入正常人的二倍体细胞，发现细胞的端粒长度明显增加，分裂旺盛，同时作为细胞衰老标志的β-半乳糖苷酶的活性明显降低，细胞寿命较正常细胞增加了至少20代，此实验证明端粒长度与细胞衰老有着密切的关系。

影响端粒缩短的首要因素是遗传因素，但是环境和生活方式也会对端粒缩短的速度产生影响。研究表明，缺乏锻炼、睡眠不良和经常食用精致碳水化合物等都会使端粒长度加快缩短。2013年发表在《柳叶刀》（*The Lancet*）的研究表明，遵循饮食、运动、压力管理和社会支持质量方案的人群的端粒长度比不遵循同样方案的人群长10%。

也有研究不支持这一观点，如1998年研究发现叙利亚仓鼠胚细胞在复制分裂各阶段始终表达端粒酶，端粒长度并没变短，但经过20～30代分裂后，细胞依然衰老。有人将去除端粒酶基因的小鼠传了5代，至今仍未发现其寿命比一般小鼠要短，因此端粒酶学说还需有更多的实验依据。

（3）基因的影响

*SGS1*基因和*WRN*基因是两个同源的基因，对于保证细胞正常生命周期是必需的，但是容易突变导致早老症。

人们在酵母细胞中发现了一种突变体，该突变体因突变缺失了*SGS1*基因，而且寿命短，野生型平均分裂24.5代，突变体平均分裂9.5代，表明*SGS1*基因缺失影响了酵母的寿命。进一步研究发现*SGS1*基因可以编码一种SGS1蛋白，该蛋白质合成后定位在核仁中，作用是阻止核仁裂解，如果缺失，核仁就会裂解为小体。

人类发现了一种早衰疾病沃纳综合征（Werner syndrome，WS），患者30多岁会出现一些正常老年人的衰老现象，如动脉硬化、骨质疏松、2型糖尿病、肿瘤等。从WS患者细胞中分离出了一种突变基因*WRN*基因，WRN蛋白突变，使DNA不能正常解旋复制，由此造成DNA复制的严重障碍。应用免疫荧光试验表明，正常人皮肤的成纤维细胞中，WRN蛋白存在于核仁中，WS患者的成纤维细胞中看不到典型的WRN蛋白。

2008年美国科学家为早老症的病因找到了新的线索，他们研究发现，一种名为progerin的蛋白能够“诱惑”干细胞误入歧途，成长为错误类型的细胞。这一研究同时也可为理解正常的老化提供帮助，该成果发表于《自然——细胞生物学》（*Nature Cell Biology*）。

## 3.8 细胞死亡

细胞死亡是细胞生命活动中的一种必然形式。细胞死亡往往是由细胞内某种遗传机制——死亡程序控制，因此一般把细胞死亡称为程序性细胞死亡（programmed cell death，PCD）。基于形态学和生物化学判断标准细胞死亡有4种类型：细胞凋亡、细胞坏死、自噬和角质化。

1）细胞凋亡是一种自然的生理过程，是一个主动的由基因决定的自动结束生命的过程。

2）细胞坏死是指由于机械损伤、毒物毒害等，质膜、核膜破裂，胞质溢出，引起周围细胞发生炎症反应。细胞坏死受基因产物调控，只有在细胞凋亡被阻止或病理条件下，细胞接收到强烈的死亡信号，才发生细胞坏死。

3）自噬是指细胞器和大分子物质被内质网膜或膜泡膜包裹，送进溶酶体的过程。细胞长时间自体吞噬，将导致细胞死亡。

4）角质化常见于皮肤细胞自然分化过程的最后一步，完全角质化的细胞是死细胞，其核与细胞器消失。

关于细胞死亡研究最多的是细胞凋亡。

### 3.8.1 细胞凋亡及其生物学意义

微课
细胞凋亡

细胞凋亡是PCD的主要形式，是通过内在和外在两种途径激活。细胞凋亡最初是发育生物学家提出的概念，指发育过程中（如幼虫发育成成虫）发生的某类细胞的大量死亡，这种细胞死亡伴随一定的基因表达。科学家以秀丽隐杆线虫（*Caenorhabditis elegans*）为材料，观察发现该线虫个体发育中，共产生1090个体细胞，其中131个细胞在发育过程中必定死亡。蝌蚪变态时，尾部细胞退化也是一种PCD。研究表明，尾部退化是受甲状腺素控制的，当蝌蚪发育到一定时期，甲状腺素分泌就会增加，发出程序性死亡信号，随后细胞开始凋亡，形成凋亡小体，周围的巨噬细胞将这些凋亡小体吞噬清除。

细胞凋亡和细胞增殖与分化同样具有重要的意义。机体内的细胞随着生命过程的进行会不断地衰老、畸变、过剩，这些无用、衰老的细胞不仅是机体的负担，还可能变为有害细胞，对机体造成威胁，通过凋亡可以将它们清除。因而细胞凋亡是调节生物体正常发育和生命活动的一种不可缺少的机制，该调节一旦失败，可能导致机体疾病、畸形甚至死亡。

### 3.8.2　细胞凋亡的形态学特征

凋亡起始时细胞间接触消失，黏附力下降，骨架杂乱，体积明显缩小，核浓缩，细胞膜微绒毛消失，细胞膜皱缩出芽（图3.22A），胞质内质网和线粒体等细胞器结构不清，但可辨认，其数目减少，溶酶体数目增多，核膜仍存在，染色质凝集，电子密度增高；内质网腔膨胀，核糖体从内质网上脱落，随着细胞膜内折，染色质断裂成片段，电泳时会呈现梯度图谱。梯度图谱形成原因是凋亡细胞中，核酸内切酶被激活，染色质DNA在核小体之间被切割成180～200bp或其整数倍片段，于是电泳时就会出现阶梯状DNA条带。染色质片段及附近的细胞器被反折的细胞膜包围并逐渐分开，形成单个的凋亡小体（图3.22B和图3.22C），随后凋亡小体被邻近的细胞或巨噬细胞识别吞食及消化。该过程一般较快，从凋亡开始到凋亡小体形成不过几分钟的时间，整个凋亡过程持续几个小时。细胞坏死时会出现细胞肿胀，染色质呈絮状，最终完全崩解为碎片，碎片内结构不清，呈颗粒状（图3.22D）。

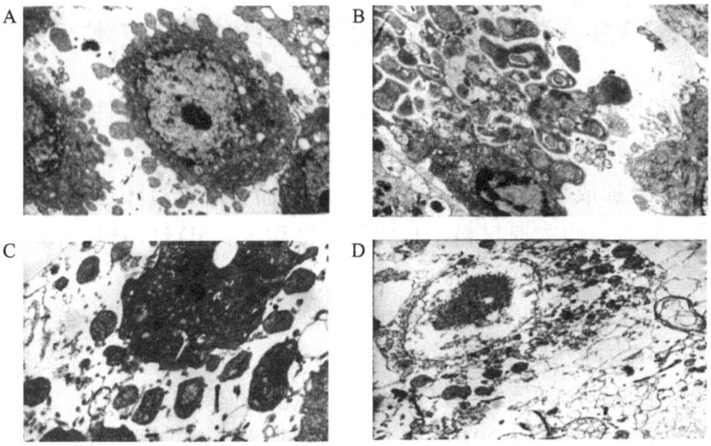


图3.22　细胞凋亡与坏死

A. 凋亡早期；B. 凋亡中期；C. 凋亡晚期；D. 细胞坏死

### 3.8.3　细胞凋亡的分子机制

（1）胱天蛋白酶（caspase）家族与凋亡

caspase是近年发现的一组存在于胞质溶胶中的结构上相关的半胱氨酸蛋白酶，它们可特异地断开天冬氨酸残基后的肽键。切割的结果是使某些蛋白质活化或失活，由此细胞凋亡。凋亡是通过caspase依赖性或非依赖性细胞死亡两条途径引发的。

caspase的研究源于秀丽隐杆线虫细胞PCD的研究。该线虫在发育过程中即将死亡的131

个细胞中发现有11个基因与PCD有关，其中*ced-3*（*cell-death3*）和*ced-4*基因是决定细胞凋亡所必需的，*ced-9*基因抑制PCD。人们发现哺乳动物中存在着ced-3的同源物ICE（interleukin 1β converting enzyme），它催化白细胞介素-1β的活化，从其前体上将白细胞介素-1β切割下来。ced-9在哺乳动物中的同源蛋白是Bcl-2家族，*Bcl-2*是一种原癌基因。

（2）*p53*肿瘤抑制基因

*p53*肿瘤抑制基因表达的p53蛋白是一种位于细胞核内的转录因子，也是一种促凋亡因子。一般情况下细胞中p53蛋白的活性保持在很低水平。在细胞中DNA受到损伤、原癌基因引起异常生长信号增强等情况下，p53蛋白被激活从核中进入细胞质激活一系列基因并起作用，最终使细胞呈现凋亡的一系列形态学和分子生物学特征。*p53*基因在人类肿瘤相关基因中突变率最高，其中50%以上是由*p53*基因的缺失造成的。将*p53*基因重新导入已转化的细胞中，可能产生细胞凋亡或细胞生长阻遏两种结果。

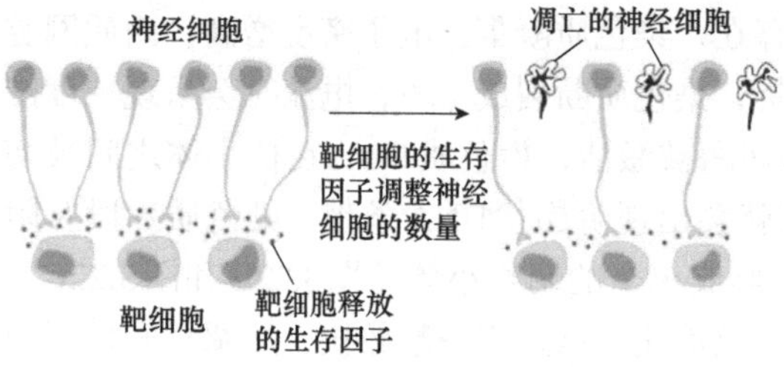


图3.23 神经细胞凋亡

在脊椎动物神经系统发育，运动神经元与肌肉细胞发生突触联系后，肌肉细胞产生一种为该神经元存活必需的神经细胞生存因子。如果没有与肌肉细胞建立突触联系，神经元由于得不到该因子而走向凋亡（图3.23）。

## 3.9 生物医学领域的三维打印技术

微课
生物医学3D打印技术

三维（3D）打印技术是以计算机三维设计模型为蓝本，通过软件分层离散和数控成型系统，利用激光束、热熔喷嘴等方式将金属粉末、陶瓷粉末、塑料、细胞组织等特殊材料进行逐层堆积黏结，最终叠加成型，制造出实体产品。简而言之，打印过程如同盖房子，首先设计图纸即3D建模，此时的砖为原材料，水泥为黏性粉末。3D打印机与传统打印机最大的区别在于它使用的“墨水”是实实在在的原材料。

3D生物打印这一技术概念最早是由美国克莱姆森大学、密苏里大学、德雷塞尔大学等大学的教授在2000年左右提出。2003年V. Mironov和T. Boland在《生物技术趋势》（*Trends in Biotechnology*）杂志系统提出“器官3D打印”这一概念。

3D生物打印机是指国外媒体2010年6月6日报道的、由美国2007年成立的Organovo公司研制的、“按需打印”患者所需的人体活器官的机器。器官移植这项技术一直存在器官来源不足、排异反应难以避免等弊端。期望随着未来“生物打印机”的问世，这些问题将迎刃而解。

### 3.9.1 生物医学领域三维打印技术简介

同生物医学相关的三维打印技术主要分为生物材料三维打印技术和组织细胞三维打印技术。

（1）生物材料三维打印技术

生物材料三维打印技术主要包括熔融沉积制造、立体光固化、选择性激光烧结和三维粉末黏结技术。

1）熔融沉积制造是将熔化的热塑性材料［如聚氯乙烯（PVC）、尼龙等］通过两个喷头沉积出特定图案的制造工艺。使用此方法可以制备3D人造骨。

2）立体光固化是指利用激光使光敏树脂分层聚合的制造工艺。例如，可以打印出管状水凝胶用于血管组织工程，其具有功能性血管组织工程移植所需的统一和平滑的壁结构。

3）选择性激光烧结技术是指高功率激光融合小颗粒粉体材料的固体快速成型技术。用此方法可以打印出超弹性人工骨，通过聚丙烯溶液一层一层溅射到羟基磷灰石粉末上，随后进行烧结完成固化过程，从而得到羟基磷灰石的连接体。

4）三维粉末黏结技术是指利用黏结剂使粉末浆料喷射或挤出的固体快速成型的技术。目前使用此方法通过聚乳酸/乙醇酸共聚物（PLGA）制成了完全相连孔道的作为骨替代物的多孔支架。

（2）组织细胞三维打印技术

组织细胞三维打印技术是指基于3D生物打印机利用一层层的生物构造块，去制造真正的活体组织。该技术尚处于初级阶段，其有两种打印头：一个放置最多8万个人体细胞，被称为“生物墨”；另一个可打印“生物纸”。“生物墨”（细胞）可以为肿瘤细胞、胚胎干细胞、iPS细胞、脂肪干细胞、间充质干细胞等。“生物纸”的主要成分是水凝胶，可用作细胞生长的支架。一般有明胶、纤维蛋白、胶原、琼脂、丝素蛋白、聚己内酯（PCL）等。

组织细胞的3D生物打印机是使用来自患者自己身体来源的细胞，如iPS细胞，此种最理想，不会产生排异反应。这种机器（图3.24）首先“打印”器官或动脉的3D模型，接着将一层细胞置于另一层细胞之上。打印完一圈“生物墨”以后，接着打印一张“生物纸”。不

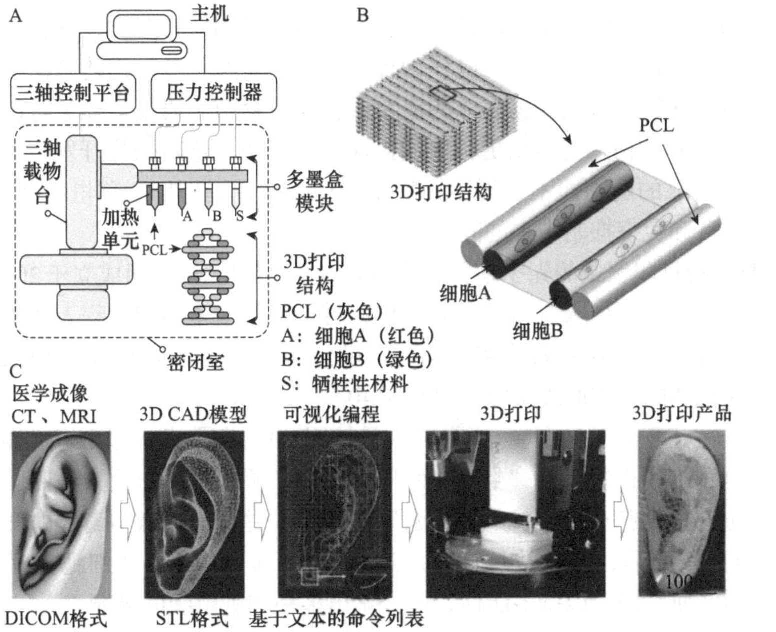


彩图

图3.24 组织细胞三维打印技术（Kang et al.，2016）

A. 组织器官3D打印机系统；B. 3D打印基本图案构架示意图；C. 组织器官数字化过程。CT. 电子计算机断层扫描；MRI. 磁共振成像；CAD. 计算机辅助设计；DICOM. 医学数学成像和通信；STL. 立体光刻

断重复这一过程，直至打印完成新器官。随后，自然生成的细胞开始重新组织、熔合，形成新的血管。每个血管大约需要1h形成，而熔合在一起需要数天时间。我们期望最终有一天，只需轻轻按下按钮，就能让3D生物打印机制造出我们所需要的器官。

组织细胞三维打印技术包括喷墨法、微挤塑法和激光直写式细胞打印技术等。

1）喷墨法基本原理为利用热或者声波的力学效应将一定体积的液体通过打印头滴在预设的特定位置上，逐渐构筑三维结构。墨盒中容许填充细胞和水凝胶，组织内部的空洞可供血管发育。目前该方法比较成功的是原位打印皮肤和软骨：通过将成骨细胞或者干细胞高速均匀地打印在皮肤或软骨损伤的部位，并保持良好的细胞活性以促进新组织的形成。该方法让组织需要的材料通过酶促反应或紫外等引发交联直接原位固化。

2）微挤塑法是指利用机械力或气压等驱动力，直接通过微喷头连续挤出生物材料和细胞构建三维结构（图3.24）。2013年康奈尔大学研究人员利用牛耳细胞在3D打印机中打印出人造耳朵，可以用于先天畸形儿童的器官移植。他们首先利用快速旋转的3D相机拍摄数名儿童现有耳朵的三维信息，然后将其输入计算机，3D打印机会据此打印出耳朵模子。研究人员在模子中注入特殊的胶原蛋白凝胶，这种凝胶含有能生成软骨的牛耳细胞。此后数周内，软骨逐渐增多并取代凝胶。3个月后，模子内出现一个具有柔韧性的人造外耳，其功能和外表均与正常人耳相似。

3）激光直写式细胞打印技术是指利用光压力控制细胞排列成具有高精度的空间结构，其精度可达单细胞量级，但提高的精度也导致成型效率下降明显，该工艺也难以打印黏度较高的生物材料，使得其打印三维生物学结构体的能力降低。

### 3.9.2 生物医学领域三维打印技术的应用及进展

生物医学领域三维打印技术打印的产品主要包括组织和器官两类，细胞准确定位和培养之后，形成的结构具备生物特性，可以作为很好的医学研究工具，构建和修复组织器官。细胞打印的成型组织和器官可以根据病体的需要进行器官移植和修复。通过打印人类胚胎干细胞或iPS细胞生成3D结构，能造出更精确的人体组织模型，这对药物开发、毒性测试非常有用，为人类提供可靠的药物而不必再用动物做药物测试，提供用于移植器官而不需要捐献，并能消除器官排斥和免疫抑制带来的问题。

当前，3D生物打印领域的先驱是美国的Organovo公司。该公司成立于2007年，在3D生物打印领域取得了一系列引人瞩目的突破，包括打印第一个全细胞工程人体动脉；使用来自脂肪组织的干细胞制造动脉；首次将生物打印的组织植入活体（动物）体内；3D打印具有全部生物活性和功能的人体肝脏组织并保存了40d。

2013年英国爱丁堡赫瑞-瓦特大学研究人员使用3D打印技术打印出了世界上第一个人类胚胎干细胞。这种打印机装有的“生物墨水”内含有实验室培养出的人类胚胎干细胞。只需少量空气就可把这些细胞从打印机的“墨盒”中挤出，并可通过微型瓣膜的开合来控制“墨水”的流动。打印24h后，95%以上细胞仍然存活，打印过程未杀死细胞；打印3d后，超过89%的细胞存活，而且仍然维持多能性，即分化出多种细胞组织的潜能。

2016年Organovo公司打印出3D迷你肝脏。3D打印机逐层打印肝脏细胞和血管内壁细胞，一共打印了大约20层。血管内壁细胞负责为肝细胞提供营养和氧。他们打印的迷你肝脏能够产生清蛋白、胆固醇和解毒酶（细胞色素P450），代谢肝脏内的药物。迷你肝脏结合了肝实质细胞和星状细胞层，所拥有的结构和功能对医学研究具有重要意义。迷你肝脏可以被疾病侵袭，研究人员可观察整个病变过程，也可以施以药物来了解药物疗效。

2019年4月诞生的全球首例3D打印“完整心脏”，拥有细胞、血管、心室和心房的樱桃般大小的心脏。

3D生物打印技术是最有希望实现在体外制造人类器官的新兴技术之一。现阶段，一些皮肤、脂肪组织可以打印并用于修复。打印移植器官还在研究中，最有希望率先突破的领域是人工肝脏方面。然而，目前的生物3D打印技术还无法制造具有生理功能且能够长期存活的复杂器官，其主要原因是现有的生物3D打印机只能在水平和竖直方向上“逐层累加”地打印细胞，无法实现细胞和血管网络的有机融合，从而导致打印后的细胞缺少营养供给而难以长期存活。同时为使逐层打印的“生物墨水”能够快速固定成型，打印过程均需在“生物墨水”中添加可固化的生物材料，这些材料虽然可以在短时间内固定细胞，但会显著影响细胞存活和功能。目前，3D打印还处于实验室阶段，距离商用还有很长的路要走，主要面临着形成组织的强度不够、培育组织的存活问题等一系列难题。

课程思政

## 机械工程专家赵淳生院士的抗癌故事

赵淳生，1938年11月出生于湖南衡山，南京航空航天大学教授、博士生导师、机械工程专家、中国科学院院士。

赵院士是我国第一个研究电动式激振器的科学家，也是我国超声电机的奠基人、开拓者。他带领团队研制的超声电机已应用于“嫦娥三号”“嫦娥四号”“嫦娥五号”“墨子号”量子卫星、智能炮弹、医疗仪器、光学系统等高端装备，打破了国外在该领域的技术垄断，填补了国内空白，2021年被评为“最美科技工作者”。

1992年作为访问学者前往美国麻省理工学院学习期间偶然的机会，敏锐感觉到超声电机将对我国的航天器也一定很有用，决心开始学习超声电机研究。1994年10月，他放弃美方给予的优厚待遇，告别已在美国定居的妻女，独自一人回到南京航空航天大学，带领三个学生，在一个20m$^2$的房间里干了不到一年时间，研究出了我国第一台能够实际运转的超声电机。

2000年11月，因积劳成疾，赵淳生被确诊为肺癌。在肺癌治疗期间，又被查出了胃癌，一时间，56岁的赵淳生要遭受两种癌症的折磨。连续两次大手术，体重锐减，身体几乎虚弱到了崩溃的边缘，但赵淳生没有“谈癌色变”。他在病榻上完成了多份研究报告，休养期间，把实验仪器搬到家中，在家里做各种实验，凭借顽强的毅力，忍受着化疗的痛苦，他不仅战胜了病魔，研究成果“新型超声电机技术”于2003年获国防科学技术奖一等奖，2004年获国家技术发明奖二等奖，并于2005年增选为中国科学院院士。

如今过了20多年，已至耄耋之年的赵院士，不仅癌症没有复发，声音依然洪亮，经常可见其为科研奔波的身影。这同赵院士藐视癌症的好心态相关。

首先，每顿饭按时吃，吃不下也要吃。癌症治疗期间，化疗所使用的药物可能会减弱味觉，对食物没什么兴趣，一般的癌症患者会抗拒进食。但赵院士知道只有好好吃饭，才能打败疾病，所以吃不下也会吃，即使是吐了，也会继续进食，慢慢咀嚼，将食物咽下去。每日正常进食普通餐食而不是营养补品，省的钱都花在同学生打电话讨论工作上。

其次，坚持锻炼。赵淳生院士每天坚持散步，没事的时候就打打羽毛球，能自己走的路程不会去坐车，适量的运动改善了体质。暑假期间还能经常看到赵院士骑着老旧自行车穿行在校园的身影。

最后，不忧愁病情，保持好心态。赵淳生院士有一个好心态，他从来不会过分担忧自己的病情，他认为有病就治，没什么好怕的。每天看看新闻，做做研究，和身边人和睦相处，不让坏情绪影响到自己，时刻保持一个乐观的心态，积极地配合治疗，保持好心态是赵院士抗癌成功的秘诀之一。

# 第4章　生物体内的信息传递

生命活动中充满着信息交流，个体与个体之间，个体与环境之间，个体内部细胞与细胞之间及细胞内部各物质之间都存在信息交流，信息对于生命具有极为重要的意义。例如，美洲猎豹是一种凶猛的食肉动物，它通常在岩石上撒尿，以标记自己的“领地”，另一只美洲猎豹嗅到尿的气味，知道不是自己的领地，就会知趣地走开；动物的交尾过程包含雌雄两个个体复杂的信息交流；蚜虫的天敌是瓢虫，当一群蚜虫在叶子上取食时，若有天敌来临，一只蚜虫会发出一种特殊的警戒信息（一种挥发性的信号分子），伙伴们“闻”到“警报”，迅速逃命。高等生物可由几亿个细胞组成一个整体，如此众多的细胞必须依赖细胞间的信息联系才能构成一个有生命活动的整体。

信息交流需要信号，信号包括物理信号，如光、电等；化学信号，如激素、病原因子等，本章具体介绍化学信号。

## 4.1　化学信息物质

微课 细胞信号转导（上）

微课 细胞信号转导（中）

（1）细胞间的信息物质

凡是由细胞分泌调节靶细胞生命活动的化学物质统称为细胞间的信息物质。根据特点及作用方式将信息物质分为如下三大类。

1）局部化学介质，又称为旁分泌信号。体内某些细胞分泌一种或数种化学介质，如生长因子、前列腺素和一氧化氮等，此类信号分子通过组织液扩散作用于邻近的细胞。

2）激素，又称为内分泌信号。通过激素传递信息是最广泛的一种信号转导方式，这种通信方式的距离最远，覆盖整个生物体，通过血液或淋巴液传递。在动物中，产生激素的细胞是内分泌细胞。

3）神经递质，又称为突触分泌信号。神经细胞分泌的神经递质通过扩散穿越神经细胞间的突触间隙，将神经冲动从突触前细胞传递到突触后细胞。

有一些细胞分泌的信息物质作用自身，称为自分泌信号，如一些癌蛋白。而有些细胞间的信息物质可以在不同个体间传播，如雄蛾的触角可以“嗅”到11km外雌蛾发出的气味。

（2）细胞内的信息物质

在细胞内传递调控信号的化学物质称为细胞内的信息物质。细胞内的信息物质组成多样化，包括无机离子，如$Ca^{2+}$；脂类衍生物，如二酰甘油（DAG）、神经酰胺（Cer）；糖类衍生物，如肌醇三磷酸（$IP_3$）；核苷酸，如环腺苷酸（cAMP）、环磷酸鸟苷（cGMP）等。通常将$Ca^{2+}$、DAG、$IP_3$、Cer、cAMP、cGMP等这类细胞内传递信息的小分子化合物称为第二信使。负责细胞核内外信号转导的物质称为核信使，又称为第三信使，是一类可与靶基因特异序列结合的核蛋白，特异结合靶基因、调节基因转录的半衰期短的核蛋白，通常又称为DNA结合蛋白。

# 4.2 受 体

受体（receptor）是一种蛋白质，或存在于细胞膜上，或存在于细胞核内，它能接受外界的信号，并将其转化为细胞内的一系列生物化学反应而对细胞的结构或功能产生影响。受体所接受的外界信号统称为配体。细胞间的信息物质就是一类最常见的配体。除此以外，某些药物、维生素和毒物也可作为配体而发挥生物学作用。它们作用于不同受体而产生不同的生物学效应。

## 4.2.1 受体的分类

受体按所处的位置分为两类：细胞表面受体（cell surface receptor）和细胞内受体（intracellular receptor）。细胞表面受体位于细胞膜表面，一般为镶嵌蛋白；细胞内受体为存在于亚细胞组分（如细胞核等）上的受体，它们全部为DNA结合蛋白。本书重点介绍配体门控离子通道受体、G蛋白（鸟嘌呤核苷酸结合蛋白）偶联受体、单个跨膜α螺旋受体及胞内受体。

（1）配体门控离子通道受体

配体门控离子通道（ligand-gated ion channel）受体也称为配体依赖性离子通道受体。由递质与通道蛋白质受体分子上的结合位点结合而开启，以递质受体命名，如乙酰胆碱（ACh）受体、谷氨酸受体等非选择性阳离子通道，由配体作用于相应受体而开放，允许特定$Na^+$、$Ca^{2+}$、$K^+$等离子通过。受体由配体结合部位与离子通道两部分组成，当配体与受体结合后，可使离子通道打开或关闭，从而改变膜的通透性。阳离子通道入口处的氨基酸残基多带负电荷，而阴离子通道则多带正电荷，故它们能选择性地通过阳离子或阴离子。不同类型的受体所含亚基数目和种类不同，但其基本结构是相似的。例如，烟碱型乙酰胆碱受体是一种酸性糖蛋白，由4种亚基形成的5聚体围成一个离子通道（图4.1A）。当乙酰胆碱与位于2个α亚基外侧的配体结合位点结合时，离子通道开放，产生离子的跨膜流动。这种依赖离子通道受体转导的信息不依赖任何细胞内或膜的可扩散因子，因此它们能快速地传递信息。

（2）G蛋白偶联受体

在哺乳动物基因组中，G蛋白偶联受体家族（GPCR）是最大的基因编码蛋白家族。美国科学家阿尔弗雷德·吉尔曼（Alfred Gilman）与马丁·罗德贝尔（Martin Rodbell）首次确定G蛋白在信号转导过程中起介导作用，并发现许多细胞间信使是通过G蛋白直接将信号从受体传导给细胞其他部位，并因此一起分享1994年诺贝尔生理学或医学奖。研究发现G蛋白在视觉反应、嗅觉反应、激素分泌、肌肉收缩和识别过程中起重要作用。

G蛋白偶联受体均是膜内在蛋白，共同点是其立体结构中都有7个跨膜α螺旋结构域（图4.1B），这些结构域将受体分割为膜外N端（N-terminal）、膜内C端（C-terminal），且其肽链的C端和第三个胞内环上都有G蛋白（鸟嘌呤核苷酸结合蛋白）结合位点。目前为止，研究显示G蛋白偶联受体只见于真核生物之中，而且参与很多细胞信号转导过程。在这些过程中，G蛋白偶联受体能结合细胞周围环境中的化学物质并激活细胞内的一系列信号通路，最终引起细胞状态的改变。2012年两位美国科学家罗伯特·莱夫科维茨（Robert Lefkowitz）

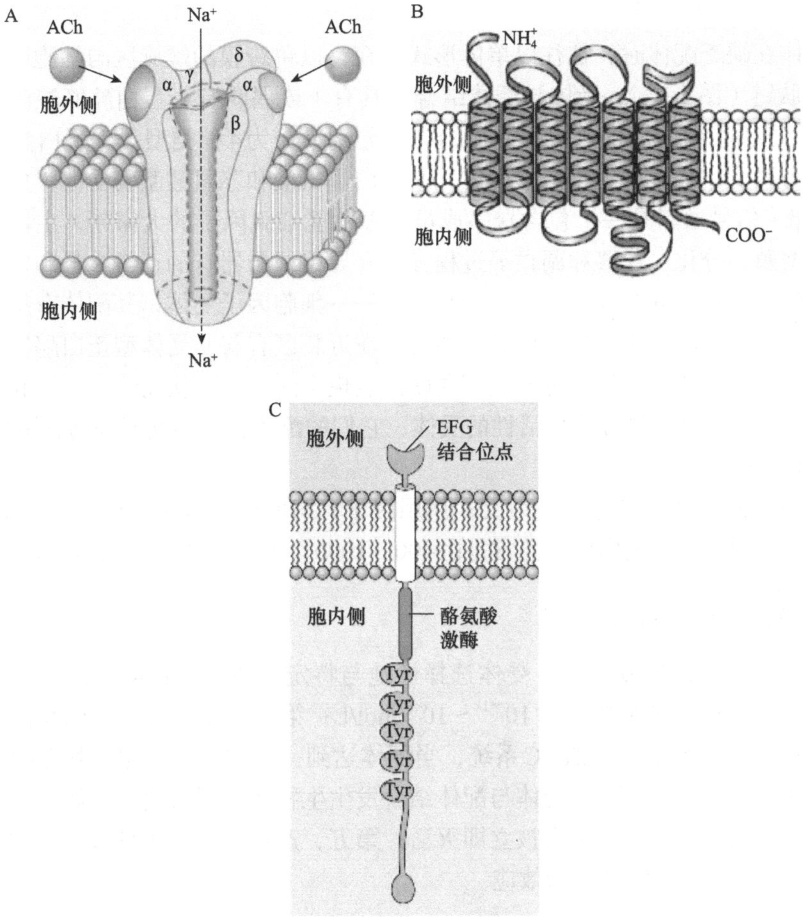


图4.1　受体类型

A. $Na^+$通道；B. G蛋白偶联受体；C. 表皮生长因子（EFG）受体

和布莱恩·科比尔卡（Brian Kobilka）因G蛋白偶联受体的内部工作机理获诺贝尔化学奖。

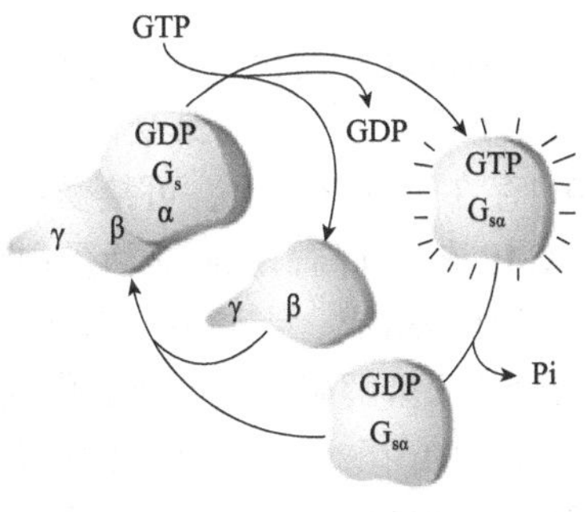


图4.2　G蛋白的活化

G蛋白即GTP结合蛋白（GTP-binding protein），由α、β、γ 3种亚基构成（图4.2），其中α亚基变异最大，决定G蛋白的特异性，并依据α亚基的不同将G蛋白分为$G_s$［活化腺苷酸环化酶（AC）］、$G_i$（抑制AC）、$G_q$（激活磷脂酰肌醇特异的磷脂酶C）、$G_o$（大脑中主要的G蛋白）等亚型。G蛋白为胞膜内侧蛋白，穿梭于受体与效应蛋白之间，发挥信号传递者的作用。静息状态下，α亚基上结合GDP，并与β、γ亚基形成紧密的三聚体。当受体被激活后，GTP替代GDP与α亚基结合，使α亚基活化，异三聚体解离为α-GTP和βγ二聚体，各自发挥激活下游效应蛋白如AC、磷脂酶C（PLC）和离子通道等的作用。α亚基本身具有GTP酶活性，可以水解GTP为GDP，使α亚基终止活性重新与βγ亚基结合。

（3）单个跨膜α螺旋受体

这类受体在缺乏配体时，往往以单体形式存在，以单跨膜的螺旋区与细胞膜结合，其配体通常是多肽链（图4.1C）。受体与配体结合即具有（或偶联有）蛋白酪氨酸激酶活性，或蛋白丝氨酸/苏氨酸激酶活性。根据受体结构的差别又分为4种类型：①蛋白酪氨酸激酶受体，包括胰岛素受体和多种生长因子受体。②蛋白丝氨酸和苏氨酸激酶受体，如转化生长因子-β（TGF-β）信号通路是一个包含众多成员的多功能细胞因子的大家族，主要通过调节细胞的生长、增殖、分化、迁移和凋亡等过程参与介导组织与器官的正常生长和发育、机体的免疫反应等生物过程。③非催化型单个跨膜受体——细胞因子受体，其配体有细胞因子和生长激素等，不具有酶的催化活性，但是此类受体在近膜区有与非受体型蛋白酪氨酸激酶结合的结构域。受体与配体结合后，可与激酶偶联而表现出酶活性，从而使受体及底物的酪氨酸残基磷酸化。④具有鸟嘌呤环化酶活性的受体，它们的配体包括心钠素和鸟苷蛋白。

（4）胞内受体

胞内受体如固醇激素受体等多为反式作用因子，与配体结合后再同DNA的顺式作用元件结合，调节基因转录。胞内受体通常是由400～1000个氨基酸残基组成的单体蛋白质。

### 4.2.2 受体作用的特点

第一，受体具有高度专一性，受体选择性地与特定配体结合；第二，受体具有高亲和力，多数配体与受体的解离常数为$10^{-11}$～$10^{-9}$mol/L；第三，受体具有可饱和性，受体在靶细胞上的数目是相对恒定的，如AC系统，当配体达到一定浓度后，靶细胞上的受体可被配体饱和；第四，受体有可逆性，受体与配体结合发生生物效应后解离，受体可恢复到原来的状态，并再次被利用，而配体则常被立即灭活；第五，产生特定的生理效应，配体与其特定的受体结合后，可引起特定的生理效应。

## 4.3 信息传递的途径

微课
细胞信号转导（下）

### 4.3.1 cAMP——蛋白激酶A途径

通过这一途径传递信号的第一信使主要有儿茶酚胺类激素、胰高血糖素、腺垂体的激素、下丘脑激素等。其受体属于G蛋白偶联受体，G蛋白有激活型的$G_s$和抑制型的$G_i$两种。AC存在于细胞膜上，可接受G蛋白的信号而被激活，催化ATP转化为cAMP，导致细胞内cAMP浓度升高，从而激活蛋白激酶A（PKA）。PKA是一种四聚体，由两个催化亚基和两个调节亚基组成。当调节亚基与cAMP结合后发生变构（每一调节亚基可结合两分子cAMP），与催化亚基解聚，从而使催化亚基激活（图4.3）。PKA可促使多种酶或蛋白质丝氨酸或苏氨酸残基的磷酸化，改变酶的催化活性或蛋白质生理功能。AC依据上游受体类型的不同而呈现激活或失活状态：兴奋性受体，如β-肾上腺素受体、多巴胺受体等偶联兴奋性$G_s$蛋白，使AC活化；而抑制性受体，如M2和M4毒蕈碱受体、α2肾上腺素受体等，偶联抑制性$G_i$蛋白，抑制AC活性。

### 4.3.2 cGMP——蛋白激酶G途径

环磷酸鸟苷（cGMP）是一种细胞内的第二信使，由鸟苷酸环化酶（GC）作用于GTP而

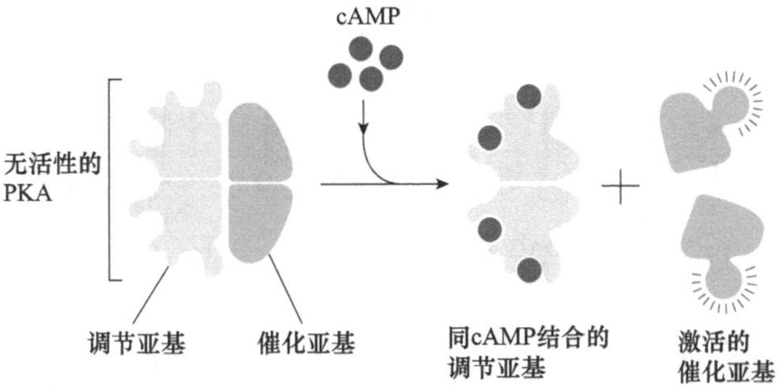


图4.3 腺苷酸环化酶活化

生成。GC可由NO、CO、心钠素等配体激活。作为重要的细胞内信使，cGMP有3个主要作用靶点：cGMP依赖性蛋白激酶或蛋白激酶G（PKG）、cGMP调节的磷酸二酯酶（PDE）及cGMP控制的离子通道，其中PKG被认为是最重要的cGMP下游靶点，该酶也是一种丝氨酸/苏氨酸蛋白激酶，可催化有关蛋白质或有关酶类的丝氨酸/苏氨酸残基磷酸化修饰，产生各种生物效应。例如，在生理条件下，PKG通过引起血管舒张、抑制内皮细胞通透性、抑制血小板活化及对心肌细胞的负性肌力作用而保护心血管系统。

### 4.3.3 $Ca^{2+}$依赖性蛋白激酶途径

细胞内许多生物大分子，如酶、蛋白因子、结构蛋白等对$Ca^{2+}$有依赖性，胞质$Ca^{2+}$浓度的改变将会引发细胞若干生理功能的变化。在正常情况下，胞质$Ca^{2+}$浓度在$10^{-8}$～$10^{-6}$mol/L，比细胞外液$Ca^{2+}$浓度（约$2.5\times10^{-3}$mol/L）低得多。细胞的肌浆网、内质网和线粒体可作为亚细胞内$Ca^{2+}$的储库。当某些因素使细胞外的$Ca^{2+}$通过钙离子通道进入细胞，或者亚细胞器内储存的$Ca^{2+}$释放到胞液时，都会使胞质内$Ca^{2+}$水平急剧升高，随之引起某些酶活性或蛋白质功能的改变，从而调节各种生命活动。

在$Ca^{2+}$依赖性蛋白激酶通路中，细胞可产生两种第二信使，使它们分别激活两条不同的信号途径：$IP_3/Ca^{2+}$和DAG/PKC，实现细胞对外界信号应答（图4.4）。当这类受体兴奋时，通过G蛋白激活磷脂酶Cβ亚型（PLCβ），活化的PLCβ将锚定在质膜上的磷脂酰肌醇-4,5-二磷酸（$PIP_2$）裂解为二酰甘油（DAG）和肌醇三磷酸（$IP_3$）两种第二信使。DAG始终结合于细胞膜上，可进一步活化蛋白激酶C（PKC），产生生物效应。PKC也是一种丝氨酸/苏氨酸蛋白激酶（Akt），可以催化几十种特异的底物蛋白/酶的磷酸化修饰，包括信号转导受体、膜蛋白和核蛋白、细胞收缩或骨架蛋白、代谢酶等。$IP_3$则进入胞质，与内质网上$IP_3$受体（$IP_3R$）结合，开放$Ca^{2+}$通道，大量$Ca^{2+}$从内质网流向胞质。流入胞质的$Ca^{2+}$同钙调蛋白（CaM）结合，可激活多种蛋白酶而产生不同的生理作用。胞内$Ca^{2+}$浓度远低于胞外，这是由于$Ca^{2+}$极易与胞内CaM结合。

### 4.3.4 酪氨酸蛋白激酶途径

酪氨酸蛋白激酶（TPK）途径是指信息分子与受体结合后，通过TPK引发的一系列细胞内信息传递的级联反应，从而产生各种生物学效应。TPK是信号转导中一类与受体及多

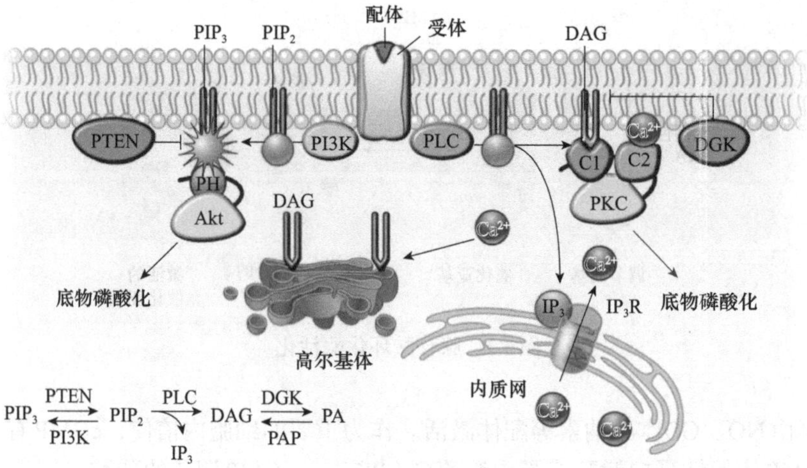


图4.4　磷脂酰肌醇信号通路（Newton，2008）

$PIP_3$．磷脂酰肌醇-3,4,5-三磷酸；PI3K．磷脂酰肌醇3激酶；PTEN．脂质磷酸酶；DGK．二酰甘油激酶；PA．磷脂酸；PAP．磷脂酸磷酸酶；PH．普列克底物蛋白同源结构域

种信号蛋白活化有关的信号酶，对细胞的生长、增殖、转化及胚胎发育和肿瘤形成具有重要的调节作用，为一个大的结构多样的酶家族，分为受体依赖型TPK（RTK）和非受体依赖型TPK。RTK即具有酶活性的细胞膜受体（又称催化型受体），是细胞内段具有TPK活性的跨膜结构的酶蛋白受体，其胞外区与生长因子配体结合，然后激活胞内段的酶活性区启动信号转导，大多数生长因子，如表皮生长因子（EGF）、血小板衍生生长因子（PDGF）、成纤维细胞生长因子（FGF）、胰岛素样生长因子（IGF）等的受体均有RTK活性；非受体依赖型TPK位于胞液中，如某些原癌基因编码的TPK，它们可与非催化型受体偶联而发挥作用。受体依赖型和非受体依赖型TPK都能使底物蛋白的酪氨酸残基磷酸化，但它们信息传递的途径不同。

### 4.3.5　细胞内受体介导的信号传递

水溶性激素信号位于质膜上，配体与受体结合后，通过一系列信号转导，直接引起细胞效应。脂溶性激素和气体信号分子可扩散通过质膜，其受体位于胞质或胞核中，引起基因表达的改变或其他效应。

例如，细胞内特定的类固醇激素受体是定位在细胞质靠近质膜的部分。当激素同受体结合后，其复合物进入细胞核，由于受体构象的改变适合同基因表达结构中的增强子结合影响基因的转录，转录频率明显增加。如果缺少该激素，该基因表达仅维持基础速率水平。

甲状腺素等一些非类固醇激素受体是位于细胞核中的。当激素依次穿过质膜和核膜后同核内受体结合，随后同DNA特定位点结合，刺激特定基因转录。

但也有一些脂溶性激素的受体位于质膜上，如前列腺素、雌激素、雄激素和黄体酮部分内固醇激素等。

## 4.4 信号传递的具体例子

微课
味觉的产生
和肌肉收缩

### 4.4.1 味觉的产生

哺乳动物通过味觉来评价食物的营养价值，是其重要的生理感觉之一，具有酸、甜、苦、咸、鲜、脂6种基本味觉。解剖基质和味觉检测单位是味觉受体细胞（TRC）。味觉的产生主要是味觉细胞通过相关受体分子与溶液中的物质相互作用后产生味觉信号，刺激相关神经中枢所引发。味觉的产生与味觉细胞有关，味觉细胞和支持细胞（50～150个）组成一个味蕾（图4.5）。味蕾是由上皮分化形成的特殊结构，具有感受酸、甜、苦、咸等的功能。

根据味蕾中细胞的显微结构和免疫细胞化学特点，可将味觉细胞大致分为三种（图4.5）：Ⅰ型细胞、Ⅱ型细胞和Ⅲ型细胞。Ⅰ型细胞是支持细胞，对其他味觉细胞和神经细胞起支持和保护作用，可限制味觉信号的过度扩散。Ⅱ型细胞是味觉感受细胞，同鲜、甜、苦味感受相关，主要表达G蛋白偶联受体、α-味转导素、PLCβ2和瞬时受体电位M型5（TRPM5）等感受味觉物质刺激的蛋白质，但不含突触，不能将味觉刺激直接传导至神经纤维。Ⅲ型细胞主要感受酸、咸味，含有突触，表达电压门控$Ca^{2+}$通道、突触相关蛋白和神经细胞黏附因子等与神经传递相关的蛋白质，可将受到的味觉相关刺激直接传导至神经纤维。

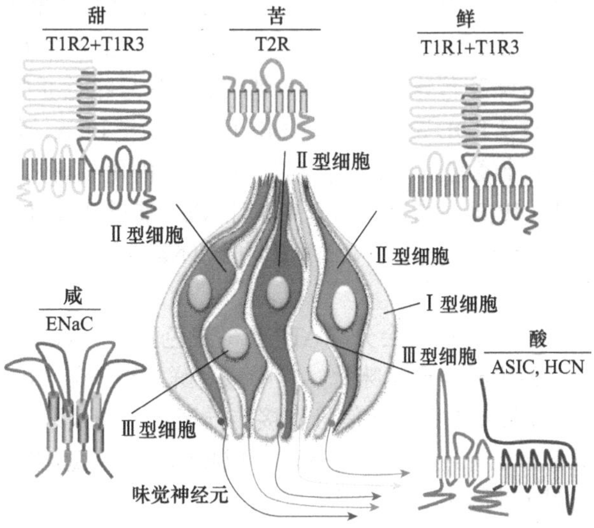


图4.5 味蕾、味觉受体细胞和味觉神经元（Jyotaki et al., 2010）

从理论上讲，在味蕾中，一个味觉感受细胞只表达一种味觉受体，只能识别一种味感，基本味感是分别由各自表达专有受体感受细胞和不同的转导通路来识别的。味蕾的基本单位是TRC，味觉受体一般存在于TRC的顶端。酸、咸味调节味觉受体细胞的功能是由专门的膜通道直接激活的，如咸味是上皮钠离子通道（ENaC），酸味为酸敏感离子通道（ASIC）、超极化环核苷酸门控钾离子通道（HCN）等，研究发现瞬时受体家族蛋白多囊肾病1类3（PKD1L3）和多囊肾病2类1（PKD2L1）与味觉细胞的酸物质感受有关；相反，甜、苦和鲜味的转导是由G蛋白偶联受体信号转导通路介导的（图4.6）。化学配体通过与细胞表面受体

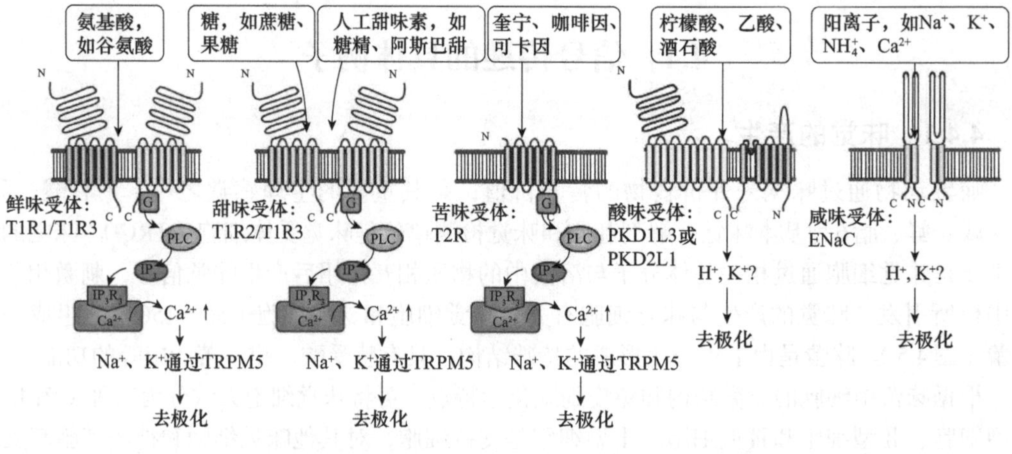


图4.6　味觉形成的信号传递通路（Kobayashi et al.，2010）

相互作用，进一步启动下游信号传导通路，激活膜离子通量进而导致膜电位的变化，最后通过神经传导到大脑中枢，产生味觉感受。

哺乳动物味觉受体主要包括两个家族：T1R（T1R1、T1R2、T1R3）和T2R。甜味和鲜味主要由味觉细胞上G蛋白偶联受体介导，即味觉受体第一家族T1R。T1R受体相应的基因在细胞中有不同的表达组合：细胞共表达T1R1和T1R3，并组成二聚体构成鲜味识别受体；细胞共表达T1R2和T1R3，并组成二聚体为甜味识别受体。味觉受体（T2R）能够识别苦味，是苦味识别受体。甜味、鲜味和苦味受体，都会刺激下游信号味觉Ⅱ型细胞。受体结合引起的G蛋白的活化，α亚基激活PDE导致胞内cAMP下降，激活PKA，使$K^+$通道关闭，抑制$K^+$外流，引起膜去极化和神经递质释放；同时激活PLCβ催化裂解$PIP_2$产生第二信使$IP_3$和DAG。$IP_3$和Ⅲ型$IP_3$受体（$IP_3R_3$）结合，引起$IP_3$门控$Ca^{2+}$通道开放，$Ca^{2+}$外流，胞质内$Ca^{2+}$浓度升高，进而引起TRPM5通道开放，$Na^+$内流同时使$Na^+$通道打开，产生动作电位，导致膜去极化和神经递质释放。

味觉物质刺激味觉细胞后，后者会分泌ATP和5-羟色胺（5-HT），进一步将味觉信号经由传入神经纤维传导至神经中枢，产生味觉。其中感受鲜、甜和苦味的Ⅱ型味觉感受细胞由于不含突触，无法通过分泌5-HT将味觉信号直接传导至传入神经纤维，而是分泌ATP将神经纤维活化，传导味觉信号至神经中枢。感受酸、咸味的Ⅲ型味觉细胞含有突触接受相关刺激后，可分泌5-HT，将味觉刺激传入神经中枢。

### 4.4.2　肌肉的收缩

运动是生物有机体的本质活动。例如，精子和一些原生动物用拍击像尾巴一样的鞭毛来推动自己；每一次心搏都包含心肌的收缩；肠道内食物消化依赖于平滑肌非常缓慢的收缩；行走靠骨骼肌等。人体的细胞由一些微丝和微管交叉形成细胞动力学骨骼，使得细胞能够改变形状，直至产生运动。

肌肉能够收缩的关键成分是构成细胞骨架的微丝，微丝又由肌球蛋白和肌动蛋白构成。肌球蛋白排列形成粗肌丝，肌动蛋白排列形成细肌丝，粗肌丝和细肌丝交错对插形成直径约1μm的肌原纤维（myofibril），再进一步组装成直径为10～100μm的肌纤维细胞，数百万肌纤维构成能使我们腿活动的骨骼肌（skeletal muscle）。

（1）细肌丝与粗肌丝

图4.7为肌原纤维与肌肉收缩示意图，在一个肌节内粗肌丝和细肌丝交错对插形成横纹肌纤维和肌原纤维，呈周期性结构，每一周期称为肌节（sarcomere），肌节的长度约为2.5μm。电子显微镜和X射线衍射表明，粗肌丝和细肌丝都是螺旋结构。细肌丝（thin filament）直径约为70Å，长度为μm级，它主要由两根纤维状肌动蛋白（F-actin）组合在一起构成。纤维状肌动蛋白又是由200个球状肌动蛋白（G-actin）构成。细肌丝的螺距为385Å，含7个G-actin分子。细肌丝中纤维状肌动蛋白螺旋沟内有规则地结合着肌钙蛋白（troponin）和原肌球蛋白（tropomyosin）。

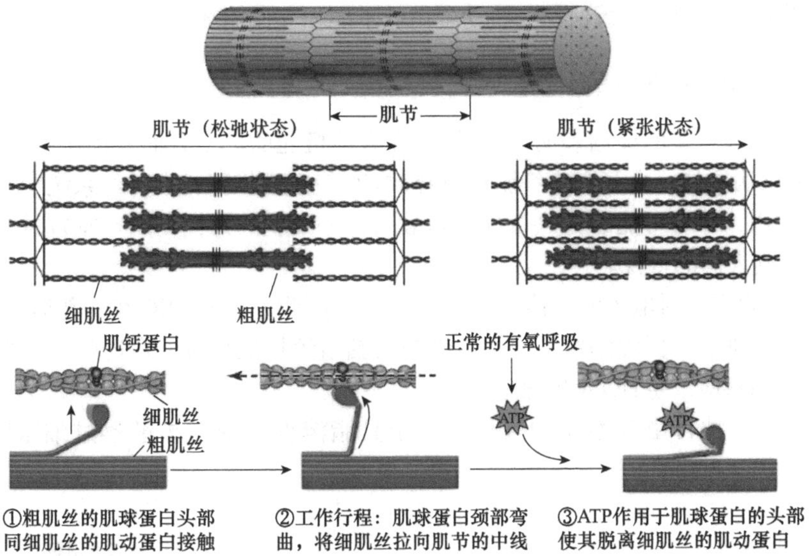


图4.7　肌原纤维与肌肉收缩

粗肌丝的直径约为150Å，长度为1.65μm，由200个分子质量约500kDa的肌球蛋白（myosin）构成。肌球蛋白分子的结构如图3.10和图4.7所示，骨骼肌肌球蛋白有4条肽链，为两条重链、两条轻链。两条重链形成了双股α螺旋，螺旋长约140nm，直径2nm，呈棒状主要构成尾部；一小段重链与轻链一起折叠成两个球形区域构成头部，头部又称为横桥。每条粗肌丝上伸出横桥300～400个，横桥能与细肌丝上肌动蛋白的结合位点发生可逆结合，并具有ATP酶作用。

（2）肌肉收缩的“滑行丝模型”

粗肌丝和细肌丝间可相对滑动，因此肌肉的长度可以变化（图4.7）。这是肌肉收缩“滑行丝模型”的基础。肌肉的收缩是受神经控制的，肌纤维内特化的滑面内质网（肌浆网）内结合有第二信使$Ca^{2+}$，当肌浆网受到神经刺激时，$Ca^{2+}$释放出来，释放的$Ca^{2+}$会触发肌肉的收缩（图4.7）。

1）肌细胞产生动作电位会导致肌浆中$Ca^{2+}$浓度升高，$Ca^{2+}$主要与细肌丝中肌钙蛋白结合，其结合能力比肌动蛋白、肌球蛋白、原肌球蛋白等强200倍以上。

2）肌钙蛋白结合$Ca^{2+}$会发生构象变化，结果使肌钙蛋白与肌动蛋白的结合减弱，进而导致原肌动蛋白发生构象改变，使肌动蛋白上的结合位点即活性部位暴露。

3）与肌动蛋白结合的肌球蛋白的横桥发生扭动，将细肌丝往粗肌丝中央方向拖动，从而发生收缩反应。经过横桥与肌动蛋白的结合、扭动、解离和再结合、再扭动所构成的横桥循环过程，细肌丝不断滑行，肌小节缩短。肌肉收缩过程中能量来源于ATP水解释放的能量。

4）当$Ca^{2+}$从肌钙蛋白离开时，原肌球蛋白又重归原位，肌球蛋白和肌动蛋白的反应不再可能发生，肌肉变为松弛状态。

在肌节内除了粗肌丝和细肌丝外还有一重要成分：肌巨蛋白（titin）。肌巨蛋白特别长且有非常好的弹性起着分子弹簧的作用，被称为分子橡皮筋，可维持肌原纤维的完整性和稳定性，阻止肌节被拉长到肌球蛋白丝和肌动蛋白丝不能相互作用产生力的程度。

微课
生物信号
NO的作用
机制

### 4.4.3 气体信号NO的作用

近年来，越来越多的证据表明，NO可能在人体机能的许多方面发挥作用。免疫系统通过释放NO消灭病原体；血管内皮细胞通过释放NO使血管扩张；在神经系统中，NO可能起神经递质的作用，并有可能参与兴奋性氨基酸对神经细胞的毒性作用。NO在神经系统中的作用正日益受到人们的重视。

NO是一种含不成对电子的气体，性质活泼，半衰期仅几秒。NO在哺乳动物体内的许多组织如血管内皮细胞、巨噬细胞、中性粒细胞及脑组织均能合成。在这些组织中存在着NO合酶，催化*L*-精氨酸产生NO及瓜氨酸。

NO本身是一种自由基性质的气体，由于具脂溶性可快速扩散透过细胞膜发挥作用（图4.8）。

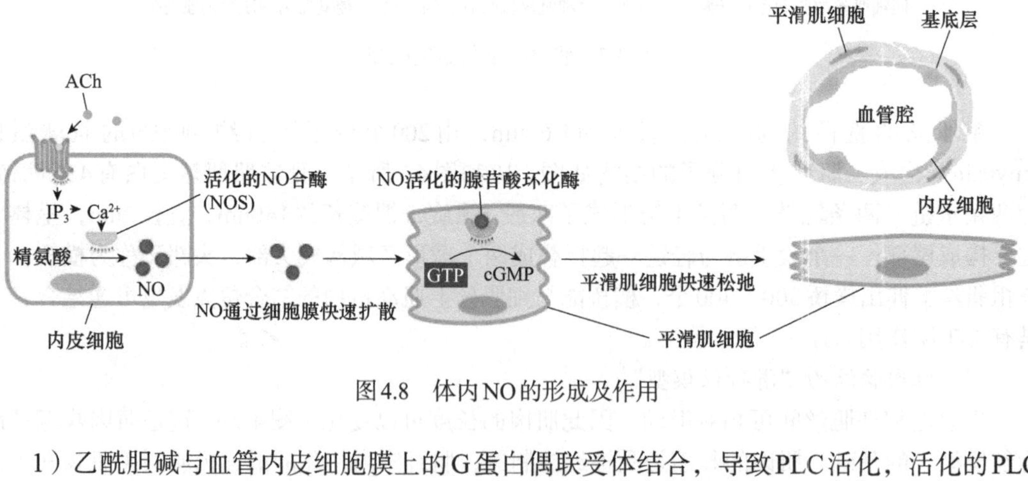


图4.8 体内NO的形成及作用

1）乙酰胆碱与血管内皮细胞膜上的G蛋白偶联受体结合，导致PLC活化，活化的PLC将膜上的$PIP_2$降解为$IP_3$和DAG，$IP_3$触发内质网膜上的$IP_3$门控$Ca^{2+}$通道开启。

2）胞质中$Ca^{2+}$上升，形成Ca-CaM复合物，该复合物激活NO合酶，该合酶催化精氨酸生成NO。

3）生成的NO通过扩散到达平滑肌细胞，同平滑肌细胞表面的G蛋白偶联受体结合，激活GC，GC催化鸟苷三磷酸生成cGMP。

4）合成的cGMP又导致PKG活化，进而抑制肌动肌球复合物信号通路，导致平滑肌舒张，使流过血管的血量大增。

根据各方面的研究，NO在神经系统中的作用较清楚地集中在两方面。一是参与信息传递，可能是神经递质，但与经典的神经递质不同，NO不能贮存于突触小泡内，也不以“胞裂外排”的方式释放，它可以局部扩散到邻近细胞，通过cGMP起作用，或发挥与cGMP无关的作用。二是在细胞中毒中的作用，对这一作用进行深入的研究，可能有助于弄清某些神经退行性疾病的发病机制，并可能在此研究基础上找到新药来控制这些疾病。新研究发现NO影响神经元之间长时程（LTP）作用，同记忆力相关。总之，NO在神经生物学及神经药理学中的重要性将日益明显。

## 4.5　神经系统在信息传递中的作用

微课
神经系统与信号传递

神经系统中担负神经传导的基本结构和功能单位是神经细胞，即神经元。另外，还有几种神经胶质细胞，它们不担负神经传导任务，主要起着帮助和支持神经元的作用。

（1）神经元的结构

神经元（图4.9）主要由三大部分组成：①细胞体，含有细胞核的膨大部分，还含有高尔基体、线粒体、尼氏体等，细胞体的表面膜有接受刺激功能；②树突，短分支的突起，树突的功能是接受刺激，传入刺激；③轴突，每个神经元一般只有一条轴突。通常，在小球后面，紧紧靠着另一个神经元的树突或细胞体，或紧紧靠着一个效应细胞（如肌肉细胞或腺细胞）的细胞膜。

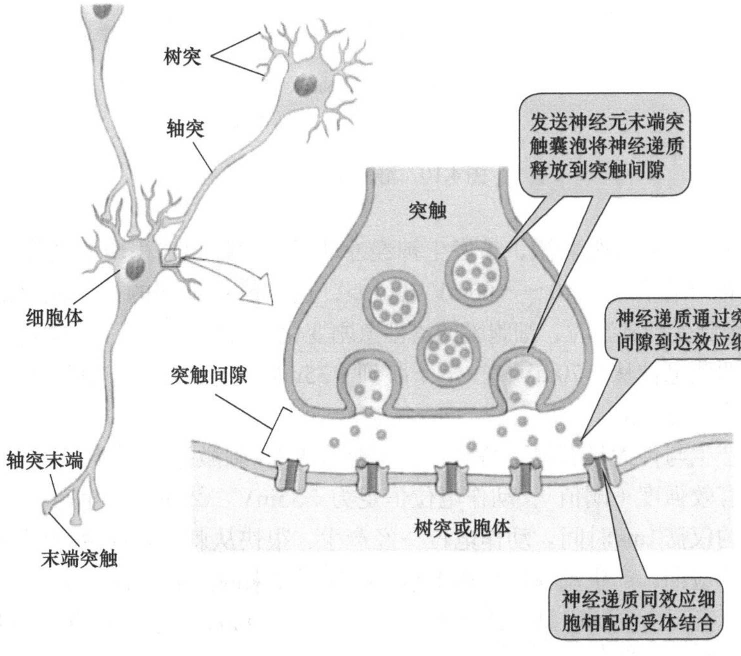


图4.9　神经元与神经冲动穿过突触的过程示意图（Alberts，2014）

神经元细胞膜的基本结构与其他细胞的细胞膜一样，其基本结构框架是脂质双层膜及镶嵌其中的蛋白质群，它是神经细胞的主要组成部分。神经元点活动的基础是膜两侧离子的不平衡分布及跨膜离子流动。神经元的脂质双层膜是具有选择性的通透屏障，脂溶性物质可以跨膜扩散，有机离子或无机离子的螯合物因其疏水性也可经由脂质双层膜进出，然而无机离子则必须通过特殊膜蛋白质的介导有条件地出入细胞。这种对离子选择性的膜转运机制控制着细胞内、外环境中的离子浓度，构成神经包膜电活动的基础。

（2）静息电位与动作电位

细胞膜两侧的离子呈不均衡分布，其浓度各不相同。膜两侧$Na^+$和$K^+$的浓度（图4.10）来源于三个方面：$Na^+/K^+$的主动转运作用、离子通道的选择性开启与关闭和胞内不通透的阴离子的存在。$Na^+/K^+$的主动转运由$Na^+$-$K^+$泵（即$Na^+$-$K^+$依赖性ATP酶）完成，它利用ATP水解的能量，每次把3个$Na^+$泵出细胞，把2个$K^+$泵入细胞。膜内的$K^+$高于膜外，膜内的$Na^+$和$Cl^-$低于膜外，即胞内为高钾、低钠、低氯的环境。此外，有机阴离子仅存在于细胞内。在安静状态下，细胞膜对$K^+$通透性大，对$Na^+$通透性很小，仅为$K^+$通透性的1/100～1/50，而对$Cl^-$则几乎没有通透性。因此，细胞静息期主要的离子流为$K^+$外流。$K^+$外流导致正电荷向外转移，其结果导致细胞内的正电荷减少而细胞外正电荷增多，从而形成细胞膜外侧电位高而细胞膜内侧电位低的电位差。可见，$K^+$外流是静息电位形成的基础，推动$K^+$外流的动力是膜内外$K^+$浓度差。

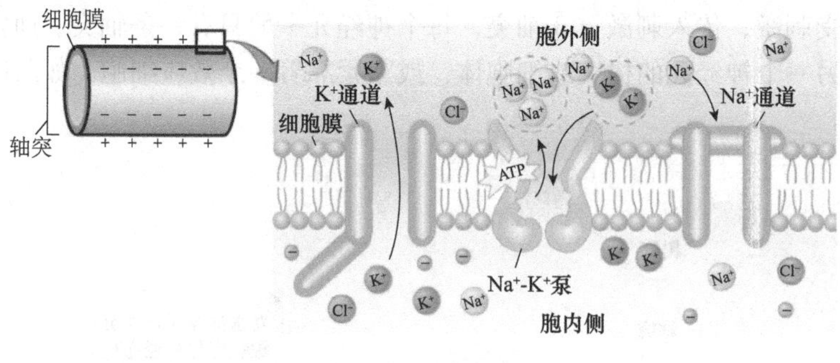


图4.10 静息电位

在静息状态下，即未接受刺激，未发生神经冲动时，细胞膜内积聚负电荷，细胞膜外积聚着正电荷，膜内外存在着－70～－60mV电位差，这个值在不同的神经元可能在10mV左右变化。当神经细胞受到刺激时，细胞膜的透性急剧变化，大量正离子（主要是$Na^+$）由膜外流向膜内，使膜两侧电位从－70mV，一下子跳到＋35mV，这就是动作电位。动作电位的产生，意味着神经冲动的产生。

动作电位的产生与传播具有以下特点：①“全或无”，刺激强度不够，不产生动作电位，刺激达到或超过有效强度（阈值），动作电位恒定为＋35mV。②快速产生与传播，动作电位的产生很快，大约仅需1ms时间。动作电位一经产生，很快从刺激点向两侧传播，传播速度可达100m/s。③不应期，产生动作电位需1ms，恢复到原来静息电位状态需3～5ms，所以在一个刺激作用后，直至恢复到静息电位状态，总共需要4～6ms，这段时间内，神经细胞对新的刺激无反应，称为不应期。

（3）神经冲动在突触的传导

电突触间隙约2nm，主要存在于腔肠动物、无脊椎动物，如蚯蚓、虾、海参等。其特点是突触前后两膜很接近，神经冲动可直接通过，速度快；传导没有方向之分，任何一个发生冲动，即可以传导给另一个。本章主要介绍的是化学突触，其为两个神经元之间一个宽20～50nm的缝隙，包括突触前膜（突触囊泡）、突触间隙、突触后膜。比较常见的神经冲动传导涉及$Ca^{2+}$和乙酰胆碱（ACh）。神经元在突触处释放化学物质神经递质，突触后细胞的细胞膜上有特殊受体，与神经递质特异结合而使神经冲动的信号传播下去，此即化学突触。化学突触的前后两层细胞膜之间间隙较大，约20nm。化学突触常见于高等动物。

（4）神经递质及其效应

1921年德国科学家奥托·勒维（Otto Loewi）通过一个巧妙的实验（图4.11）第一次证实神经递质的存在。又经过12年，到1933年由英国科学家亨利·戴尔（Henry Dale）证实，这个化学物质是乙酰胆碱。两人因此项工作获1936年诺贝尔生理学或医学奖。

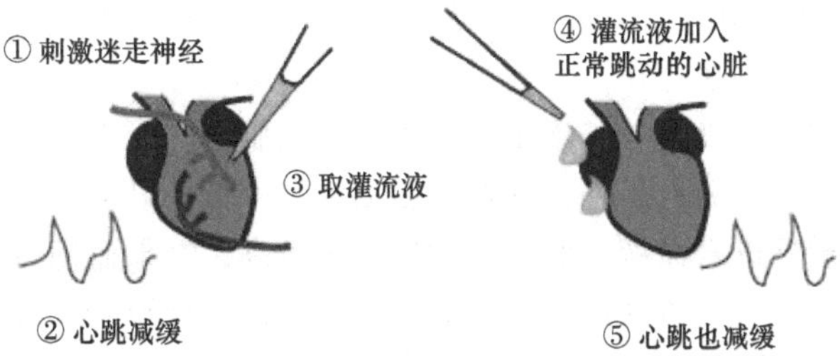


图4.11　蛙心灌注实验

在蛙心灌注实验中观察到，刺激迷走神经时蛙心活动受到抑制，如将灌流液转移到另一蛙心中去，也可使后一个蛙心的抑制。显然在迷走神经兴奋时，有化学物质释放出来，从而导致心脏活动的抑制。后来证明这一化学物质是乙酰胆碱，乙酰胆碱是迷走神经释放的递质。后来在许多其他器官中（如胃肠、膀胱、颌下腺等），刺激其副交感神经也可在灌注液中找到乙酰胆碱。由此认为，副交感神经节后纤维都是释放乙酰胆碱作为递质的。

迄今已发现的神经递质有十几种，大多数是一些有机小分子，如乙酰胆碱、去甲肾上腺素、γ-氨基丁酸、5-羟色胺等。还发现一些小肽类物质，作用于神经细胞，调节神经细胞对神经递质的感受性，称为神经调节物，如内啡肽、干扰素、白细胞介素等。

神经递质由突触前细胞释放，通过受体作用于突触后细胞，引起突触后细胞的反应，如神经递质作用受体可直接/间接打开离子通道，改变膜电位或产生第二信使，改变胞内代谢引起收缩排放等。

## 4.6　激素系统和细胞信息传递

微课
激素系统与信号传递

激素系统原来一直称为内分泌系统。人有各种内分泌腺，激素是由内分泌腺分泌的有机分子，由血液循环带至身体各部分，作用于特定的靶细胞，只需很低浓度即可引起靶细胞给出独特的反应。激素由内分泌腺分泌，传播无特定管道，随血流传播，可作用于特定靶细胞，低浓度、强效应。后来发现，不仅专门的内分泌腺，人体许多细胞都有分泌激素的功能。例如，哺乳类的几乎所有细胞都能分泌前列腺素，前列腺素能引起平滑肌收缩、血小板聚集、炎症反应等多种生理效应。还有一些细胞分泌激素，可作用于自身。这样，从分泌细胞调节目标的角度来看，不仅有内分泌，还有旁分泌和自分泌。这些细胞调节物统称为激素。

激素在体内的生理作用，主要是调节细胞的代谢和行为。激素在浓度很低的情况下，就能起很强的调节作用，使靶细胞发生明显的变化，因此通常把激素称为信号分子。有时候，神经递质也被称为信号分子。血流中激素的浓度一般为$10^{-8}$mol/L，而突触间隙的神经递质如乙酰胆碱高达$5\times10^{-4}$mol/L。

激素一般分为脂溶性激素，如性激素（固醇类）、肾上腺皮质激素、甲状腺素等，以及水溶性激素，如胰岛素（肽类）、肾上腺素（氨基酸衍生物）等。激素能够特异地作用于靶细胞，因为靶细胞有专一结合某种激素的受体。这种激素-受体复合物的形成是靶细胞接受激素信号做出一系列反应的开端。肾上腺素与位于细胞膜上的受体相结合。活化后的受体推动AC的活化，在该酶的催化下，产生第二信使cAMP，cAMP再继续推动后面许多反应，使细胞出现总效应，最后使血糖上升。

糖尿病产生的原因：胰岛素分泌不足，糖由胞外向胞内转运发生困难，导致细胞内缺糖而血糖浓度升高，出现高血糖；另外，葡萄糖激酶活性降低，肝糖原合成减少分解增多，糖原异生作用增强，大量糖进入血液，血糖浓度进一步升高，结果血糖过高肾小管不能将肾小球滤过液中的葡萄糖全部重吸收回血，则尿液中有大量糖，导致糖尿病。反之，胰岛素分泌过多时，血中葡萄糖大量迅速进入细胞，血糖浓度很快下降，引起低血糖。

# 第5章　基因的秘密

中国有句俗语“种瓜得瓜，种豆得豆”，并有传说“龙生九子，子子不同”。为什么会有这样的共识呢？是不是有什么无形的东西在控制这一切？随着现在生命科学的发展，大家都知道这是遗传基因在确保生物特性的延续。遗传基因匿藏了生命及其历史的秘密，是在生化系统的演化过程中诞生的。遗传信息从一代细胞到下一代和从一个个体到其后代的储藏和传递。

## 5.1　基因的概念与结构

微课
基因的概念与结构

基因也称为遗传因子，是决定生物遗传特征，具有复杂结构的化学物质。它是存储、传递遗传信息和复制细胞的主要物质基础。

### 5.1.1　基因的概念

1865年孟德尔推论生物的性状是由“遗传因子”控制的，提出遗传因子学说。1902年美国哥伦比亚大学研究生沃尔特·萨顿（Walter Sutton）和德国的西奥多·波弗利（Theodor Boveri）发现，染色体在减数分裂时的行为与孟德尔遗传因子之间存在诸多平行之处，1903年他们猜想提出遗传因子是位于染色体上的假说，称为萨顿-波弗利假说。1909年丹麦人约翰逊创用了“gene”一词代表遗传因子。1910年摩尔根通过果蝇实验证实基因在染色体上。1941年美国著名遗传学家乔治·比德尔（George Beadle）和爱德华·塔特姆（Tatum Lawrie）提出一个基因一个酶假说（one gene one enzyme hypothesis），两人共同获得1958年的诺贝尔生理学或医学奖。

基因概念的多元化导致学术界没有一个普遍接受的基因概念。一般所说的基因是指有生物信息的DNA片段，根据这些生物信息可以编码具有生物功能的产物，包括RNA和多肽链。

DNA双螺旋结构的发现导致基因的革命性变革。1953年，沃森、克里克发现了DNA双螺旋结构，并在1962年同莫里斯·威尔金斯（Maurice Wilkins）一起获得当年的诺贝尔生理学或医学奖。

DNA双螺旋结构虽然是结构学派的研究成果，但也离不开信息学派的帮助。这一时期，在欧洲（主要是英国）的“结构学派”、美洲（主要是美国）的“信息学派”共同努力下发现了DNA的双螺旋结构。DNA三维结构提示人们基因并非简单的线性排列，而是一个空间立体结构，这就暗示了基因空间结构排列有可能导致基因功能的改变。

科学家从信息学派所做的一些研究入手，开始研究基因与DNA的关系。1928年弗雷德里克·格里菲斯（Frederick Griffith）的肺炎双球菌转化实验：注射无毒R型活菌，小鼠不死亡；注射有毒S型活菌，小鼠死亡；注射加热致死的S型死菌，小鼠不死亡；注射R型活菌与加热致死的S型死菌混合物，小鼠死亡，且分离得到S型活菌。实验结论：死S型菌体内存在促成转化的某种活性物质。格里菲斯的肺炎双球菌转化实验只发现了遗传转化现象，而没有发现转化的原因，没有找到转化物质。1944年，艾弗里与他的同事提供了DNA是遗传物质的第一个直接实验证据。艾弗里的实验从S型活菌中分离到有活性的转化物质。该转化物质分别用蛋白酶、RNA酶、DNA酶处理，其中只有用DNA酶处理后才失去转化活性。实验结论：DNA是遗传物质，蛋白质不是遗传物质。格里菲斯只发现了遗传转化现象，而没有发现转化的原因，没有找到转化物质。艾弗里与他的同事提供了DNA是遗传物质的第一个直接实验证据。目前得出的基因与DNA的关系是，基因的化学本质是DNA（少数为RNA），但基因与DNA并不等同，它仅仅是有遗传效应的DNA片段。

### 5.1.2 基因的结构

克里克曾经说过："如果不能研究功能，就去研究结构。"从理论上来讲，结构决定功能，研究结构确实是一个明智之举。

（1）断裂基因

原核生物的基因结构包括编码区与非编码区（调控序列）。真核生物的基因结构（图5.1）与原核生物的基因结构基本相似，只是编码区是间隔的、不连续的，可编码蛋白质的序列（外显子）被不能编码蛋白质的序列（内含子）隔开，外显子序列在整个基因中所占的比例较小。这里只是对所谓的断裂基因这一结构概念的最初描述。英格兰生物化学家、分子生物学家理查德·罗伯茨（Richard Roberts）爵士和美国遗传学家与分子生物学家菲利普·夏普（Phillip Sharp）由于发现断裂基因而获得1993年诺贝尔生理学或医学奖。

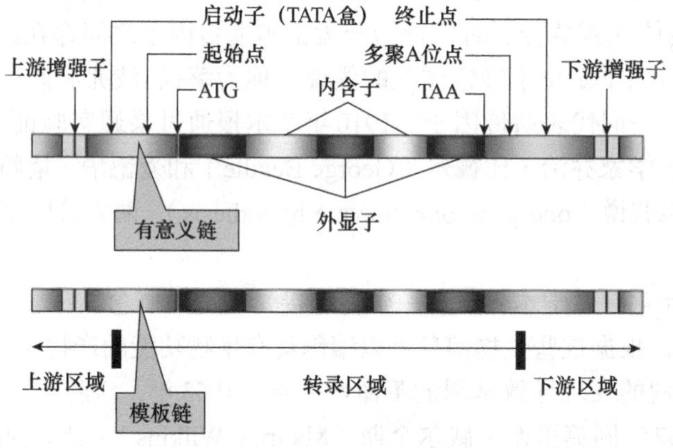


图5.1 真核生物的基因结构

基因中编码序列被若干个插入序列分隔成不连续的镶嵌结构，编码序列也称为外显子，占10%～50%，内含子为插入序列，占50%～90%，决定基因长度。编码率是指编码序列长度占整个基因序列的比例。目前的研究表明：①内含子不是单纯的不能编码蛋白质序列的非编码区，它有可能成为另一基因结构的外显子。②基因中的内含子被转录后又被剪切掉，它的真实功能目前还只是一个猜测，对这一领域的研究有助于基因概念的发展。③内含子位置保守，序列变化大；外显子序列保守，并保持其相关性。这些研究都有助于人们去了解内含子和外显子的深层功能。

（2）开放阅读框

开放阅读框（open reading frame，ORF）为在构成基因的核苷酸序列中编码序列最终翻译成蛋白质的碱基段，每三个连续碱基（密码子）编码相应的氨基酸。其中有一个起始密码子（AUG）和三个终止密码子（UAG、UAA、UGA），终止密码子提供翻译终止信号。开放阅读框是生物个体的基因组中结构基因的正常核苷酸序列，包含一段可以编码蛋白质的碱基序列，从起始密码子到终止密码子的开放阅读框可编码完整的多肽链，其间不存在使翻译中断的终止密码子。

（3）跳跃基因（转座因子）

基因结构并不是一成不变的，跳跃基因的发现使人们进一步认识到基因不是稳定、静止不变的结构实体。所谓跳跃基因是一段中度重复序列DNA可以从原位上单独复制或断裂下来，环化后插入另一位点，并对其后的基因起调控作用的DNA顺序，也叫作转座因子。

转座因子是普遍存在于原核生物和真核生物基因组中的正常组分。根据转座因子来源和移动状况可将它们分为两大类：转座子和逆转座子。转座子是指一些可移动的片段，在原核生物和真核生物中都可见。有的转座子（DNA片段）被复制后，其拷贝插入染色体新位点；有的转座子直接从染色体上断开脱离然后插入新的位点，这种情况染色体上原来断开的DNA有可能无法连接造成严重后果，有的在转座酶、整合酶帮助下可重新连接起来。逆转座子只在真核生物中才能见到，并与逆转录病毒有关。该过程是先转录出转座因子的RNA拷贝，然后再反转录出DNA，插入染色体的新位点。

尽管跳跃基因于1938年就已提出，但是玉米“*Ds-Ac*调控系统”（参见5.5.1）却是芭芭拉·麦克林托克（Barbara McClintock）于1944～1950年花了整整6年时间才完全弄清楚的，并于1983年被授予诺贝尔生理学或医学奖。

（4）重叠基因

原核生物中一段基因或是一段DNA序列并非只有一种功能，或者可以说编码一种蛋白质的基因的起点有可能是编码另外一种蛋白质的基因的起点、终点或是中间任何一点的核酸序列。重叠基因是指两个或两个以上的结构基因共用一段DNA序列，即它们的核苷酸序列彼此重叠的基因。

（5）重复基因

基因结构的另一特点是一些基因具有重复性（多拷贝）。人类基因组近一半基因是由基因重复形成的。按进化理论推断，一部分重复基因可能会产生新的功能有助于生物对环境的适应。基因重复后，两个基因发生了功能上的分工，大大提高了工作效率，可以使生物更好地适应环境。这些也只是对重复基因功能的猜测，具体的证据还有待进一步去寻找。

（6）组装基因

在发育过程中，不同的序列重新组合形成一个“成熟”的基因，如免疫球蛋白基因被认为由可变区、连接区、不变区三个不同的“小基因”在细胞发育时临时组合而成。如果X基因与Y基因发生了“非法”重组，导致Y染色体上的Y染色体性别决定区（*SRY*）基因转移到X染色体上，并与正常的X染色体组合，就将产生46，XX核型的男性；如果Y染色体上缺乏*SRY*基因，就将产生核型为46，XY的女性。这种组装基因有可能是连锁起来共同起作用的小基因的组合，功能上定位成一个基因。虽然是从整个功能来定位基因，但这一基因的具体结构的确为组装结构，所以组装基因仍然可以归为基因的结构概念。

## 5.2 染色体与基因组

微课
染色体与基因组

染色体是基因的载体。一条染色体上的基因与其他染色体基因相互作用，共同决定个体的发育、表型和行为。

### 5.2.1 染色质与染色体

染色质是指间期细胞核内由DNA、组蛋白、非组蛋白及少量RNA组成的线性复合结构，是间期细胞遗传物质存在的形式。在真核细胞的细胞周期中，大部分时间是以染色质的形态存在的。染色质具有两种不同的形态：常染色质与异染色质。常染色质是染色质（由DNA、RNA和蛋白质组成）的一种松散聚集的形式，这种聚集形式在基因中大量存在，并且相应的片段通常处于活跃的转录当中，但并非必要，即常染色质部分不一定都是高表达的序列。常染色质一般分布于核质，染色着色浅，构成了细胞核基因组中表达最活跃的一部分。在有丝分裂完成之后，大多数高度压缩的染色体要转变成间期的松散状态。但是，大约有10%的染色质在整个间期仍然保持压缩状态，这种染色质称为异染色质。异染色质在分裂期和间期的着色力相同，没有转录活性，常分布于核仁和核膜，多定位于端粒区和着丝粒区，含大量高度重复序列，染色着色较深。

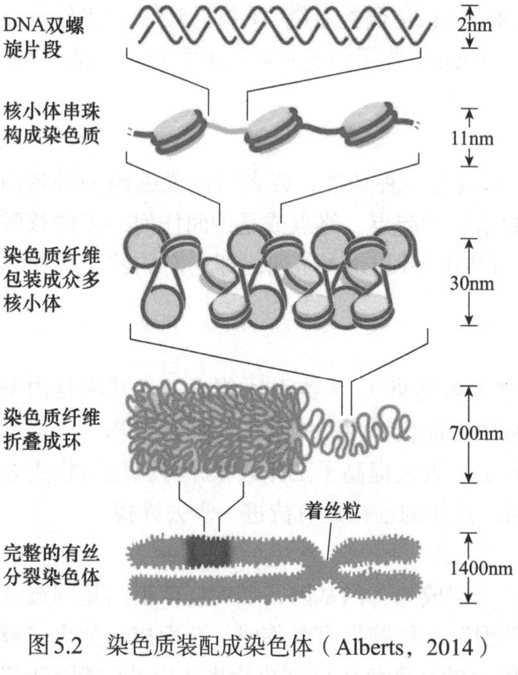


图5.2 染色质装配成染色体（Alberts，2014）

真核生物中的染色体由染色质丝组成。染色质丝由核小体组成（图5.2）。每个核小体单位包括200bp左右的DNA超螺旋和一个组蛋白八聚体及一分子的组蛋白$H_1$。组蛋白八聚体构成核小体的盘状核心颗粒，分子量为10万，由4个异二聚体组成，包括两个$H_2A$-$H_2B$和两个$H_3$-$H_4$亚基。染色质丝被蛋白质包装成为染色质的浓缩结构。长度为146bp的DNA分子超螺旋盘旋组蛋白八聚体1.75圈。组蛋白$H_1$在核心颗粒外结合额外20bp DNA，锁住核小体DNA的进出端，起稳定核小体的作用。两个相邻核小体之间以连接DNA相连，典型长度为60bp，不同物种变化值为0～80bp。DNA主要位于核小体的表面，直径大约为10nm，而组蛋白构成核小体的内在。

核小体像念珠一样相互串联在一起，连成的纤丝螺旋化，6个核小体转一圈，形成外径为30nm的筒状螺旋体，其压缩比为6。筒状螺旋体进一步螺旋化形成平均直径为400nm的环（loop），其长度比螺旋体又缩短至其的1/40左右。环结构再次折叠、盘绕形成有丝分裂中期染色体，其长度再次缩短至其的1/5左右。结果染色体长度压缩至DNA长度的近万分之一，与DNA的压缩比相近。

染色体的结构如图5.3所示，任何真核生物染色体的生物学功能都严格依赖于三种DNA序列结构：着丝粒、端粒和复制起点，这一点已被酵母人工染色体的成功构建所证实。中期染色体的两条姐妹染色单体的连接处，向内凹陷、着色较浅的缢痕称为主缢痕（primary constriction）。着丝粒和动粒是存在于主缢痕的两个特殊结构。着丝粒将两条染色单体分为短臂（p）和长臂（q），由高度重复的异染色质组成，其主要成分为DNA和蛋白质。端粒仅存在于真核生物，由富含G的寡核苷酸序列的多个串联重复序列组成，重复单位为5～8bp（-TTAGGG-），重复次数为800～3000次，总长度为5～15kb。

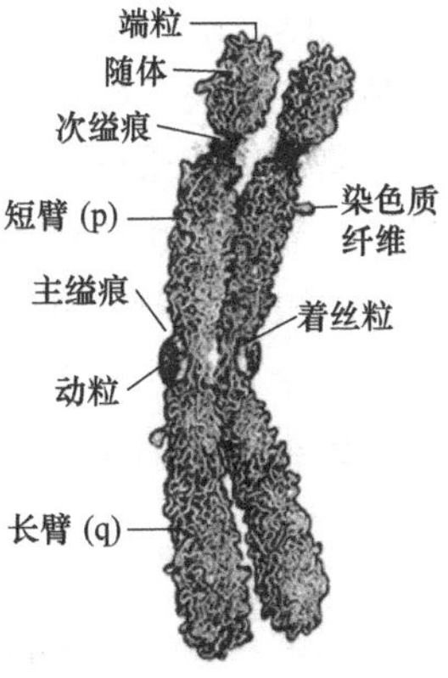

图5.3　染色体的结构图

随体（satellite）是位于染色体末端的圆形或圆柱形的染色体片段，通过次缢痕与染色体主要部分相连，主要由异染色质组成，含高度重复的DNA序列，不具有常染色质的功能活性。随体的形态大小在染色体上是恒定的，因此是识别染色体的又一重要形态特征。

### 5.2.2　染色体的核型与分带

丹佛体制（Denver system）于20世纪60年代主要依据染色体大小和着丝粒位置等形态特点，将人类体细胞的46条染色体分为23对，其中22对为男女所共有，称为常染色体（autosome）；另外一对与性别有关，称为性染色体（sex chromosome）。一个体细胞分裂中期全部染色体所构成的图像称为核型（karyotype）。将待测细胞的全部染色体按照丹佛体制经配对、排列并根据长度、着丝点位置、长短臂比例、随体的有无等特征，借助显带技术对染色体进行分析、比较、排序和编号，随后对待检细胞进行染色体数目、形态结构分析，确定其核型是否与正常核型一致，称为核型分析（karyotype analysis）。科学家把23对染色体分成7个组（A～G组）（图5.4），按照大小递减和着丝粒位置依次编为1～22号；另外1对为X和

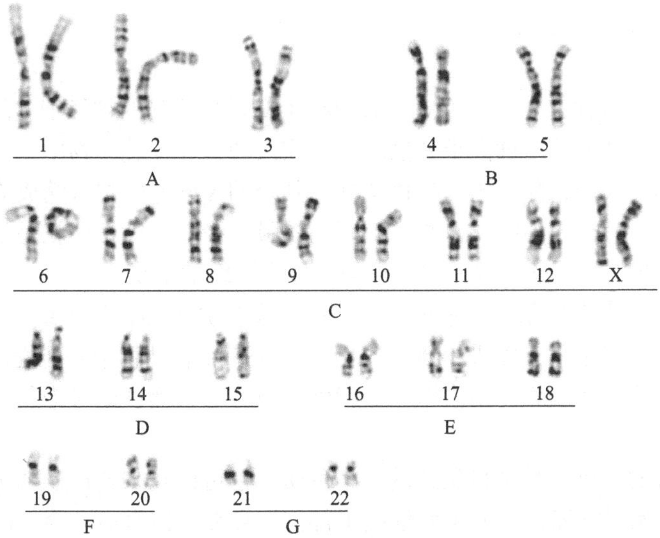

图5.4　人体染色体带型与分组

Y染色体。染色体核型分析是遗传学科学研究和辅助临床诊断的重要手段之一，是分析染色体易位、缺失，诊断各种遗传病变的关键指标。

染色体显带核型分析则是染色体标本经显带技术处理，使染色体沿纵轴上显示出一定数量的、着色程度不同的、宽窄不等的明暗相间的带纹。每条染色体都有独特而恒定的带纹，主要取决于DNA、蛋白质及染料三者的相互作用。显带技术不同，染色体上显示出的带纹也不同。染色体显带技术包括G显带、Q显带、R显带和C显带等。G显带技术是将染色体标本经胰蛋白酶消化后，再以吉姆萨（Giemsa）染色而显带。其所显示的染色体带纹清晰，普通显微镜下可以分辨，标本可长期保存，因此被广泛应用。

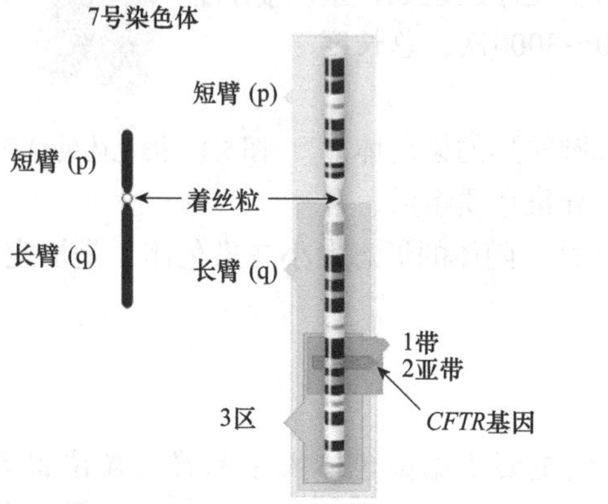

图5.5 *CFTR*基因在7号染色体上的位置（7q31.2）

显带染色体命名是基于1978年用G和R显带技术所获得染色体带型及染色强度绘制的条带极性编号，后经多次修正。由于着丝粒一般并不位于染色体中央，因此染色体就有长短之分，短臂用p表示，长臂用q表示。每条染色体可分为若干区（region），每区有若干条带，带中又分亚带、次亚带等。例如，人胰岛素基因位于11号染色体的短臂的1区5带，记作11p15，囊性纤维跨膜转导调控因子基因（*CFTR*）位于7号染色体长臂3区1带2亚带，记作7q31.2（图5.5）。

## 5.2.3 人的性染色体

人的性染色体为1对XX染色体或1对XY染色体，人的X染色体明显不同于Y染色体。X染色体由15亿个碱基对组成，富含脑基因、骨骼肌基因、卵巢基因、胎盘基因和早期精子形成基因等，但缺少晚期精子形成基因。Y染色体只由约2.3亿个碱基对组成，仅发现少数基因功能，如富含精子生成基因。

（1）Barr小体

1949年，美国学者穆雷·巴尔（Murray Barr）等发现雌猫的神经细胞间期核中有一个染色很深的小体，它出现的频率远高于公猫。后来在人和其他哺乳动物中也发现了此现象。在人和哺乳动物体细胞核中，除一条X染色体外，其余的X染色体常浓缩成染色较深的染色质体，此即巴氏小体，又称X小体，通常位于间期核膜边缘。巴氏小体就是细胞分裂周期中与大部分染色质不同步的螺旋化现象，也即性染色体异固缩的结果。

正常女性体细胞中有两条X染色体，其中一条发生异固缩，异固缩后大部分基因失活。男性细胞核中很少或根本没有巴氏小体。人们把在人和哺乳动物中，雌性间期细胞中一条X染色质失活，从而造成无论雌性还是雄性体细胞中只有一条活性的X染色质，称为计量补偿效应。

异固缩是随机的，可以是来自父亲的X染色质，也可以是来自母亲的X染色质。在胚胎早期X染色质就开始异固缩，在分裂后细胞中都持续存在。体育运动会上的性别鉴定主要采用巴氏小体方法。

（2）Y染色体特征及其进化

Y染色体大约2/3是由短的DNA序列多次重复排列组成，它所包含的基因皆没有活性。余下的1/3 DNA序列，鉴定出的基因不多。目前人Y染色体上鉴定出429个基因，但仅有100多个基因编码蛋白质。目前，对Y连锁基因的功能了解甚少，大部分是影响男性的性发育和生育能力，如*SRY*基因（见7.1.1）。

科学家猜测约250万年前，一对常染色体中一对等位基因发生突变，出现了雄性决定基因，于是就产生了雄性个体；接着，这条雄性染色体又发生了影响雄性特点的其他基因突变，最终成为Y染色体。Y染色体上与雄性相关联的雄性决定基因不与X染色体交换。由于X染色体与Y染色体之间长期缺乏互换，从而导致Y染色体退化，变成短小的染色体。

### 5.2.4 人类基因组

人类基因组是一个十分稳定的体系，不同的民族、群体和个体都有46条染色体，有相同数目的基因和基因分布，也有基本相同的核苷酸序列。人类基因组含有约31.6亿个碱基对，根据基因组DNA碱基排列顺序重复出现的程度不同，把基因组DNA序列分为单一序列、重复序列。重复系列称为卫星DNA又称为人类垃圾DNA。人类基因组计划的测序成果向我们显示，人类基因数目少得出奇。原先估计人的基因数目在8万～12万个，一般都认为有10万个左右，可是实际测定下来却只有2.6万个，远远低于预期数。人类的基因数目虽然少，可是不参与编码蛋白质的DNA序列却多得出乎意料。参与编码蛋白质的DNA序列，只占基因组的2%～3%，即使把能转录成RNA的序列算进去，也不过占基因组序列的1/4左右。这就是说基因组序列中有3/4是没有编码功能的，既不生成RNA，也不产生蛋白质。

非编码的DNA序列在真核生物中很常见，早在20世纪70年代就被遗传学家大野乾命名为“垃圾DNA”或“自私的DNA”，其是根据生物进化理论做出的一个合理的预言并坚信这些非编码部分是生物在漫长的进化过程中，通过随机突变而产生的无用之物。1998年，美国斯坦福大学医学院的安德鲁·法尔（Andrew Fire）和马萨诸塞大学医学院的克雷格·梅洛（Craig Mello）发现一些“垃圾DNA”虽与蛋白质制造无关，但可被转录为小分子RNA，并且双链小分子RNA可以引发特定基因RNA的降解，不再执行基因的功能，即转录出来的小分子RNA有重要的调控功能，如可以激活或者抑制基因的表达，协助非常复杂的细胞分裂等。此外，“垃圾DNA”中大量重复的DNA序列，虽然看似没有意义也不能编码蛋白质，却能形成特殊的DNA高级结构，并以此调节附近基因的活性。

基因组结构的稳定性保证了人类作为一个物种的共同性和稳定性，也决定了基因组测定是有意义的。然而人类基因组又是一个变异的体系。在长期进化过程中，基因组的DNA序列不断地发生变异。这些变异可能是有害的、有益的或中性的，它们其中的一些被保存下来，导致了不同种族、群体和个体间基因组的差异或多态性。除了同卵双生子外，没有两个个体的基因组是完全相同的，一般不同个体基因组间99.9%都是相同的，只存在0.1%的差异。99.9%相同，决定了我们都是人类智人种（*Homo sapiens*），相互可以婚配，没有生殖隔离。0.1%不同，则造成不同人有不同模样、不同性格、不同的兴趣爱好，甚至对病菌的易感性也不同。

人类基因组中的遗传多态性主要存在于4个方面：微卫星DNA、小卫星DNA、单核苷酸多态性（single nucleotide polymorphism，SNP）和DNA的小片段缺失或插入。这种多态性较多地表现在重复序列，它们的多态性主要是基于重复序列拷贝数的变异。

（1）微卫星DNA与小卫星DNA

一类高度重复序列DNA在介质氯化铯中做密度梯度离心，可以从主沉淀带附近分出小沉淀带而与其他DNA序列分开，故称为卫星DNA。卫星DNA的特点是GC含量一般少于主带中的DNA，浮力密度也低，这也是它们能同主带分开的原因。所有串联重复DNA序列都称为卫星DNA。卫星DNA主要分为微卫星DNA和小卫星DNA。小卫星DNA主要位于染色体的着丝粒及端粒区域，其他区域则广泛、均匀地分布着微卫星DNA。

微卫星DNA又称为短串联重复序列（short tandem repeat，STR）或简单重复序列（simple sequence repeat，SSR），广泛存在于真核生物及少数细菌的基因组中，在DNA序列中平均每6kb就可能出现一个，呈串联重复排列而成。早在1974年便在寄居蟹中发现了这种序列，直到1986年首次用合成的微卫星寡核苷酸作为探针用于人的指纹分析才受到重视。1988年迅速发展成为新的DNA标记系统。微卫星DNA的重复单位长度极短，只有1～6bp（表5.1），最常见的是双核苷酸重复，即（CA）$_n$和（TG）$_n$，$n$为10～60次。微卫星主要集中于非编码区，具有丰富的多态性，DNA的生物学功能尚不清楚，可能对基因的调节起作用，也可能是重组的热点所在。

**表5.1 微卫星DNA和小卫星DNA的差异**

| 项目 | 微卫星DNA | 小卫星DNA |
|---|---|---|
| 重复单位 | 1～6bp | 20～200bp |
| 重复次数 | 10～100次或更多 | 数百次至数千次 |
| 序列总长 | 300bp | 0.5～20kb |
| 序列特征 | 单拷贝 | 核心序列 |
| 多态原因 | STR | VNTR |
| 形成机制 | 复制滑脱 | 不等交换，重组 |
| 主要分布 | 内含子、间隔DNA | 着丝粒、端粒处 |

注：STR为短串联重复序列；VNTR为可变数目串联重复序列

小卫星DNA又称为可变数目串联重复序列（variable number tandem repeat，VNTR），重复单位比微卫星DNA长，为20～200bp（表5.1），可重复数百次至数千次，重复次数在群体中高度变异。小卫星DNA作为遗传标记，虽然也具有重复单位种类多、重复次数有高度个体特异性、多态信息量大等优点，但与微卫星DNA相比最大的缺点是小卫星DNA一般只分布在染色体着丝粒或端粒区域。因此，利用小卫星DNA只能检测有限个位点。

1）出现的原因。微卫星DNA在同一个基因座上的重复单元一般是相同的，但重复次数在不同个体中可能不同，这种不同可以用复制的滑脱现象来解释：当DNA复制时，新链的延伸有时会从模板上短时脱离，然后重新配对，继续延伸。对DNA的非重复序列不会造成大的问题，但对于STR，游离的新链重新配对时可能并没有与相应的位置结合，而是同上游或下游的序列配对，若与模板的上游结合则造成新链比模板链长或与模板的下游结合则造成新链比模板链短。这样的双链DNA如果没有及时修复或在修复时错误地修复了模板链，则造成短串联重复数量的改变，形成微卫星DNA，突变概率为$10^{-3}$。

小卫星DNA的多态性一般是不等交换产生的。但同源染色体联会并发生交换时，由于小卫星DNA区域的重复性，此处的配对具有一定的随意性，即使前后相差几百个重复单元，依然可以很好地联会交换，发生不等交换，同源染色体上本来相同的重复单元变得不同。

2）检测与应用。微卫星DNA的差异在于重复次数，也就是DNA片段的长度不同，因此很容易检测。通常在重复区域的两侧设计引物，利用PCR技术扩增微卫星区域，通过DNA电泳技术即可得到。由于微卫星DNA数量众多，广泛分布于基因组中，并且容易检测，适合于进行自动化分析，因而广泛用作基因组的标记，在定位克隆、连锁分析、血缘关系鉴定、遗传多样性评估、系统发生树构建、标记辅助选择等方面有广泛应用。

在遗传病的分析中，一般都是由表型出发，最后克隆引发表型的突变基因。有一些基因突变很容易由表型推知，如涉及生化途径的酶的缺失，如尿黑酸症、血友病等；但大多数遗传病很难从表型推断出致病基因，如亨廷顿病等。此时，只能利用定位克隆的方法鉴定致病基因。

血缘关系鉴定：对十几至几十个STR检测位点做检测，如果全部一样，就可以确定亲子关系，如果有3个以上的位点不同，则可排除亲子关系，有一两个位点不同，则应考虑基因突变的可能，加做一些位点的检测进行辨别。DNA亲子鉴定，否定亲子关系的准确率几近100%，肯定亲子关系的准确率可达到99.99%。

3）DNA指纹图谱与身份识别。DNA指纹图谱（DNA fingerprinting）就是以重复序列为探针进行分子杂交，由于不同基因型中的重复次数不同而产生多态性的分子标记。目前常用的DNA指纹标记主要有微卫星DNA和小卫星DNA标记。任何两个人的小卫星DNA完全相同的概率是37.5%，10个位点相同的概率为0.005%，24个位点完全相同的概率是170亿分之一，多于全世界的人口。因此，小卫星DNA的Southern图谱具有个体特异性，能够作为身份识别的标志。小卫星DNA的Southern图谱又称为DNA的指纹图谱。之所以是Southern图谱是因为小卫星DNA一般比较长，不适用PCR检测，而适于采用Southern方法。一般选用小卫星DNA中不存在的限制性内切酶切割基因组，经电泳、转膜，再以重复序列为探针进行杂交。不同人重复序列长度不同，即表现为不同长度的杂交片段。由于相同序列小卫星DNA的基因座数在基因中最多有几十个，所以杂交图谱一般包含几十条大小不等的条带。DNA指纹图谱从形态上看是以一系列不等距离、相互间隔的条带组成，如同现代商品包装上的“条码”。微卫星DNA基因座数目巨大，序列又是简单重复，难以用作探针，所以不能用Southern方法鉴定。

DNA指纹图谱同样严格遵守孟德尔遗传定律。人的血液、毛发唾液等都可以用于亲子鉴定。一个人有23对染色体，同一对染色体同一位置上的一对基因称为等位基因，一个来自父亲，一个来自母亲。如果检测到某个DNA位点的等位基因，一个与母亲相同，另一个就应与父亲相同，否则就存在疑问了。

只需要选用集中小卫星DNA，检测20～30个位点，就可以完全确认DNA样品的归属，该方法首先成功地应用于法医学领域，特别是在个体识别、亲子鉴定等方面。检验对象从原来的蛋白质到现在的核酸，鉴定根据从原来的表型到现在的基因型，鉴定结论从原来的否定排除关系到现在的肯定性结论。当然，同卵双生个体具有相同的DNA指纹图谱，所以DNA检测确定身份也不是万能的。

由于基因组中存在着上千个小卫星位点，某些位点的重复单位含有相同或相似的核心序列，在一定的杂交条件下，一个小卫星探针可以同时与多个小卫星位点上的等位基因杂交，产生10～20条图带，每条可分辨的图带代表一个位点，因此能全面地反映基因组的变异性。

（2）SNP

不同个体间基因组中散在单个碱基的不同，这种不同虽然也包括单个碱基的缺失和插入，但更多的是单个碱基的置换，即单核苷酸多态性（single nucleotide polymorphism，SNP）。SNP是指基因组内特定核苷酸位置上存在两种不同的碱基，其中最少一种在群体中的频率不小于1%。SNP为数众多，分布广泛。如果比较任意两条同源染色体的碱基序列，那么平均约1000bp就有一个碱基不同。单个碱基变异能导致基因功能异常者习惯上称为突变。随着对人类基因组的研究，人们越来越相信基因组中的这类多态性有助于解释个体的表型差异，不同群体和个体对疾病，特别是对复杂疾病的易感性，以及对各种药物的耐受性和对环境因子的反应。

1）出现的原因。SNP出现的原因是DNA复制出现偏差。虽然DNA聚合酶合成DNA的保真性极高，错误率极低（$10^{-9}$），但每次复制平均都会出现几次错配。错配未被及时修复，则导致碱基的置换。如果这种情况发生在生殖细胞，则可能传递下去，并有机会通过遗传漂变在种群中固定下来。

SNP作为一种碱基的替换，大多数为转换，即一种嘧啶碱基换为另一种嘧啶碱基或一种嘌呤碱基换为另一种嘌呤碱基，转换与颠换之比2∶1。SNP在CG序列上出现最为频繁，而且多是C→T，原因是CG中C即胞嘧啶常被甲基化，并自发地脱氨后成为胸腺嘧啶。

2）应用。尽管就单个SNP而言只有两种变异体，变异程度不如微卫星或小卫星DNA。但SNP在基因组中数量巨大，分布频密，因此就整体而论，它们的多态性要高得多，如果假定1/1000的碱基是多态的话，那么人类31.6亿个碱基对中有约300万个SNP位点。SNP是二态的，即同一位点的SNP一般只有两种，如果一种是AT碱基对，另一种往往为TA碱基对，不会出现GC碱基对，反之亦然。而且SNP易于自动化批量检测，因而被认为是新一代的遗传标记。

SNP在单个基因或整个基因组中的分布不是均匀的，由于自然选择等原因，SNP在非转录序列中要多于转录序列。由于基因组中为蛋白质编码的序列仅约为3%，绝大多数SNP当位于非编码区。在蛋白质编码区的SNP和位于表达调控序列中的SNP在功能或致病方面具有更重要的意义，这样的多态性常被称为功能多态性（functional polymorphism）。

3）限制性片段长度多态性。限制性片段长度多态性（restriction fragment length polymorphism，RFLP）是1980年由美国学者大卫·博特斯坦（David Botstein）等发现的快速识别DNA多态性的一种方法，它是指用限制性内切酶消化不同基因的DNA后产生的酶切片段在长度和数量上的差异。它的分子基础是核苷酸序列出现碱基代换或缺失、插入、重复及倒位等变化而导致限制性内切酶切点的丢失或获得。其基本原理是用限制性内切酶酶切不同个体的基因组DNA后，产生大小不同的DNA片段，通过电泳和Southern印迹转移到支持膜上，利用克隆或已标记的序列（探针）进行分子杂交，从而显示与探针同源顺序的酶切片段在长度上的差异。RFLP标记是最早用于构建遗传图谱的DNA分子标记，至今各种作物的遗传图谱中RFLP标记占大多数。

此外，基因组中也存在DNA的小片段缺失或插入，涉及的碱基一般为1～100bp，大多数是减数分裂时，染色体非同源区域间发生交换造成的，也有转座子随机整合造成几百几千个碱基对插入现象。染色体断裂后直接连接，也会造成小片段的缺失或插入。总体而言，DNA非重复序列的缺失或插入，要远小于前面所讲的微卫星DNA、小卫星DNA和SNP。

微课
遗传的
分子基础

# 5.3 遗传的分子基础

生物的遗传物质一般是DNA，DNA分子由两条脱氧核苷酸链反向平行盘旋成双螺旋结构，该结构为复制提供了精确的模板，通过碱基互补配对，将遗传信息传递给子代。蛋白质是生命的体现者，蛋白质的合成即基因的表达包括转录和翻译，转录是在细胞核中进行的，以DNA的一条链为模板，按照碱基互补配对原则合成mRNA；翻译是在细胞质中以mRNA为模板，合成具有一定氨基酸顺序的蛋白质。基因可以通过控制酶的合成来控制代谢过程，进而控制生物体的性状。

## 5.3.1 DNA的复制

Watson和Crick建立的DNA双螺旋结构模型，从理论上就预测到DNA是以半保留方式进行自我复制的。半保留复制机理就是在复制过程中各以双螺旋DNA的其中一条链为模板合成其互补链，新生的互补链与模板母链构成子代DNA分子。

（1）实验证据

半保留复制这一假说于1958年得到美国科学家马修·梅塞森（Matthew Meselson）和富兰克林·斯塔尔（Franklin Stahl）所设计的精巧的氯化铯梯度离心实验证实（图5.6）。

1）将*E. coli*细胞培养在用$^{15}NH_4Cl$作为唯一氮源的培养液里培养若干代，结果细胞内所有的氮原子基本上都以$^{15}N$的形式存在。

2）接着洗涤细菌，改为以$^{14}NH_4Cl$培养，细菌从此开始摄入$^{14}N$，严格控制培养时间，*E. coli*繁殖一代大约需要20min。

3）分别在20min、40min取样，提取DNA做氯化铯（CsCl）密度梯度离心。离心后DNA会停留在其密度一致的位置。

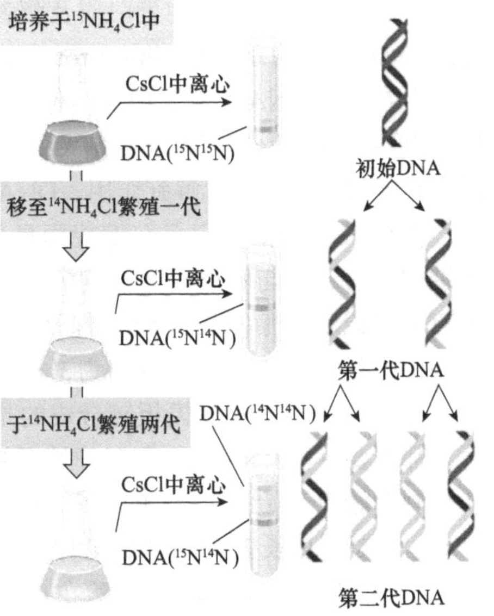

图5.6 DNA半保留复制

结果发现细胞分裂了一次的时候只有一个DNA带，这就否定了所谓的全保留机理，因为若为全保留机理，DNA复制应该通过完全复制一个“老”DNA双链分子（$^{15}N^{15}N$）和生成一个全新的DNA双链分子（$^{14}N^{14}N$），这样一来其结果应该在离心管的不同位置显示出两条带。

经历过大约两次复制后的DNA样品（第二代DNA）在离心管中显示出强度相同的两条带，一条的密度和第一代DNA的一样，另一条则等同于完全是$^{14}N$的DNA。该结果与半保留机理推测的结果完美吻合。

（2）DNA复制过程

DNA复制主要包括引发、延伸和终止三个阶段。以原核生物DNA复制过程予以简要说明（图5.7）。

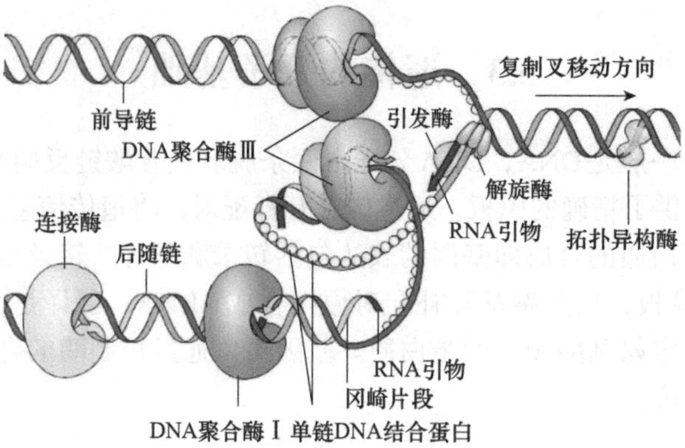


图5.7 DNA的复制

1）引发。DNA复制始于基因组中的特定位置（复制起点），即启动蛋白的靶标位点。启动蛋白识别“富含AT”的序列，因为AT碱基对具有两个氢键，同CG对中形成的三个氢键相比更易于DNA双链的分离。一旦复制起点被识别，启动蛋白就会募集其他蛋白质一起形成前复制复合物，从而解开双链DNA，形成复制叉。

复制叉的形成是多种蛋白质及酶参与的较复杂的过程。这些酶包括单链DNA结合蛋白（single stranded DNA binding protein，SSB）和DNA解旋酶（DNA helicase）。SSB是较牢固结合在单链DNA上的蛋白质，作用是保证解旋酶解开的单链在复制完成前能保持单链结构，以四聚体的形式存在于复制叉处，等待单链复制后才脱下来，重新循环。因此，SSB仅保持单链的存在，不起解旋作用。DNA解旋酶能通过水解ATP获得能量以解开双链DNA。

DNA在复制前不仅是双螺旋而且处于超螺旋状态，而超螺旋状态的存在是解链前的必需结构状态，参与解链的除解旋酶外还有一些特定蛋白质。一旦DNA局部双链解开，就必须有SSB以稳定解开的单链，保证此局部不会恢复成双链。两条单链DNA方向相反，复制的引发过程有所差异。方向为3′→5′的模板链合成的是方向为5′→3′的前导链（又称领头链）；另一方向5′→3′的模板链合成的是后随链（又称滞后链），但是无论是前导链还是后随链，都需要一段RNA引物用于开始子链DNA的合成。因此前导链与后随链的差别在于前者从复制起始点开始按5′→3′的方向持续地合成下去，不形成冈崎片段，后者则随着复制叉的出现，不断合成长2～3kb的冈崎片段。

2）延伸。多种DNA聚合酶在DNA复制过程中扮演不同的角色。在大肠杆菌中，DNA聚合酶Ⅲ是主要负责DNA复制的聚合酶。它在复制分支上组装成复制复合体，具有极高的持续性，在整个复制周期中保持完整。相反，DNA聚合酶Ⅰ是负责用DNA替换RNA引物的酶。DNA聚合酶Ⅰ除了具有聚合酶活性外，还具有5′→3′外切核酸酶活性，并利用其外切核酸酶活性降解RNA引物。DNA聚合酶Ⅰ在DNA复制中的主要功能是创建许多短DNA片段，而不是产生非常长的片段。

在复制叉附近，形成了以两套DNA聚合酶Ⅲ全酶分子、引发体和螺旋构成的类似核糖体大小的复合体，称为DNA复制体（replisome）。复制体在DNA前导链模板和后随链模板上移动时便合成了连续的DNA前导链和由许多冈崎片段组成的后随链。在DNA合成延伸过程中主要是DNA聚合酶Ⅲ的作用。当冈崎片段形成后，DNA聚合酶Ⅰ通过其5′→3′外切核酸酶活性切除冈崎片段上的RNA引物，同时，利用后一个冈崎片段作为引物由5′→3′合成DNA。最后两个冈崎片段由DNA连接酶接起来，形成完整的DNA后随链。

3）终止。DNA复制的终止发生在特定的基因位点，即复制终止位点。该位点的终止位点序列Ter被阻止DNA复制的蛋白质Tus识别并结合，阻止了复制叉前进，复制终止。终止序列仅允许复制叉一个方向的通行。结果，复制叉总是在染色体的终止区域内相遇，导致复制终止。细菌具有环状染色体，所以当两个复制叉在亲本染色体的另一端彼此相遇时复制终止发生。

最后每条子链与互补的母链通过氢键结合，盘绕成螺旋结构，形成新的DNA分子。

（3）端粒与端粒酶

真核生物在染色体的多个点开始DNA复制，因此复制叉在染色体的许多点处相遇并终止。由于真核生物是线性染色体，DNA复制无法到达染色体的最末端。因此，染色体末端的DNA在每个复制周期中都会丢失。端粒是接近末端的重复DNA区域，有助于防止基因丢失。端粒缩短是体细胞中的正常过程，它缩短了子DNA染色体的端粒。受端粒缩短的限制，细胞分裂次数是限定的。端粒是染色体线性DNA分子3′端的一段富含TTAGGG碱基的高度重复序列，被称为真核生物长寿的“保护伞”，其生物学功能主要为参与保护染色体末端和维持染色体稳定，在生殖细胞中，端粒酶延伸端粒区域的重复序列以防止降解。

端粒的3′端有长度在50～300nt的单链，并有许多蛋白质与端粒DNA结合（图5.8A）。这些蛋白质包括TRF1、TRF2、TIN2、POT1和TPP1等，能相互联结，形成庞大的端粒蛋白复合体，称为Telosome/Shelterin。它们特异地结合于端粒末端，并将端粒隐藏于蛋白质复合体间，使其幸免于机体的DNA损伤修复机制识别和加工。Telosome/Shelterin不仅直接参与调节端粒长度，还能够保护端粒末端特殊结构，如稳定端粒3′端多余的单链、介导重复序列折叠成高阶t环结构，其中3′端的突出部分取代了前链的一部分形成d环，从而将自由染色体端与DNA修复机制隔离。这样的重复结构少量丢失，不会伤及基因结构。但若缩短到一定程度，细胞会停止分裂。

分裂旺盛的细胞存在端粒酶，是一种特殊的DNA聚合酶，由RNA和蛋白质两部分组成，其蛋白质部分能以自身RNA为模板催化合成特定的重复序列（TTAGGG）$_n$并添加到染色体末端，使端粒维持在一定长度，细胞得以持续分裂，最终进入永生化。端粒的动态长度不仅受端粒酶调控，更受到许多特异性结合于端粒DNA的相关蛋白质的影响。

端粒酶的RNA有一部分可与端粒TG链突出的3′端互补结合，之后端粒酶以自身RNA为模板，在TG链末端添加脱氧核苷酸，使端粒TG链延伸一段，随后端粒酶移动位置，继续加长TG链，直达细胞所需长度。被延伸的TG链可以作为合成冈崎片段的模板，使端粒形成双链；也可以通过回折，合成AC链，随后对末端的发夹结构进行修剪，使端粒形成双链，以及t环、d环结构（图5.8B）。

### 5.3.2　RNA的转录

在一个细胞中，遗传信息都是从DNA向RNA（转录），最后翻译成蛋白质的过程。生物学家Crick认为一旦信息流动到蛋白质，就不再向下传递。

转录（transcription）是指以DNA为模板，以ATP、UTP、GTP和CTP为原料，按照碱基互补原则，在RNA聚合酶的作用下合成RNA的过程，是基因表达的第一步。原核细胞只

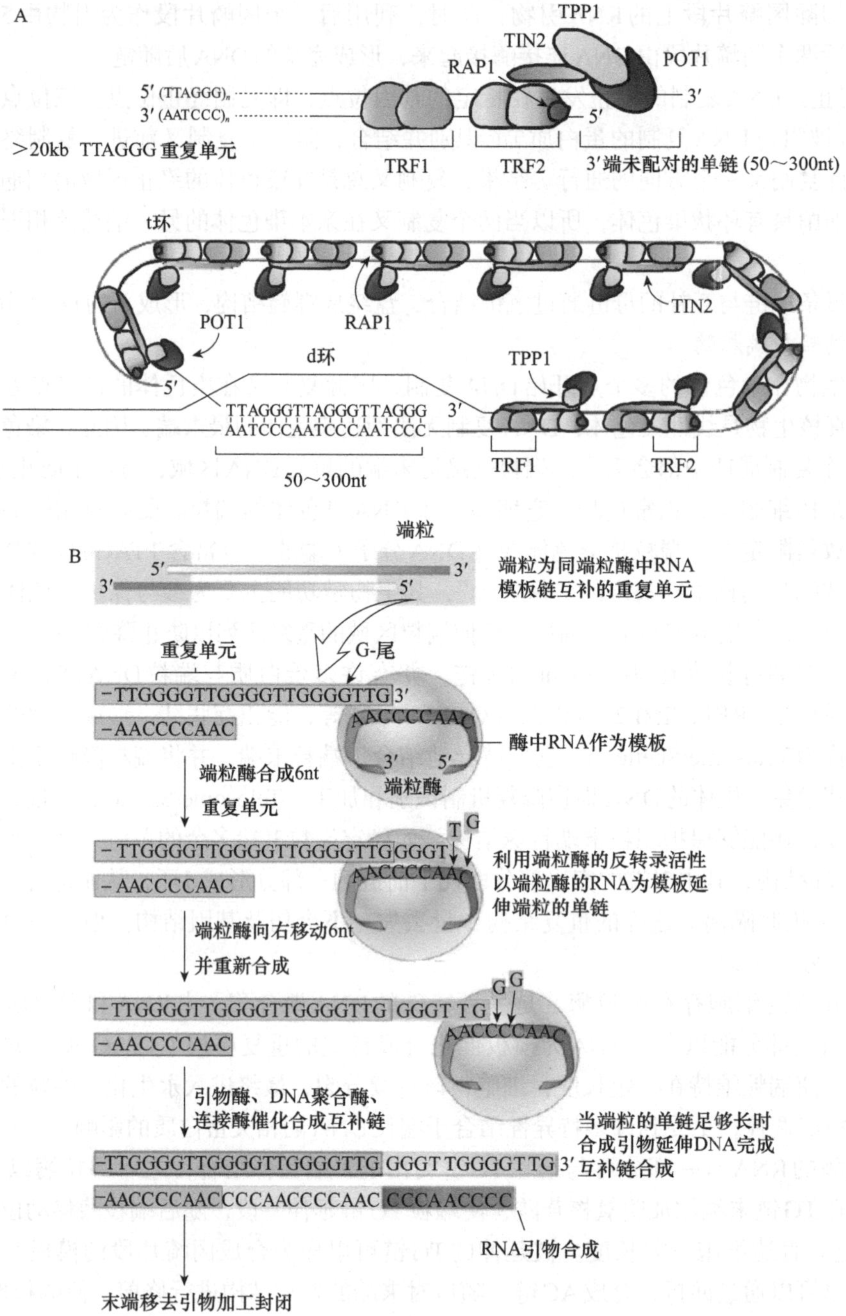


图5.8 端粒的结构与端粒的合成（Cleal et al.，2018）

A．端粒的结构；B．端粒的合成

有一种RNA聚合酶；而真核细胞则有3种：RNA聚合酶Ⅰ、RNA聚合酶Ⅱ及RNA聚合酶Ⅲ。DNA双链中作为转录模板的单链称为模板链（template strand）或反义链（antisense strand），另一条链则称为编码链（coding strand）或有义链（sense strand）。一个DNA分子上有许多基因，并非所有基因的编码区都在同一条单链上，因此模板链或编码链是相对某个基因的转录而言的。

原核细胞的RNA聚合酶全酶由5种亚基（$\alpha_2\beta\beta'\omega\sigma$）组成，转录过程可划分为开始、延伸和终止三个阶段。首先σ因子识别DNA分子上的启动子并与之结合，将DNA双链局部解开，RNA合成开始，σ因子与核心酶（$\alpha_2\beta\beta'\omega$）分离（图5.9）。随后RNA聚合酶沿模板链向前移动，使RNA链不断合成延伸。DNA分子上（基因末端）终止转录的特殊碱基顺序称为终止子，它具有使RNA聚合酶停止合成RNA和释放RNA链的作用。这些终止信号有的可以直接被RNA聚合酶自身识别，有的需要依赖ρ因子的帮助。由于原核细胞没有核膜，且合成的RNA几乎不需进行复杂的加工修饰，故原核细胞的转录和翻译两个过程几乎可以同时进行。

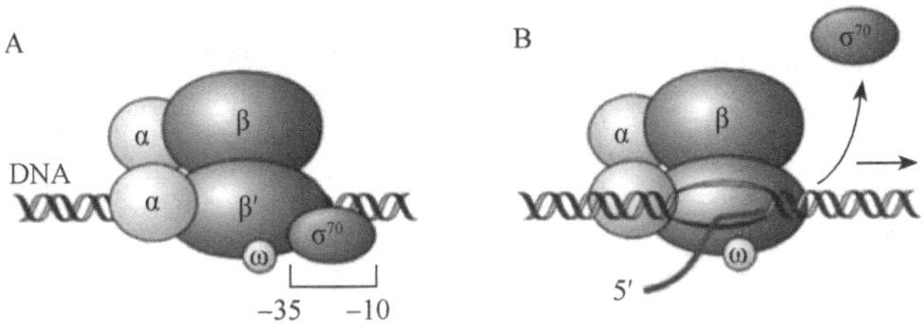


图5.9　RNA的转录

A. σ因子引导核心酶与转录的启动子结合；B. σ因子脱离转录启动

### 5.3.3　蛋白质的合成

蛋白质的生物合成十分复杂，在此过程中需要多种生物分子参加并相互协作，其中包括mRNA、rRNA、tRNA、核糖体、多种活化酶及各种蛋白质因子，还有合成蛋白质的原料氨基酸。与起始因子共同参与肽链合成的起始。本章主要介绍原核生物大肠杆菌蛋白质的合成过程（图5.10）。

（1）三联体密码与氨基酸的活化

核酸分子中有4种碱基，编码蛋白质中20种氨基酸。1961年美国科学家马歇尔·沃伦·尼伦伯格（Marshall Warren Nirenberg）等开始破译细胞核遗传密码，确定20种氨基酸的61个密码子和3个终止密码子，并于1996年6月发表了三联体密码的解读结果（图5.11）。

氨基酸的活化是指氨基酸与特异tRNA形成氨酰tRNA的过程，稳定的氨基酸经过活化后才能参与蛋白质的合成。活化反应是在氨酰tRNA合成酶的催化下于细胞质内完成。在真核细胞中，翻译起始氨基酸为甲硫氨酸，因此起始tRNA为$tRNA^{Met}$，原核细胞起始氨基酸为甲酰甲硫氨酸，其起始tRNA为$tRNA^{fMet}$。

$$\text{氨基酸}+\text{tRNA}\xrightarrow[\text{ATP}\qquad\text{AMP}+\text{PPi}]{\text{氨酰tRNA合成酶}}\text{氨酰tRNA}$$

（2）翻译起始

原核生物中每一个mRNA都具有其核糖体结合位点，它是位于AUG上游8～13个核苷酸处的一个短片段称为SD序列。这段序列正好与30S小亚基中的16S rRNA 3′端一部分序列互补，因此SD序列也称为核糖体结合序列，这种互补就意味着核糖体能选择mRNA上AUG

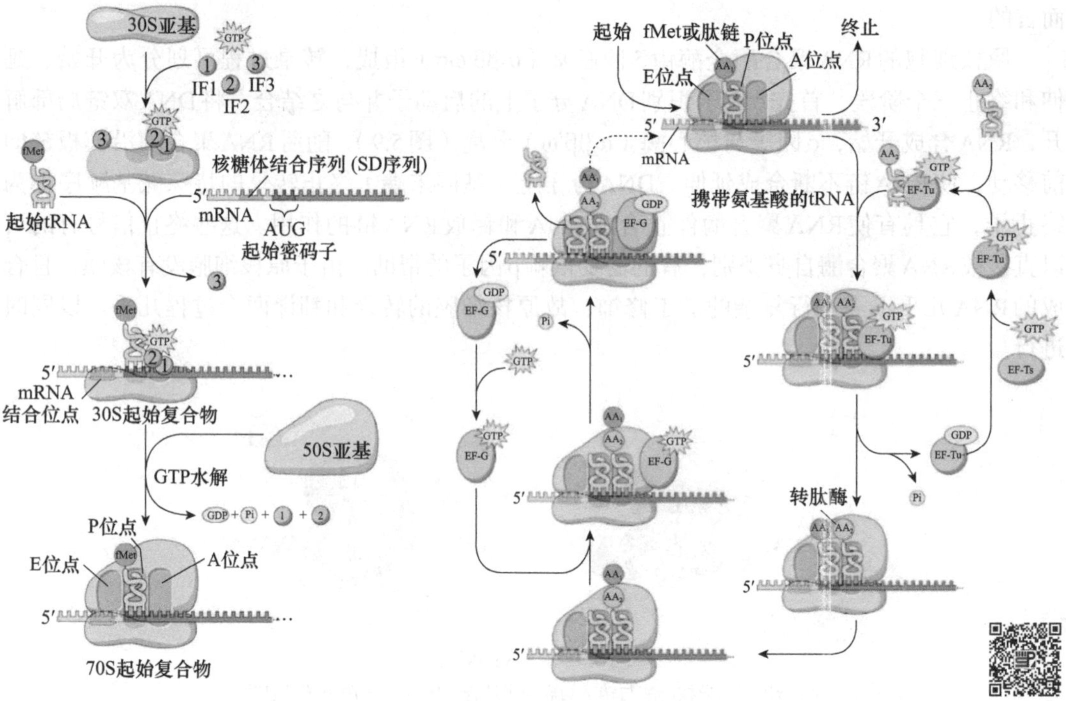


图5.10 蛋白质翻译过程示意图（Moran et al.，2012）

彩图

| 密码子的第一位(5′) | 密码子的第二位 U | 密码子的第二位 C | 密码子的第二位 A | 密码子的第二位 G | 密码子的第三位(3′) |
|---|---|---|---|---|---|
| U | UUU 苯丙氨酸<br>UUC 苯丙氨酸<br>UUA 亮氨酸<br>UUG 亮氨酸 | UCU 丝氨酸<br>UCC 丝氨酸<br>UCA 丝氨酸<br>UCG 丝氨酸 | UAU 酪氨酸<br>UAC 酪氨酸<br>UAA 终止子<br>UAG 终止子 | UGU 半胱氨酸<br>UGC 半胱氨酸<br>UGA 终止子<br>UGG 色氨酸 | U<br>C<br>A<br>G |
| C | CUU 亮氨酸<br>CUC 亮氨酸<br>CUA 亮氨酸<br>CUG 亮氨酸 | CCU 脯氨酸<br>CCC 脯氨酸<br>CCA 脯氨酸<br>CCG 脯氨酸 | CAU 组氨酸<br>CAC 组氨酸<br>CAA 组氨酸<br>CAG 谷氨酰胺 | CGU 精氨酸<br>CGC 精氨酸<br>CGA 精氨酸<br>CGG 精氨酸 | U<br>C<br>A<br>G |
| A | AUU 异亮氨酸<br>AUC 异亮氨酸<br>AUA 异亮氨酸<br>AUG 甲硫氨酸 | ACU 苏氨酸<br>ACC 苏氨酸<br>ACA 苏氨酸<br>ACG 苏氨酸 | AAU 天冬酰胺<br>AAC 天冬酰胺<br>AAA 赖氨酸<br>AAG 赖氨酸 | AGU 丝氨酸<br>AGC 丝氨酸<br>AGA 精氨酸<br>AGG 精氨酸 | U<br>C<br>A<br>G |
| G | GUU 缬氨酸<br>GUC 缬氨酸<br>GUA 缬氨酸<br>GUG 缬氨酸 | GCU 丙氨酸<br>GCC 丙氨酸<br>GCA 丙氨酸<br>GCG 丙氨酸 | GAU 天冬氨酸<br>GAC 天冬氨酸<br>GAA 谷氨酸<br>GAG 谷氨酸 | GGU 甘氨酸<br>GGC 甘氨酸<br>GGA 甘氨酸<br>GGG 甘氨酸 | U<br>C<br>A<br>G |

图5.11 遗传密码表

的正确位置来起始肽链的合成，该结合反应由起始因子3（intimation factor 3，IF3）介导。在IF1促进下IF3与小亚基结合，故先形成IF3-30S亚基-mRNA三元复合物。在IF2-GTP作用下，$tRNA^{fMet}$与mRNA分子中的AUG相结合，即密码子与反密码子配对。50S亚基与上述的

30S前起始复合物结合，同时IF1、IF2脱落，形成70S起始复合物。此时$tRNA^{fMet}$占据着50S亚基的肽酰位（P位点）。而氨酰tRNA位点（A位点）则空着，有待于对应mRNA中第二个密码子的相应氨酰tRNA进入，从而进入延伸阶段。真核细胞蛋白质合成起始复合物的形成中需要更多的起始因子参与，因此起始过程也更复杂。

（3）肽链的延伸

1）密码识别。氨酰tRNA结合到A位点的过程需要准确认读密码子。延伸因子EF-Tu（elogation factor-Tu）、GTP和即将进入的氨酰tRNA组合形成一个三聚体，该三聚体会将氨酰tRNA运输到A位点同时释放出EF-Tu-GDP和磷酸，GTP的水解受核糖体上某一特定位点的催化。EF-Tu-GDP随即会在另一个延伸因子EF-Ts和GTP的帮助下重新形成EF-Tu-GTP。

2）肽键的形成。A位点上氨酰tRNA的α氨基向P位点上多肽-tRNA复合体的羧基发起亲核攻击，在起始阶段P位点被氨酰$tRNA^{fMet}$所占据。此步骤受肽基转移酶（转肽酶）的催化，所谓转肽酶就是核糖体大亚基上的一个28S RNA复合物。因为氨酰tRNA中的氨基酸已经活化，所以此次反应不再需要进一步消耗能量。

3）移位。去酰基化的tRNA一端在反密码子的作用下被固定在P位点，而另一端在开放的CCA尾部作用下被固定在tRNA推出核糖体位点（E位点）。在此位点，延伸因子G(EF-G）取代氨酰tRNA并从A位点结合到P位点，而去酰基化的tRNA位于E位点，并从此处脱离核糖体。EF-G-GTP复合体被水解形成EF-G-GDP，有效地沿着mRNA移动一个密码子的长度，如此循环往复。

（4）翻译的终止

当核糖体遇到了mRNA上终止密码子的时候核糖体接受释放因子（release factor，RF）蛋白，替代tRNA结合到A位点上。释放因子水解P位点的tRNA与肽链末端氨基酸的连接，于是肽链便从核糖体上游离下来，tRNA也离开了核糖体，小亚基和其他聚集成分与mRNA分离。

在原核细胞中，mRNA转录和蛋白质翻译几乎同时都在细胞质中进行。在DNA链多个转录起始点上合成的每一条mRNA上可以结合多个在不同时间开始翻译的核糖体，这样的结构称为多聚核糖体。在细菌多聚核糖体中，每一条mRNA上可以串有50个核糖体。每秒合成20个氨基酸，一条多肽链合成平均需要用20s到几分钟。

真核细胞mRNA转录在细胞核中进行，而翻译却是在细胞质中进行的。真核细胞中也有多聚核糖体的现象，如网织红细胞内合成血红蛋白分子的多聚核糖体，它常含有5～6个核糖体，每个核糖体间隔30～35nm，每秒合成两个氨基酸。

### 5.3.4 基因表达的调控

众所周知同一个体每个细胞中的基因都是一样的，但细胞与细胞之间的形态和功能的差异是基因有选择性表达所导致的。基因的表达是受调控的。原核生物的基因表达调控比真核生物简单，本章主要介绍原核细胞的基因表达调控。在转录调控中，目前研究得比较清楚的为细菌的几个操纵子模型如乳糖操纵子模型和色氨酸操纵子模型。所谓操纵子（operon）即基因表达的协调单位，包括启动子、操纵基因和在功能上彼此相关的结构基因。

由于经济的原则，细菌通常并不合成那些在代谢上不需要的酶，因此一些分解代谢的酶只有在底物或底物类似物（也称为诱导物）存在时才被诱导合成，即“需要就合成”的原则；而一些合成代谢的酶类在产物或类似物（也称辅阻遏物）足够量时，其合成会被阻遏，即“不需要不合成”的原则。在酶被诱导时，阻遏蛋白与诱导物结合，因而失去与操纵基因结合的能力，结构基因就表达。在酶被阻遏时，原来无活性的阻遏蛋白与辅阻遏物结合而被活化，从而与操纵基因结合，使结构基因不能表达。

1961年法国巴斯德研究所著名的科学家弗朗索瓦·雅各布（François Jacob）和雅克·莫诺（Jacques Monod）在实验的基础上建立了乳糖操纵子学说，其是解说原核细胞基因结构及其表达调控的典范。乳糖操纵子是调节乳糖分解代谢相关的三个基因，该基因是否表达根据其是否需要决定，是受调控的。

（1）大肠杆菌乳糖操纵子组成

大肠杆菌乳糖操纵子包括4类基因（图5.12）：①结构基因（structure gene），能通过转录、翻译使细胞产生一定的与生物性状发育和表型直接相关的酶和结构蛋白。乳糖操纵子包含3个结构基因：*lacZ*、*lacY*、*lacA*，它们分别编码β-半乳糖苷酶、β-半乳糖苷透过酶、β-半乳糖苷乙酰基转移酶，功能是代谢乳糖。②操纵基因（operator gene，*O*），位于结构基因的附近，控制结构基因的转录速度。③启动基因（promotor gene，*P*），位于操纵基因的附近，是RNA聚合酶结合位点，负责启动转录过程。④调节基因（regulator gene，*I*），离启动基因较远，由它产生的阻遏蛋白可调节操纵基因的活动。

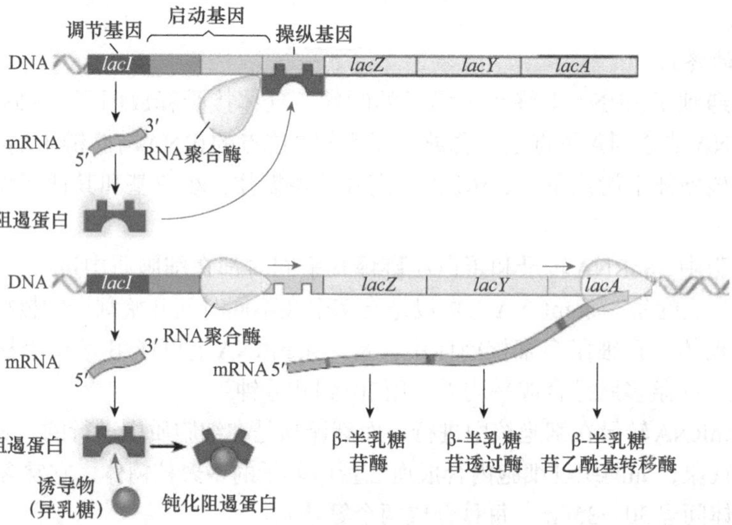


图5.12 乳糖操纵子模型

（2）负控阻遏调控

当大肠杆菌处于无葡萄糖以乳糖为养料的环境时，代谢乳糖的酶大量表达，此时称为可诱导操纵子。具体过程为细菌中存在少量的酶可初步代谢乳糖为异乳糖，异乳糖能和调节基因产生的阻遏蛋白结合，改变阻遏蛋白构象，结果不能和操纵基因结合，失去阻遏作用。从而RNA聚合酶向前滑动与启动基因结合，启动结构基因的转录，翻译出酶蛋白，从而大量代谢乳糖。这个过程为乳糖操纵子受到阻遏蛋白的负控阻遏调控（图5.12）。

（3）正控诱导调控

乳糖操纵子中也存在调节基因的产物对结构基因起着正调控作用。当培养基中乳糖和葡萄糖同时存在时，细菌会率先利用葡萄糖，而不是乳糖。主要是因为在乳糖操纵子的附近存在另一个调节基因，其产物称为分解代谢物激活蛋白（catabolite activated protein，CAP），也称cAMP结合蛋白，CAP结合cAMP被活化，形成的CAP-cAMP复合物能够结合在启动子上游相邻区域CAP位点，有利于RNA聚合酶与启动子结合并大大增加乳糖操纵子结构基因的转录活性。cAMP的浓度受葡萄糖代谢调节。当大肠杆菌在葡萄糖和乳糖的培养基中生长时，通常优先利用葡萄糖，而不利用乳糖。只有当葡萄糖耗尽后，在乳糖诱导下体内合成代谢乳糖的酶，细菌才能充分利用乳糖，这种现象过去称为葡萄糖效应。后来又了解到这是由葡萄糖降解物引起的，因此又称为降解物阻遏。当葡萄糖浓度高时，葡萄糖分解代谢的降解物可抑制催化生成cAMP的AC，活化降解cAMP的磷酸二酯酶，导致cAMP浓度降低。由于cAMP的浓度低，调节基因产物CAP和cAMP难以形成复合物，使相应的结构基因不能被转录。只有当葡萄糖浓度低时，cAMP浓度上升，CAP与之结合，再结合于启动基因上游区域，加强乳糖操纵子结构基因的转录活性。

真核细胞基因表达调控比原核细胞要精细、复杂得多，是多层次调控。包括最初基因组水平调控，随之的转录水平调控还包括转录后调控。

## 5.4 聚合酶链反应与基因测序

**微课**
聚合酶链反应与基因测序

A、T、G、C 4个字母组成人类基因组的生命天书蕴含着几千年来人们迫切想知道的秘密，DNA测序技术是我们打开宝库的金钥匙。世界上第一个测定DNA序列的方法是由Sanger等于1977年发明的。自此DNA测序的速度就一直呈加速态势。1990年，人类基因组计划启动，计划15年耗资30亿美元完成30多亿个碱基对的人类基因组测序，由于测序技术的发展提前至2001年完成草图绘制；2007年，第一个完整人类基因组序列图谱的诞生只花费了150万美元，耗时3个月；2009年美国科学家在《科学》杂志上发表论文称他们发明了一种新型测序方法，即将纳米技术与芯片技术相结合，速度是现有技术的3万倍。测序技术日新月异，花费的时间和成本都大幅下降。

在分子生物学研究中，DNA的序列分析是进一步研究和改造目的基因的基础。根据已报道的DNA测序方法，可以将其分为四代：第一代为Sanger测序法；第二代是循环阵列合成测序法；第三代是单分子实时测序技术；第四代是纳米孔测序。与前三代基因测序技术相比，第四代基因测序技术在成本、速度、检测长度和仪器小型化等方面有着很大提高，并且实现了从光学检测到电信号检测的转变。聚合酶链反应（PCR）是DNA测序的基础。

### 5.4.1 聚合酶链反应

聚合酶链反应是一种用于放大扩增特定DNA片段的分子生物学技术，它是生物体外的特殊DNA复制，通过温度变化控制目的DNA的变性和复性，加入设计引物、DNA聚合酶、单体dNTP就可以合成大量特定DNA，其最大特点是能将微量的DNA大幅增加。PCR的具体过程是（图5.13）：①变性，利用DNA在体外98℃高温时变性，双链解开变成单链；②退火，接着温度降至50～60℃时单链按碱基互补配对的原则与引物结合；③复制，随后再调温度至DNA聚合酶最适反应温度（72℃左右），DNA聚合酶催化合成互补链。PCR可用于基因克隆、DNA测序，以及细菌、病毒和遗传病的诊断等。

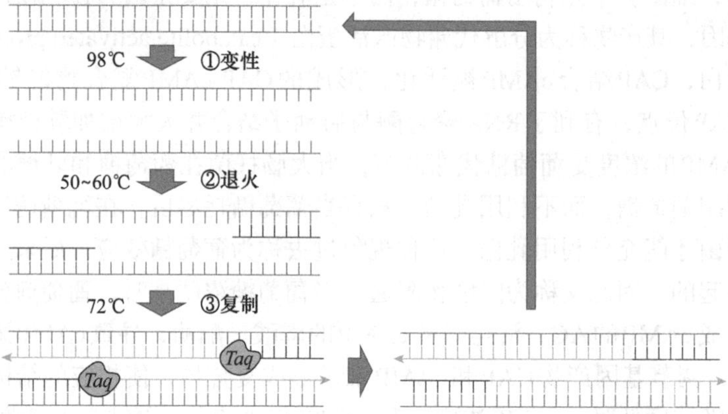


彩图

图5.13　PCR反应

## 5.4.2　Sanger测序法

较蛋白质与RNA测序技术，DNA测序技术出现较晚。1977年，英国科学家弗雷德里克·桑格（Frederick Sanger）发明了双脱氧末端终止法的DNA测序技术（图5.14），同年马克萨姆（Maxam）和吉尔伯特（Gilbert）也报道了利用化学降解法进行DNA测序。化学降解法程序复杂，后来逐渐被Sanger法代替。

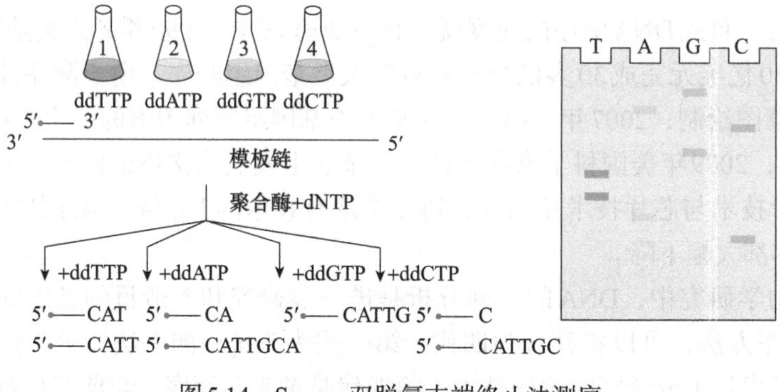


图5.14　Sanger双脱氧末端终止法测序

Sanger测序法测序的原理是在反应体系中加入一定比例的2′,3′-双脱氧核苷三磷酸（ddNTP），由于双脱氧核苷酸没有3′-OH，且DNA聚合酶不能区分dNTP与ddNTP，所以当双脱氧核苷三磷酸被聚合到链的末端，DNA链就停止延伸。每一次序列测定由一套4个单独的反应构成，每个反应含有所有4种脱氧核苷三磷酸（dNTP）单体，并只混入一种不同的双脱氧核苷三磷酸（ddNTP），使延伸的寡聚核苷酸选择性地在G、A、T或C处终止。终止点由反应中相应的ddNTP而定。每一种dNTP和ddNTP的相对浓度可以调整，使反应得到一组长几百至几千碱基的链终止产物。它们具有共同的起始点，但终止在不同的核苷酸上，并且同一套终止处碱基相同，为所加入的双脱氧碱基，将制得的4组混合物平行地点加在变性聚丙烯酰胺凝胶电泳板上进行电泳，电泳分辨率高（1个碱基），每组制品中的各个组分将按其链长的不同得到分离，制得相应的放射性自显影图谱。从所得图谱即可直接读得DNA的碱基序列。与DNA复制不同的是Sanger测序中的引物是单引物或者是单链。

Sanger测序法操作简单，后来的DNA测序技术大部分都是在此基础上发展起来的。但该方法需要放射性同位素标记，操作烦琐，不能自动化，不能满足大规模测序的要求。到了20世纪80年代末，研究人员逐渐利用荧光标记代替同位素标记测序，产物经过平板电泳分离，荧光分子在激光的激发下可以发射出不同波长的荧光，根据荧光信号可以确定DNA序列。1985年，劳埃德·史密斯（Lloyd Smith）等利用激光激发标记荧光，测序速度比常规方法提高了数倍。但是这种技术依然使用平板凝胶电泳，还是比较费时费力。到了20世纪90年代，毛细管电泳技术及微阵列毛细管电泳技术被应用于DNA测序。这一技术的出现提高了测序的通量，加快了人类基因组计划的完成。由于第一代测序技术的优化与发展是建立在Sanger测序法的原理之上，所以测序中的电泳过程始终是限制第一代测序技术效率的瓶颈，在成本与耗时方面远远满足不了基因组学发展的需要。

### 5.4.3 循环阵列合成测序法（第二代测序技术）

循环阵列合成测序法又称为下一代测序技术（next generation sequencing，NGS），也就是第二代测序技术。第二代测序技术相对于传统的Sanger测序法来说通量大大提升，可一次对几十万条甚至几百万条DNA分子进行测序。第二代测序技术主要有罗氏公司的454测序技术、ABI公司的SOLiD测序技术和Illumina公司的Solexa测序技术等。

测序原理如下。

1）构建DNA文库：首先通过物理或者化学的方法将DNA打碎成小片段（分子量片段大小为200～500bp），然后在这些DNA片段上面添加接头，形成DNA文库。

2）DNA的扩增：主要为微乳滴PCR（emulsion PCR）和桥式PCR（bridge PCR）技术，都是基于固相核酸扩增技术，其目的是生成测序的序列簇（clustering），即相同的序列都聚集在一起。生成序列簇的意义是单个荧光分子所释放的荧光是很难被设备检测到的，生成序列簇后就能在每次检测荧光时检测到一群相同的序列所释放的荧光。

微乳滴PCR（图5.15），如454测序技术和SOLiD测序技术，是将DNA分子连接到含有大量引物的微小磁珠上，并将包含PCR反应所有成分的水相与油相按一定比例混合，在一定转速搅拌力的作用下形成无数个大小相对均匀、稳定且在油相中悬浮的小水滴，由于油相的阻隔，这些小水滴构成了独立的PCR反应空间，使每个微乳滴颗粒中的PCR反应能够独立进行而互不干扰，同时能有效地把干扰物和模板隔开，相当于无限稀释。其最大特点是可以形成数目庞大的独立反应空间以进行DNA扩增，最理想的状态下每个小水滴中只含有一个DNA模板，因此小水滴中的PCR反应不会受到竞争干扰。扩增后再将磁珠固定到含有数百万个微孔的测序反应板PTP板上。

桥式PCR，如Solexa测序技术（图5.15），比微乳滴PCR的实验操作更简单、快速。桥式PCR是指将待测的双链DNA分子末端添加接头（adaptor），变性为单链并加载到进行桥式扩展和聚合测序反应的固体支撑物，即流动槽（flowcell）表面，加载的方式为接头与流动槽上通过共价键固定的两种寡核苷酸（oligo），即两种DNA引物互补结合，随后进行桥形扩增。经过不断的扩增和变性循环，最终每个DNA片段都将在各自的位置上集中成束，把一种引物上的特定基团给切断掉，剩下的同另一种引物相连的为含有单个单链DNA模板的很多份拷贝。

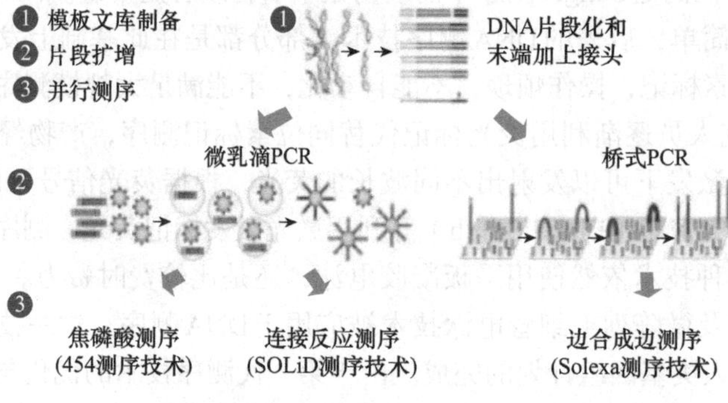


图5.15 第二代测序技术（Shendure and Ji，2008）

3）循环阵列测序：基于微乳滴PCR又主要有两种测序方法，即并行焦磷酸测序法（parallelized pyrosequencing）和连接测序法。本书主要介绍并行焦磷酸测序法（图5.16A）：

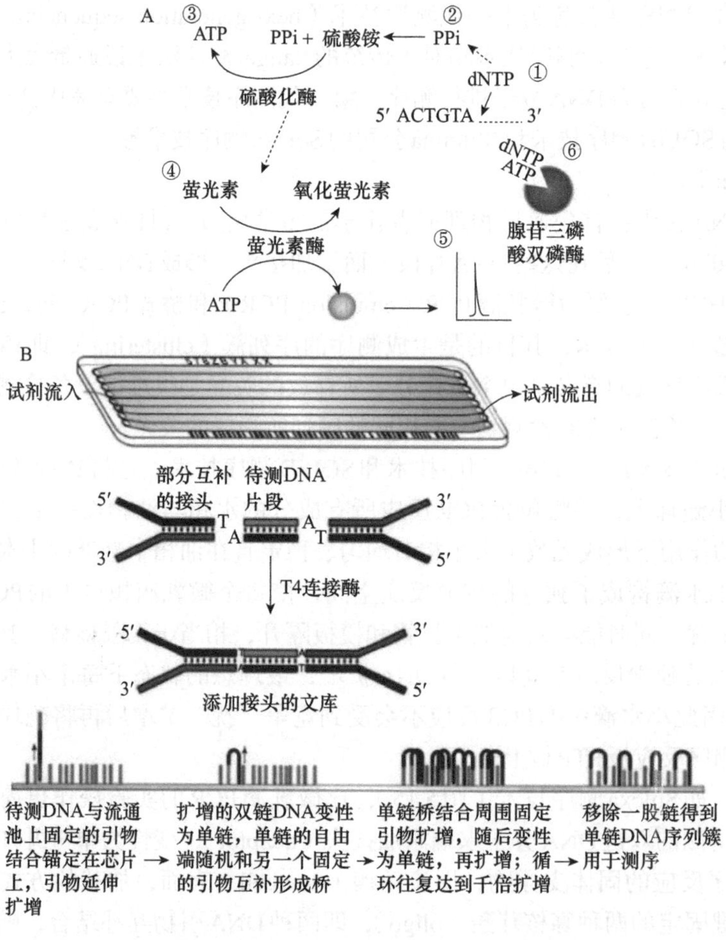


图5.16 焦磷酸测序原理与Solexa/Illumina测序（Turner，2011）

A. 焦磷酸测序原理；B. Solexa/Illumina测序

通过磁珠固定在PTP板微孔上合成的DNA序列簇在DNA聚合酶的作用下，4种dNTP按顺序聚合到模板上，并同时释放出焦磷酸分子（PPi），PPi在ATP硫酸化酶的作用下通过硫酸铵生成新的ATP分子，然后在萤光素酶的作用下，ATP将萤光素激发出荧光（每一种dNTP在反应中产生的荧光颜色不同），被CCD（电荷耦合器件）相机捕获后得以识别，随后ATP生成AMP。

桥式PCR法测序是边合成边测序。通过单分子阵列实现在小型芯片上进行桥式PCR反应生成序列簇（图5.16B），因为新添加的带有荧光标记的dNTP，其3′端羟基有特殊的保护，所以每次只能添加一个dNTP，然后再加入缓冲液来激发荧光，再通过光学仪器捕捉光学信号，每次读取的荧光波长及信号强度决定了碱基的识别，循环数决定了序列碱基读取的长度。

NGS较第一代测序技术而言，测量通量明显提高，以及可以同时检测基因，在技术上是质的飞跃。但在临床上，各有所长。Sanger测序法主要用于单个基因检测，NGS主要用于高通量检测。

### 5.4.4　单分子实时测序技术

单分子实时（single-molecule real-time，SMRT）测序技术也称为第三代测序技术，是基于单分子水平的边合成边测序。SMRT测序主要基于两个重大发明：零模波导（zero-mode waveguide，ZMW）和新型核苷酸标记方法。

ZMW的理论基础是光在微孔中衍射，当微孔的直径小于光的波长时，光强会急剧衰减，同时入射光波长大于一定值时，微孔中没有光传输模式。单个ZMW是一个直径为70nm、深度为100nm的小孔（图5.17A），正是ZMW这种结构，使得从芯片底部射入的红绿混合激发光（532nm，绿；642nm，红）无法穿过ZMW，靠着产生的倏逝波照亮孔底部仅仅20～30nm高度的区域，而这个区域正是DNA聚合酶和待测模板发生聚合反应的地方，这就像是在舞台上，追光灯只照亮主角在的地方，此即单分子荧光检测的基础。SMRT芯片是包含成千上万个ZMW的金属片，小孔底部固定有待测DNA随机打断的片段与DNA聚合酶单个分子，激光从底部照射进入ZMW，可成功实现单分子荧光检测。

检测前对进行聚合反应的单体dNTP进行4种不同荧光标记，传统的核苷酸标记方法是将荧光标记连接到核苷酸的碱基上，也就会掺入新合成的DNA链中，这些大分子的染料会干扰DNA聚合酶的活性，或造成聚合反应提前终止。SMRT测序中荧光标记在dNTP的磷酸基团上，这样一旦核苷酸掺入新生DNA链中，标记基团就会自动脱落。

检测时将进行荧光标记的dNTP加在反应孔的上端，并在阵列表面扩散。当聚合酶检测到正确的核苷酸时，便将其掺入新生链中，这个过程需要几毫秒，而单纯的扩散只需要几微秒。这种时间差使掺入的核苷酸产生了很高的信号强度，类似于脉冲信号。在荧光脉冲结束后，被标记的磷酸基团被切割并释放，DNA聚合酶转移到下一个位置，下一个待测的碱基连接到位点上开始释放荧光脉冲，进行下一个循环（图5.17B）。

虽然第二代测序技术已经得到了广泛的应用，并在各技术方面趋于成熟，但存在PCR扩增、荧光分析等方面成本高、效率有限及系统误差等缺点。SMRT又称为“下下一代测序”是实际意义上的实时测序，它是基于单分子读取技术，不需要PCR扩增，测序通量更高，操作过程更简单，成本更低，具有巨大的应用前景。

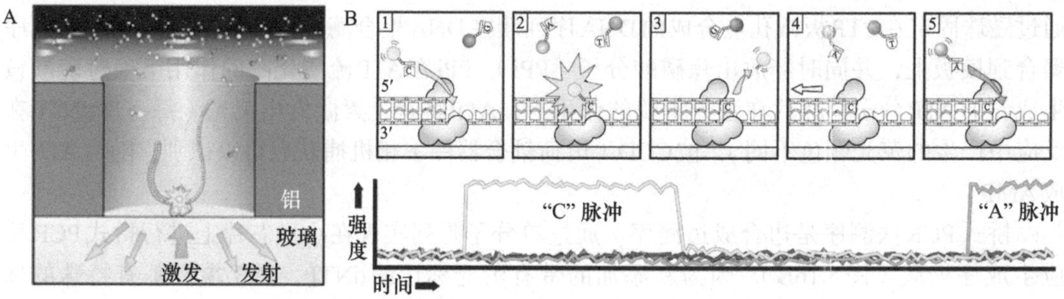


图5.17　单分子实时测序技术（Eid，2009）

A. 单个ZMW结构示意图；B. DNA边合成边检测示意图。1. 游离的同源dNTP被固定在底板上的酶捕获；2. 激发光从玻璃板底部发出，导致相应颜色通道上的荧光输出升高；3. 磷酸二酯键的形成释放了染料-连接剂-焦磷酸盐产物，该产物从ZMW中扩散出来，从而结束了荧光脉冲；4. 聚合酶易位到下一个位置；5. 下一个同源dNTP被固定在底板上的酶捕获，循环往复

彩图

### 5.4.5　纳米孔测序

纳米孔测序方法不同于其他测序方法，不需要对DNA进行生物或化学处理，而采用物理办法直接读出DNA序列。其原理可以简单地描述为：单个碱基通过纳米尺度的通道时，会引起通道电学性质的变化。理论上，A、C、G、T 4种不同碱基化学性质的差异会导致它们穿越纳米孔时引起的电学参数的变化量也不同，对这些变化进行检测可以得到相应碱基的类型。

（1）检测参数

1）离子电流检测法，是最早采用的方法，通过检测离子阻塞电流的变化，研究者目前只能够区分单链和双链DNA的差别，以及得到DNA分子的不同形态等信息，却无法区分单个碱基的不同，因此该种方法常与其他技术相结合，或者采用特殊结构来控制DNA的运动，以实现测序功能。

2）隧道电流检测法，DNA链上碱基之间的距离为0.34nm，这一尺寸远小于常见的固态纳米孔的尺寸，所以同一时间内固态纳米孔内可能存在多个碱基，离子电流的减小是它们共同作用的结果，因此这样获得的离子电流不足以辨别单个碱基的信息。为解决这一问题，可以在固态纳米孔上嵌入电极并施加电压，通过检测隧道电流的办法来辨别单个碱基的不同。其原理是当DNA分子穿过纳米孔时，不同碱基之间电学特性的不同会使得隧道电流根据孔洞中碱基的种类而变化。

3）电容检测法，当单个碱基通过纳米孔时，其自身所带电荷会引起纳米电容上的电荷量发生变化，从而可以检测到电压的变化，理论上4种不同的碱基所带电荷不同，引起的电压变压也会有所差异，因此可以用于DNA测序。

（2）纳米孔的种类

目前用于DNA测序的纳米孔可以大致分为两类：生物纳米孔和固态纳米孔。由于DNA链的直径非常小（双链DNA直径约为2nm，单链DNA直径约为1nm），所以对所采用纳米孔的尺寸有着近乎苛刻的要求。

1）生物纳米孔多采用的是溶血素（一般嵌入在双层脂膜当中），其最窄处直径尺寸约为

1.5nm，恰好允许单链DNA分子通过，并且大小严格一致。然而生物纳米孔在膜稳定性、电流噪声等方面的问题在一定程度上限制了其发展。

2）固态纳米孔主要是利用硅及其衍生物制造而成，一般使用离子束或电子束在硅或其他材料薄膜表面钻出纳米尺度的孔洞，再进一步对孔的形状和大小进行修饰而成。目前研究比较热门的是石墨烯纳米孔（图5.18）。石墨烯是单层碳原子，呈二维六角形格子状排列，具有原子薄、强度大、灵活度高、可拉伸和呈透明状、光学性能可调节、离子不可穿透等优点，同时还是优良的热导体和导电体。石墨烯纳米孔测序法原理是基于DNA分子中的每个碱基以稍微不同的方式阻断离子电流通过石墨烯薄片上的微小纳米孔，即根据DNA分子碱基的大小和形状不同，产生不同的特征离子电流信号，从而检测DNA分子序列。

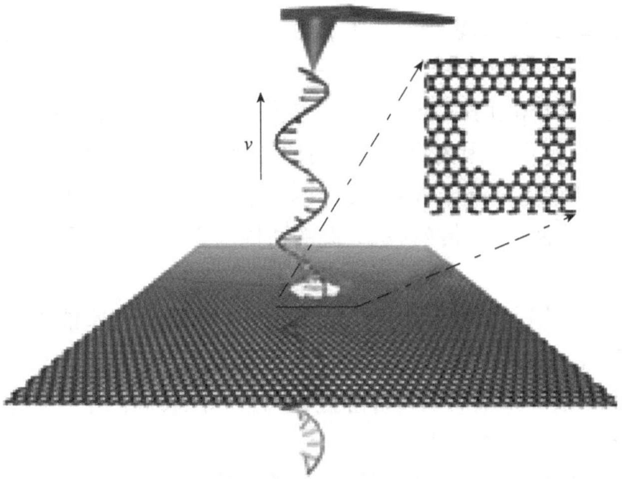


图5.18　石墨烯纳米孔测序法（Qiu and Guo，2012）

*v*表示位移速度

尽管基于石墨烯纳米技术的DNA测序技术已经取得令人瞩目的成果，但仍面临许多挑战：①DNA通过石墨烯纳米孔道的速度太快，导致无法从电流放大器中提取每个碱基的信息；②DNA分子和石墨烯具有亲水作用，容易产生强烈的吸附效果；③电流的信噪比低；④石墨烯的几何形状不稳定，难以实现百分之百的复制重现。因此，DNA测序关键技术的突破将取决于上述难题的攻克。

## 5.5　基因突变

基因突变是指DNA序列上可遗传的变异。包括自发产生的基因改变和人工创造的突变体。自发产生的基因改变包括碱基的改变、三核苷酸重复及转座因子。人工创造的突变体是揭示基因结构及基因与表型间关系的遗传工具。

微课　发育的突变体

### 5.5.1　自发产生的基因改变

（1）碱基的改变

目前发现自发碱基改变包括点突变、移码突变、回复突变、条件突变等。

所谓点突变是指DNA系列中单个核苷酸改变，其中又分为：①沉默突变，也称为同义突变，指ORF中氨基酸密码子的同义替换，对基因表达、表型无影响；②错义突变，指ORF中核苷酸的改变导致蛋白质氨基酸中原来的氨基酸被另一种氨基酸取代；③无义突变，指由于单个核苷酸改变后，编码某氨基酸密码子变为终止密码子。

移码突变是由于一个或多个非三整倍数的核苷酸插入或缺失，而使该位点后密码子全部发生改变，结果翻译出蛋白质中氨基酸序列完全不同于野生型，此类蛋白质失活。

回复突变是指发生突变的基因再次发生突变恢复为原始野生型核苷酸序列。

条件突变是指只有在允许条件下才能见到野生型表型，在限制条件下可见到突变的表型。包括营养需求突变体和温度敏感突变体，前者指需要在培养基上添加一种或几种营养成分才能生长的突变体，后者指在温度允许范围内（如25～30℃），突变体与野生型表型无异，但在不允许温度时（如42℃）则表现突变型，主要是温度高时蛋白质失活所致。

（2）三核苷酸重复

三核苷酸重复疾病（triplet repeat disease，TRD）为由任一组三核苷酸，如CCG、CAG、AAG、CTG、GCG等在特定基因内重复不稳定扩展所引起的。1991年发现亨廷顿病的病因就是CAG重复次数增加，正常基因含10～34个拷贝，该病患者含40个以上甚至100个拷贝。科学家揭示了一系列涉及肌肉、神经共济失调的遗传病皆与核苷酸重复有关。

（3）转座因子

20世纪40年代麦克林托克在玉米中首先发现了一些具有转座能力的遗传因子，能引发玉米基因组重排。随后，在其他植物、动物、真菌和细菌中都发现了转座因子。转座因子不仅在生物进化过程中产生了大量的遗传多样性，而且利用转座因子开展基因的分离和功能研究已成为反向遗传学研究的重要策略之一。

1941年6月，麦克林托克进入美国纽约长岛的冷泉港实验室，正式开始研究印度彩色玉米中的籽粒和叶片往往存在着许多色斑的现象。色斑的大小或出现的早晚受到某些不稳定基因或“异变基因”的控制。玉米籽粒（或叶片）颜色的有无是受一些位于9号染色体上的基因控制的，如控制色素形成的*C*基因（图5.19）。有*C*基因存在，籽粒（或叶片）有色，没有*C*基因，则表现无色。但是，在*C*基因附近，有一个*Ds*基因（解离因子）控制了*C*基因的表达或表现。当*Ds*基因存在时，*C*基因也不能使籽粒表现有色，即色素不能合成，仍然表现无色。*Ds*基因如果离开*C*基因，即从原来位置上断裂或脱落，*C*基因又重新得以表达，籽粒表现有色。然而，*Ds*基因能否发生作用，即能否从染色体上解离，又受到第三个基因*Ac*（激活因子）的支配。*Ac*基因存在时，*Ds*基因从染色体上解离，从而解除了它对*C*基因的抑制，*C*基因得以表达，籽粒表现有色。*Ac*不存在时，*Ds*不解离，*C*基因受到抑制，不能表达，籽粒表现无色。这就是麦克林托克整整花了6年时间才发现的“*Ds-Ac*调控系统”。

微课 基因组编辑技术（上）

### 5.5.2 人工创造的突变体

微课 基因组编辑技术（下）

突变是遗传分析工具。模式生物发育缺陷型突变体常被用于研究、分析、控制发育的基因结构和功能，不同突变体在相关基因表达产物上通常都有所不同，并造成可见的不同表型。人工创造的突变体最初通过化学诱变、辐射等方法获得，这种方法获得的突变体的基因突变是随机的，为了获得目的基因突变，费时费力，目前主要采用基因定点突变。基因定点突变的方法又称为基因编辑，也称为基因打靶（gene targeting）。

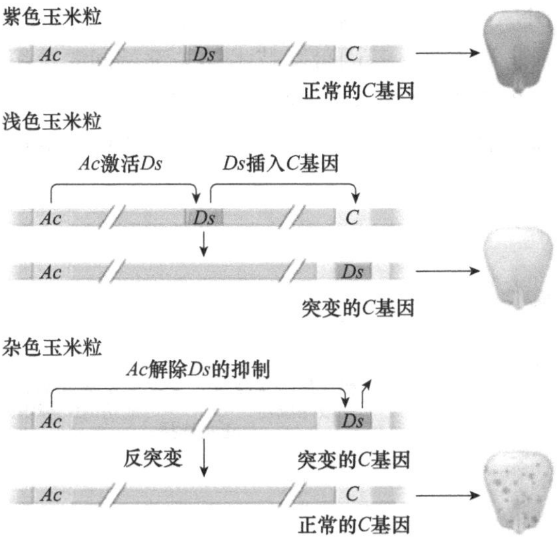


图5.19 转座因子对玉米粒颜色影响的遗传分析

彩图

基因编辑技术的原理是构建一个人工内切酶，在预定的基因组位置切断DNA，切断的DNA在被细胞内的DNA修复系统修复过程中会产生突变，从而达到定点改造基因组的目的。被切除断裂的DNA双链主要通过两种途径修复：非同源末端连接（non-homologous end-joining，NHEJ）和同源重组（homologous recombination，HR）。通过这两种修复途径，基因编辑技术可以实现三种基因组改造的目的，即基因敲除、特异突变的引入和定点转基因。

基因编辑技术主要有同源重组（homologous recombination）定点突变、锌指核酸酶（zinc finger nuclease，ZFN）定点突变、转录激活因子样效应物核酸酶（transcription activator-like effector nuclease，TALEN）定点突变、成簇规律间隔短回文重复（clustered regulatoryinters-paced short palindromic repeat，CRISPR）系统定点突变等。

（1）同源重组定点突变

同源重组是指发生在非姐妹染色单体（non-sister chromatid）之间或同一染色体上含有同源序列的DNA分子之间或分子内的重新组合。同源重组反应严格依赖DNA分子之间的同源性，可以双向交换DNA分子，也可以单向转移DNA分子。原核生物的同源重组通常发生在DNA复制过程中，而真核生物的同源重组则常见于细胞周期的S期之后。

基因敲除是最早应用DNA同源重组原理发展起来的定点基因改变技术。20世纪80年代初，胚胎干细胞（ES细胞）分离和体外培养成功奠定了基因敲除的技术基础。1985年首次证实了哺乳动物细胞中同源重组的存在奠定了基因敲除的理论基础。1987年，柯克·托马斯（Kirk Thomas）等首次建立了完整的ES细胞基因敲除的小鼠模型。如果在受体细胞基因组中定点引入一个完全新的基因，称为基因敲入（knock-in）；如果使受体靶细胞基因失活，称为基因敲除（knock-out）。

基因敲除的技术路线：构建重组基因载体→用电穿孔或显微注射等方法把重组DNA转入受体细胞核内→用选择培养基筛选已敲入或敲除的细胞→将选出的细胞转入胚胎使其生长成为转基因动物并检验。

基因敲除的靶细胞目前最常用的是小鼠ES细胞。基因敲除的技术路线虽不复杂，但由于高等真核细胞内外源DNA与靶细胞DNA序列自然发生同源重组的概率非常低（约$1/10^6$），获得基因敲除成功的细胞非常困难。基因敲除技术的关键是同源重组的筛选和检测。目前已有多种筛选方法，其中1988年犹他大学马里奥·卡佩奇（Mario Capecchi）教授的研究组发展的“正负双向选择系统”适用范围宽且效率较高（图5.20），并成功将小鼠影响毛发生长的基因敲除。

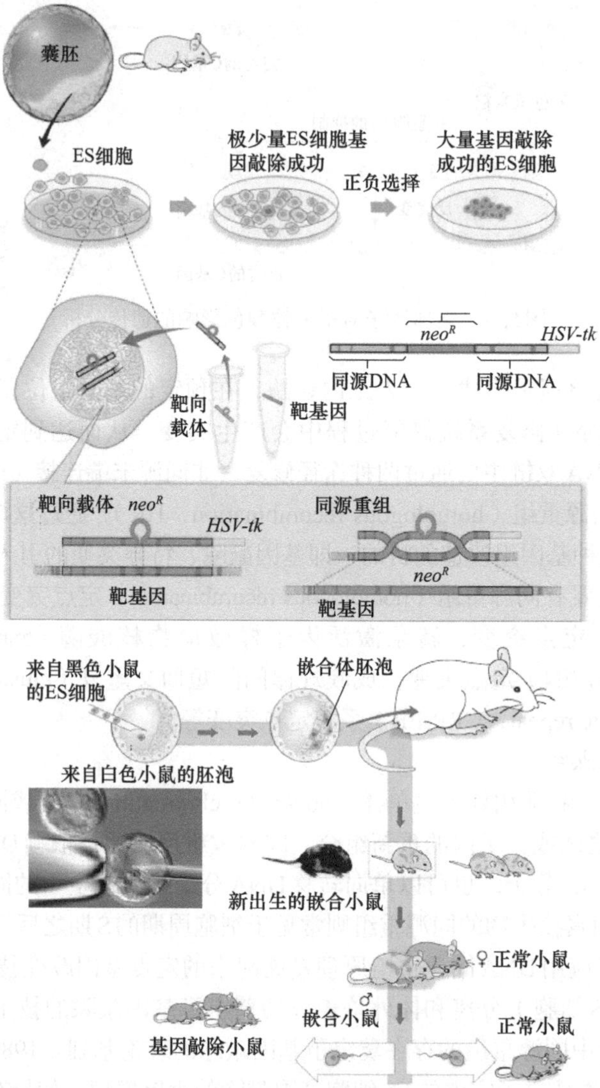


图5.20　小鼠基因敲除示意图

同源重组时，只有载体的同源区以内部分发生重组，同源区以外部分将被切除。随机整合时，是在载体的两端将整个载体连入染色体内。置换型载体含有正负选择两种基因，位于同源区内的为正选择基因，一般为新霉素磷酸转移酶基因（$neo^R$），其在随机整合和同源重组中均可正常表达，该基因的存在使细胞可以抗新霉素；负选择基因位于靶基因同源区之外的

3′端，一般为单纯疱疹病毒胸腺嘧啶激酶基因（*HSV-tk*），该基因产生的蛋白胸苷激酶蛋白（TK）可使无毒的环氧鸟苷（gancyclovir，GCV）转变为毒性核苷酸，而杀死细胞。在同源重组时，*HSV-tk*基因将被切除而丢失，而随机整合时，所有的序列包括HSV-*tk*都保留，因而可用环氧鸟苷筛选排除随机整合的细胞株。故在含有新霉素和GCV培养基上培养就可选出含有$neo^R$基因同源重组的细胞株，同时导致靶基因的插入突变。

（2）锌指核酸酶定点突变

早在1993年ZFN就已开始出现，发展了20多年才被广泛应用。ZFN是由一个识别特异性DNA序列的锌指蛋白（zinc finger protein，ZFP）结构域和非特异性核酸内切酶（*Flavobacterium okeanokoites*，*Fok* Ⅰ）的剪切结构域人工融合而成（图5.21A，B）。每个锌指由大约30个ββα排列的肽链包裹一个锌原子构成，目前最常用的锌指结构为$Cys_2His_2$锌指。每个锌指能够识别3bp，锌指DNA结合域部分一般包含3或4个独立串联起来的锌指重复结构，因而一个锌指DNA结合域可以识别9bp或12bp长度的特异性序列。

在ZFN中*Fok* Ⅰ通过连接区（linker）与DNA结合域结合。连接区长度为5～7bp间隔。当一对ZFN特异结合到一定的靶序列上形成二聚体才具有活性，可在间隔区实现切割，每次切割能识别18或24个碱基。

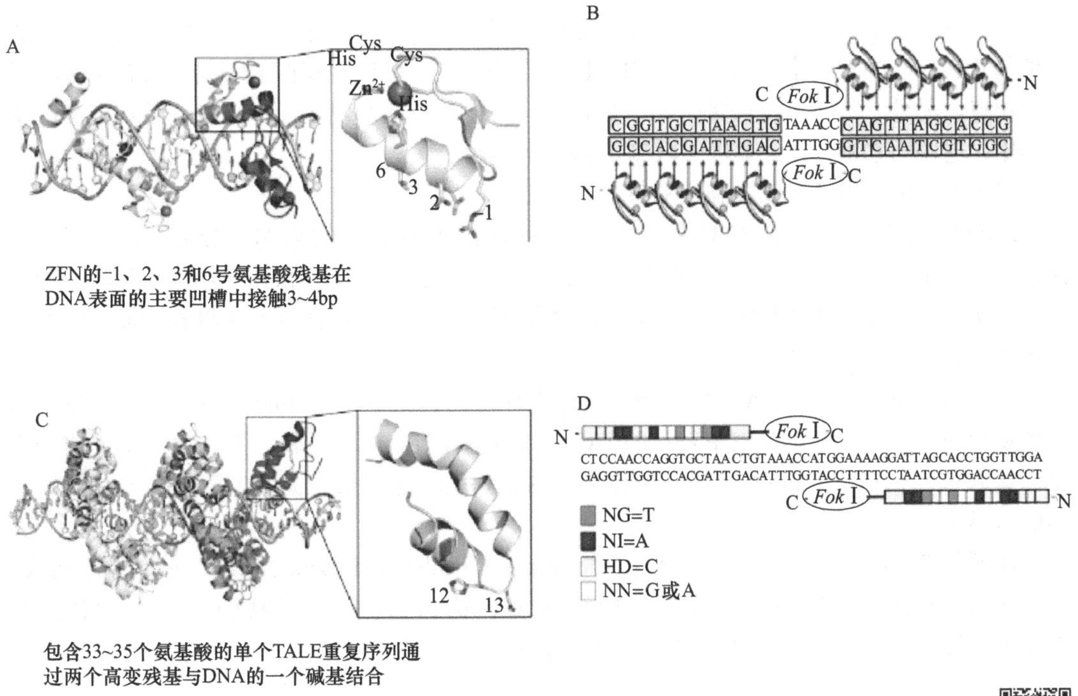


图5.21　ZFN与TALEN（Gaj et al.，2013）

A. ZFN与靶DNA结合；B. ZFN以二聚体形式与靶DNA结合；

C. TALE蛋白与靶DNA结合；D. TALEN以二聚体形式与靶DNA结合

彩图

ZFN技术中锌指蛋白决定ZFN的特异性，因此锌指蛋白的筛选是构建高效特异性ZFN的关键。锌指蛋白识别结合靶位点，依赖*Fok* Ⅰ的作用切割DNA双链，并造成双链断裂（double strand break，DSB），可以通过容易出错的非同源末端连接（NHEJ）或同源重组

（HR）进行修复，实现基因组DNA的定点修饰（图5.22）。非同源末端连接是一种DNA自发修复损伤的方式。DNA发生DSB时，通过修复，细胞将两个DNA末端连接起来，可能造成小片段DNA的添加或缺失，进而实现基因突变。2002年全球基因技术领域的顶级科学家玛丽娜·比比科娃（Marina Bibikova）等应用ZFN敲除了位于X染色体上的*Yellow*基因，并发现变异可稳定遗传给后代，从而证明ZFN可用于基因突变的研究中。

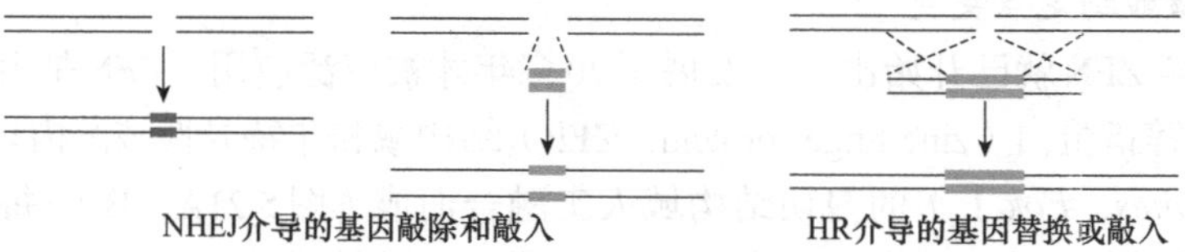


图5.22　非同源末端连接和同源重组产生的突变体

同源重组通过构建含有DSB两侧的同源臂的修复载体，利用同源重组机制实现的基因组DNA的定点修饰，引入设定的目的基因。该技术能够快速有效地在细胞水平或者个体水平上进行基因敲除和基因敲入的操作，为建立那些尚未获得ES细胞的转基因物种提供了基因操作的可能。

目前，科学家已经利用ZFN技术实现对多种生物诸如小鼠、海胆、黑长尾猴、拟南芥、烟草、大豆、玉米等的基因敲除、定点突变或基因敲入等基因修饰，并且在疾病治疗及经济物种的基因改造中发挥了作用。然而ZFN因其自身三核苷酸识别模型的限制，仅有少量的可用靶位点。另外，ZFN系统通常价格昂贵且不容易装配，并发现在细胞内表达后具有毒性及副作用，这些因素都在很大程度上限制了ZFN的应用。

（3）转录激活因子样效应物核酸酶定点突变

2009年底出现的TALEN似乎一夜之间呈现出取代ZFN的架势。TAL效应物（TAL effector，TALE）最初是在一种植物病原体中作为一种细菌感染植物的侵袭策略而被发现的。这些TALE通过细菌被注入植物细胞中，通过作用于特定基因的启动子来调节转录，促进细菌集落形成。

与ZFN的概念相似，TALEN也是一组嵌合体蛋白，由一个核酸酶结构域（内切酶）和一个最初在植物病原细菌蛋白中发现的TALEN的DNA结合模块组成（图5.21C，D）。TALE蛋白家族可以识别特异DNA序列来调控宿主内源基因表达，从而提高了宿主对于此类病原体的易感性。

典型的TALEN由一个包含核定位信号（nuclear localization signal，NLS）的N端结构域、一个包含可识别特定DNA序列的典型串联TALE重复序列的中央结构域（DNA结合位点），以及一个具有*Fok* Ⅰ核酸内切酶功能的C端结构域组成（图5.23）。

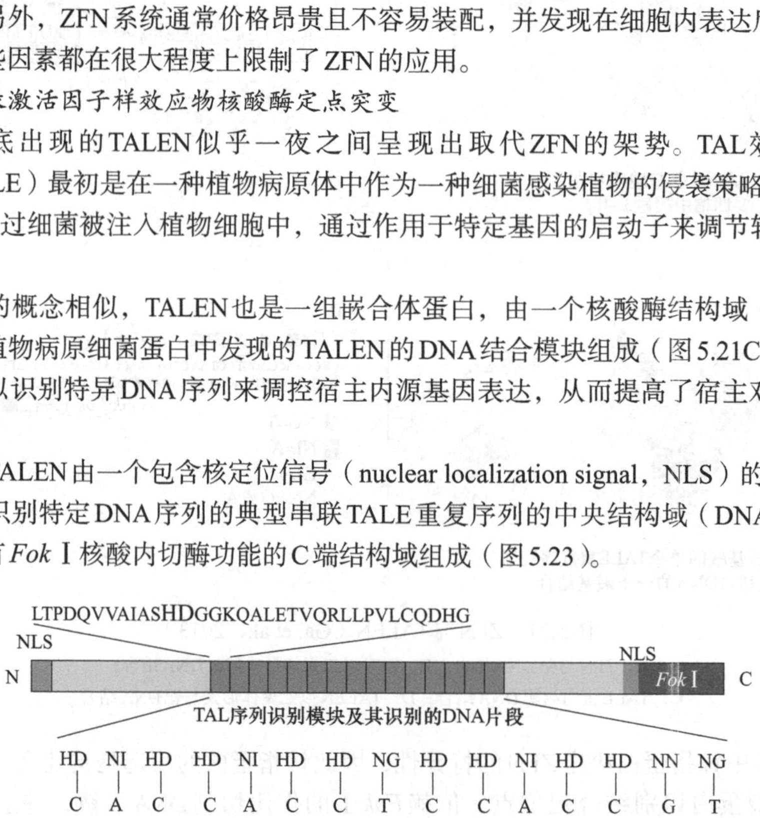


图5.23　TALEN蛋白的结构

TALE的DNA结合位点是由一系列重复单位单元构成的，每个重复单元由34个氨基酸残基组成，识别DNA上的一个碱基。在34个氨基酸中只有第12和13位的氨基酸发生变化以识别不同的碱基，其他32个氨基酸基本不变（图5.23）。这两个可变的氨基酸残基被称为重复可变双残基（RVD），与所识别的碱基具有对应关系：NG（Asn-Gly）结合T，NI（Asn-Ile）结合A，HD（His-Asp）结合C，NN（Asn-Asn）结合G或A。这样就可以根据靶序列的组成，将相应的TALE重复单元连接起来，再接上分子剪刀*Fok* Ⅰ就构成TALEN。不同类型的TALEN元件识别的特异性DNA序列长度有很大区别。一般来说，天然的TALEN元件识别的特异性DNA序列长度一般为17～18bp；而人工TALEN元件识别的特异性DNA序列长度则一般为14～20bp。

由于*Fok* Ⅰ核酸酶的特性，无论ZFN还是TALEN都必须以平行成对的方式作用，这样*Fok* Ⅰ核酸酶二聚体才可以诱导其自身核酸内切酶活性。这种必须形成二聚体的要求同样保证了DSB在靶位点的特异性。

TALEN因其自身更易装配、更为有效、拥有更为充足的靶位点特异识别区域及在一系列类似细胞或物种中表现出更高的活性，而被认为是比较理想的基因打靶技术。在模式生物中使用TALEN基因编辑技术，其功能效果可被分为三种，即破坏、替换及调控。对基因结构的破坏通常通过小片段缺失和大片段删除来实现，这两种方法现在都已成功地广泛应用于许多模式生物，如猕猴、斑马鱼及非洲爪蛙的基因敲除中。尤其是像斑马鱼一类无法利用胚胎干细胞手段进行基因打靶的脊椎动物，TALEN向其提供了强有力的反向遗传学方法。基因的替换则是通过单个或多个外源基因被有效整合进入靶位点，从而导致单碱基突变或者基因敲入来实现的。此技术已被成功地用在斑马鱼上。

（4）规律成簇间隔短回文重复系统定点突变

为了能够在充满病毒威胁的环境中生存并且繁衍，原核生物在进化的历史过程中发展出了许多抵御入侵病毒基因的防御机制，其中就包括CRISPR位点调控的免疫调节机制。1987年，日本课题组在K12大肠杆菌首次发现，2002年正式将其命名为CRISPR。

CRISPR位点在原核生物中十分普遍，科学家估计它存在于约40%的细菌及90%的古菌中。CRISPR附近区域还存在着一部分高度保守的CRISPR相关基因*Cas*基因，这些基因编码的蛋白质具有核酸酶活性，可以对DNA序列进行特异性的切割。CRISPR位点和与之相邻的CRISPR相关基因（*Cas*）结合成一个独特的适应性免疫系统，被称为CRISPR/Cas系统。CRISPR/Cas作为原核生物中普遍存在的一种系统，最初的功能就是识别外源性入侵的核酸序列，并对其进行特异性降解，以达到抗病毒的作用。

当病毒感染细菌时，细菌的CRISPR/Cas系统可以把插入的病毒DNA拔掉，并将其中一小段永久插入到细菌染色体DNA中，插入位置是细菌CRISPR的位点处。CRISPR允许细胞随时记录被感染到的病毒，并且这些片段DNA会遗传到细胞的后代，所以细胞不只有一代被保护不受病毒感染，而是好几代细胞都会如此。

1）CRISPR结构。一般的CRISPR重复序列包括三个部分：同向重复序列（repeat）、数量不等的间隔序列（spacer）和位于5′端的前导序列（leader，L）（图5.24）。

A．前导序列。前导序列大小为100～500bp，富含AT。不同CRISPR中，这部分序列并不保守，是CRISPR重复序列进行转录的启动子，包含转录起始位点。

B．重复序列。不同的细菌中同向重复序列也不尽相同，呈多样性。但是同一个CRISPR

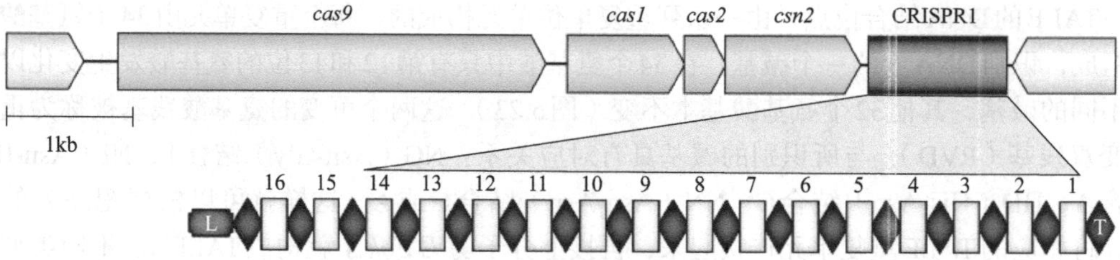


图5.24 CRISPR的结构

黑色菱形表示重复序列；灰色长方形表示间隔物序列；

L表示前导序列；T表示末端重复序列；数字代表间隔物序列被获取的顺序

中，同向重复序列高度保守，并且它们在一些相近的属种间也具有一定同源性。

C. 间隔序列。间隔序列在两个同向重复序列之间，一般来讲，其长度主要在32～37bp，在一个CRISPR中具有相似的长度，但其序列独特。间隔序列也具有强烈的种间多样性和种内同源性。在一个给定的CRISPR基因座中，每个间隔序列都是独特的，是由过去感染经历中获得的入侵病毒的核苷酸序列片段而衍生出的，能够使原核生物产生一种对于过去感染的基因免疫记忆。一旦这些片段DNA（间隔序列）被插入细菌染色体内，细胞就会复制出一小段RNA分子（CRISPR-derived RNA，crRNA），它就是病毒DNA的复制品。RNA相当于DNA的化学"表亲"，能够与DNA上相同序列的分子产生反应。Cas蛋白与crRNA结合构建出大肠杆菌免疫系统的CRISPR相关抗病毒防御复合体（CRISPR-associated complex for antiviral defence，CASCADE）用来识别外源DNA片段。

2）CRISPR抗病毒机制。CRISPR/Cas系统免疫防御来自噬菌体或质粒的外源DNA入侵机制分为3个阶段：适应（adaptation）、表达（expression）和干涉（interference）。

A. 适应阶段。当细菌暴露在病原体中时，早期入侵的外源核苷酸必须被切割成为前间隔序列（protospacer）片段，通常前间隔序列的5′端或是3′端延伸几个碱基序列很保守，被称为前间隔序列邻近基序（protospacer adjacent motifs，PAM），它的长度一般为2～5bp，通常与前间隔序列相隔1～4bp。细菌首先识别入侵的核酸和扫描外源DNA潜在的PAM，将邻近PAM的序列作为候选前间隔序列，然后在CRISPR基因座的5′端合成重复序列，最后新的外源间隔序列被整合进入CRISPR两个重复序列之间（图5.25下左）。

B. 表达阶段。在随后的感染中，CRISPR基因座转录产生一个单一的长CRISPR RNA前体（pre-crRNA），随后Cas蛋白会形成一个称为CASCADE的复合物，裂解每个重复单元中的pre-crRNA，但裂解产物都保留了间隔序列，成为成熟的crRNA（图5.25上）。

C. 干涉阶段。插入新外源间隔序列的CRISPR转录pre-crRNA，获得同病原体互补的crRNA，一个或更多Cas蛋白与互补crRNA结合形成由其引导的CASCADE蛋白复合体，互补crRNA发挥小向导RNA（small guide RNA，sgRNA）的角色，通过crRNA间隔区域和与之互补的病原体前间隔区序列的相互作用，使得复合体能够指向并且切割入侵的外源核苷酸（图5.25下右）。

2012年底CRISPR/Cas已显现出取代TALEN的巨大潜力，最常见的CRISPR/Cas9系统只需要改变20个核苷酸的sgRNA来对应靶位点，便能得到高效的多重基因编辑。2013年初，科学家首次利用CRISPR/Cas9系统对人及小鼠细胞基因实现了定点突变，并对细胞基因的靶

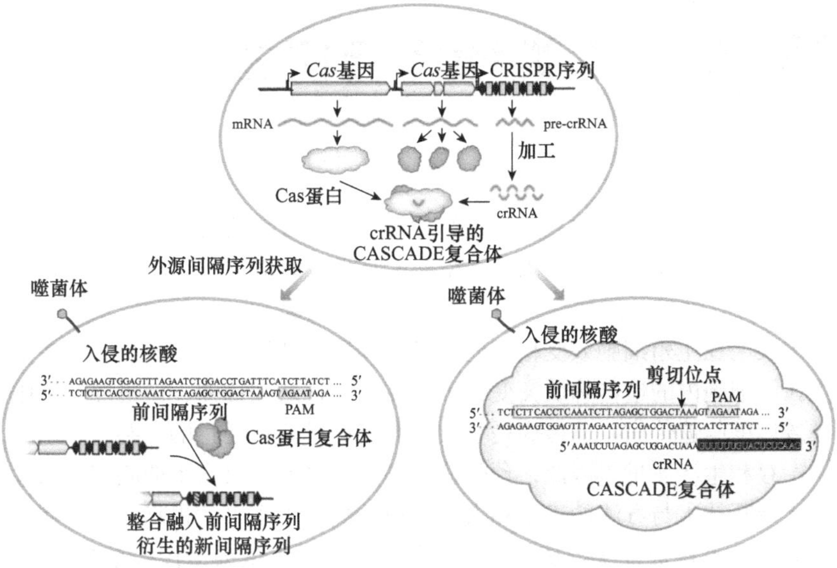


图 5.25　CRISPR 抗病毒机制（Barrangou and Horvath，2012）

位点形成双链或单链的切口，激活细胞的DNA修复机制高效介导外源基因定点插入，实现取代TALEN的巨大潜力。2020年诺贝尔化学奖授予埃马纽埃尔·卡彭蒂耶（Emmanuelle Charpentier）和詹妮弗·杜德纳（Jennifer Doudna），以表彰她们在“基因编辑方法”即CRISPR/Cas9基因编辑技术研究领域做出的贡献。

TALEN和CRISPR/Cas9系统是前景十分明朗的精确基因编辑工具，它们具有能够推动生物学研究的潜能。然而，这些技术也有其缺陷。TALEN的质粒较大，因此会影响其向细胞的输出效率，并且将重复单体组装起来也十分困难。而CRISPR/Cas9主要的弱点是在某些特定物种或基因中，存在偶然性的高脱靶效应。基因编辑技术的研发仍旧处于初级阶段，面对广阔的应用前景，这些技术有待进一步的适应和改进。

# 第6章　人类遗传与优生

遗传病是细胞内的遗传物质在数量、结构或功能上发生突变所导致的疾病。目前，它已成为人类健康的重大危害之一。重组DNA之父保罗·伯格（Paul Berg）曾说“几乎所有的疾病都与遗传有关，遗传学的研究是治疗所有疾病的关键。”

遗传病中发生在生殖细胞或受精卵内的遗传物质突变所导致的疾病，可在上下代之间传递；而发生在体细胞内的遗传物质突变，不会在上下代之间传递，但可经过细胞分裂传递给子细胞，导致体细胞遗传病。遗传病是导致胚胎流产及儿童死亡的主要原因之一，也关乎个体出生后的生存和生活质量。因此，预防遗传病可以降低人口出生缺陷带给家庭和社会的危害。随着现代诊断技术与方法的进步和人们对遗传病认识水平的提高，遗传病的病种有所增加，越来越多的常见病被证实与遗传因素有关。过去有人认为遗传病是罕见的、不治之症，实际上遗传病不仅不是罕见的疾病，许多常见病，如动脉硬化、高血压、冠心病、糖尿病、精神分裂症，甚至恶性肿瘤等已证明都是遗传病或与遗传因素有关的疾病。多数恶性肿瘤的发生是由环境因素引起的，但是都是在遗传物质改变的基础上发生的。

虽然其绝大多数的发病率很低，但总患病数非常可观。迄今为止，已经明确的人单基因遗传病为5000～8000种，并且每年在以10～50种的速度递增，平均每人携带有5～6个有害基因。虽然每种单基因遗传病的发病率很低，但由于种类众多，总发病率高达6%。

目前，人类对这些先天性疾病和遗传病基本上还没有有效的治疗方法和手段。因此，对患有这类疾病的高危家系进行遗传咨询，对高危胎儿进行孕期筛查和产前诊断，防止新的病儿出生，阻断有害基因逐代遗传，对于提高人口素质，落实优生优育的基本国策具有重要意义。随着分子生物学技术的飞速发展，人类已能对许多遗传病及部分先天性疾病进行基因诊断、携带者检查和产前诊断。

## 6.1　遗传病的特征与分类

**微课**
遗传病的特征与分类

根据遗传物质的变异情况，将遗传病分为基因遗传病和染色体病。

基因遗传病又可分为单基因遗传病、多基因遗传病和线粒体基因病。染色体病是由整条或部分染色体增加、移位或缺失所致。多表现为生长迟缓、智力低下及各种身体异常。大多数染色体病发生在出生前，几乎占自然流产的50%。

### 6.1.1　单基因遗传病

在一对同源染色体上单个基因或一对等位基因发生变异称为单基因遗传病，由单个基因突变所致，此类疾病都受一对等位基因控制。以常染色体及伴性的X、Y连锁方式遗传，有显性、隐性遗传之分。多于胚胎发育期、新生儿和幼儿阶段发病。基因片段控制着人的生长、发育和机体功能，细胞复制时受外界环境因素的影响发生差错导致基因变异，对本人及下一代的身体健康都有严重的危害。根据致病基因所处的染色体的性质，把单基因遗传病分为常染色体显性遗传病、常染色体隐性遗传病、性染色体显性遗传病和性染色体隐性遗传病。

（1）常染色体显性遗传病

常染色体显性遗传病是一种由常染色体显性致病基因引起的疾病。其特点是：致病基因位于1～22号染色体上，在与正常基因组成杂合子时导致个体发病，即致病基因决定的是现象性状。患者双亲至少一方患病；患者同胞中发病率为50%；双亲无病，子女一般不会发病，但也有例外，如图6.1所示的亨廷顿病（Huntington disease，HD），弟弟仅携带有突变基因，但其后代也有患者。

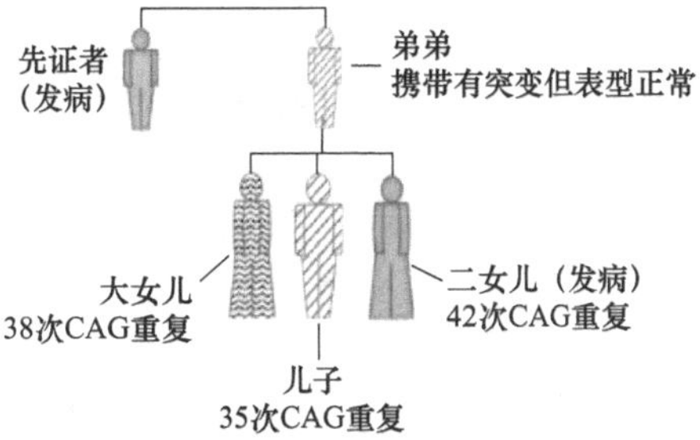


图6.1　亨廷顿病

HD是一种罕见的常染色体显性遗传性脑失调疾病，它会导致神经元进行性退化，运动和认知能力受损，发病后大约15年就会死亡。其临床症状主要表现为舞蹈样不自主动作（晚期则运动能力逐渐丧失）、精神障碍和进行性认知障碍。其病因是引起纹状体神经元萎缩，疾病症状缓慢进行性加重，患者平均生存期为10～20年。

1993年科学家发现了HD致病基因*HTT*，该基因位于4号染色体（4p16.3），其DNA编码链上ORF发生CAG异常重复，这就导致了亨廷顿蛋白突变体中含有更多的谷氨酰胺残基。正常人群中这一重复序列为6～35个重复，如果扩增超过40个重复序列，则会导致发病；如果为36～39个，一部分患者会发病，一些患者会继续保持无症状状态。大多数受影响的个体为突变杂合子，在突变的HD等位基因中平均含有42个CAG重复，一般在中年时期发病。其中10%的亨廷顿基因突变体携带者有55个或更多的CAG重复，在青少年期即发病。因此，CAG重复序列长度与发病年龄呈负相关，并且发病年龄越早，临床症状越重。大多数亨廷顿基因致病性突变携带者都会在中年时出现症状，但脑异常可能在此十年前就已出现。随着中国老龄化加剧，神经退行性疾病研究的重要性也与日俱增，然而迄今为止，国内外都没有发现治本的方法。

常染色体显性遗传病有几十种，如家族性高胆固醇血症、人类多指、软骨发育不全、视网膜母细胞瘤、多发性神经纤维瘤、家族性结肠息肉病、致死性家族性失眠等属于该类遗传病。

（2）常染色体隐性遗传病

这是一种由常染色体上隐性基因所引起的疾病，只有当致病基因处于纯合状态时才发病。其遗传特点如下：患者双亲无病，都为致病基因的携带者；患者同胞中，将有1/4患病，且男女机会均等；患者子女中，一般不会发病，该病表现为散发性，近亲婚配发病率高，如苯丙酮尿症、纤维性囊泡化、镰状细胞贫血、白化病、先天性聋哑、先天性高度近视、早老症、矮妖精貌综合征等属于该类遗传病。

其中苯丙酮尿症、遗传性酪氨酸血症、尿黑酸症和白化病都是由于必需氨基酸苯丙氨酸代谢异常导致（图6.2）。

苯丙酮尿症（PKU）为常染色体隐性遗传病，是常见的氨基酸代谢异常之一。正常情况下，苯丙氨酸是通过肝细胞产生的苯丙氨酸羟化酶（PAH）转化为酪氨酸，之后再分别合成甲状腺素、肾上腺素和黑色素等途径来完成代谢。

苯丙酮尿症中98%～99%是由于*PAH*基因突变导致肝脏PAH下降或缺失所致，为经典型

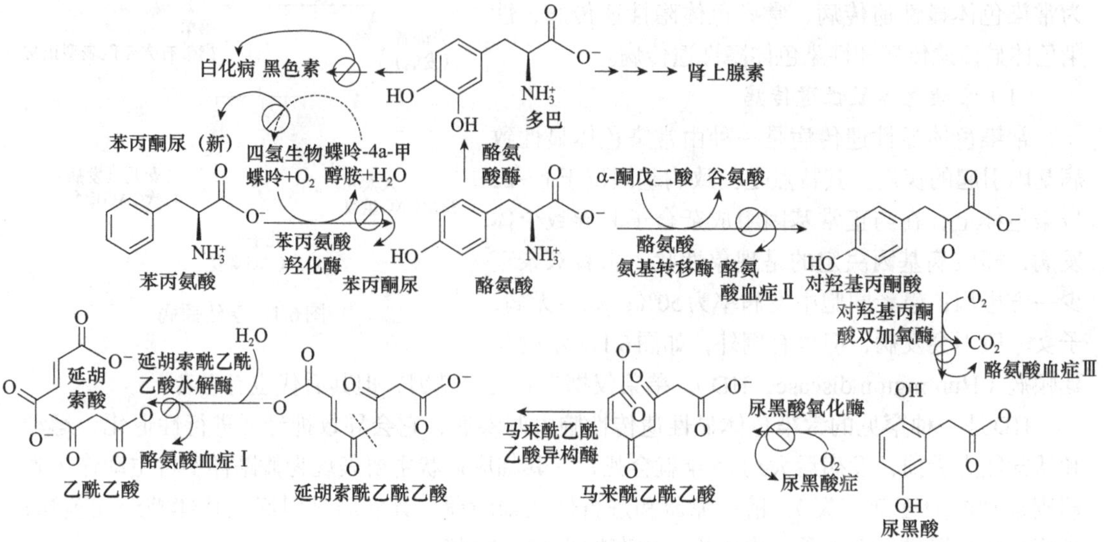


图6.2 苯丙氨酸代谢异常情况

PKU，*PAH*基因位于第12号染色体上（12q23.2）。还有1%～2%是由于PAH的辅酶四氢生物蝶呤缺失导致苯丙氨酸不能正常转为酪氨酸，从而导致苯丙氨酸在体内蓄积而导致疾病。

由于酶或辅酶的缺乏，苯丙氨酸不能羟化为酪氨酸，苯丙氨酸的含量显著升高，血中浓度过高及其异常代谢产物可抑制氨基酸转运系统，导致脑组织对氨基酸摄入减少及氨基酸比例失调，影响蛋白质及有关神经递质的合成，造成脑发育不良。另外高浓度苯丙氨酸是线粒体丙酮酸转换酶的有力抑制剂，因此线粒体产物ATP减少，影响脑髓鞘的形成。高苯丙氨酸可抑制脂肪酸去饱和酶而影响脑苷脂的代谢。PKU的常见表现包括智力发育迟缓、毛发和皮肤颜色浅淡、湿疹、癫痫、极度亢奋，血液中蓄积的苯丙氨酸经旁路代谢后转化为苯丙酮酸、苯乙酸，自尿中大量排出，因此，患儿尿液中有鼠尿味。同时导致酪氨酸、黑色素等生理活性物质的合成障碍，引起一系列的病理改变。

PKU是可以治疗的遗传病，被列为中国新生儿筛查疾病之一。经筛查确诊的新生儿通过及时控制苯丙氨酸的摄入可以达到满意的治疗效果，早期诊断早期治疗是其预后的关键。

苯丙氨酸正常代谢为酪氨酸，根据缺陷酶的不同，遗传性酪氨酸血症分为三型：①酪氨酸血症Ⅰ型是由于延胡索酰乙酰乙酸水解酶基因突变导致酪氨酸代谢过程的终末酶延胡索酰乙酰乙酸水解酶缺陷，酪氨酸及其代谢产物蓄积。②酪氨酸血症Ⅱ型是由于酪氨酸氨基转移酶缺乏所致酪氨酸分解障碍。③酪氨酸血症Ⅲ型是对羟基苯丙酮酸双加氧酶缺乏所致疾病。患者病情轻重不同，个体差异显著，未经治疗者多在10岁前死亡，早期发现和治疗者预后可得到巨大改善。

尿黑酸症是酪氨酸代谢中缺乏尿黑酸氧化酶，导致由酪氨酸分解而来的尿黑酸不能进一步分解为乙酰乙酸，而导致患者尿中排出尿黑酸并在空气中氧化为黑色的一种代谢障碍性遗传病。该病是1902年英国医生阿奇博尔德·爱德华·加洛特（Archibald Edward Garrod）从家族病史发现并研究的第一例遗传病，并发现该病在家族中的遗传遵循孟德尔定律，是由单个隐性基因控制的。当时加洛特预测，尿黑酸病患者缺乏一种正常人有的酶，加洛特把这种遗传病症状称为“先天性代谢差错”。这种患者的尿中含有尿黑酸，在碱性条件下暴露于氧气中，氧化并聚合为类似于黑色素的物质，从而使尿呈黑色。患者在儿童时期常无症状，偶因发现婴儿尿布染黑而引起注意，有些患者因发现尿放置后变为黑色而去就医，也有不少患者的尿液呈酸性或含有较多还原物质，即使放置数小时也不变色。由于代谢的补偿作用，尿黑酸症不会造成对神经系统的伤害。但尿黑酸聚合物、尿酸盐结晶或二水焦磷酸钙盐结晶分别在基质内沉着而损伤软骨细胞，直接地或通过增加基质硬度间接地导致继发性关节炎。因此，成年患者由于组织内长期黑素沉积造成褐黄病，主要引起脊柱和关节病变。

白化病是苯丙氨酸代谢异常的另一种遗传疾病，原因是负责产生酪氨酸酶的基因发生突变，利用酪氨酸酶来将酪氨酸转化为黑色素被阻断。皮肤、眼睛和头发中的色素沉着（着色）部分或完全丧失。在患白化病的个体中，遗传改变干扰了黑素细胞的色素生成能力，或者干扰这些细胞给皮肤外层的主要角质细胞着色能力。

（3）性染色体隐性遗传病

1）X连锁隐性遗传病。位于X染色体上的致病基因的传递通常与性别相联系，因此其传递方式有自己的特点：男性患者远远多于女性；双亲无病时，儿子可能患病；患者兄弟有1/2的发病风险；患者的外祖父可能是发病患者。红绿色盲、血友病、自毁容貌症等都属于X连锁隐性遗传病。

血友病有A、B、C三种，A缺少凝血因子Ⅷ，B缺少凝血因子Ⅸ，分别是凝血因子Ⅷ和凝血因子Ⅸ基因突变所致，两者都属于X连锁隐性遗传病。血友病男性患者中，血友病A占80%～85%，血友病B占15%～20%，而女性血友病患者极其罕见，少见的血友病C属于常染色体隐性遗传。临床上，血友病以关节、肌肉、内脏和深部组织自发性或轻微外伤后出血难止为特征。

2）X连锁显性遗传病。不管男性还是女性只要有一条带有致病基因的X染色体就会患病，如抗维生素D佝偻病，在女性中，只要处于杂合状态，就可表现症状，其特点是：女性患者多于男性患者，但病情较男性轻；患者双亲必有一方是发病患者；男性患者的女儿全部发病，儿子正常；女性患者子女中，1/2发病风险；该病呈现连续遗传。

抗维生素D佝偻病有低血磷性和低血钙性两种，常见的为低血磷性抗维生素D佝偻病。低血磷性抗维生素D佝偻病是一种以肾磷酸盐丢失、维生素D代谢及骨矿化障碍为特征的单基因遗传性疾病，属于肾小管遗传缺陷性疾病，该病的突变基因定位于Xp22.1，为X连锁的内肽酶同源的磷调节基因（*PHEX*）突变所致，该基因又称为磷酸盐调节基因。体内有一种能促进磷排出的调磷因子，该因子能被内肽酶所破坏。患者的*PHEX*基因突变，致内肽酶生成不足，从而排磷素在血循环中过多，大量磷从尿中排出，患者肾小管回吸收磷减少，出现低磷血症。同时肠道吸收钙、磷不良，血磷降低，骨质不易钙化，患者出现骨骼发育畸形，易出现多发性骨折、生长迟缓、行走困难等症状。

3）Y连锁遗传病。由于控制性状的基因位于Y染色体上，因此只有男性个体表现该基因的致病性状。Y染色体在进化过程中获得了大量负责精子发生的睾丸特异基因，这些基因的缺失可导致不育。Yq11的缺失代表了无精子症或少精子症的原发性病因。

1990年在Y染色体断臂上发现性别决定区*SRY*基因，由它编码的蛋白质是一种转录因子，当它与DNA结合后便刺激启动睾丸分化基因的转录，负责睾丸决定和男性发育。*SRY*基因的丢失或微缺失会导致XY男性呈现女性特征。*SRY*基因编码睾丸决定因子，是无内含子的性别决定基因，人的*SRY*基因位于Yp11.3，只含有一个外显子，转录单位长约1.1kb，编码

204个氨基酸的蛋白质。如果X染色体与Y染色体发生了“非法”重组，导致Y染色体上的*SRY*基因转移到X染色体上，并与正常X染色体组合，就将产生46，XX核型男性。

印第安人群中的毛耳缘性状也属于Y连锁遗传病，只限于男性，这种人外耳道上丛生着许多长2～3cm的黑色硬毛。

### 6.1.2 多基因遗传病

多基因遗传病是涉及多对微效基因协同作用并与多种环境因素共同作用导致的疾病，与单基因遗传病相比，多基因遗传病涉及的易感基因数量多，发病原因也更为复杂。常见多基因遗传病目前有100多种，包括人类的一些常见病，如肿瘤、糖尿病、高血压、冠状动脉粥样硬化、精神分裂症、哮喘、癫痫，银屑病（牛皮癣），以及某些先天畸形，如唇裂、脊柱裂、无脑儿等。在群体中15%～20%的人患某种多基因遗传病。

多基因遗传病通常具有如下特点：①先证者（指在对某个遗传性状进行家系调查时，其家系中第一个被确诊的那个人）的各级亲属发病率均高于群体发病率；②家族性聚集倾向；③先证者之后出世的同胞发病率比其他亲属为高；④与先证者的亲缘关系越近，发病率越高；⑤先证者的父母为近亲婚配的比例稍高于普通群体的近亲婚配率；⑥同卵双生的同病一致率高于异卵双生。某一遗传病如基本符合上述特征，而且其实际调查的患病先证者各级亲属发病率与上述预期的发病率间差异无显著性，就可确认该病遗传性质可能为多基因遗传病。

在遗传学上多基因遗传病隶属于数量性状的遗传范畴。其中，每个基因的作用是微小的，但多个基因的作用是可以累加的，当基因作用达到一定的发病阈值时，即可发病。环境的影响可以降低多基因遗传病的发病阈值，从而提高了多基因遗传病的发病率。人的肤色、身高、体重、眼睛的颜色、智商、行为等也属于多基因遗传控制。

（1）身高的多基因遗传

身高是人体生长发育的重要指标之一，是一种复杂的数量性状，个体的最终身高由遗传、环境、心理、疾病等因素相互作用而决定。对同卵、异卵双生子的身高差异进行分析，结果显示身高的遗传因素起了主要的作用，遗传度高达70%～80%，由机体骨骼生长的基因决定。已知生长激素1（GH1）基因、维生素D受体（VDR）基因、多巴胺D2受体（DRD2）基因、甲状旁腺素（parathyroid hormone，PTH）/甲状旁腺素相关肽（PTH-related peptide，PTHrP）受体基因、雌激素与雌激素受体（estrogen receptor，ER）基因、芳香化酶（CYP19）基因及性染色体特异性生长基因等与人的身材高矮有密切联系，相关基因的多态性影响着正常人的终身高。

1）*GH1*基因是人生长激素（hGH）的编码基因，定位于17q22-24，正常人*GH1*基因包括由5个相关基因组成的一个长约66kb的基因簇。其启动子区具有高度的SNP，家族性矮小症与*GH1*基因的遗传突变有关。*GH1*基因遗传特点相当复杂，而其表达产物hGH对于人的生长发育起着十分重要的作用，其多态性对正常人身高存在着较重要的影响。

2）维生素D对骨骼的发育有着直接且重要影响，其在体内的活性代谢产物1,25-$(OH)_2$-$D_3$可以调节成骨细胞与骺板（生长期骨骼的生长发育部位）软骨细胞的增生、分化与迁移；可以通过刺激小肠对钙、磷的吸收，调节体内钙、磷的平衡，以此间接地影响到骨骼的代谢。1,25-$(OH)_2$-$D_3$通过特异性地与VDR结合对靶细胞起到上述作用。VDR属于核受体家族，具有配体结合域和DNA结合域，因此与配体结合后可以和核内特定的DNA结合，通过这种结合而影响遗传信息的转录。人*VDR*基因定位于12q13.1，全长为63.45kb，由10个外显子和9个内含子组成。

3）多巴胺D2受体基因定位于11q22-23，由6个内含子和7个外显子组成，全长270kb。DRD2是多巴胺通路上的一个关键组成部分，其功能与人的精神、行为和运动调控有关。此外，多巴胺在食欲和生长激素的调节中扮演着重要角色，影响人身高。多巴胺D2受体激动剂可抑制食欲，而其拮抗剂则提高食欲，多巴胺前体（左旋多巴）或多巴胺D2受体激动剂与DRD2结合后可通过生长激素释放激素刺激生长激素释放而影响个体身高。

4）除了维生素D，PTH也可以通过对骨、肾等靶器官的作用而调节着体内的钙磷代谢。PTHrP是PTH家族的成员，以自分泌或旁分泌的方式作用于多种组织，调节细胞的增生和分化，并可以在促进骺板软骨细胞肥大，同时抑制它们的凋亡，发挥软骨内成骨的作用。

5）雌激素和雌激素受体是青春期身高突增和骨骺愈合的关键因素，直接影响到终身高的形成。雌激素在长骨的发育中起到两阶段的作用：低水平时，可直接作用于骺板或通过GH-IGF轴的作用刺激骨的生长，并不影响到性成熟；高水平的雌激素则导致骺板快速融合，从而影响成年终身高和第二性征的出现。

雌激素受体主要有两种亚型：雌激素受体α（ERα）和雌激素受体β（ERβ），其中同身高密切相关的为ERα，ERα定位于染色体6q25.1。ERα失活的男性，青春期无身高突增表现，但由于雌激素未促使骨骺闭合，在成人期长骨仍可以持续生长。雌激素的最终效应不仅取决于雌激素本身的分泌与代谢，还与ERα的表达与功能密切相关，其分子结构或功能的异常都将影响雌激素对靶器官的作用，导致骨骼成熟度的差异，从而影响终身高。

6）芳香化酶是雌激素合成中的关键酶，芳香化酶基因（*CYP19*基因）突变造成的雌激素缺乏，导致青春期“窜个”的缺失、身高的持续生长及骺板的不融合。

7）科学家研究发现Y染色体与身高并没有显著的关系，2014年芬兰赫尔辛基大学的研究者揭秘女性身高普遍低于男性的原因是X染色体上存在个体软骨发育中扮演着重要角色*ITM2A*基因，相比正常水平个体来讲，含该基因越发频繁的个体身高往往较低。在发育期间女性由于含两个X染色体导致双倍的*ITM2A*基因处于活性状态，因此就使得其在女性机体中表达量更高一些，从而就会间接影响女性和男性的身高。

（2）肤色的多基因遗传

1）皮肤颜色的构成。正常皮肤的颜色由4种生物色素构成：黄色的胡萝卜素、褐色的黑色素、红色的氧化血红蛋白和蓝色的还原血红蛋白。其中胡萝卜素为外源性色素，不能由人体自身合成，主要靠食物或药物补充，分布于表皮和皮下组织；其余三种色素为内源性色素，可由人体自身合成，黑色素分布于表皮，氧化和还原血红蛋白位于真皮。这4种生物素中，黑色素是皮肤颜色的主要决定因素。

2）黑色素与肤色。黑色素由黑素细胞合成，每个黑素细胞周围都有固定数量的角质形成细胞围绕，形成“表皮黑素单位”的结构。黑素细胞合成黑色素后将其输送给表皮黑素单位内的角质形成细胞，构成皮肤颜色。研究发现，黑素细胞数量在不同种族（黄种人、白种人、黑种人和棕种人）之间相对应部位的皮肤内是相同的，他们之间皮肤颜色的差异，与进入角质形成细胞内的黑素体的数量和质量有关。同黄种人和白种人相比，黑种人黑素体数量较多，体积也大。此外，白种人和黄种人角质形成细胞内黑素体呈复合形式存在，单个黑素体较少，而黑人正好相反。因此，肤色的差异主要是由位于皮肤基底层的黑素细胞分泌的黑色素决定的，如黑色素的数目、合成黑色素的类型及黑色素的形状和大小的生化差异所造成的。黑色素生成越多，皮肤就越黝黑；反之，皮肤就越白皙。

3）黑色素形成关联基因。目前发现与人类正常色素变异相关的常见的基因有6种：黑皮质素1受体基因（*MC1R*）、眼皮肤白化病Ⅱ基因（*OCA2*）、*SLC24A5*基因、*MATP*基因、*ASIP*基因及*TYR*基因。其中位于人16号染色体上的*MC1R*基因被认为是决定人类毛发和皮肤颜色的主要基因之一。MC1R是一种G蛋白偶联受体，主要功能是负责黑色素生成。当MC1R被α-促黑素细胞激素（α-MSH）激活后，就会通过活化AC使胞内cAMP水平增加，导致酪氨酸酶的水平增加，最终导致黑色素的产生。MC1R对不同人种皮肤颜色差异性研究有重要的地位，在黑色素生成网络中具有关键性调节作用。*MC1R*基因只有一个外显子，高度多态，有100多个多态位点，其编码区的多个位点的多态性与皮肤对于阳光照射的敏感性表型（红发、白皙皮肤和雀斑）的易感性有关。

眼皮肤白化病Ⅱ基因编码位于黑素细胞上的跨膜蛋白，参与小分子物质如酪氨酸——黑色素前身的运输，该基因突变会导致Ⅱ型眼皮肤白化病；*SLC24A5*基因编码一种位于黑素细胞膜上的钾离子依赖型阳离子交换蛋白，对维持黑素体内外的氢离子和钙离子浓度梯度具有重要作用，参与黑色素在黑素体内的合成过程；*MATP*基因编码膜转运相关蛋白，是转运黑色素或者是黑素体发挥正常功能所需的物质；*ASIP*基因表达一种分泌蛋白，可与α-MSH竞争结合MC1R，使黑素细胞内TYR的表达下调，皮肤着色能力降低；*TYR*基因表达产生的酪氨酸酶是黑色素合成的关键酶。

### 6.1.3 染色体病

在新生儿中发现的新发染色体结构异常大多源于母方因素，包括年龄、药物、环境致畸因子的暴露等。染色体病是由于染色体结构或数目的异常而引起的疾病。这种疾病已记录有500多种，其中，性染色体异常占75%，常染色体异常占25%。例如，唐氏综合征（21-三体综合征）、特纳综合征、克兰弗尔特综合征、多Y或多X综合征、男/女性阴阳人等。随着分子生物学的发展，越来越多的疾病被确诊为染色体病。

染色体异常是导致出生缺陷的重要原因，其中21-三体综合征、18-三体综合征和13-三体综合征是导致出生缺陷的重要原因。除此之外，性染色体异常会导致个体生育能力的异常，因此性染色体异常也是导致出生缺陷的重要原因。目前，国内已经建立多级产前筛查、产前诊断机构，从免疫学、形态学和分子生物学等各方面对孕妇胎儿的染色体情况进行筛查和诊断，避免重大的出生缺陷发生。

（1）染色体结构异常

染色体结构异常源于染色体的断裂及断裂后的连接方式。主要变异类型为染色体部分缺失、环状染色体、等臂染色体、倒位、易位、重复、插入等染色体结构的改变。遗传物质具有相对的稳定性，上述变化均会造成遗传物质的不平衡，导致个体出现病症。染色体结构异常分为常染色体结构异常和性染色体结构异常。猫叫综合征（cri du chat syndrome）是由于第5号染色体短臂缺失（5p缺失）（图6.3）所引起的染色体缺失综合征，又称为5号染色体短臂缺失综合征，为最典型的染色体缺失综合征之一。临床主要表现为患儿的哭声似猫叫，猫叫的哭声随喉肌的发育改善而消失。面部特征为头面部典型的畸形，小头、圆脸、宽眼距、小下颌、斜视、宽平鼻梁及低位小耳等，生长落后及严重智力低下。

（2）染色体微结构异常

染色体微结构异常疾病是由于染色体微小片段缺失或重复，使正常基因组剂量发生改变而导致临床可识别的一组疾病，用常规的染色体显带方法不能或不容易被发现。随着分子细胞遗传技术的发展，被发现的染色体微结构异常引起的疾病将会越来越多。例如，22q11.2微缺失综合征是由22号染色体长臂近着丝粒端微片段22q11.21缺失引起的遗传综合征。主要临床表现为心脏畸形、面容异常、胸腺发育不良、腭裂及低钙血症5个症状，是人类最常见的染色体微缺失综合征。

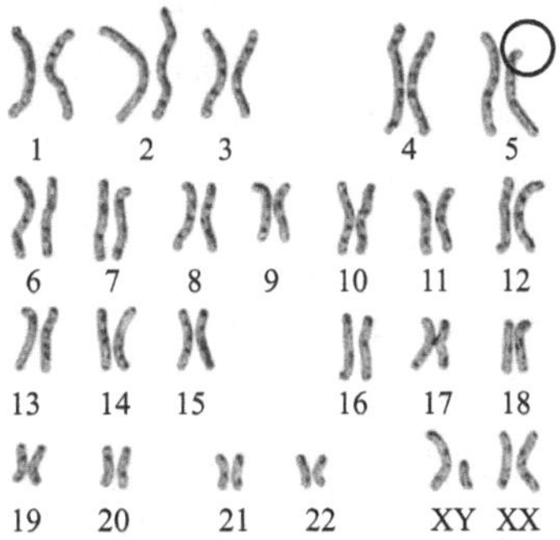

图6.3　猫叫综合征患者的5号染色体短臂缺失

（3）染色体数目变异

染色体数目变异分为整倍体变异和非整倍体变异。整倍体变异的个体是致死的，如三倍体、四倍体等都具有致死效应，一般导致自然流产，很难活到出生。非整倍体变异导致个体产生病变，如18-三体综合征、21-三体综合征等都是先天愚型个体；性染色体异常的有47，XXY，47，XYY，47，XXX和45，XO等这些都会造成个体出现性别畸形或生育力低下，以至于不能生育。

1）18-三体综合征发生机制是在生殖细胞形成的减数第一次或第二次分裂过程中发生了18号染色体不分离，多数病例源自母龄所致的不分离。本病是一种常染色体综合征，根据染色体分析，本病核型主要标准型47，XX（XY），+18，占全部患儿的80%以上，也有少量其他核型如双三体型48，XXX，+18，或48，XY，+18，+21等。出生时平均双亲年龄父方34.9岁，母方32.5岁，一般为过期分娩，平均妊娠42周，常少胎动，羊水过多，小胎盘及单一脐动脉。生存期有1/3在1个月内死亡，50%在两个月内死亡，10%的个体能活到1岁，极少数患者可活到10余岁。

2）21-三体综合征是最常见的染色体疾病，又称为唐氏综合征。病因为47，XX/XY，+21；1959年证实此综合征是由于生殖细胞在减数分裂过程中，受某些因素的影响卵子生成减数分裂21号染色体不分离导致第21号染色体多一条，95%的21号染色体的额外拷贝是母源的。根据过去各国的有关报道来看，其发生率随着经济发展和人民物质生活水平的提高而降低。21-三体综合征患儿，他们的身心得不到正常的发育，而且也为家庭乃至整个社会带来经济和心理等多方面的沉重负担。症状为多器官组织异常，如头颅小而圆，枕部扁平，脸圆而平，鼻梁扁平，眼距过宽，眼裂小，舌常外伸并有舌裂，掌纹异常，通常有通贯掌；生长迟缓，智力低下，多数有心脏病，无生育能力或生育能力低下。

21-三体综合征与孕妇年龄大、缺乏叶酸或叶酸代谢相关酶的基因突变有关。母亲20岁时约2000新生儿中有一例患者；30岁前略有增加；35岁以后约300例中有一例患者；40岁后100例中有一例；45岁后50例中有一例。

3）特纳综合征又称先天性卵巢发育不全，是由全部或部分体细胞中1条X染色体完全或部分缺失所致，是最常见的人类染色体异常疾病之一，也是唯一人类出生后能存活的完全单体疾病。典型的临床症状：外貌女性，个矮（1.3m左右），第二性征发育不良，桶状胸，原发性闭经，面呈三角形，口角下旋呈“鲨鱼样嘴”，肘外翻，颈部发际很低，多数有颈蹼，胸宽平如盾，35%有心血管病，智力低下或正常。由于遗传物质丢失的量不同，特纳综合征患儿的临床表现也不一致，即特纳综合征核型与表型之间存在依赖性。45，X单体型患者可出现典型的临床表现，而嵌合体患者临床表现差异较大，临床症状的轻重主要取决于正常与异常细胞系所占的比例。

4）克兰费尔特综合征是男性性腺机能减退最常见的原因和男性不育症常见的病因之一。典型核型为：47，XXY；46，XY/47，XXY和46，XX/47，XXY（嵌合型），以及XXYY、XXXY及XXXYY等（变异型）等。原因可能与母亲高龄生育、不良孕产史有关。该病发病率较高，占无精症患者的11%，占不育症患者的3%。临床表现主要为身材高大、生殖系统发育畸形、小睾丸、隐睾、尿道下裂、小阴茎、生殖能力低下，青春期发育延迟，第二性征发育异常，无精症，肌张力异常，关节异常等。克兰费尔特综合征的表现随X染色体数目增多趋于严重，可伴有语言中枢区域功能受损，导致早期语言发育障碍，阅读和拼写障碍，患精神分裂症、抑郁、焦虑、自闭、注意力缺陷的概率也会增加。近年来新型辅助生殖技术的成熟，特别是睾丸取精术和卵胞质内单精子注射技术的联合，使克兰费尔特综合征患者可获得正常后代，解决生育问题。但是产生性染色体异常子代的风险始终存在。

5）XYY综合征是由于精子形成过程中在减数分裂Ⅱ期发生了Y染色体不分离，使部分精子含有2条Y染色体，与正常含1条X的卵子结合形成。一般认为儿童期症状不显著。成人患者主要表现是：身材特别高，但肌肉软弱，共济失调，智力比较差，智商低于平均值，脾气暴烈，易冲动，具攻击性行为及“抗社会性格”，有些人称多出的这条Y染色体为“犯罪染色体”。性腺及第二性征与正常男性一样。多数患者有生育能力，生下大都为正常子女。

6）多X女性，患者染色体组型多数为47，XXX，也有少数为48，XXXX，49，XXXXX；也有些人与正常细胞组型或45，XO嵌合。出生此类患儿的母亲年龄往往较大，但父母染色体不见得有异常改变。大部分患者一般发育正常，类似21-三体综合征，智力发育迟缓，而且X染色体数目越多，智力低下越严重。表现为女性，眼距宽，外生殖器及第二性征多正常，性腺发育不良，但多数卵巢内可存在正常卵泡，部分人有小子宫。约有20%青春期后有不同程度闭经或月经不调，也有些人表现绝经过早。仅个别有生育能力，多数人生育能力低下或无生育能力。

7）三倍体综合征是额外增加一套染色体，三倍体占妊娠的1%～2%，占染色体异常所致流产的15%～20%，几乎所有的三倍体都在妊娠三个月前流产。三倍体有三种染色体核型：69，XXY；69，XYY；69，XXX。其中，69，XXY占三倍体的60%。三倍体的发生机理根据受精方式的不同，分为双雄受精、双雌受精和正常受精后有丝分裂染色体分离失调，其中，以两个精子同时受精的双雄受精最常见。三倍体中额外多出的那套染色体可以是父源性，也可以是母源性，父源性占66%。受基因组印记的影响（见7.1.5），当三倍体额外多出一套父源性染色体时，其表型特点为局部性葡萄样发育的囊状大胎盘。胎儿可出现生长受限伴羊水过少，颅脑畸形，面裂，胎儿手、足异常等，心脏畸形少见。当三倍体额外多出一套母源性染色体单倍体染色体时，其表型以早期自然流产伴小且不发育的胎盘为特点。三倍体儿99%以上都不能妊娠达足月，且新生儿并发症多，死亡率高，一经确诊，建议立即终止妊娠。目前尚未发现三倍体与孕妇高龄有关，三倍体再发的风险率与正常人群中三倍体发生的频率相同。

# 6.2　遗传病的诊断与治疗

微课
遗传病的诊断与治疗

## 6.2.1　遗传病的诊断

遗传病的发病率虽然较肿瘤等常见疾病低，但常导致患者死亡或发生畸、残，影响正常生活和工作，给患者及家庭、社会带来沉重的经济、心理、医疗负担。遗传病的诊断准确是开展遗传咨询和防治工作的基础，主要分为临床诊断、系谱分析、染色体检查、分子水平检测。临床诊断同普通疾病类似，主要通过分析病史、症状、体征和辅助检查结果确立诊断，也是目前临床中主要应用的方法。

（1）系谱分析

系谱分析（pedigree analysis）是了解遗传病的一个常用方法。其基本程序是先对某家族各成员出现的某种遗传病的情况进行详细的调查，再以特定的符号和格式绘制成反映家族各成员相互关系和发生情况的图解，然后根据孟德尔定律对各成员的表型和基因型进行分析，确定疾病遗传途径，诊断出病症是否为遗传病，并且判断出该遗传病是单基因遗传病还是多基因遗传病。单基因遗传病在直系亲属中患病率高，群体发病率很低，而多基因遗传病群体发病率高。通过系谱分析，能够判断出单基因遗传病的遗传方式，即哪一类染色体疾病、显性或隐性遗传。

第一个被发现的显性遗传病亨廷顿病是美国遗传病基金会负责人南希·韦克斯勒（Nancy Wexler）领导的研究组在委内瑞拉西北一个小山村里进行调查并做出富有成效的研究。研究家族谱系图，最大家族谱系包含1万个成员。一对老人有14个儿女，68个子孙并最终找到缺陷基因位于4号染色体。

（2）染色体检查

染色体检查又称为染色体核型分析法，此方法是采集患者外周血经一定时间的培养，使血中的细胞分裂增殖。当分裂到一定时期，进行特殊制片染色和显带技术，可在光学显微镜下观察到分裂中期的染色体。从而，可看到患者染色体的数目和结构是否发生畸变，这是确诊染色体遗传病的基本方法。这种方法除采用患者的外周血外，骨髓、皮肤、肾、睾丸、卵巢等细胞均可作为染色体检查标本。在染色体检查中，为了达到不同的检查目的，可采取不同的染色体显带技术，其中最常用的是G显带技术。

先天性畸形患者应检查染色体，鉴定具体数目，分析核型，是否属于染色体数目畸变，判断患者的染色体是否产生畸变，确定哪条染色体发生畸变，检查结果用核型图表示，如第5号染色体短臂缺失导致的猫叫综合征检测。

（3）分子水平检测

分子生物学技术是对染色体核型异常分析的重要补充，一是检测基因产物——蛋白质、酶的量和活性，如镰状细胞贫血检测血红蛋白的变化，血友病检测凝血因子Ⅷ；二是检测酶促反应底物或产物的变化，其中最主要的是检测基因的变化。

对从机体分化分离出的遗传信息进行检测来鉴定疾病，称为基因诊断。基因诊断能够明确指出是否存在基因缺陷，个体是否患病，还可以诊断和预测表型正常的携带者及某种疾病的易感者。基因诊断特异性强、灵敏度高、适应性强、诊断范围广，已经广泛应用于临床中，其发展目前经历了三个阶段。

1）20世纪80年代初以前，遗传疾病基因诊断主要是采用DNA分子杂交（Southern blotting）方法的RFLP技术。这种限制性酶切片段能以共显性的方式遗传，因而是很好的遗传标记。在操作中，酶切待测样品DNA经电泳后将DNA片段转移到固相，以与待测序列同源、经过标记的DNA片段为探针，进行杂交，通过放射性自显影或其他显色方法，可测查出待测样品的基因型。应用这种方法，美籍华裔科学家简悦威于1978年首次发现了人体β-珠蛋白基因*Hpa* Ⅰ酶切多态性与镰状细胞贫血密切相关，并以此作为遗传标记，首次建立了镰状细胞贫血的基因诊断方法（图6.4）。限制性片段长度多态性（RFLP）用于镰状细胞贫血基因检查正常有1150bp和200bp，突变后没有上述两条条带，多一条1350bp的珠蛋白基因（图6.4）。虽然分子杂交的检测方法可鉴定有害基因型，但往往需要大量的样品DNA，技术过程较复杂，并且探针多用同位素标记，对人体有损害。这一时期是基因检测的初级阶段，检测的遗传疾病种类较少。

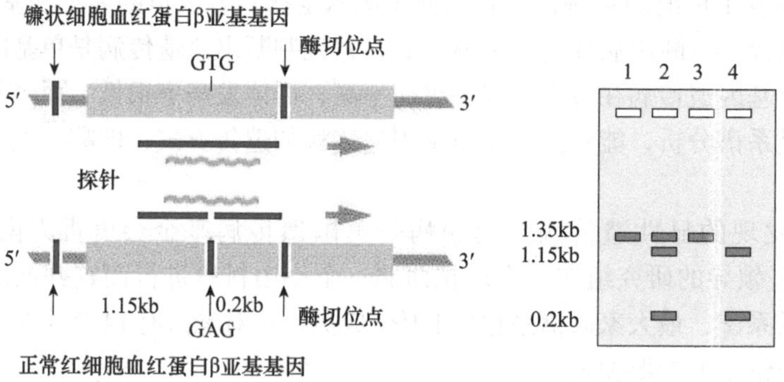


图6.4　RFLP技术检测突变基因

2）遗传疾病基因诊断技术发展的第二阶段是在1985年美国科学家PCR之父凯利·穆利斯（Kary Mullis）等创建PCR之后。PCR技术突破了在以往研究中不易获取大量靶DNA的瓶颈，又因其适用性强、操作方便、快捷，已广泛应用于遗传疾病基因诊断领域。

以PCR技术为基础，衍生出了许多灵敏而便捷的基因诊断方法，较成熟的方法主要有：PCR-RFLP方法，其是检测与特定的酶切位点有关突变的简便方法；等位基因特异性PCR（allele specific PCR，AS-PCR），该方法针对等位基因序列设计引物，可根据PCR产物的有无来鉴定基因型；PCR单链构象多态性（PCR single strand conformational polymorphism，PCR-SSCP）技术，该方法在PCR产物变性后，在非变性聚丙烯酰胺凝胶中电泳，PCR产物的序列中碱基突变可使DNA分子构型产生差异，而在电泳中的迁移率有所改变，从而可以揭示PCR产物序列内的多态性等。

3）遗传疾病基因诊断技术的第三个阶段是以基因芯片（gene chip）为代表的高通量密集型技术，该技术于1989年由兰道·赛奇（Randall Saiki）等首次提出。

基因芯片又称为DNA微阵列（DNA microarray），是把大量已知序列探针集成在同一个基片（如尼龙膜、玻片）上，经过标记的若干靶核苷酸序列与芯片特定位点上的探针杂交，通过检测杂交信号，对生物细胞或组织中大量的基因信息进行分析。按照载体上所添加DNA

种类的不同，基因芯片可分为寡核苷酸芯片和cDNA芯片两种。

基因芯片的工作原理如图6.5所示。首先清楚某遗传病基因的突变情况，根据基因的多态性位点所对应的等位基因型，设计等位基因特异的寡核苷酸（allele specific oligonucleotide，ASO）探针，并将ASO精密地排列在尼龙膜或其他固相支持物表面，然后与经过标记的DNA片段（一般为经过PCR扩增的DNA片段）进行杂交，洗脱未结合的标记DNA片段，通过特定的显色或激光扫描，对杂交结果进行处理分析，即可检测出待测样品的基因型。

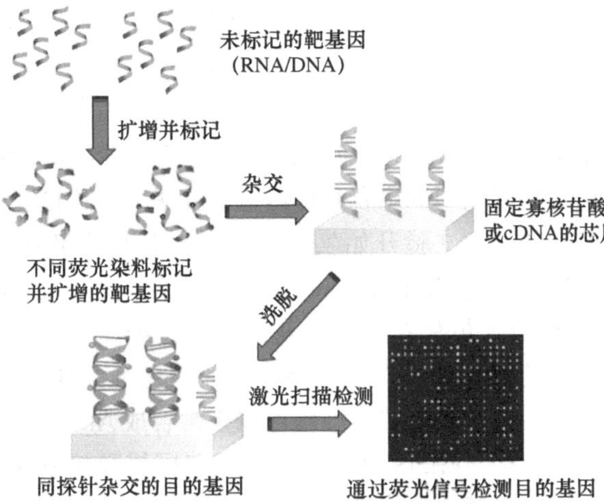


图6.5 基因芯片工作原理

基因芯片技术由于处理样品能力强大、自动化程度高、结果分析准确可靠，而具有以往基因诊断方法不可比拟的优点。尤其在检测突变型较多的遗传疾病方面，更加便捷、准确、可靠。例如，β地中海贫血，在全球发现了100种以上的突变型，用传统的方法若对待测样品的这些突变点一一进行检测不仅耗费大量的时间和人力，而且易出差错。应用基因芯片技术可在一个工作日内检测所有这些突变型，而且准确性很高。

基因芯片技术作为一项较成熟的分子生物学分析手段，已经在多个实验室开展了广泛的应用，目前主流的SNP基因芯片也集成了近10万个SNP基因座，可一次性完成全基因组的微缺失微重复分析，分辨率可达100kb，是染色体分析的重要技术方法。

### 6.2.2 遗传病的治疗

遗传病的治疗分为三个层次。

（1）生理水平的治疗——对症治疗

例如，控制胆固醇的摄入可降低高胆固醇血症的产生概率；苯丙酮尿症患者减少苯丙氨酸的摄入；糖尿病、半乳糖血症患者避免食用乳类食物；胃肠道补充大量维生素可以缓解囊性纤维化患者的维生素缺乏症状等；Rh血型不合溶血病，为避免新生儿发生溶血症，需及时对胎儿进行换血治疗；在手术中切除基因表达出来的病变组织和器官，如临床结肠息肉的切除；移植正常器官替代由于基因缺陷导致的有缺陷的组织或器官，如对地中海贫血患者进行骨髓移植等。

（2）蛋白质及药物水平治疗

遵循补缺去余的原则，向患者体内补充缺失的蛋白质。基因缺陷导致患者体内严重缺乏或缺失某种物质，需要适当补充。例如，给血友病患者补充凝血因子；美国白色人种中较为常见的囊性纤维化，病儿从肺、胰腺等处分泌黏液，阻碍呼吸、消化等功能，可以补充能消化黏液的酶；高胆固醇血症患者使用消胆胺可明显降低血中胆固醇的水平。

（3）基因水平治疗

将人的正常基因或有治疗作用的基因导入人体靶细胞，纠正基因的缺陷，补偿或者阻断缺陷基因，补偿缺陷基因的功能，排除产物，达到治疗目的。基因治疗能对病变基因进行矫正或修复，是一种有效的根治方法。基因治疗主要是治疗遗传化、恶性肿瘤，心血管疾病、感染性疾病等对人类健康威胁严重的疾病，如囊性纤维化、血友病、类风湿、艾滋病等。

实施基因治疗的必要步骤为：①找到致病基因；②克隆得到大量与致病基因相应的正常基因；③采取适当方法把正常基因放回到患者身体内去；④进入体内的正常基因应正常表达。

1990年首例基因疗法的临床试验开始实施，一位4岁女孩患有重度联合免疫缺陷病（severe combined immunodeficiency disease，SCID），患者体内不能合成腺苷脱氨酶（ADA）导致缺乏正常的免疫力，科研人员从女孩体内获得自体白细胞，在体外利用逆转录病毒载体，将正确编码腺苷脱氨酶的*ADA*基因插入女孩的白细胞基因组内，再将感染慢病毒的白细胞重新回输到女孩体内，之后女孩体内的白细胞可以正常合成ADA，且免疫力显著提高。此后，基因治疗迎来暴发性发展。但在1999年，18岁的美国男孩接受腺病毒载体注射进行基因治疗，导致多器官衰竭死亡，基因治疗进入了漫长的严冬期。直到2010年，基因治疗才慢慢苏醒。

腺病毒在遗传病的基因治疗上获得一定效果，但对更多遗传病无可奈何，基因编辑工具的出现给遗传病治疗带来了新曙光，随着科学家的不断努力，已有基因编辑系统的持续开发和优化不仅在细胞和动物水平，也会在人类遗传疾病治疗中获得新成果。

虽然基因治疗获得很多有前景的临床结果，但仍存在一系列难题：一是将外源基因整合到目的细胞的基因组后，如何维持其稳定表达，以及其对邻近基因正常表达所产生的不可预测的影响；二是由于有些外源治疗基因太大，不能通过现有载体进入目的细胞内；三是外源基因的导入并不能直接解决显性突变或去除突变。

## 6.3 优 生 学

优生学是1883年英国科学家弗朗西斯·高尔顿（Francis Galton）首次提出，指研究利用遗传学的原理和方法以改善人类遗传素质，防止出生缺陷，提高人口质量的学科。人类要更好地优生必须从遗传学角度进行，以防止和消除遗传因素致畸或死亡。优生学可分为在对遗传和环境干预因素充分了解的基础上，去预防先天缺陷的孩子出生的优生学和所谓的完善后代、人种、种族、社会的优生学。为婚前和生育提供遗传学意见或指令的遗传学咨询，用于指导临床医学决策的遗传学诊断、生殖细胞基因治疗等都包含优生学内容。

优生措施主要分为两大类：一类是以预防性（消极性）优生为目的，称为负优生学，如遗传咨询、婚前检查、人工流产等，其目的是减少群体中有害的基因频率，减少遗传病的发生，即遗传病的防治问题。另一类称为正优生学，也称为演进性优生学、积极优生学，如提倡优选生育、遗传工程、体外受精和胚胎移植等。相对而言，前一类措施出现较早且较易实行。

### 6.3.1　负优生学

（1）做好遗传咨询禁止近亲结婚

遗传咨询是指由咨询医师或从事医学遗传学的专职人员对遗传病患者及亲属所提出的有关疾病的全部问题进行解答的过程。遗传咨询可分为婚前咨询、产前咨询或其他方面的咨询，如某些先天性畸形能否遗传后代等。医生进行咨询解答的步骤可分为明确诊断、分析疾病的遗传方式、向咨询者及其亲属提出各种可供选择的建议三个步骤，遗传咨询时间总的原则是宜早不宜晚。

首先是择偶咨询即婚前咨询，知道自己家族中有遗传病史应在婚前检查中如实地告诉医生，以便通过双方染色体的检查，来判断婚后是否会生畸形儿。如果双方染色体的组合会导致遗传病的延续，那么，是结合还是分手，应该科学地、慎重地考虑。其次是孕前咨询，夫妇双方中一方有遗传病家族史或已生过一个先天性畸形儿，应在准备怀孕前去咨询。有的遗传病与环境、季节有关系，医生会对何时怀孕有利提出具体意见。另外，有些遗传病需要在孕前做必要的治疗，或服一些药品对胎儿发育有利，因此，孕前先去咨询，遵照医生的嘱咐怀孕是有利于优生的。最后孕早期及时咨询，怀孕后应该在一两个月时去咨询，最晚不超过三个月。孕早期咨询，医生可以通过询问妊娠反应，做必要的检查来判断胎儿是否正常。如果正常，但仍需要继续观察监护胎儿发育情况；如果出现异常，早期引产对孕妇身体的影响会小一些。由此可见，在怀孕四五个月以后再去做遗传咨询是为时太晚了。因为有的检查要待一两个星期后才能做出诊断。诊断后如果需要引产，胎儿大了，对孕妇健康影响就更大了。

（2）开展婚前检查选择适当生育

婚前检查是对男女青年在结婚登记前进行的全面、系统的健康检查及有关的系列保健服务，是为了保障男女双方身体健康，科学地选择生活伴侣，保障婚后美满、家庭幸福，防止遗传病延续，是实现后代优生的重要前提，也是实行首次优生监督，为男女双方和下一代的身体健康提供保障，实现人口优生，提高全民族素质奠定基础。

产前诊断又称为宫内诊断，它是利用医学遗传学的方法了解胚胎和胎儿出生前在宫内生长发育情况。对是否患有某种遗传病或先天性畸形做出准确的判断，以便进行选择性流产，杜绝患儿出生，这是优生的重要措施。

产前诊断以往通过羊膜穿刺获得胎儿的遗传物质，容易破坏胎儿与外界隔绝的天然屏障，胎儿受刺激也容易引起流产。20世纪80年代美国科学家用纳米$SiO_2$微粒很容易将怀孕8星期左右妇女的血样中极少量的胎儿细胞分离出来，并能准确地判断是否有遗传缺陷，目前早已应用于临床。

### 6.3.2　正优生学

正优生学是研究维持和促进人群中有利（优良）基因频率的增长。这方面，人们设想或已经试行的措施有：①提倡优选生育，即鼓励在体格和智力上优秀的个体生育多的后代，某些国家已在优生法中加以规定。②人工授精，是指将丈夫或他人的精液用人工注射的方法注入女方生殖道，达到受精的目的，可用新鲜精液或液氮冷藏精液。主要用于男性不育症，同时也用于男性患有显性遗传病者及夫妇同为隐性遗传病携带者，以及Rh血型不合溶血病者。如果要达到正优生学的目的，则在人工授精前要优选精子。国外已有“精子银行”，贮备各种可供选择精子。目前所谓挑选的优秀精子只是按供精者表型挑选，未必真正“优秀”，故如何优选精子尚待研究解决。此外，一个个体的精子使用次数也应有严格规定，否则会出现一系列伦理学问题。③试管婴儿，此法用以解决女性不育，特别是输卵管闭塞。将来如能满足胚胎在母体子宫发育的所有条件，有可能个体发育全过程均在体外进行，此时所育的婴儿才是真正的试管婴儿。④单性生殖，由于某些动物卵子未经受精，能自动发育为个体（自然单性生殖），高等动物在体外也能诱发卵子发育成个体（人工单性生殖），人们设想，人类如果实现单性生殖，可以避免男方致病基因传至后代，也是优生的手段。⑤遗传工程，人们设想将来可将健康人胞核移植给遗传女性的去核卵子中，甚至将正常基因转移到带有致病基因的卵细胞基因组中，达到治疗和优生的目的，但存在伦理问题，目前部分国家被禁止。

# 第7章　生物的发育与演化

英国诗人塞缪尔·柯勒律治（Samuel Coleridge）曾说过“一个人出生前的九个月历史，可能比之后的七十年更有趣”，胚胎发育过程是物种进化过程的缩写。生命如何起源是生命科学研究的基本问题之一。配子发生及受精卵形成之后，基因是如何按时空启动，是什么因素决定了细胞发育成不同的组织器官等之类问题的深入研究，不仅能为人类胎儿疾病的发生提供重要的理论指导，也将为人们了解胚胎发育和生命演化之间的关系提供新的见解。

## 7.1　生物的发育

**微课**
精子与卵细胞的发生

生物的生长发育是生殖过程的继续，主要是精子与卵子受精具有的生命可能性，随后变成生物现实的过程。

### 7.1.1　精子的发生

（1）精子的产生

精子发生（spermatogenesis）（图7.1）场所为睾丸上的曲细精管，时间为青春期到生殖机能衰退为止。精子在生精小管中形成。生精小管上皮的精原干细胞经过连续的有丝分裂，形成多个精原细胞，其中的一部分保持精原细胞状态，另一部分长大，成为初级精母细胞。初级精母细胞立即进入减数第一次分裂（减数分裂Ⅰ）。随着减数分裂的进行，细胞不断向

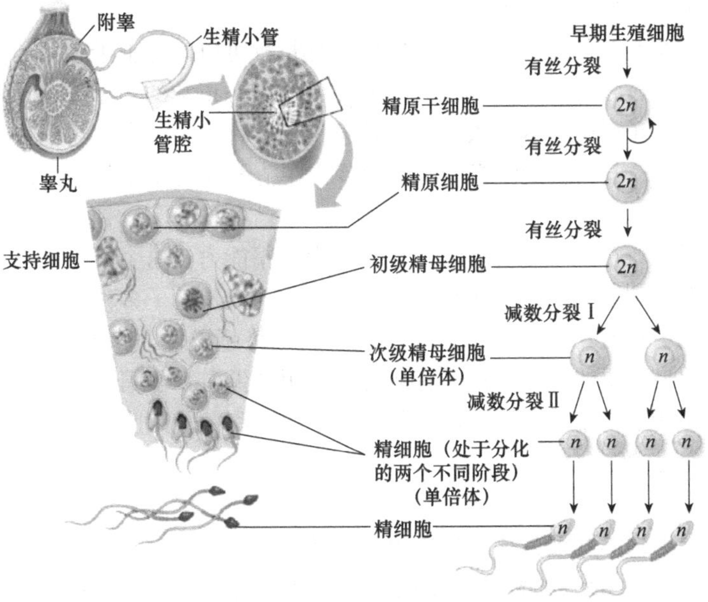


图7.1　精子发生（Urry et al.，2016）

生精小管中心推移。

初级精母细胞经过减数第一次分裂后，形成两个次级精母细胞；次级精母细胞经过减数第二次分裂（减数分裂Ⅱ），变成4个精细胞，不再分裂，逐渐分化为精子。此时，细胞已经迁移到生精小管腔面上。精子发生是一个高度调控的转录、翻译和翻译后过程。精原干细胞在婴儿出生后就开始了其分化过程：经过精原细胞有丝分裂和精母细胞减数分裂之后，所形成的单倍体圆形精子细胞通过精蛋白替代组蛋白完成染色质浓缩和细胞核重塑过程，最终形成了具有特定表观遗传修饰的成熟精子。

精子发生是一个复杂的过程（图7.1）。原始生殖细胞（primordial germ cell，PGC）在哺乳动物胚胎发育早期即已形成。以人为例，胚胎第4周时，在近尿囊处的卵黄囊背侧内胚层细胞出现一些大而圆的细胞，称为原始生殖细胞。第6周时，原始生殖细胞沿着后肠的肠背系膜逐渐迁移到发育中的生殖腺原基，由于Y染色体短臂上有一段指导雄性性别分化的基因，称为*SRY*基因。人胚胎第7周时，在*SRY*基因产物睾丸决定因子（testis-determining factor，TDF）的影响下，原始生殖细胞逐渐分化成为精原细胞。一部分精原细胞不进入分化途径，继续保持有丝分裂能力；另一部分精原细胞在青春期进入分化途径，分化为初级精母细胞；初级精母细胞进行染色体复制，经历减数第一次分裂形成两个次级精母细胞；次级精母细胞进入减数第二次分裂，姐妹染色单体分离，形成单倍体的圆形精子细胞；圆形精子细胞进行复杂的形态学变化及核蛋白转型和修饰，形成成熟的长形精子。

细胞分化过程受许多因素的严格调节，雄性哺乳动物从内在因素、相互性和外在因素三个层次对精子发生过程中基因的表达进行调控：①内在因素是最主要的，生精细胞内源性机制调控不同基因严格按照时间和空间特定表达，以保证精子发生活动正常进行；②相互性，以睾丸的营养细胞支持细胞为中心，支持细胞与不同发育阶段的3～4层生精细胞紧密接触，同时还与其他支持细胞和睾丸间质细胞相互作用，用于整合和协调各种信号，调节生精细胞同步发育；③外在因素，促黄体激素和促卵泡激素等外源激素通过影响支持细胞的基因表达来调节相互性作用，影响精子发生过程。

精子发生是一个高效的过程，一个健康的男性每秒可以产生上千个精子。然而精子发生也是一个容易出错的过程，人类精液中只有低比例的形态正常的精子。精子发生受多种因素的精细调节以确保把正确的基因和表观遗传信息传给子代。精子发生过程还伴随许多睾丸基因的阶段特异性表达，其表达受严格的时空调节，在精子发生过程中发挥着决定性的作用。

（2）精子获能

成熟附睾精子在雌性生殖道的转运过程中获得受精能力，这个复杂的过程称为获能。精子获能并不同步发生，它是一个短暂且不可逆的过程，涉及精子多种变化，伴随胆固醇的去除，精子质膜重组，广泛的蛋白酪氨酸磷酸化，膜电势超极化，胞内pH升高和胞内$Ca^{2+}$增加等。精子获能后最重要的变化是精子有能力对透明带蛋白、孕酮及$Ca^{2+}$载体等起反应，并发生顶体反应。获能也与精子膜流动性、胞内离子浓度和精子细胞代谢水平的改变有关。精子获能正是这些变化的综合结果。

（3）精子的结构

精子的头部含有顶体和细胞核。顶体由高尔基体形成，内含水解酶（蛋白酶、透明质酸酶、酸性磷酸酶等）。受精时水解卵膜上的物质，帮助精子入卵；颈部呈桶状，由中心粒演化而来；尾部由中心粒发出的微管组成，呈9＋2排列的鞭毛，为精子运动所必需。分三段

（中、主、末），中段有大量线粒体，为运动提供能量。

化学污染、放射线、电磁波、噪声等外界环境的恶化，以及休息、饮食没有规律，工作压力大，精神紧张，身体时常处于疲劳状态，酗酒、滥服药物、营养不良、吸烟成瘾、纵欲等不良生活习惯影响雄激素分泌从而导致精子质量下降，数量减少。过去50年间，人类畸形、劣质精子的比例在增多，其活力、穿透力、致孕率都在下降，男女不孕症患者的比例由原来的3∶7，到目前已发展为6∶5。

### 7.1.2 卵子的发生

女性的生殖细胞在妊娠5～6周胚胎初期就开始发育生成卵原细胞。女婴出生后完成卵原细胞经有丝分裂成为初级卵母细胞（大约70万个），它们停留于减数分裂Ⅰ前期不再发育。进入性成熟期，大约400个可发育成卵。从卵泡发育到排卵前状态需85d，每隔28d左右，仅有1个（偶尔2个）优势卵泡最终发育成熟。“苏醒”初级卵母细胞继续减数分裂过程产生次级卵母细胞，并从卵巢排出，其他卵泡则闭锁。排卵后孕酮水平迅速升高，如未妊娠，黄体在排卵后11～14d快速衰退。雌孕激素水平急速下降，子宫内膜脱落而月经来潮。

卵子的发生（图7.2）与精母细胞不同，各级卵母细胞并不是独立存在的，而是以卵泡（follicle）的形式存在。卵泡中央是卵母细胞，周围是颗粒细胞。随着卵母细胞的发育，卵泡也在发育，经初级卵泡、次级卵泡，发展到成熟卵泡，颗粒细胞也发育为多层的颗粒细胞。一部分颗粒细胞形成周围的卵泡壁，另一部分包围在卵母细胞周围。

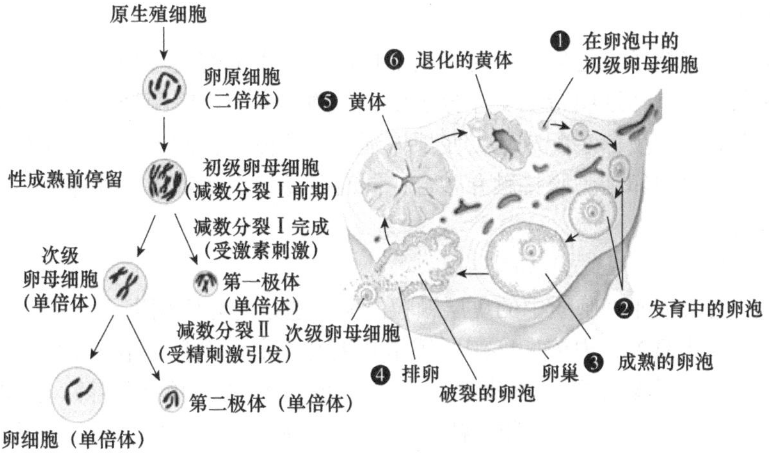


图7.2 卵巢与卵子的发生

紧靠卵母细胞的颗粒细胞呈柱形、放射状排列，称为放射冠（corona radiata）。放射冠与卵母细胞之间，是一层富含糖蛋白的膜，称为透明带（zona pellucida）。

成熟卵泡直径为1～1.5cm，向卵巢表面突出。卵泡破裂后，卵母细胞连同透明带和放射冠从卵巢排出，经腹腔进入输卵管，这个过程称为排卵。卵子的外层被一层透明的薄膜保护着，这使它看起来像一个悬浮在天体中的漂亮星球。

哺乳动物减数第一次分裂是在雌性动物排卵前后完成；减数第二次分裂是在精子和卵子结合的过程完成的。

微课
受精与
胚胎发育

### 7.1.3 受精

受精（fertilization）是指精子和卵细胞融合而成受精卵（合子）的全过程，并激活卵细胞进入胚胎发育过程。受精过程（图7.3）包括顶体反应（acrosome reaction）和皮层反应（cortical reaction）。

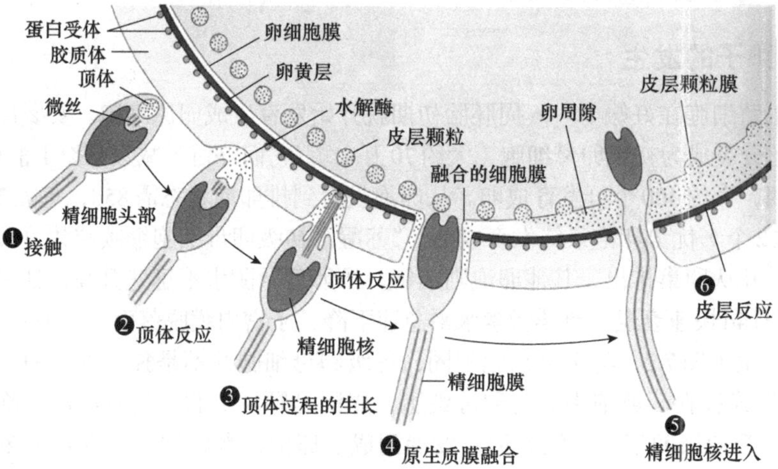


图7.3 受精过程（Urry et al.，2016）

（1）顶体反应

顶体反应是指当精子逼近卵细胞时，精子顶体泡中水解酶逐步释放水解颗粒细胞，穿过卵细胞表面的颗粒细胞与透明带上受体分子结合，顶体泡中水解酶释放精子头部接触卵子表面后，顶体前端的肌动蛋白装配成丝，使顶体延长为顶体突，伸入胶膜。同时顶体释放水解酶，使顶体前端的膜与卵细胞膜接触并融合；同时肌动蛋白丝解体，顶体突起消失，精子的细胞核进入卵细胞。

（2）皮层反应

皮层反应是指位于卵细胞质中的皮层颗粒的酶，通过胞吐作用进入透明带的过程。

受精时，首先出现$Na^+$内流，卵细胞膜电位变化，起到瞬间阻止其他精子进入的作用。而后受精卵发生一系列复杂的生物化学反应，形成一个稳定的物理屏障，阻止其他精子进入，这就是皮层反应，阻止多精入卵。精子入卵20～30s后发生皮层反应，当精子入卵后，卵细胞释放$Ca^{2+}$，皮层颗粒与卵质膜融合，颗粒体中的酶释放入透明带，破坏透明带与卵质膜间的联系，同时透明带上精子受体也被水解；卵细胞释放亲水物质，吸收大量水分，撑开了透明带与卵质膜之间距离，透明带由于蛋白交联而硬化，使之具有多精入卵功能（图7.3）。

精子进入后，卵细胞代谢增强，蛋白质合成上升。哺乳类的卵在受精后完成减数第二次分裂，然后雌雄原核融合，受精作用完成。

次级卵母细胞在输卵管1/3处与精子汇合成为受精卵。注入阴道的精子约4亿个，但仅有少数能与卵子相遇。受精卵在输卵管中开始分裂，6d后形成囊胚被植入子宫壁。

母亲卵巢黄体继续发育，分泌孕激素，使子宫壁保持完整不再剥离，月经停止。胚泡表面一层细胞为滋养细胞，发育为绒毛膜。内面细胞团发育为胎儿。胚胎本身发育出一层包裹胚胎的膜称为羊膜，羊膜与胚胎之间为羊膜腔，内中充满液体称为羊水，保护胚胎免受震动。绒毛膜很厚，紧贴子宫壁，并有突起长入子宫壁中，绒毛膜和子宫壁共同形成胎盘。

### 7.1.4 早期胚胎发育模式

（1）人胚胎的发生

卵子受精和激活后，受精卵就很快进入有丝分裂（卵裂）（图7.4）。刚开始几轮有丝分裂是以相当快的速度从S期进入M期，只有很少时间花在$G_1$期和$G_2$期。卵裂主要是染色体复制、卵细胞质分割，形成有许多小细胞的卵裂球。受精后3d，卵裂球形成12～16个细胞实心球，如桑葚，故称桑葚胚。受精卵由输卵管逐渐向子宫方向移动直至到达子宫。桑葚胚细胞继续分裂，至第5天已形成100多个细胞，此时，胚呈现为囊泡腔状，腔内充满液体，称为胚泡。胚泡由滋养层、内细胞团和胚泡腔三部分构成。其中内细胞团发育成各种组织；滋养层发育为胎膜、胎盘。在整个孵化过程囊胚扩大，胚胎伸展出来，胚泡形成后透明带消失，开始植入。

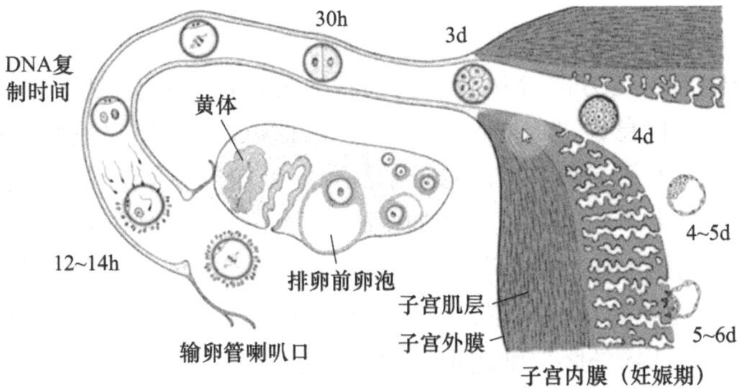


图7.4 受精与着床

约在受精10d后，胚层开始发育，约14d后形成二胚层，约21d后形成三胚层：内胚层、外胚层和中胚层。外胚层主要发育成表皮细胞、神经细胞和色素细胞等；内胚层主要发育成甲状腺细胞、胰腺细胞、消化道和呼吸道的内皮细胞等；中胚层发育为躯体的真皮、肌肉、骨骼及其他结缔组织和循环系统，包括心脏、血管、骨髓、淋巴结、淋巴管等。具有三胚层的胚胎即原肠胚，胚胎发育4～8周后，主要器官雏形形成，已具人形。

（2）母源效应基因

受精卵卵裂时，由于细胞处于$G_1$期的时间太短，所以不会有太多的时间用来表达基因和翻译蛋白质。此时雌性生殖系统母源效应mRNA和蛋白质决定早期胚胎发育过程。为卵的进一步发育打下基础，即分子水平的“母爱”。例如，果蝇在卵构建的过程中，一些滋养细胞就将一部分mRNA注入卵中，且不同mRNA分布在不同的区域。在受精卵卵裂产生的子细胞中仍含有这些母体信息。由于这些mRNA来自母体细胞，不是受精卵基因转录的，因此称为母源效应基因（maternal effect gene）。在某些物种中，这些来自母亲的基因产物决定了胚胎发育的基本结构，如头尾、肚腹的确定。其作用可以从受精卵一直延续到原肠腔形成之前。

（3）细胞命运的决定

胚胎细胞未出现形态、生化差异之前，细胞分化就确定了一定的分化方向，随着发育过程的进行，细胞会按照既定的方向，沿着特定的类型，稳定地分化下去，这就是决定（determination）。细胞的命运主要由来自细胞内部和细胞周围其他细胞的调控信号决定的。

许多母源效应的基因产物是转录因子，或者是转录因子的调控因子，它们调控着基因的表达，称为胞内信号。在受精卵的前几轮有丝分裂中，这些因子就以不均等的方式分配到子细胞中，直接决定了细胞的命运。若细胞内信号丢失，将会对胚胎发育或成体功能产生影响。发育过程完全由胞内信号调控的线虫，当它的受精卵分裂为2细胞时，如果人为地处理掉其中一个细胞，线虫将只能发育到100个细胞阶段，不会出现一条完整的线虫。

胞外信号既可通过自由扩散与周围细胞交流，也可以按照细胞相对位置（如通过细胞外基质等）调整细胞的命运。胞外信号不会因为细胞的死亡而消失，如海胆受精卵分裂为二细胞的时候，移去一个细胞后仍能发育成一个完整的海胆，只是体型变小而已。

（4）细胞间相互作用

胚胎发育中，一部分细胞对其邻近的另一部分细胞产生影响，并决定其分化方向的作用，称为胚胎诱导（embryonic induction）。只有在胚胎的诱导发生之后，胚胎的表型才会受到胚胎基因组的控制。

诱导细胞分泌的信号蛋白改变了被诱导细胞的转录调节作用，并按顺序激活了基因模式，使不同种类细胞向一定方向分化。这些细胞所分泌的、可扩散的信号分子（诱导物），为其他细胞提供了位置信息，进而对周围组织产生了复杂的影响。它可因靶细胞远近差异，依赖于信号分子浓度产生不同影响。信号分子从分泌处向外扩散形成浓度梯度，从而影响各部分细胞分化，诱导产生不同的组织。例如，眼球发育过程中存在多级诱导（图7.5）：首先是初级诱导，在发育的第4周，视囊泡从前脑神经外胚层渗出，诱导相邻的外胚层形成晶状体板。在第4～6周，视囊泡自行内陷，形成视杯；随后，视杯诱导上方的外胚层内陷形成晶状体，晶状体囊泡又诱导外胚层细胞形成角膜。在第6周之后直到第20周，视杯分化为两个主要层，即神经视网膜和色素上皮，而晶状体囊泡增厚并形成晶状体。神经视网膜中的神经细胞从视盘的中心分化到外围，使得成人视网膜图案设置有富含特定感光器的圆周带或区域。

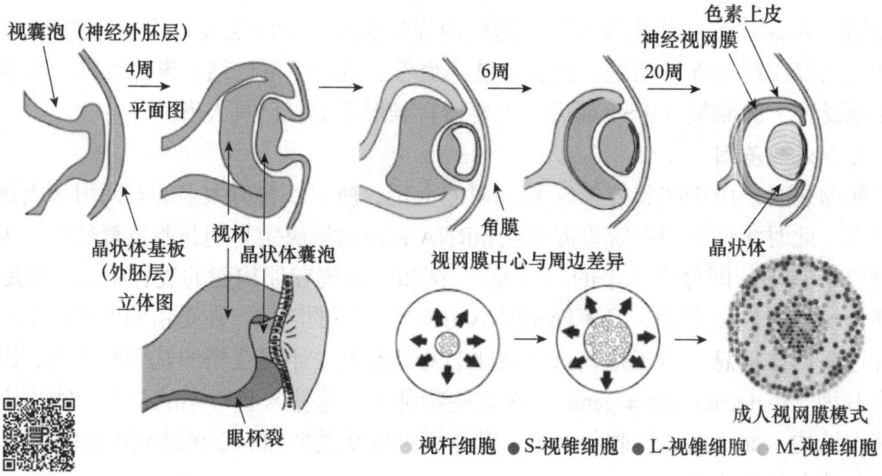


彩图

图7.5 人眼睛的形成（Gaspar et al.，2019）

### 7.1.5　个体发育中的基因调节

个体发育中的细胞行为是受基因决定的。由于伦理学的原因，包括人类发育在内的众多发育原理，必须使用模式生物如果蝇、线虫、小鼠进行实验操作和制备突变体进行研究。

在动物胚胎发育过程中，大多情况下，在原肠胚形成前，胚胎就会发生极化，确定未来个体的内与外、头与尾、腹与背的朝向。前后轴即确定未来头与尾朝向的轴线，也是最主要的一条轴线。所有动物都用位置信息来决定身体形态的构建，研究果蝇发育发现其发育的最初是母源效应基因而不是受精卵基因决定。

（1）*bicoid*母源效应基因

果蝇卵由于母源mRNA影响而呈现不对称性，这个现象发生于受精之前（图7.6）。这些mRNA中有一种称为bicoid的母源效应基因产物，该产物影响果蝇的前后极性，主要控制胚胎中的前端。bicoid待在精子进入的地方，这个地方将成为果蝇前部。受精使这些mRNA翻译成bicoid蛋白沿囊胚表面扩散，形成第一个梯度。*bicoid*基因缺失的果蝇，产下的卵发育的胚胎无头，而只有两个尾，如果将此基因产物注射到突变胚胎的全部，此胚胎可正常发育；如将它注入正常胚的后部，那里也将发育成头和胸部。

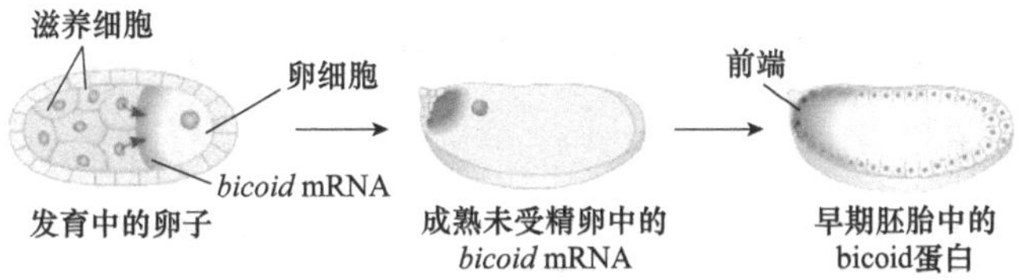


图7.6　*bicoid*基因对果蝇发育的影响

（2）间隙基因

bicoid蛋白是受精后第一个表达的蛋白质，启动了第一批母源mRNA的转录，2h后在囊胚细胞的间隔尚未形成时，胚胎细胞就开始生产它们自身的mRNA和蛋白质，一组由6个基因组成的间隙基因（gap gene）开始转录。这些基因的分布构成了胚胎初始粗略分区。例如，间隙基因中的*hunchback*（驼背基因），其mRNA遍布胚胎，但其表达受另一种母源效应基因*nanos*（希腊语侏儒）调控。nanos蛋白结合于*hunchback*的mRNA上，抑制其翻译，控制胚胎发育的后端。由于前部的nanos分布少，此处所产生的hunchback蛋白向后扩散，形成第二个梯度，决定果蝇的胸部和腹部的分节。如果*hunchback*基因缺失，其胸部无法发育，成为驼背形态；如果*nanos*缺失，会导致腹部体节无法发育。

（3）成对规则基因与体节极性基因

一些间隙基因在后部表达，一次活化了11个以上的成对规则基因（pair-rule gene），它们的缺失会导致体节的相间缺失。其中一种叫*hairy*的基因产生7条蛋白质条带，将胚胎分成7个区。随后，又有16个以上的体节极性基因（segment polarity gene）将各体节再进行划分。例如，成波纹基因（*engrailed*）把分成的7个区的每一个一分为二，形成14个区，这就是幼虫后来的14个体节（3头、3胸、8尾）。这些都是在受精后3h完成。果蝇早期胚胎发育中基因的激活顺序如图7.7所示。

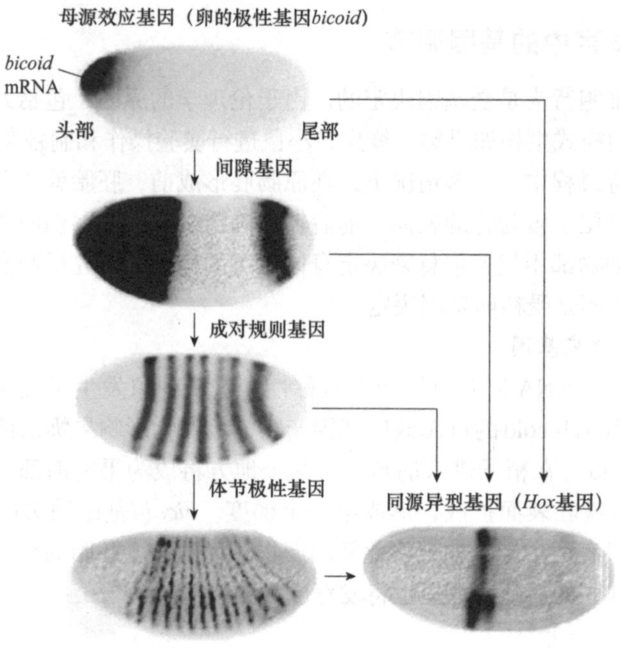


图7.7 果蝇早期胚胎发育中基因激活顺序

（4）同源异型基因

果蝇体节形成完毕后，一系列同源异形基因（homeotic gene，*Hox*基因）启动，来决定每一个体节构建成什么。同源异型是指在果蝇发育中不同身体部分排列的进化性改变。*Hox*基因是指通过控制各种细胞类群的发育命运，最后达到控制整体发育目的的基因。果蝇的头、胸、腹，以及其附属的口器、触角、附肢、翅等的分化，都是由*Hox*基因控制的。

20世纪40年代，美国加州理工大学爱德华·刘易斯（Edward Lewis）发现有些发生突变的果蝇躯体某一体节可以被其他体节取代，并深入研究。1978年在*Nature*杂志报告果蝇纵轴上各种特异体节的相对位置是由一个称为*Hox*基因族所决定的。此*Hox*基因族有两串，一串是触角足复合物（antennapedia complex，ANT-C），基因变异会在长触角的地方长出腿（图7.8A）；另一串是双胸复合物（bithorax complex，BX-C），突变后会出现双胸果蝇（图7.8B）。ANT-C和BX-C共同构成的区域称为同源异形复合体（HOM-C）。

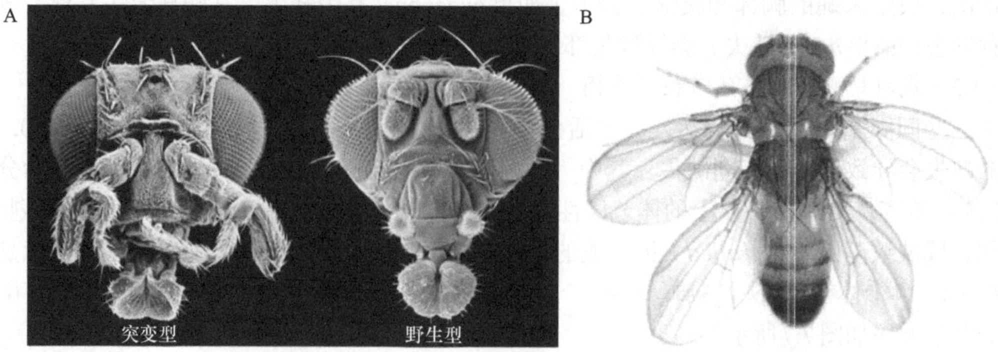


图7.8 同源异型家族

科学家又从个体轴发育有缺陷的果蝇中找出与其相关的基因并进行了克隆。发现这些基因中都含有一段180bp高度保守序列，称同源框（homeobox），含有这一序列的基因称为同源框基因。由同源框序列编码的含60个氨基酸残基的肽链称为同源域，含有同源域的蛋白质称为同源域蛋白质。这些蛋白质是重要的转录调节因子，可以调节相关基因表达，控制不同类型的细胞发育和分化，从而决定了个体形态核内部器官的结构。

进一步研究发现鼠和人中也有同源异形基因，并与果蝇的同源性相当高，推测它们起源于6亿年前的共同祖先。鼠和人有4组同源异形基因，共38个，称为*Hox*基因，其排列顺序和身体体节排列顺序是相同的。若小鼠*HoxA-3*发生突变，出生后便会死亡，其颈软骨厚，缺乏胸腺、甲状腺、甲状旁腺。

（5）基因组印记

基因组印记是指后代某一基因的表达取决于遗传自哪一个亲代的现象。例如，在哺乳动物中已鉴定出二三十种杂交后代的性状是由基因组印记决定的。被印记的基因可以来自精子，也可以来自卵子，但在合子中只能表达一个印记基因的一个等位基因。在个体发育中，印记可传递给个体所有细胞。对给定的物种，被印记的基因总是以相同途径被印记。例如，父本等位基因表达被印记，那么代代相传，总是父本等位基因表达被印记；反之，亦然。

最早得到鉴定的印记基因是小鼠胰岛素样生长因子2（insulin-like growth factor-2，Igf-2），生长激素通过Igf介导发挥作用。个头大小正常的小鼠为野生型，其位于父本7号染色体上正常的*Igf-2*等位基因可以表达，即该等位基因没有被印记；而位于母本7号染色体上正常的*Igf-2*等位基因不表达，为沉默基因，即该等位基因被印记。如果小鼠遗传自母本*Igf-2*基因发生突变，后代小鼠仍为野生型；相反，如果来自父本的*Igf-2*等位基因发生突变，那么后代将变为侏儒小鼠，其大小比野生型小得多。一个等位基因DNA双螺旋链上胞嘧啶碱基发生甲基化，往往使等位基因沉默。但有少数基因胞嘧啶碱基甲基化却可使等位基因表达活化，小鼠*Igf-2*基因正属于这种情况。

（6）线粒体遗传

一般动物精子头部是细胞核所在之处，核周围仅有薄薄一层细胞质；头后有两个中心粒；中段是线粒体存在的部位。受精时，精子线粒体可以随精子细胞核进入卵细胞，但是遗传分析表明只有卵细胞质内的线粒体可以存活下来，进行母系遗传。母系遗传支配着绝大多数动物和植物中的线粒体基因。在人类mtDNA遗传中，同样是遵循母系遗传，即只有女儿才将突变mtDNA传给子代，而儿子不会；同时，野生型和突变型线粒体可同时存在于同一类细胞中，经过分裂，虽然线粒体和mtDNA随机分布到子细胞，但分裂旺盛的细胞，如血细胞有排斥突变mtDNA的趋势，最终所有这类细胞皆为正常mtDNA；而分裂不旺盛的细胞，如肌细胞则积累突变型mtDNA，最终细胞内mtDNA全部变为突变型mtDNA。

虽然线粒体基因只能合成一部分自己需要的蛋白质，但大部分线粒体基因是用于构建电子传递链蛋白复合体和ATP合酶，如果这些蛋白质中的一个或多个缺失，将造成细胞ATP合成明显下降，并引起若干种罕见的人体疾病。人体对能量丧失最为敏感的部分是脑神经系统和肌肉，大多数线粒体疾病主要是影响这些系统，如线粒体肌病（病变以侵犯骨骼肌为主）和线粒体脑肌病（病变同时侵犯骨骼肌和中枢神经系统）。人体肿瘤中普遍存在mtDNA突变的现象。mtDNA突变对女性危害较小，对男性危害较大。这是由于男性会出现mtDNA突变积累，男性生殖系统中mtDNA突变往往会导致生殖能力下降。而女性可能对mtDNA突变能进行一定程度的选择，可将突变率控制在很低的水平。

微课
试管婴儿

### 7.1.6 试管婴儿

试管婴儿是指通过手术从母体取出卵子，加入经处理的精子之后放在“试管”中受精；再将受精卵在试管中发育约2d后，移至子宫内继续发育直至成为成熟的胎儿、分娩。它是通过体外受精-胚胎移植（*in vitro* fertilization and embryo transfer，IVF-ET）技术妊娠出生的婴儿。

取卵是微创手术，全程全麻，在超声换能器的控制下进行（图7.9）。妇科医生在扩张器的帮助下打开子宫颈管，插入超声换能器和吸气空心针。在监视器发现卵泡后，每个卵泡都会产生穿刺。通过穿刺，确认针尖位于卵泡腔内，开启负压吸引器，抽吸卵泡液，直至卵泡塌陷，将卵泡液与卵一起吸出并收集在试管中。

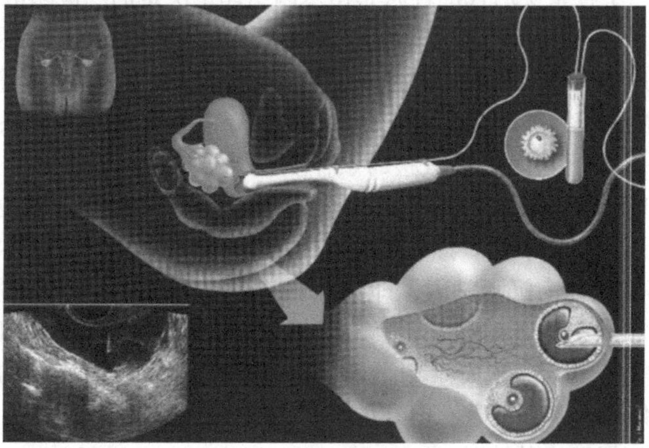

图7.9 微创取卵细胞

早在1878年，德国科学家申克（Schenk）就对家兔和豚鼠进行体外受精试验，但直到1951年华人科学家张民觉通过大量实验，查阅文献，发现绝大多数哺乳类动物的受精过程，精子需要在雌性生殖道内经过某种生理变化才能与卵子受精结合，体外受精才获得成功。同年，Austin博士也在兔子和大老鼠的实验中发现相同现象，并称之为“精子获能”。国际生理学界把他们俩的研究成果命名为“Zhang-Austin原理”。1959年，张民觉首次将体外受精的36只兔胚胎移植到6只假孕兔的输卵管中，分娩出15只健康仔兔。

从20世纪60年代起，罗伯特·爱德华兹（Robert Edwards）等对人IVF-ET进行研究，经近20年的努力获得成功。他们将经体外受精后发育到8细胞的人胚卵，移植到母亲子宫腔内，任其生长发育，1978年7月26日在英国诞生了第一例“试管婴儿”——路易斯·布朗（Louise Brown）。此后，人的IVF-ET技术在各国如雨后春笋般迅速发展起来。随后澳大利亚、美国、日本、中国（台湾、香港）都有试管婴儿诞生；1988年3月10日，我国大陆第1例试管婴儿诞生于北京医科大学第三附属医院妇产科，其创始人为张丽珠教授。

世界著名的生殖生理学家张民觉先生于1959年首先获得了试管动物兔，目前现已有10多种动物获得试管动物，IVF-ET应用于畜牧业领域成就空前卓著。

按照试管婴儿各种技术出现的时间次序，可分为常规试管婴儿技术、单精子注射技术、植入前遗传学诊断技术、卵浆置换技术。这些技术无优劣之分，均有各自的适应证。

（1）常规试管婴儿技术

常规试管婴儿技术即通过常规的IVF-ET获得婴儿。其方法是从妇女体内取出卵子，于器皿内培养后，加入经处理的精子，待卵子受精后，继续培养，至分裂为2～8细胞时，再转移到妇女子宫内着床，发育成胎儿，分娩。该技术主要针对女性因素所致的不孕问题。各种原因导致的输卵管不通或功能障碍（输卵管切除、输卵管阻塞、盆腔严重粘连及输卵管结扎再通手术失败等）、排卵障碍、子宫内膜异位症等。也可解决男方少弱精子症原因导致的不孕。

（2）单精子注射技术

通过显微受精（microfertilization）技术获得的婴儿。显微受精的标志技术包括：透明带下注射（subzonal injection，SUZI）和单精子卵细胞质内注射（intracytoplasmic sperm injection，ICSI）。

透明带下注射（图7.10）是在显微镜下，用注射针将一个或多个精子直接注入透明带下卵周隙中使之受精妊娠。排除了由透明带或卵质膜所形成的受精障碍。可以解决因男方输精管堵塞、缺如、损伤、肿瘤、绝育后复通失败、精道不通、弱精、少精等因素造成的不育。与此相似的技术还有透明带钻孔（zone drilling）、透明带部分切口（partial zona dissection）技术。透明带钻孔是用酶或机械方法在透明带钻孔，然后在体外受精，以帮助精子通过透明带使之受精。

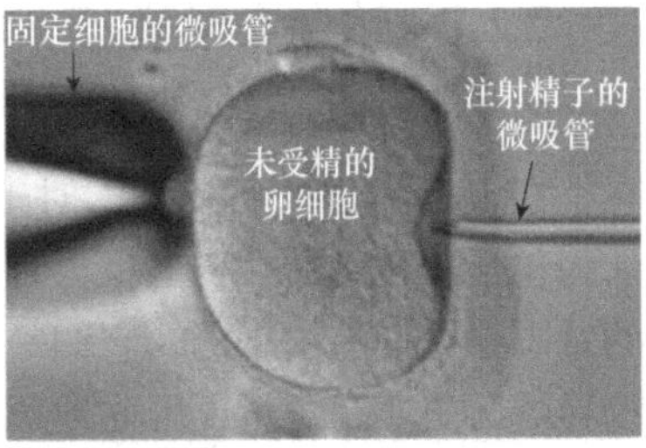

图7.10　透明带下注射

单精子卵细胞质内注射是1992年由比利时自由大学中心创立。该技术是将精子直接注射入卵母细胞质内的辅助受精显微操作技术，是目前治疗男性不育的主要手段。1994年，世界上第一例“ICSI婴儿”出生。之后相继在澳大利亚、美国、比利时、加拿大、法国，大批以ICSI技术受精的试管婴儿诞生。我国于1996年由中山大学附属医院妇产科与生殖医学专家庄广伦首次运用ICSI获试管婴儿。ICSI受精率高达50%～70%。该技术是在显微操作仪下，将整个精子或精子的头部注射到卵母细胞质内，完成受精。其优势是精子浓度、活动率对受精均无影响，可来自男性新鲜或冻融的精子，或来自附睾、睾丸穿刺取出的精子。

（3）植入前遗传学诊断技术

植入前遗传学诊断（preimplantation genetic diagnosis，PGD）技术是用于解决人类遗传病而发展的一项技术，主要基于两种情况：一种是夫妻中某一人可能携带了遗传病基因，想确定自己的后代将来是否会受到该基因的影响；另一种情况是夫妻双方想要确定，自己是否携带了异常染色体以至于不能正常怀孕。

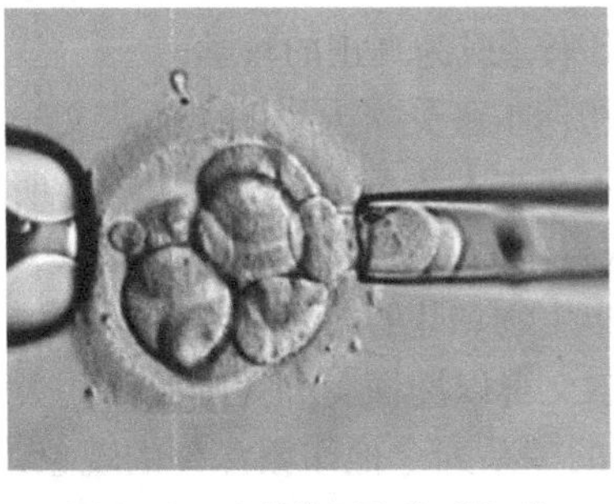
图7.11　透明带下取卵裂细胞

PDG一般流程是：在受精卵分裂6～8细胞的时候，对透明带（卵壳）打孔后，取出一个细胞（图7.11）进行胚胎植入前遗传学诊断，选择正常的胚胎植入子宫，避免父母有遗传性疾病遗传缺陷婴儿的出生，达到优生的目的。世界上第1例经过PGD的婴儿于1990年出生。

（4）卵浆置换技术

卵浆置换技术主要针对虽有排卵功能，但身体条件不好，或年龄偏大，致使卵子质量不高、活力差的女性。具体方法是将卵细胞质抽出，输入另一位健康女性卵细胞质形成一个新的、优质卵细胞，再把新“造成”的卵子与其丈夫精子结合成受精卵，植入子宫内，妊娠分娩。

## 7.2 生物演化

人类居住的地球已有46亿年的历史，今天看到的多姿多彩、千奇百怪的生物是生命在地球上几十亿年间演化的结果。演化学说是贯穿不同生物学领域的一个重要的统一理论。正如著名学者杜布赞斯基所说，“如果不按照进化论思想思考问题，生物学的一切都将毫无意义”。演化理论将纷繁复杂的生命世界联系起来，是理解各种生命现象及其本质的重要基础。

### 7.2.1 达尔文学说

（1）演化理论的创立与历史

在人类发展的历程中，对于生命形成了两种截然不同的世界观。特创论（creationism）认为包括各种生命在内的世界是恒定不变的，不同物种天生完美，是由万能的上帝按照自己的意志独立创造出来的，它们一经创造，就永远不会再有变化。同时，特创论认为上帝创造世界的历史非常短暂，因此地球和生命都很年轻，甚至有神职人员推算出地球起源于公元前4004年10月22日下午6点左右。许多科学发现是与特创论的观点相矛盾的，从而动摇了世界是静止的世界观。进化论（evolutionism）认为地球和生命都很古老，物种在漫长的历史中始终发生着变化。因此，进化论认为生命是一种“有变化的传衍”，这里不存在超自然的创造，也没有预定的设计，现在我们所能看到的不同分类群，甚至是所有物种，都可以追溯到一个共同的祖先。

进化论的创立是以伟大的博物学家达尔文于1859年发表《物种起源》为肇端的。在达尔文之前，虽然有学者（如法国博物学家拉马克）提出了物种是可以变化的观点，但在1859年之前，特创论仍在普通大众、自然学家和哲学家中广为流行。在《物种起源》一书中达尔文给出了令人信服的物种是可以变化的证据，更重要的是达尔文还提出了关于演化为何发生及如何发生的具体理论，并且这些理论诠释并不依赖于任何超自然的力量。因此，该书一经出版，便促进了进化论在生物学及生物学以外学科中（如语言学、经济学、哲学等）的广泛传播，从而深刻地改变了人类对世界的认识。著名学者恩斯特·迈尔提出，可以毫不夸张地说，仅仅依靠《物种起源》一书，就使得科学从宗教中分离出来，成为真正的科学。

达尔文从童年时代起就热爱博物学，喜欢采集各种动植物标本。受家人影响，达尔文先在英国爱丁堡大学学医，随后又到剑桥大学学习神学，但达尔文本人更痴迷自然历史学，期间多次参加野外考察。1831年，当他从剑桥大学基督学院获得学位后，年仅22岁的达尔文以博物学家的身份登上了皇家海军勘测船贝格尔号，负责采集生物和化石标本。在随贝格尔号航行的5年中（1831年12月27日～1836年10月2日），达尔文得以勘探美洲大陆及一些太平洋海岛，采集了大量的动植物和化石标本。旅程中观察到的一系列令他印象深刻的现象，促使达尔文开始思考物种是如何起源的。这些萦绕在达尔文心中的问题正是今后进化论成长的思想基石。结束贝格尔号的航行回到英国后，达尔文在整理所采集标本的过程中意识到，如果物种不是一成不变而是可以变化的，那么他观察到的种种现象便可以得到合乎逻辑的解释。达尔文关于物种进化和自然选择的学说在1839年已经基本定型。他提出，物种可以随着时间的推移而改变，新的物种来自已经存在的物种，所有的物种都有一个共同的祖先。图7.12为达尔文笔记中的“生命之树”。

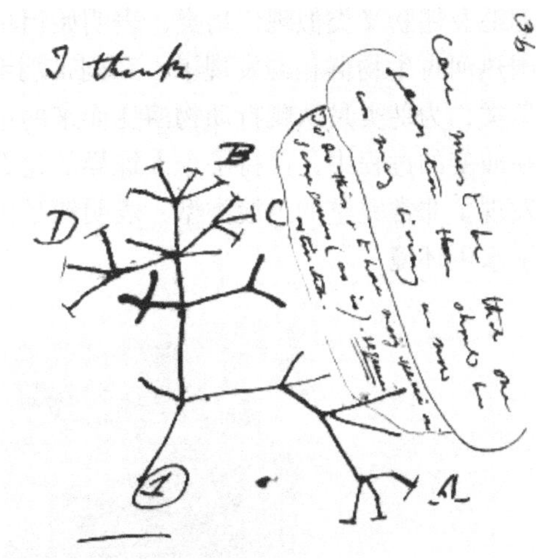


图7.12　达尔文笔记中的“生命之树”

（2）达尔文学说的证据

达尔文《物种起源》一书一经出版便产生了巨大的影响，因为达尔文的进化论可以解释很多原来特创论无法解释的现象。同时，越来越多的证据表明进化论是正确的。

1）化石证据。由于形成时间的先后顺序，在没有地质运动破坏的情况下，年代久远的地层通常埋在地壳下面，而较年轻的地层在上面。不同的地层里埋藏着不同时期形成的化石，我们可以根据地质年代推算化石物种生活的大致时期。生命通常是从简单向复杂演变的，因此可以合理推测在古老的地层里应该埋藏着较早期演化的古生物物种，而后形成的物种，其化石应该在较年轻的地层里才能找到，即古生物化石类型应与其所在地层的地质年代相符。例如，大约6000万年前，现代哺乳动物开始进化，如果在2亿～1亿年前地层里发现猛犸象的化石，就会推翻我们的观点和发现，但是实际上我们并没有发现这样的情况。对现有物种及不同古生物化石的地理分布研究，也表明物种的演化是连续的。例如，犰狳是生活在中南美洲的一种哺乳动物，与1万年前灭绝的雕齿兽非常相似（图7.13）。在空间上，雕齿兽化石分布与犰狳的生活区域有很大的重叠，表明犰狳可能是由雕齿兽演化而来，或者两者是由共同祖先演变而来，有着很近的亲缘关系。

图7.13　雕齿兽（左，已灭绝）与犰狳（右）

古生物变成化石是一个低概率事件，通常被沉积物或火山灰掩埋后才有机会成为化石。化石非常容易在地质板块活动中被破坏，同时只有裸露地层中的古生物化石才有机会被人们发现。所以化石记录可能并不完整，只有少数古生物物种被保存下来。很早之前就推测鸟是由恐龙演变而来的，但直到始祖鸟化石的出现，才有力证明了这一观点的正确性，因为始祖鸟具有长尾巴和牙齿，这些是爬行动物的特征；而始祖鸟的其他特征，如大脑袋、大眼睛、羽毛及翅膀又类似现代鸟类，表明始祖鸟属于爬行动物向鸟类演变的过渡物种。近年来，我国热河古生物群相继发现了一系列带羽毛的恐龙，如顾氏小盗龙（图7.14）及孔子鸟等原始鸟类，为鸟类是从爬行动物演变而来的这一论断提供了更多的化石证据。此外，有一些物种在演变的过程中，保持了令人惊异的化石证据链。例如，在鲸的陆生祖先及其水生后裔之间发现了非常完整的过渡类型，表明鲸是由陆生的有蹄类哺乳动物祖先演化而来，并逐步适应了水生环境。

图7.14　长有羽毛的顾氏小盗龙及其复原图

2）形态学证据。达尔文提出不同的物种可以追溯到共同的祖先。人们很早就发现不同的物种间具有一定的“关联”，林奈建立的人为物种分类体系就是基于不同物种之间的相似性。达尔文认为每一种生物类群实际上都是由一个最近共同祖先的不同后裔构成的。比较解剖学研究为这一论断提供了许多具有说服力的证据。例如，通过比较分析不同哺乳动物的骨骼结构，发现无论是哺乳动物的前肢、鸟类的翅膀还是鲸豚动物的鳍肢，都与人类上肢一样，是由类似肱骨、桡骨、尺骨、腕骨、掌骨和趾骨的结构组成（图7.15）。这是由于这些功能各异的前肢都源于共同陆栖脊椎动物祖先。不同物种因为共同祖先而具有的相似性结构称为同源结构（homologous structure）。

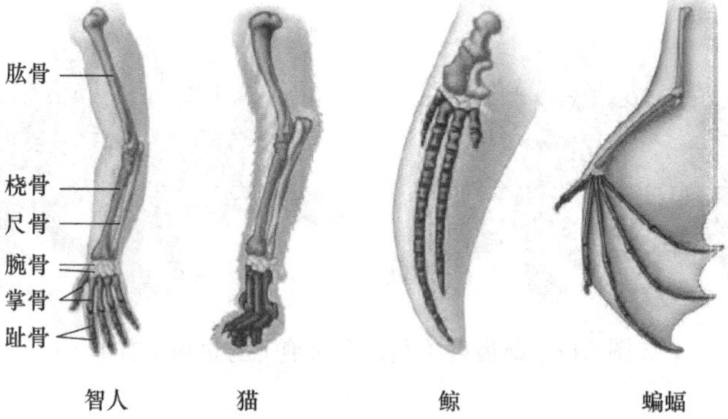


彩图

图7.15　脊椎动物的前肢具有类似的骨骼结构（Urry et al.，2016）

早在18世纪胚胎学家就发现相关种类的动物胚胎之间比它们成体之间的相似性更高。例如，人类胚胎早期的形态甚至与爬行动物、两栖动物和鱼类的胚胎都很类似。这是脊椎动物来源于共同祖先的另一个证据，因为胚胎发育继承了来自远古祖先的发育程序，使不同相关物种具有彼此类似的早期胚胎发育阶段。

在许多生物体内有一些特殊结构，如人的尾椎骨和阑尾、一些穴居动物的眼睛和部分不会飞行的鸟类的翅膀等，它们在发育中退化甚至完全丧失功能，被称为痕迹结构（vestigial structure）。从特创论的视角难以解释这种没有功能的残留物，而进化论则可以很好地解释痕迹结构。穴居鱼类因为生存环境的变化，终年生活在没有光线的环境中，不再需要通过视力去感知周围的世界，所以眼睛不再受到自然选择的青睐，功能逐渐退化，最终演变成为痕迹结构。

3）分子证据。不同的生物具有相同的遗传物质载体，使用同一套遗传代码，具有类似的基因表达调控机制，表明它们从共同祖先那里继承了这套生命传衍的运作机制。和形态特征一样，在生物演化过程中，分子（即遗传物质及其编码产物）也在发生着改变。两种生物的亲缘关系越近，基因分子结构间的相似性越高。人类、黑猩猩、奶牛和鸡都有编码胰岛素的基因，因为这个基因已经存在于它们最近的共同祖先中。这种在不同物种中都具有的相关基因序列，称为同源基因（homologous gene）。通过比较同源基因及其编码的蛋白质，可以判断不同生物的相似程度。例如，人和黑猩猩的胰岛素蛋白（约98%相同）比人和鸡的胰岛素蛋白（约64%相同）更相似，表明人和黑猩猩的亲缘关系比人和鸡的亲缘关系更紧密（图7.16）。特别是当通过形态特征分析无法得到明确结果的时候，可将形态和分子两者的证据进行比较。

| | | | | |
|---|---|---|---|---|
| 人胰岛素 | 74 | AGSLQPLALEGSLQ--KRGIVEQCC-TSICSLYQLENYC | N | 110 |
| 黑猩猩胰岛素 | 74 | AGSLQPLALEGSLQ--KRGIVEQCC-TSICSLYQLENYC | N | 110 |
| 犬胰岛素 | 74 | EGGLQPLALEGALQ--KRGIVEQCC-TSICSLYQLENYC | N | 110 |
| 大鼠胰岛素1 | 74 | AGDLQTLALEVARQ--KRGIVDQCC-TSICSLYQLENYC | N | 110 |
| 大鼠胰岛素2 | 74 | AGDLQTLALEVARQ--KRGIVDQCC-TSICSLYQLENYC | N | 110 |
| 鸡胰岛素 | 70 | EAGVLPFQQEEYEKV-KRGIVEQCC-HNTCSLYQLENYC | N | 107 |
| 蛙胰岛素 | 69 | ELDGMQLQPQEYQKM-KRGIVEQCC-HSTCSLFQLESYC | N | 106 |
| 斑马鱼胰岛素 | 69 | ETEVADFAFKDHAELirKRGIVEQCC-HKPCSIFELQNYC | N | 108 |

图7.16 不同物种胰岛素蛋白质序列的同源比对分析

（3）自然选择和人工驯化

1）自然选择。达尔文不但认识到生物是随着时间变化的，更重要的是还提出了隐藏在演化背后的内在驱动机制：自然选择。达尔文发现，在自然群体中没有两个个体是完全一样的，群体内存在广泛的变异，并且不同性状的差异往往是能够遗传的；每个群体都有很强的繁殖能力，如果不加限制，群体的数量将发生指数增长，但在自然环境中，群体的数量却能够保持基本稳定，这是因为每个物种能够获得的资源是有限的。达尔文由此推测，种群成员之间存在激烈的竞争，一些个体遗传了某些特征能帮助它们更好地生存和繁殖，在自然选择下获得了更高的生存概率，而这些特征将遗传给后代，使这一性状在群体中变得更为普遍；几代之后，群体会逐渐适应周围的环境。简而言之，自然选择就是有差别的存活和繁殖。

群体内的广泛变异是自然选择的原始材料，自然选择虽然作用于表型，但是本质上选择的是决定这种特征的基因；自然选择虽然作用于个体，但是改变的是不同等位基因在群体里的频率。基因频率的变化，是由于具有某种不同特征的个体在特定环境下生存和繁殖概率的差异造成的。在一个环境中有用的特性在另一个环境中却可能是有害的。例如，在英国工业革命以前，桦尺蛾（*Biston betularia*）多是浅色的，因为其栖息的树干和岩石上通常覆盖着浅色的地衣，黑色的桦尺蛾更容易暴露在天敌面前而很少被发现（图7.17A）；而19世纪后，工业污染杀死了大部分地衣，露出深色的树干和岩石，这时黑色成了桦尺蛾的保护色，所以在靠近工业中心的地区几乎全是黑色蛾子（图7.17B）。从桦尺蛾的这个例子还可以看到，自然选择的结果是留下更适合当时环境的个体，但不意味这些个体也更适合将来的环境。值得注意的是，尽管自然选择总是选择群体中存在的表型，但是可以演化出新的性状。这是由于一方面自发的随机突变可以产生新的等位基因，从而导致新表型的出现，另一方面有性生殖过程中的同源重组也能创造更为丰富的变异。

图7.17 不同环境下的白色和黑色桦尺蛾（Ford，1975）

A. 无污染区有地衣覆盖的树上；B. 工业区无地衣覆盖的黑色树皮上

自然选择可以筛选出具有更好生存和繁殖能力的个体，但是并不意味着会演化出“完美”生物。如前文所述，自然选择只能建立在现有的变异基础上，必然受到现有遗传基础的限制。更重要的是，自然选择是对综合能力的筛选，而不是特定针对某单一性状，所以选择的结果往往是与生存能力相关的不同性状的折中。另外，如果选择作用发生在育龄期以后，这种选择是无效的。例如，自然选择无法淘汰阿尔茨海默病的致病基因，因为在选择起作用之前，患者通常已经将不利基因传递给后代了。最后，生物生存的时空环境时刻在发生变化，没有一成不变的环境就没有一成不变的适应性状，只要生命存在，自然选择就会发挥作用，永远不会产生所谓的“完美”生物。

2）人工选择。对于人类种植或饲养的物种来说，除了自然选择以外，还要受到人工选择的作用。我们日常生活中的各种瓜果蔬菜都是人工选择的产物。例如，玉米的祖先大刍草（图7.18）是原产于南美洲的一种野草，所结的种子外面包裹着坚硬的外壳，同时种子数量较少，但在原住民的选择下，驯化成了现在玉米的模样。就本质而言，人工选择和自然选择是一样的，只不过选择的压力是由人类的需求、喜好施加的。但是人工选择又有一些明显区别于自然选择的特点。

首先两者目的不同，自然选择是使物种更加适应自然条件的变化，从而能更好地适应环境；而人工选择则是为了使动植物更能满足人类的需求和审美。例如，许多纯种宠物品种天生患有遗传疾病，这些不利突变在自然环境中会被自然选择所淘汰，但在人工选择的情况下却被有意识地保留了下来。其次，自然选择倾向选择综合适应性强的个体，而人工选择通常只针对满足人类需要的少数性状的极端个体进行选择，所以自然选择主要作用于适应性性状（如繁殖力、成活率等），人工选择则主要考虑的是经济性状（如产量、品质等）。最后，自然选择的速度较慢，而人工选择由于持续的筛选，其选择速度远比自然选择快。我们日常生活中的瓜果蔬菜都只有1万年至数百年的驯化历史，而现代育种学的发展将使这一过程变得更为高效和迅速。

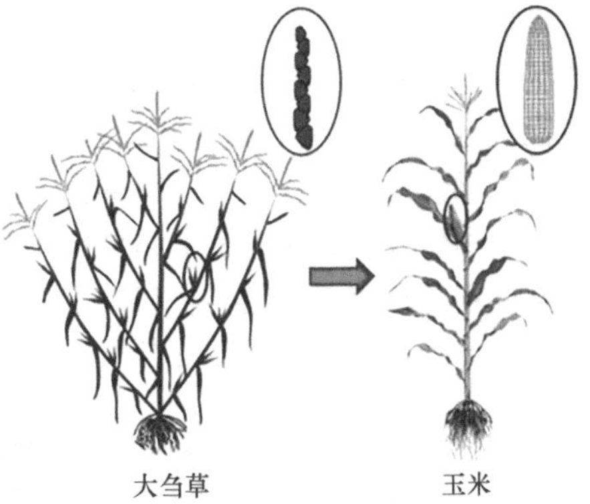


图 7.18　玉米及其祖先大刍草
（Sharma et al.，2021）

（4）性选择

雄性和雌性间的特征差异被称为性别二态性（sexual dimorphism），广泛存在于不同物种中（图 7.19）。例如，雌孔雀的尾巴短小，颜色灰暗，而雄孔雀具有华丽的尾羽。雄孔雀亮丽的颜色易使其暴露在天敌面前，而且拖着长长的尾巴会消耗大量的能量，为了保持明亮的颜色，雄孔雀还需要每年换一次尾羽。类似雄孔雀的例子并不鲜见，许多雄性在演化过程中都放弃了保护色，同时保留了一些能够降低生存率的特征，如一些蛙类为了吸引异性会发出很大的叫声，浪费能量的同时还将自己暴露在天敌面前。看似违背了自然选择规律的雄性，又是如何演化出来的？性别二态性是如何形成的？达尔文对这些问题进行了深入思考并认识到，自然选择的重点不在于存活与否，而在于繁殖与否。无论是雄孔雀的长尾巴还是蛙类的嘹亮歌声并不能提高个体的生存概率，但是却可以增加繁衍的概率，这些现象其实都是性选择（sexual selection）的结果。性选择是一种特殊自然选择形式，可以提高个体获得配偶的可能性。某些性状（如雄孔雀的长尾巴）虽然降低了个体的存活力，但是当其带来的繁殖率的提升超过了其所导致的生存率的下降时，这种性状将会在群体中保留下来。

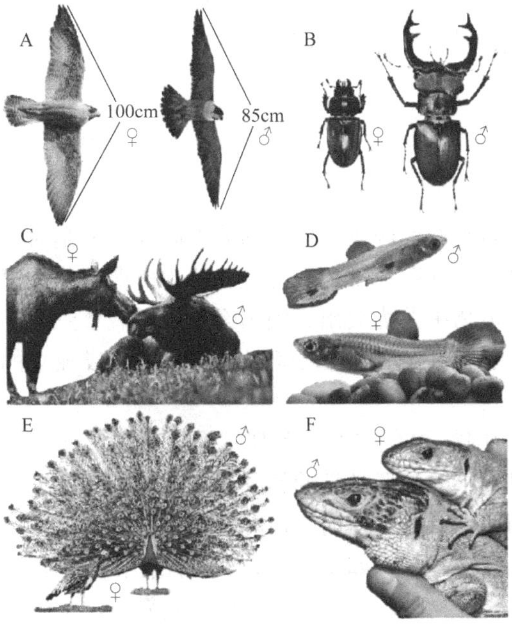


图 7.19　一些物种的性别二态性
（Adams et al.，2020）
A．个体大小的性别二态性；B．结构复杂性的二态性；
C，D．性别特异装饰的二态性；E．行为的性别二态性；
F．体型的性别二态性

性选择有两种形式。一种是同性间的竞争，以决定谁可以接触到异性。这种竞争的结果是使雄性个体更为强壮或获得更有利于对抗的性状，如雄鹿演化出了强壮鹿角，雄海象演化出了庞大的身躯。由于强壮的个体更容易获得交配的机会，就能把它们的基因传递给后代，从而促进了雄性向大型、凶猛的方向演化。另一种形式是来自异性的选择，为了获得交配的机会，雄性向着更受异性青睐的方向演化。澳大利亚的雄性园丁鸟（图7.20）有一种特殊技能，会用树枝搭建庞大的求偶亭，并花费大量时间和精力收集鲜花、浆果、瓶盖和玻璃碎片等不同物品对求偶亭进行装饰。雄性园丁鸟构筑这么华丽复杂的求偶亭只是为了获得雌鸟的青睐，没有一个求偶亭会被当作鸟巢使用。

图7.20　采集装饰物的园丁鸟（左）和求偶亭（右）

### 7.2.2　物种形成

（1）物种的概念

物种（species）是分类学上的基本单元，不同的物种构成了更高的分类阶元，但是对于物种的定义却一直争论不断，甚至有人对物种是否客观存在都存在怀疑，认为所谓的物种只不过是对不同生物群体的人为划分。这种疑惑在植物中尤为突出，因为经常可以观察到属于不同物种的植物发生自然杂交。另外，依据表型变异，有时很难将一些植物划分成独立的类群。

物种真实存在的最直接证据在于相同的环境中往往存在着一系列不同的不连续的离散群，而在同一个离散群中，个体间的差异是相对微小的。形态学的物种概念就是根据这种形态上的相似度来定义不同物种的，当群体间的相似度低于群体内个体间的相似度时，就认为这两个群体分属于不同的物种。但是这个定义是有缺陷的，如雄性孔雀和雌性孔雀尽管在外在形态上有着十分显著的差异，但它们却属于同一个物种；另外一些物种，光靠外观上的差异很难将其区分开来。

目前最为广泛接受的是物种概念是“物种的生物学定义”（biological species conception），即能够彼此交配的自然种群组成的一个类群，其在生殖方面和其他类群之间彼此隔离。物种的生物学定义以是否存在生殖隔离（reproductive barrier）判断不同群体是否属于同一物种。但是这个定义也是不完美的，因为很多物种不以有性生殖方式进行繁衍，用是否存在生殖隔离来描述这些种群显然是不合适的。这个概念的优势在于较为准确地揭示了不同物种间的本质差异，所以物种的生物学定义仍被包括演化遗传学家在内的学者广泛使用。

生殖隔离的形式可以分成交配前（pre-mating）和交配后（post-mating）的生殖隔离两大类。引起交配前的生殖隔离的原因可以是多样的，常见的有：①生境隔离（如北极熊和棕熊在自然界是没有机会交配的，因为它们在空间上缺少交集）；②时间隔离，即繁殖时间的差异引起的生殖隔离；③机械隔离，如生殖系统差异导致的生殖隔离等。自然界中大多数蜗牛的壳都是右旋的，但是在2016年，科学家发现了一只左旋的蜗牛，并起名为Jemery。Jemery被称为是世界上“最孤独”的蜗牛，因为壳不仅起保护作用，它还决定了蜗牛的生殖器官的位置。左旋和右旋个体的生殖系统的位置正好相反（图7.21），无法完成正常交配，这个例子这就属于一种机械隔离引起的交配前生殖隔离。

图7.21 左旋蜗牛Jemery（上）和一只右旋蜗牛

不同物种个体间即使完成交配，也可以发生生殖隔离。这种交配后生殖隔离包括合子前生殖隔离（prezygotic isolation）和合子后生殖隔离（postzygotic isolation）。一些植物间存在自交不亲和现象（self incompatibility），当一个物种的花粉落到另一个物种的柱头上时，花粉不能正常萌发，因此不能受精产生合子，这种生殖隔离形式就属于合子前生殖隔离。合子后生殖隔离形式更为丰富，包括杂种致死（hybrid inviability）、杂种不育（hybrid sterile）和杂种衰退（hybrid breakdown）等。例如，牛蛙（*Rana catesbeiana*）的卵和豹蛙（*R. pipiens*）的精子能够正常受精形成合子，但是合子很快就败育了，这就属于杂种致死。马和驴杂交可以产生骡子，但骡子是不育的，由于这种杂种不育现象的存在，马和驴的基因库是隔离的。与杂种不育不同，杂种衰退并不影响杂种一代的育性，但是可以影响后随世代一些个体的生活力或育性。

（2）物种的形成方式

根据达尔文理论，演化是一个连续和渐进的过程，那么如何理解在同一空间内不同物种表现出离散的特征呢？这种空间上的离散性又是怎么形成的呢？解决这个问题，需要认识地理隔离在物种形成中扮演的重要作用。由于地质运动或者偶发自然事件（如火山喷发、地震等），生活在同一个空间内的群体被隔离成两个或多个相对独立的群体，同时由于地理隔离带来的物理障碍，群体间不能再进行基因交流，因此每个群体会各自独立地演化。当积累一定遗传差异后，即使克服地理障碍，这两个群体间也不能进行基因库的交流，这时新的物种就产生了。在英国有一种骚扰库蚊（*Culex molestus*）是伦敦地铁站的特有物种，推测是由第二次世界大战时跟随躲避轰炸人群一起进入地铁站的尖音库蚊（*C. pipiens*）演变而来。当尖音库蚊进入地铁站后，便与地上的种群产生了地理隔离。经过短短几十年的演化，现在地铁内的骚扰库蚊与地面上的尖音库蚊已经存在很多行为上的差异，即使放在一起也很难进行自然交配了。

空间上物种可能是不连续的，但是时间上它们之间是连续的，不同物种都能追溯到一个最近的共同祖先。需要注意的是，地理隔离是物种分化的前提条件，但是地理隔离并不一定会形成新的物种，只有当不同类群产生了足够多的变异，彼此间形成生殖隔离后，才会产生新的物种。地理隔离产生的物种与其祖先种分布在不同的空间内，属于一种异域物种形成（allopatric speciation）类型。

有一些物种的形成不依赖地理隔离，它们通过逐渐积累变异的方式，经历漫长的地质年代，由一系列中间类型过渡到新的物种，而中间类型已经在演化的过程中灭绝了。这种方式我们称为继承式的物种形成，如现代马的演化历史就是继承式的。此外，即使在没有地理隔离的情况下，一个物种可以独立演化为不同的物种，即同域物种形成（sympatric speciation）。在东非维多利亚湖里生活着约700种不同的丽鱼科（Cichlidae）物种（图7.22），研究表明它们是由同一支谱系演化而来的。维多利亚湖是一个巨大的水体，并不存在地理隔离阻碍丽鱼群间的杂交，推测性选择可能是丽鱼种群分化的关键因素。不同颜色的雄丽鱼会选择特定颜色的雌鱼进行交配，从而形成了生殖上相对隔离的群体。同时广阔的维多利亚湖为丽鱼提供了非常多样的食物，不同族群形成了特定的摄食习性，导致新物种的产生。

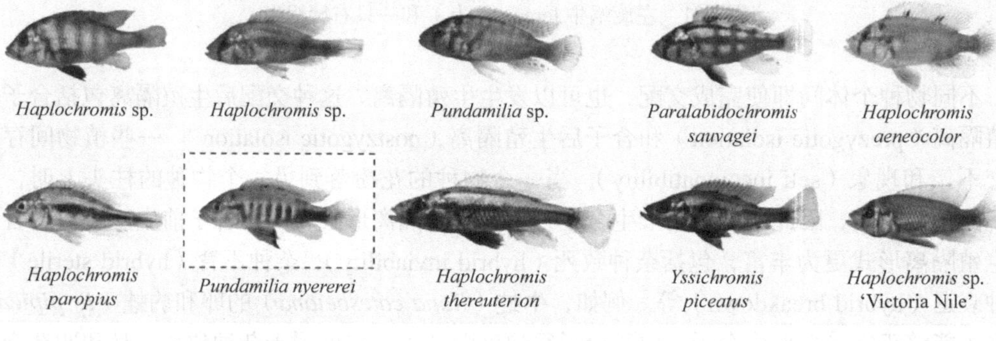


图7.22 东非维多利亚湖里丰富的丽鱼种群（Salzburger，2018）

物种的形成通常是相对缓慢的，在一个长时间内，旧的物种逐渐演变成新的物种，我们将这种类型称为渐变式。但有些物种的形成也可以是非常迅速的，在短期内由一个物种飞跃发展为一个新的物种，我们称之为爆发式的物种形成。其中染色体结构和数目的变异可以引起有性生殖过程中的减数分裂障碍，在不同种群间形成生殖隔离。因此，这类作用引起的物种形成过程是非常迅速的甚至是跳跃式的。例如，二倍体生物减数分裂异常可产生染色体数目没有减半的二倍体配子，而这些配子受精形成的合子将发育成四倍体后代。四倍体和二倍体之间存在生殖隔离，所以这种多倍化导致的新物种形成是"瞬间"就完成的。通过多倍化形成新的物种在植物中尤为常见。例如，我们现在食用的普通小麦（*Triticum aestivum*，6*n*）就是一个异源六倍体，由拟斯卑尔托山羊草（*Aegilops speltoides*，2*n*）和乌拉尔图小麦（*T. urartu*，2*n*）形成的异源四倍体再和粗山羊草（*A. tauschii*，2*n*）杂交后形成的。

# 第8章　微　生　物

微生物（microorganism）是存在于自然界的体型微小、结构简单、肉眼直接看不见，必须借助光学显微镜或电子显微镜放大数百倍、数千倍，甚至数万倍才能观察到的微小低等生物。“微生物”是俗称，没有分类学上的意义。微生物是地球上出现最早的生物，并且推测在二三十亿年后地球被太阳烤成一个大火球之前，也将是地球毁灭前最后一批灭亡的生物。

微生物无处不在，我们无时不生活在“微生物的海洋”中。每克土壤中有数亿个细菌，人皮肤表面每平方厘米有10万个细菌，口腔细菌种类超过500种，肠道微生物总量达100万亿个，粪便干重的1/3是细菌。

微生物既是人类的敌人，更是人类的朋友！我们时时刻刻与微生物“共舞”。微生物是自然界物质循环的关键环节，没有微生物尸体将堆积如山；体内的正常菌群是人及动物健康的基本保证，可以帮助消化、提供必需的营养物质、组成生理屏障；微生物也可以为我们提供很多有用的物质，如有机酸、酶、各种药物、疫苗、面包、奶酪、啤酒、酱油等。少数微生物也是人类的敌人，如历史上曾引起流行病盛行的天花、鼠疫，至今仍未有特效药治疗的艾滋病。

1890年巴斯德、科赫等奠定了现代微生物学的基础，提出引起各种腐败、疾病的原因都是微生物。

## 8.1　微生物特性

**微课**
微生物学基础

（1）微生物的一般特性

微生物的成员十分庞杂，它们都具有以下特点。

1）个体小，比面值大。观察需借助光镜或电镜，测量单位为微米或纳米。例如，杆菌的平均长度为2μm，1500个杆菌首尾相连也即一粒芝麻的长度，10亿～100亿个细菌加起来重量才1mg。如果人的比面值设为1，大肠杆菌（*E. coli*）则高达30万。这种特性有利于物质交换和能量、信息的交换，微生物一系列属性均与此特点密切相关。

2）结构简单，易培养。一般为多细胞、单细胞或无细胞结构，很多细菌都可以非常方便地进行人工培养。

3）进化程度低，为原始的生命形式。

4）代谢力强，繁殖快，生长旺盛。例如，大肠杆菌37℃培养在牛奶中，12.5min即可分裂一次，一般培养液的菌浓度高达$10^8$～$10^9$个/ml。生物界的普遍规律：某生物个体越小，其单位体重消耗的食物越多，如3g地鼠每天消耗与体重等重的粮食；1g闪绿蜂鸟每天消耗2倍于体重的粮食；大肠杆菌每小时消耗2000倍于体重的糖。

5）分布广。人迹可到之处，微生物的分布必然很多，而人迹不到的地方，也有大量的微生物存在。在自然界中（土壤、水体、空气、动植物体内和体表）都生存有大量的微生物，分析表明，微生物占地球生物总量的60%。

6）数量大，种类多。例如，人和动物肠道中定植的微生物群落超过1000种，细胞总数达100万亿，为肠道正常菌群。

7）易变异。个体小、结构简单，且多与外界环境直接接触繁殖快，尽管突变率不高（$10^{-10}$～$10^{-5}$），但数量多，短时间内产生大量的变异后代。

8）起源早，发现晚。38亿年前，生命在海洋中出现，26亿年前，陆地上就可能存在微生物，但直到300多年前荷兰安东尼·范·列文虎克磨制出透镜，人们才真正发现微生物的存在。

9）食谱杂。从无机物到有机物，从无毒物到有毒物，从结构简单到结构复杂的物质，微生物都能利用和降解。纤维素、木质素、几丁质、角蛋白、石油、甲醇、甲烷、天然气、塑料、酚类、氰化物等均可被微生物作为粮食，光合细菌还可以利用太阳光产生能量。

（2）微生物的极端特性

微生物种类繁多，诸多微生物具有极端特性。

1）抗（逆）性强。抗热，有的细菌能在265Pa，250℃的条件下存活，自然界中细菌生长的最高温度可以达到110℃以上，科学家在太平洋深海海床火山口发现这种微生物，该地温度可以高达400℃，将火山口微生物（121株细菌）放在121℃的烤箱中，结果发现这种微生物竟然很适应这一温度，菌落大小很快就增大到原来的2倍。有些细菌的芽孢，需加热煮沸8h才被杀死；抗寒，有些微生物可以在－30～－12℃的低温生长；抗酸碱，细菌能耐受并生长的pH为0.5～13；耐渗透压，蜜饯、腌制品、饱和盐水（NaCl，32%）中都有微生物生长；抗压力，有些细菌可在1400Pa下生长。

2）休眠长，寿命长。2000年美国科学家Russell H. Vreeland等曾在*Nature*杂志上报道世界上最古老的活细菌（芽孢）距今2.5亿年；深海细菌有着极为缓慢的代谢和惊人的寿命，2003年美国科学家Kazem Kashefi 和 Derek Lovley在*Science*杂志上报道已经确定深海细菌的繁殖速率，在数百年一次至数千年一次，但是这还不算是最长的生命寿命记录，很多生物都轻松超过这个年龄，如海绵可以活得更长；2012年Hans Røy 等在*Science*杂志上报道称在深海中发现一种十分古老的细菌，距今大约8600万年。

## 8.2 原核生物

微课
细菌

35亿年前地球上就出现了原核生物，它们在整个生命史前3/4时间里是地球生物圈主要成员。原核生物包括细菌、放线菌、蓝细菌、支原体、衣原体和立克次体等，下面主要介绍原核生物的典型代表——细菌。

### 8.2.1 细菌简介

（1）细菌的基本特点

细菌为单细胞原核微生物，其体小而细、壁坚而韧、二等分裂并且水生性强。细菌没有真正意义上的细胞核，没有细胞器，细菌体内复杂的反应一般都发生在细胞膜上，蛋白质的合成则发生在游离的核糖体上。细菌同动物细胞的最明显差别是细胞壁，它是细胞最外的一层厚实、坚韧的外被，主要成分为肽聚糖（古细菌外，其细胞壁不含肽聚糖），有部分含有磷壁酸。细胞壁主要是固定细胞外形及产生保护作用等，为细菌生长、分裂、鞭毛运动所必需，可以阻拦大分子有害物质。

（2）细菌细胞壁与革兰氏染色

细胞壁赋予细菌特定的形状，有球形、杆形和螺旋形，通常将呈球形或近似球形的细菌称为球菌（coccus），根据排列方式不同，可分为单球菌、双球菌、链球菌、四联球菌、八叠球菌和葡萄球菌等，如容易污染食品、人类化脓感染中最常见的病原菌金黄色葡萄球菌。杆菌（bacillus）一般呈正圆柱形，也有近卵圆形，菌体大多平直，也有稍弯曲的，菌体两端多钝圆，少数是平截状或尖突状，如大肠杆菌、双歧杆菌等。螺菌（spirilla）为螺旋形的细菌，有多种形态，如螺旋不足一圈的称为弧菌（vibrio）、小而坚硬的螺旋状细菌称螺旋菌（spirillum）、大而柔软的螺旋状细菌则称螺旋体（spirochaeta）。

细菌的细胞壁有一定的强度，可帮助细菌承受压力，保护其免受外力损伤，并能阻挡部分有害物质进入细胞。细胞壁的厚度不同主要由肽聚糖含量差异造成（图8.1）。细胞壁中的肽聚糖可组成网状结构，根据网状结构的层次、交联度不同，革兰氏染色可把细胞染成紫色和红色，从而把细菌分为革兰氏阳性（$G^+$）菌和革兰氏阴性（$G^-$）菌。革兰氏染色是丹麦医生汉斯·革兰（Hans Gram）于1884年发明的一种鉴别不同类型细菌的染色方法。

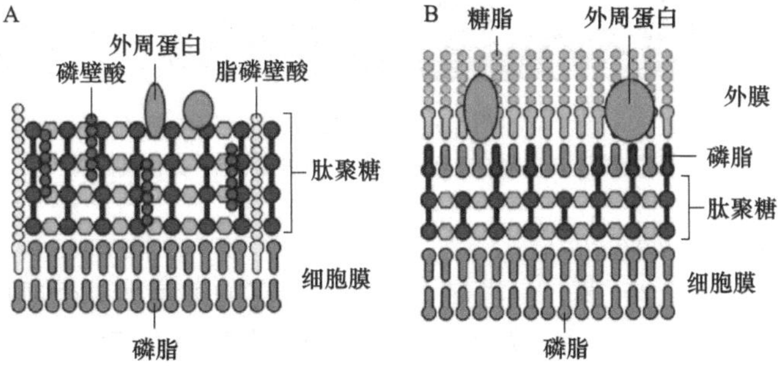


图8.1 细菌的细胞壁

A. 革兰氏阳性菌；B. 革兰氏阴性菌

革兰氏染色的具体过程如图8.2所示，结果不被乙醇脱色仍然显示紫色的为革兰氏阳性菌，能被乙醇脱色最后染成红色的为革兰氏阴性菌。之所以会出现这样的结果主要是由于$G^+$菌细胞壁较厚，肽聚糖含量高达90%，剩下的10%主要由磷壁酸构成，肽聚糖含量高，网状结构层次多，交联度高，网眼小，乙醇洗脱时，网孔进一步变小，嵌在孔中的结晶紫与碘的复合物不易溶出被洗脱掉，最终显示紫色。$G^-$菌细胞壁薄，由外膜和少量的肽聚糖（5%～20%）构成，不含磷壁酸，肽聚糖结构层次少，交联度低，故机械强度较$G^+$菌弱，并且外膜由脂多糖、磷脂和蛋白质构成，可透过一些小分子，并阻挡大分子物质进入细胞膜，当乙醇洗涤时，外膜溶解，薄而松散的肽聚糖无法阻挡结晶紫与碘的复合物溶出，番红复染后即呈红色。

### 8.2.2 常见的细菌类群

（1）葡萄球菌属（*Staphylococcus*）

葡萄球菌为$G^+$菌，通常表现为葡萄串状的群体（图8.3A），为兼性厌氧型，大多数生活在温血动物的皮屑、皮腺和黏膜上，有些菌株是致病的。例如，最具毒性之一的金黄色葡萄球菌是常见的食源性致病菌，广泛存在于自然环境中，约30%的人的皮肤、肠道和上呼吸道

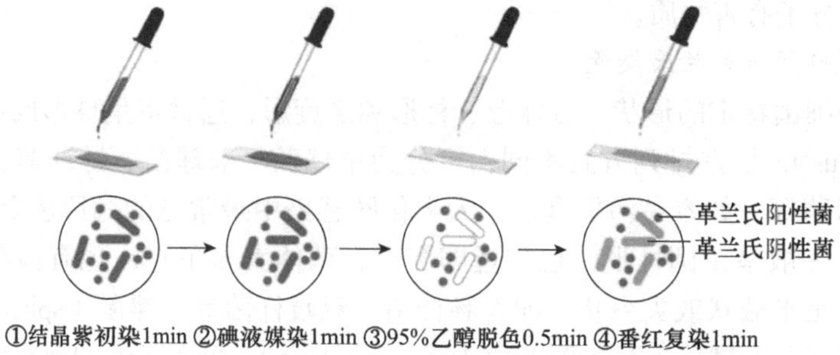


彩图

图8.2　革兰氏染色

都存在这种细菌，一旦皮肤上出现伤口就会抓住繁殖的机会。金黄色葡萄球菌在适当的条件下，能够产生肠毒素，引起食物中毒，导致呕吐腹泻等症状。

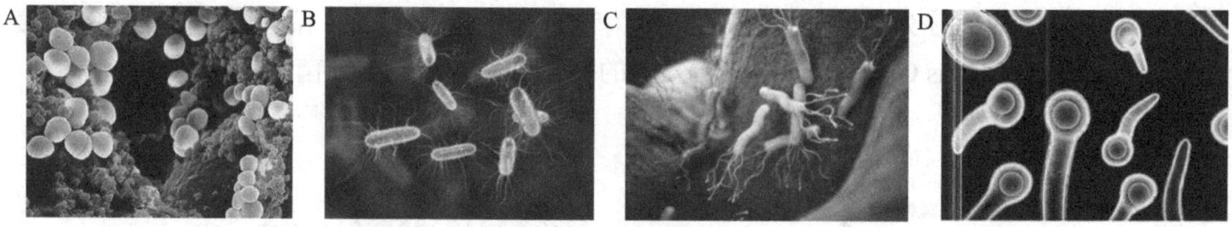


图8.3　各种细菌

A. 葡萄球菌；B. 大肠杆菌；C. 幽门螺杆菌；D. 破伤风杆菌

（2）大肠杆菌属（*Escherichia*）

大肠杆菌（图8.3B）为$G^-$菌，是世界上知名度最高的细菌，单生或成对，周生鞭毛或不生鞭毛，有些菌株有荚膜，生活于人体或温血动物的大肠和粪便中，是肠道中十分重要的正常菌群，能够提供给人体自身合成不了的维生素$K_2$，为条件致病菌。在一定条件下，如人体免疫力下降时就可以变成致病性细菌，可以引起人和多种动物发生胃肠道感染或尿道等多种局部组织器官感染，甚至引发败血症等。2020年*Nature*杂志报道，一种特定的大肠杆菌菌株（产肠毒素性大肠杆菌）感染会导致结直肠癌，此种菌株在20%的健康人体内都存在。

（3）炭疽杆菌（*Bacillus anthraci*）

炭疽杆菌为$G^+$菌，其名中的“炭疽”来源于希腊词“anthrakos”，因其形成一种特征性的皮肤炭样焦痂而得名。炭疽杆菌菌体粗大，两端平截或凹陷，是致病菌中最大的细菌。排列似竹节状，无鞭毛，无动力。炭疽杆菌产生的毒素有水肿毒素、致死毒素两种，其毒性作用主要是直接损伤微血管的内皮细胞，增强微血管的通透性，改变血流循环动力学，损害肾脏功能，干扰糖代谢，血液呈高凝状态，易形成感染性休克和弥散性血管内凝血，最后导致机体死亡。

（4）幽门螺杆菌（*Helicobacter pylori*，*Hp*）

幽门螺杆菌为$G^-$菌，一种多鞭毛、末端钝圆、弯曲、微需氧的革兰氏阴性杆菌（图8.3C）。超过90%的十二指肠溃疡和80%左右的胃溃疡，都是由幽门螺杆菌感染所致。*Hp*寄居在人体胃部表面。全世界约50%的人胃部“藏”有*Hp*。

1982年，澳大利亚学者罗宾·沃伦（Robin Warren）与巴里·马歇尔（Barry Marshall）

发现了幽门螺杆菌，并证明该细菌感染胃部会导致胃炎、胃溃疡和十二指肠溃疡，二者于2005年获诺贝尔生理学或医学奖。

*Hp*能在人体内生长、繁殖，又能通过粪便及唾液排出体外，人是幽门螺杆菌的传染源。我国是一个*Hp*感染高发国家，无症状人群普查感染率为40%～60%，胃炎、胃十二指肠溃疡和胃癌患者约90%。*Hp*传染力很强，可通过手、不洁餐具、粪便等途径传染，通过口口传播、粪口传播、内窥镜传播等，嗜辣会刺激胃黏膜，并降低其抵抗力，导致*Hp*的入侵，脾虚使胃黏膜局部的防御功能存在缺陷，容易被*Hp*侵入。*Hp*感染容易导致消化系统疾病，如慢性胃炎、消化性胃溃疡甚至胃癌等。

目前可通过$^{13}C$（或$^{14}C$）尿素呼气试验（UBT）方便、快捷地检测。其原理是幽门螺杆菌可产生活性很强的尿素酶，分解尿素产生$NH_3$和$CO_2$，$^{13}C$标记的尿素在尿素酶（*Hp*分泌）作用下，分解成$^{13}CO_2$，$^{13}CO_2$从胃肠道吸收经血液循环到达肺，随呼气排出。收集呼出的气体，测定其中的$^{12}CO_2$和$^{13}CO_2$。

（5）破伤风杆菌（*Clostridium tetani*）

破伤风杆菌为$G^+$菌，是引起破伤风的病原菌，大量存在于人和动物肠道中，由粪便污染土壤后经伤口感染引起疾病。其感染的重要条件是伤口形成厌氧微环境，如伤口窄而深（如刺伤），有泥土或异物污染；创伤坏死组织多，局部组织缺血缺氧等。破伤风杆菌菌体细长，为（0.5～1.7）μm×（2.1～18.1）μm。周身鞭毛、无荚膜，芽孢位于菌体顶端，呈正圆形，直径大于菌体，使细菌呈鼓槌状或羽毛球拍状（图8.3D）。本菌繁殖体抵抗力与其他细菌相似，但其芽孢抵抗力强大。在土壤中可存活数十年，能耐煮沸40～50min。

当机体受到深部创伤或手术时使用不洁器械等情况下易感染该菌，发病后机体呈强直性痉挛，可因窒息或呼吸衰竭而死亡。原因是破伤风杆菌分泌的毒素可以使乙酰胆碱不停地释放，而乙酰胆碱可以使肌肉收缩，感染破伤风杆菌的患者肌肉一直处于紧张状态。其典型症状为肌紧张性收缩（肌强直、发硬）的基础上，阵发性强烈痉挛。通常最先受影响的肌群是咀嚼肌，随后顺序为面部表情肌、颈、背、腹、四肢肌，最后为膈肌。

（6）肉毒杆菌（*Clostridium botulinum*）

肉毒杆菌为$G^+$菌，是一种严格厌氧的粗短杆菌。肉毒杆菌细胞内产生无毒的前体毒素，在肉毒杆菌死亡自溶后前体毒素游离出来，经肠道中的胰蛋白酶或细菌产生的蛋白酶激活后具有毒性，是毒性最强的细菌之一。肉毒杆菌与破伤风杆菌的作用恰恰相反，肉毒杆菌释放的毒素会阻断机体乙酰胆碱释放，从而抑制肌纤维的收缩，而使肌肉处于放松状态，这样人就会处于瘫痪状态。科学家和美容学家正是看中了肉毒杆菌毒素能使肌肉暂时麻痹这一功效。医学界原先将该毒素用于治疗面部痉挛和其他肌肉运动紊乱症，用它来麻痹肌肉神经，以此达到停止肌肉痉挛的目的。1986年，加拿大一位眼科教授发现肉毒杆菌毒素可以阻断运动神经和肌肉之间的信息传导，使肌肉松弛来达到舒展皱纹的效果，其效果远远超过其他任何一种化妆品或整容术。因此，利用肉毒杆菌毒素消除皱纹的整容手术应运而生，并因疗效显著而在很短的时间内就风靡整个美国。2014年，由德国与瑞士科研人员组成的团队发表新闻公报称，在额头注射肉毒毒素可快速、明显及持久地缓解抑郁症患者的症状，但目前并不能完全治愈抑郁症。

（7）艰难梭菌（*Clostridium difficile*）

艰难梭菌为$G^+$菌，是一种专性厌氧的杆菌，对氧十分敏感，分离培养很难，故得名。

可存在于正常的肠道菌群中，当大量应用广谱抗生素、免疫抑制剂或化疗药物后可导致肠道菌群失调，艰难梭菌生长失控，过度繁殖并分泌毒素进而引发艰难梭菌感染，是抗生素相关腹泻的重要致病菌。艰难梭菌感染是全世界范围内最常见的医疗相关感染，引起的临床症状可从无症状的细菌定植状态到严重腹泻，也可进一步发展为中毒性巨结肠、肠道穿孔、脓毒性休克，甚至死亡。

通常情况下，医用酒精都不能杀灭艰难梭菌，以前抗生素是艰难梭菌的克星，但随着滥用抗生素的日益普遍而产生耐药性，因为艰难梭菌感染患者存在明显肠道菌群紊乱，肠菌移植已被证明比抗生素更有效地治疗复发或难治性艰难梭菌感染。

（8）放线菌属（*Actinomyces*）

放线菌为$G^+$菌，放线菌是一群高（G+C）mol%含量（>55%）的细菌，其形态介于细菌与丝状真菌之间又接近细菌的一类丝状原核生物，主要以孢子繁殖。放线菌在有机物质（如纤维素和几丁质）的分解中发挥重要作用，从而在有机物质周转和碳循环中发挥重要作用。这补充了土壤中养分的供应，是腐殖质形成的重要组成部分。放线菌可以产生多种次生代谢物，如产生抗生素，据估计，已发现的4000多种抗生素中，有2/3是放线菌产生的；可产生酶及酶抑制剂、有机酸、氨基酸、维生素、生物碱、免疫调节剂等。

### 8.2.3 肠道菌群与健康

微课
肠道菌群与健康

人体的皮肤、口腔、肠道、阴道中都有细菌长期存在，被称为正常菌群，它们构成人体内的正常微生物区系。这些菌群并不都是人类的朋友，按特性来讲，它们可分为三大类，即有益菌如双歧杆菌、乳酸杆菌、梭杆菌；中性菌如粪链球菌、大肠杆菌；有害菌如葡萄球菌、假单孢菌、艰难梭菌、志贺菌。这三类细菌在人体内的理想黄金比例是有益菌占20%，有害菌占10%，中性菌占70%。中性菌不分好坏，只会帮助占优势的菌。只有保持肠内菌群健康的黄金比例，始终让有益菌占优势，中性菌就会帮助有益菌维持身体平衡，保护着我们的肠道，维护我们的健康。如果逆转了这个黄金比例，人在生病或者免疫力低下时肠内环境恶化，有害菌占优势，中性菌就会帮助有害菌作恶，在肠内产生有毒物质，使肠内环境迅速恶化，有毒物质会随着血流循环全身，导致出现各种健康问题。

（1）肠道菌群

肠道是人体最大的消化和排毒器官，其回旋盘转的结构被形象地称为人体“第二大脑”。伟大的医学家、现代医学之父希波克拉底很早就预言，“所有的疾病都是从肠道开始的”。肠道菌群作为伴随人类生命重要历程的参与者，自5亿年前就和人类一起共同演化，在肠道免疫稳态维持（人体70%～80%的免疫细胞存在于肠道内）、营养与代谢、地域病原微生物上均起到重要作用。

人类在嗷嗷待哺的时候就开始利用从母体继承来的细菌，母乳含有200多种不同种类的糖，婴儿无法完全自己消化，占肠道菌群90%的双歧杆菌帮助消化。一个人的微生物组在三岁左右就基本形成。从这一刻起直至生命终结，我们都和这个高度复杂的微生物组共生，影响着我们的免疫力、健康、寿命及性格等。剖宫产的婴儿由于减少母体细菌接触，在新生儿阶段就更容易遭受过敏和其他疾病的困扰，也更容易被感染，甚至在以后的生活中患上过敏、哮喘和1型糖尿病的风险更高。

人体肠道菌群包含有超过1000种，细胞总数达100万亿，远远多于人自身细胞数量（40

万亿～60万亿），并且其编码的基因数目是人基因组的100倍，已被视作一个“新器官”，为“另一个你”，关系到人体健康的方方面面。青壮年时期，肠内有益菌和有害菌会基本保持一个平衡状态，但随着年龄的增长，有益菌会急剧减少，有害菌的数量会增加，这是人体自然的生理变化。诸多研究表明，饮食的改变可以在几天内迅速改变个体肠道菌群的组成，或带来疾病，或带来健康。

2021年国际原核生物系统学委员会（International Committee on Systematics of Prokaryotes, ICSP）认定的原核生物有42门，人类肠道菌群主要有厚壁菌门（Firmicutes）、拟杆菌门（Bacteroidetes）、变形菌门（Proteobacteria）和放线菌门（Actinobacteria）等。大多数人体内这4门的菌占据肠道细菌数量的99%，其中厚壁菌门和拟杆菌门占90%以上。

1）厚壁菌门是一最大的细菌群，多数为$G^+$菌，表现为球状或者杆状，有细胞壁结构，包括球菌、梭菌、杆菌。厚壁菌门的成员大都是有益菌，如常见于酸奶和其他发酵乳制品中的乳酸杆菌，代谢产生促进健康的短链脂肪酸乙酸盐、乳酸盐和抗菌物质，可防止病原体干扰健康；最早发现的胃部细菌之一的瘤胃球菌也属于厚壁菌门，瘤胃球菌通过分解宿主消化系统的纤维素来获取营养，也能够发酵葡萄糖和木糖，在消化抗性淀粉（抗人体小肠消化吸收，而在人体大肠能部分或全部发酵的可食用的植物淀粉）方面起着重要作用。厚壁菌门中也有致病菌，如金黄色葡萄球菌、化脓性链球菌、肺炎链球菌、肉毒杆菌、破伤风杆菌、结核杆菌等。

2）拟杆菌门是临床上最重要的$G^-$菌，无芽孢，正常寄居于人和动物的肠道、口腔、上呼吸道和生殖道。拟杆菌参与人体包括碳水化合物的发酵、含氮物质的利用，以及胆汁酸和其他类固醇的生物转化等许多重要的代谢活动。它们无氧呼吸的主要副产物是乙酸、异戊酸和琥珀酸。

拟杆菌门中研究最多的是拟杆菌属、普氏菌属及卟啉单胞菌属。它们的组成和代谢活动在很大程度上受饮食调节，如拟杆菌与高脂肪和蛋白质的摄入量有关，而普氏菌与高水平的复合碳水化合物（水果和蔬菜）的摄入量有关，它们大多数是拮抗的，在人体内具有其特定的栖息地。

人7岁以后，拟杆菌门和厚壁菌门之间的比例相对稳定，而它们比例紊乱可能会导致肥胖和糖尿病等代谢综合征。

3）变形菌门主要是由核糖体RNA序列定义，一般都是$G^-$菌，其外膜主要由脂多糖组成。很多种类利用鞭毛运动，但有一些非运动性的种类依靠滑行来运动。变形菌门包括多种病原菌，如大肠杆菌、阴沟肠杆菌、沙门菌、弧菌、螺杆菌、绿脓杆菌、霍乱弧菌、鼠疫杆菌、脑膜炎双球菌、幽门螺杆菌等。

4）放线菌门有150多属，比较重要的除了放线菌还有双歧杆菌、弗兰克氏菌、假单胞菌，以及一些病原体如结核分枝杆菌、棒状杆菌、诺卡氏菌、红球菌和链霉菌等。双歧杆菌是人和动物肠道的重要生理菌群，肥胖、糖尿病和过敏等各种疾病都与生命各个阶段的双歧杆菌数量减少有关；弗兰克氏菌能够诱导大范围的放线菌根瘤植物产生根瘤固氮。

（2）肠道菌群与肠型

2011年*Nature*报道科学家对来自三个国家（丹麦、西班牙和美国）的人类粪便样本中的16S rRNA基因进行测序分析，根据肠道中的优势菌群来划分为拟杆菌属（*Bacteroides*）、普氏菌属（*Prevotella*）和瘤胃球菌属（*Ruminococcus*），其中拟杆菌属和普氏菌属属于拟杆菌门，瘤胃球菌属属于厚壁菌门。

1）拟杆菌型人群饮食习惯倾向于高脂高蛋白，拟杆菌属细菌是分解碳水化合物的“专家”，对肉也“情有独钟”，这类肠型的人将会更容易从食物中获取能量。拟杆菌型的特征为微生物总体载量低，被归类为“不健康肠型”，它与肥胖和系统性炎症水平高有关，欧洲人容易出现拟杆菌肠型。

2）普氏菌型人群饮食习惯倾向于植物性碳水化合物，普氏菌可降解肠道中的黏蛋白，这类肠型的人往往和非西方化的饮食习惯相关，为易瘦型肠型，如非洲农村人们多为普氏菌肠型。

3）瘤胃球菌型人群饮食习惯倾向高碳水化合物，瘤胃球菌有助于吸收糖类，因此这类肠型的人可能会更多受到体重问题的困扰，为易胖型肠型。

肠道分型可以协助疾病诊断、了解自我体质、临床上精准用药，如瘤胃球菌喜欢分解糖分，那么瘤胃球菌型的人群糖类就很容易被分解和吸收，从而导致肥胖；药品阿卡波糖可通过对胆汁酸代谢的影响，明显改善2型糖尿病患者的体重、胰岛素抵抗、甘油三酯、血胆固醇、脂肪肝指数等临床指征，该药对拟杆菌型的患者疗效显著而普氏菌型欠佳，原因在于阿卡波糖可能是通过调节微生物组成，影响胆汁酸代谢最终影响血糖。

（3）肠道菌群的影响因素

饮食结构、生活方式对菌群的影响大于宿主基因，饮食结构决定了肠道菌群的组成，肠道分型方法与年龄、体重、性别和国籍都无关。

1）宿主因素与肠道菌群。肠道菌群的组成具有宿主特异性，在对健康人肠道菌群的组成进行长期动态监测的研究中发现，在没有外来因素的剧烈干扰的情况下，其优势的肠道微生物菌群的结构是相对稳定的。肠道微生物因其独特的生物环境而具有独特的多样性特征及生理功能。出生前，动物是处于无菌状态的，与宿主共生的微生物是从分娩时经过的产道及后天接触的外界环境特别是母乳和食物中获得的。一方面肠道微生物与宿主相互作用，影响宿主的营养、代谢、免疫等；另一方面群落中的各个成员之间也存在密不可分的关系，在营养物质的利用与分解、定植等各个方面彼此互助及制衡。因此，在肠道菌群与宿主共进化的过程中，宿主遗传特性、获得性免疫系统及营养等环境因素共同影响着肠道菌群的多样性及结构组成。

2）外界环境与宿主菌群。尽管宿主的因素对于肠道菌群的形成起了重要作用，但后天的外界环境因素特别是膳食对菌群组成结构的影响也是不容忽视的。许多基于培养的研究表明，不同的食谱及不同的营养摄入情况直接影响肠道菌的组成，增加食物中谷物纤维、果胶、脂肪和蛋白质的含量，可以影响不同种类的细菌在肠道内的生长情况。科学家利用16S rRNA基因克隆文库比较包括人在内的60种不同的高等哺乳动物肠道菌群组成差异时，发现尽管不同物种的肠道菌群组成存在差异，但具有相同膳食结构的不同物种的肠道菌群结构彼此更相似。食草动物、食肉动物和杂食动物的肠道菌群组成彼此各不相同，食草动物肠道菌群的多样性最高，其次为杂食动物，食肉动物的菌群多样性最低，而人类属于典型的杂食性肠道菌群特征。因此，在宿主与肠道微生物共同进化的过程中，膳食对菌群结构的影响有着重要的作用。

（4）肠道菌群与肥胖

肥胖症是一种复杂的多因素疾病，包括遗传、生活方式、环境因素和其他疾病等因素。

肠道菌群是动物肥胖发生的必需条件，因为无菌动物即使吃高脂饲料也不会肥胖。越来越多的证据表明肠道细菌和细菌代谢产物、肠黏膜通透性、炎症和内毒素血症与肥胖密切相关。

肥胖群体与正常群体或厌食症瘦人体内菌群是不同的，乳酸杆菌、双歧杆菌等丰度的相对减少及拟杆菌群的相对增加是“致肥胖微生物群”的一个特征。与肥胖相关的细菌包括乳酸杆菌（厚壁菌门）、双歧杆菌（放线菌门）、罗氏菌（厚壁菌门）、瘤胃球菌（厚壁菌门）、普氏菌（拟杆菌门）、拟杆菌群（拟杆菌门）、阴沟肠杆菌（变形菌门）等。

1）乳酸杆菌。乳酸杆菌可提高三种对人体有益的短链脂肪酸（乙酸、丙酸和丁酸）中的乙酸盐的含量。短链脂肪酸是链长为1～6个碳原子的饱和脂肪酸，是肠道中膳食纤维发酵的主要产物，可以影响胃肠道黏液产生及肠胃蠕动、维持肠壁屏障的完整性、防止肠道发炎，对结肠的健康非常重要。

2）双歧杆菌，能吸收和分解糖分，产生乳酸和乙酸，具有调节肠道菌群的作用。小白鼠实验发现，动物双歧杆菌降低了脂肪组织所分泌的具有促炎作用的细胞因子的含量，有效地降低小白鼠体内的内毒素水平。

3）罗氏菌，是共生细菌的一部分，在世界各地人群中都有代表，占健康肠道细菌总数的2%～31%，代谢产生短链脂肪酸，特别是丁酸，影响结肠运动，具抗炎特性，减肥成功者体内含量会增加。

4）瘤胃球菌，喜欢分解碳水化合物，糖类很容易被分解和吸收，从而导致肥胖。

5）普氏菌，可降解肠道中的黏蛋白，有助于分解蛋白质和碳水化合物，是一种与健康的植物性饮食相关的菌，在人体发生益生菌作用。但并不是越多越好，其丰度的增加与局部和全身性疾病联系起来，如牙周炎、细菌性阴道病、类风湿性关节炎、代谢紊乱和低级别全身性炎症等。

6）拟杆菌群，是分解碳水化合物的“专家”，对肉也“情有独钟”，它与肥胖和系统性炎症水平高有关。

7）阴沟肠杆菌，是一种致肥胖微生物，正常人体内通常是不超过1%，有的肥胖者可高达35%。

肠道菌群与肥胖之间有直接的因果关系，肠道菌群的组成可以调节机体的肥胖程度，肥胖也能反作用于肠道菌群，影响其组成。肥胖者肠道内能够引起慢性炎症毒素含量较正常人高，会导致胰岛素过量分泌，饥饿感不容易缓解，进食量不自觉地增加，同时肠道菌群失调会进一步加大，进入恶性循环出现肥胖。

（5）肠道菌群与癌症

健康人体肠道微生物是“动态平衡”的，当平衡被打破，往往多样性下降，具有致病能力的微生物占据优势，对宿主的代谢或免疫产生负面影响，促进疾病的发生发展，甚至导致癌症。

1）分泌毒力因子致癌，如幽门螺杆菌会导致胃癌，产肠毒素性大肠杆菌和艰难梭菌与结直肠癌有关。

2）改变基因致癌，如肠道中脆弱拟杆菌可以通过干扰DNA损伤响应或产生氧化应激导致DNA损伤的积累和基因组变异从而导致癌症的发生。

3）免疫力下降致癌，如梭杆菌选择抑制抗肿瘤免疫这个方向，遏制了自然杀伤（NK）细胞对肿瘤细胞的杀伤能力。

4）改变代谢产物致癌，如肝癌可能受到胆汁酸等肠道微生物代谢产物的调节，乳腺癌则可能是类固醇的代谢被肠道微生物干扰，导致雌激素谱的变化致癌。

近年来，科学家已发现，肠道中的细菌对化疗和免疫疗法的强劲反应是必要的，可以调节炎症反应，如肿瘤的免疫治疗过程中双歧杆菌和乳酸杆菌具有抗炎、激活免疫细胞的作用。

（6）肠道菌群与长寿

衰老的本质其实就是各种慢性疾病，如心血管疾病、癌症、糖尿病、神经退行性疾病等主要危险因素的累积。青壮年时期，我们肠内有益菌和有害菌基本保持在一个平衡的状态。但随着年龄的增长，人体肠内有益菌的数量会生理性减少，有害菌会增多，出现慢性炎症。慢性炎症是影响人类的衰老及各种慢性疾病的重要因素。如果有科学指导，在生活中加以注意，60岁以后的人肠内菌群的结构还是可以保持良好的平衡状态；然而，如今很多年轻人的肠内菌群结构破坏程度严重，提早了肠老化。

2021年日本和美国科学家对160多名日本百岁老人及其他年龄段人群进行了对比研究，发现百岁老人体内发现了一组称为Odoribacteraceae的独特菌群，该菌群产生的次级胆汁酸具有非常好的抗炎和抗菌活性，仅需极少量就可以有效杀灭导致严重腹泻的艰难梭菌和可使正常菌群失调的屎肠球菌（*Enterococcus faecium*）等超级细菌，降低炎症水平调节免疫，与老人长寿密切相关。与普通人相比，百岁老人更不易患与年龄相关的慢性病和炎症。在微生物专家看来，肠道微生物与人类长寿密切相关，百岁老人拥有自己专属的长寿微生物，通过产生特定的胆汁酸抵抗病原体，调节免疫系统，维持肠道健康。

## 8.3 真核微生物——真菌

真菌（fungus）原意是蘑菇，是一大类真核细胞型微生物，分布极广，是生态系统中的分解者，通过菌丝向外分泌酶，将动植物尸体分解，然后再把这些体外营养物吸收入菌丝内，在自然界物质循环中起着重要作用。真菌中的许多种类与人类的日常生活关系密切，我国古代就已用真菌制酱酿酒、发酵食物。有的真菌可用于农作物增产和生产抗生素。真菌主要包括单细胞真菌（如酵母）、多细胞丝状真菌（如霉菌）和大型真菌（如蘑菇）。

（1）酵母

酵母是一种单细胞真菌，在有氧和无氧环境下都能生存，属于兼性厌氧菌，是一类重要的工业微生物，广泛应用于食品和饮料工业，酵母可以将糖类转化成二氧化碳和乙醇，以获取能量。酵母在自然界分布不广，主要生长在偏酸性的富含糖类的环境中，如一些水果、蔬菜、蜜饯的表面及果园的土壤中。此外，在空气、土壤、水、昆虫体内都会有一些酵母生活。

酵母细胞为什么会产生乙醇这一问题曾经让科学家不解，因为将六碳分子代谢为$CO_2$，意味着葡萄糖中储存的能量的一部分会丢失，看上去似乎毫无意义。直到2019年巴斯蒂安·尼贝尔（Bastian Niebel）等科学家建立模型并将模型与实验数据相结合，计算得到了葡萄糖摄取函数的吉布斯能量耗散率，发现起初吉布斯能量消耗随着葡萄糖消耗速率的增加而增加，但随后达到瓶颈期，此时细胞开始代谢产生乙醇。这是细胞从呼吸转向发酵的关键点。科学家认为细胞新陈代谢达到最大速率时，细胞打开“安全阀”，葡萄糖被分解为乙醇、乙酸盐或乳酸盐，剩余部分能量未使用。科学家认为酵母细胞产生乙醇是作为“安全阀”，以防止当它们的代谢操作达到临界水平时发生过载效应。这一新研究对于解释癌细胞产生乳酸的类似效应也提供了新见解：细胞摄取葡萄糖等营养元素进行生长与分裂，但有时这些营养会被浪费掉。

（2）霉菌

霉菌是形成分枝菌丝的真菌的统称，没有分类学上的意义，在我们的生活中无处不在，比较青睐于温暖潮湿的环境，一有合适的环境就会大量地繁殖，会长出一些肉眼可见的绒毛状、絮状的菌落。例如，番茄、草莓、葡萄等放上几天就要被灰霉菌侵染长毛，哪怕在冰箱中冷藏也无法避免。这主要是由空气中大量存在的一种真菌灰霉菌引起的，迄今未发现有植物对其产生抗性。2013年美国科学家金海翎教授发现灰霉菌利用干扰小RNA（siRNA）进入植物细胞内部与核心效应蛋白Argonaute（AGO）家族蛋白所结合，让有关基因“沉默”，从而让拟南芥与番茄的免疫系统“失效”，从而抑制植物免疫系统。已知的许多病原菌都会输送特殊蛋白质进入植物细胞内部，以抑制植物免疫防卫机制，从而达到有效侵染的效果，攻破果蔬的免疫防线。

## 8.4 非细胞型生物——病毒

微课
病毒

### 8.4.1 病毒简介

美国分子生物学家、1958年诺贝尔生理学或医学奖得主乔舒亚·莱德伯格（Joshua Lederberg）曾说，人类作为地球优势物种的最大威胁来自病毒。

在公元前1156年去世的埃及法老拉美西斯五世的木乃伊上发现天花疤痕，史前古希腊亚里士多德（Aristotle）于公元前4世纪记载了关于狂犬病的症状。病毒真正发现于19世纪末（1899年），荷兰微生物学家和植物学家马丁乌斯·贝杰林克（Martinus Beijerinck），研究烟草花叶病发现一种不同于细菌的新的感染物，并将之命名为烟草花叶病毒（TMV）。1935年，美国生物化学家温德尔·斯坦利（Wendell Stanley）提纯、结晶TMV，并因此获得1946年诺贝尔化学奖；1939年5月，德国科学家古斯塔夫·考舍（Gustav Kausche）等在电子显微镜下观察到了烟草花叶病毒的形状，并证明它们的主要成分是蛋白质和核酸，自此病毒学有了长足的发展。

病毒迄今仍无一个科学而严谨的定义，一般认为是一类没有细胞结构、个体微小、仅有一种核酸（DNA或RNA）、严格活细胞内寄生、在活细胞内以复制方式进行繁殖、必须借助电子显微镜或原子力显微镜才能观察到的非细胞微生物。病毒对抗生素不敏感，对干扰素敏感。一旦感染敏感细胞，就支配细胞中的核酸，蛋白质合成机器，合成大量的病毒物质，组装子代病毒粒子。病毒的遗传物质小至几千bp大至$5\times10^5$bp，仅为细菌细胞的1/1000～1/10，为3～200个基因编码。

病毒个体微小，以纳米为测量单位，病毒的大小通常为20～300nm。目前已知感染犬科动物的犬细小病毒（canine parvovirus，CPV）仅20nm，最大的病毒米米病毒（mimicking microbe virus，mimivirus），外形酷似细菌，直径可高达800nm，比最小的细胞支原体（100～300nm）大。

病毒不是由细胞组成的，其主要成分是核酸和蛋白质。但有些病毒也相当复杂，有类似的细胞膜结构和一定的结构分化，带有多种病毒复制所需的酶，如逆转录病毒。但大部分病毒没有酶或酶系极不完全，缺乏能量代谢系统，不能进行独立的代谢作用，病毒没有核糖体，病毒借助细胞的核糖体和其他结构进行蛋白质的合成，严格的活细胞内寄生（有些细菌也是专性细胞内寄生，如立克次体）。病毒不生长，不分裂，通过复制、装配形成新的病毒。

病毒仅含一种核酸，病毒的基因组是DNA或RNA，多为单倍体（逆转录病毒为二倍体）。基因组DNA或RNA又有正负链之分。当病毒遗传物质为正单链RNA（+single stranded RNA，+ssRNA），该+ssRNA进入宿主细胞后，可以直接作为mRNA链指导蛋白质的合成；当为负单链RNA（−ssRNA）则与该病毒的mRNA序列互补。大多数DNA病毒为双链DNA，在宿主的细胞核内合成DNA，在细胞质内翻译出病毒蛋白。单链DNA病毒亦有正负之分，正链与mRNA序列一致；负链与mRNA序列互补。

### 8.4.2 病毒的形态与结构

病毒粒子有典型的对称机制，其对称机制主要有两种：螺旋对称和二十面体对称。烟草花叶病毒是螺旋对称的代表；腺病毒是二十面体对称的代表；一些结构复杂的病毒，往往是上述两种对称机制相结合，即复合对称的产物，如噬菌体。病毒形态各异，包括球状、杆状、砖形、丝状、子弹状、蝌蚪状等。但结构总体上主要由内部的遗传物质核酸和外部主要成分为蛋白质的外壳两部分组成，部分病毒有类脂或脂蛋白和糖蛋白构成的包膜结构，往往同宿主细胞具有同源性。核酸位于病毒的中心，称为核心，携带病毒的全部遗传信息，是病毒遗传和变异的物质基础。蛋白质包围在核心周围形成衣壳，由病毒的基因组编码。衣壳是病毒粒子的主要结构和抗原成分。衣壳主要有三大功能：①抗原性，往往是病毒致病的根源；②保护病毒的遗传物质；③介导病毒吸附、进入宿主细胞。

### 8.4.3 病毒的复制

病毒侵入宿主细胞后，借助宿主细胞提供的核苷酸原料、氨基酸、核糖体及能源系统等，以病毒核酸为控制中心，合成子代病毒所需核酸与蛋白质等成分，最后在宿主细胞内装配成结构完整、具有一定侵染力的病毒粒子，这个过程称为病毒的复制。病毒正常复制周期分为6个阶段：吸附、侵入、脱壳、生物合成、组装和释放（图8.4）。

1）吸附。病毒感染宿主细胞的第一步就是吸附。绝大多数病毒的吸附可分为非特异性吸附和特异性吸附两个阶段，前者是指病毒依靠静电作用与宿主细胞接触而结合；后者是指病毒表面蛋白质作为抗原与宿主细胞膜上相应的受体特异性识别并结合。

2）侵入。无囊膜的病毒一般由细胞膜直接包裹吞入从而进入细胞，称为病毒胞饮。有囊膜的病毒除了通过胞饮的方式进入细胞，还可通过囊膜与宿主细胞膜融合的方式，使病毒进入细胞。

3）脱壳。病毒内具有感染性的核酸从外壳内释放出来。不同病毒脱壳方式迥异，大多数是在宿主细胞溶酶体作用下脱壳并释放出核酸。脱壳与侵入通常是连续的，如某些通过胞饮进入细胞的病毒在细胞壁或细胞膜表面同时进行脱壳和侵入，以膜融合方式入侵的病毒在细胞膜融合时脱去胞膜。

4）生物合成。病毒核酸进入宿主细胞后，利用宿主细胞的物质首先合成自身复制所必需的复制酶和一些蛋白质，然后合成子代病毒的核酸和结构蛋白，不同种类病毒的生物合成方式各不相同。流感病毒的复制如图8.4所示，首先病毒核酸连同RNA多聚酶一起侵入宿主细胞并进行生物合成，流感病毒的遗传物质负链RNA（−ssRNA）首先转录出互补正链RNA

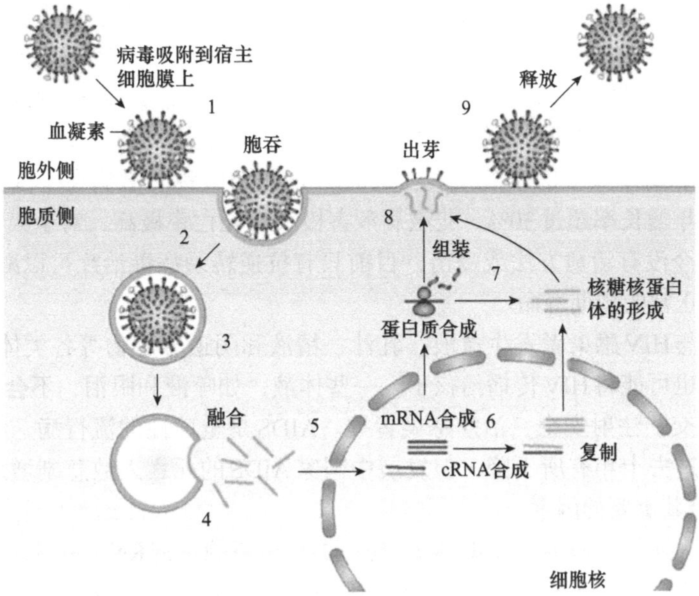


图8.4 流感病毒的复制（Itzstein，2008）

1. 病毒吸附到宿主细胞膜上；2. 病毒被宿主细胞胞吞；3. 病毒的包膜与内吞的宿主膜融合；4. 病毒脱壳，将遗传物质负链RNA释放到细胞内；5. 负链RNA进入宿主细胞核，复制出互补RNA（cRNA），即正链RNA，正链RNA一部分直接翻译蛋白质，另一部分则负责复制病毒的遗传物质；6. 进入细胞核的负链RNA复制出互补RNA（cRNA），即正链RNA，正链RNA一部分直接翻译蛋白质，另一部分复制出病毒的遗传物质；7. 组装新的病毒；8. 新的病毒以出芽的方式从宿主细胞内释放；9. 释放出的新病毒

（＋ssRNA），形成复制中间体(±RNA)，产生更多的＋ssRNA；随后以部分＋ssRNA为模板复制出病毒的遗传物质子代－ssRNA，另一部分直接合成病毒蛋白质。

5）组装。病毒的组装是指新的病毒核酸与蛋白质衣壳装配在一起，形成结构完整、具有一定感染力的子代病毒。RNA病毒和DNA病毒组装的位置具有一定差异，其中绝大多数DNA病毒在宿主细胞的细胞核中完成组装，而RNA病毒和痘病毒类一般在细胞质中完成组装，如图8.4所示的流感病毒的组装，部分正链RNA作为转录的模板，形成mRNA并翻译出病毒所需的蛋白质，其中的结构蛋白与负链RNA一起装配形成子代病毒。

6）释放。绝大多数无囊膜病毒同步释放，会对宿主细胞造成急性伤害，使得宿主细胞短时间内迅速死亡；而绝大多数有囊膜的病毒则需要经过内质网加工，最后以出芽的方式释放，在一段时间内逐个释出，宿主细胞死亡较缓慢。一个感染细胞通常可以释放出100～1000个病毒。

### 8.4.4 几种重要病毒

（1）艾滋病病毒

艾滋病病毒全称人类免疫缺陷病毒（human immunodeficiency virus，HIV），感染人体引起以T细胞免疫功能缺失为主的一种免疫缺陷疾病，艾滋病也称获得性免疫缺陷综合征（acquired immune deficiency syndrome，AIDS）。

1981年，艾滋病最先发现于纽约、洛杉矶和旧金山的患有卡氏肺囊虫肺炎和卡波西肉瘤的男同性恋中，也是美国疾病控制与预防中心第一次报道艾滋病，到20世纪80年代中期艾滋病成为全球性流行病，其病原也被确认为人体免疫缺陷病毒。联合国艾滋病联合规划署报道2022年全世界有7930万人感染艾滋病，死亡人数达到3630万。据中国疾病预防控制中心、联合国艾滋病联合规划署、世界卫生组织（WHO）联合评估，截至2020年底，我国感染HIV人数超过105万，其中两个群体值得关注：50岁及以上人群和青年学生。2019年中国疾病预防控制中心和清华大学医学院发表在*Science*的报道宣称艾滋病在中国大学生群体中飙升，感染人数每年增长率超过30%。艾滋病危害极大，死亡率极高，对全人类的健康产生了极大的威胁，至今没有治愈方法或疫苗，目前只有抗逆转录病毒治疗可以减缓疾病的进程，并可能导致接近正常的预期寿命。

HIV可通过与HIV感染者发生血液、乳汁、精液和阴道分泌物等各类体液交换而传播。怀孕、分娩期间也可能将HIV传播给孩子。一些体液，如唾液和眼泪，不会传播HIV。预防方法包括安全性交、注射安全、治疗感染者等。AIDS是全球性的流行病，尽管世界范围内HIV的流行率在过去十年有所下降，但发展中国家AIDS的死亡人数急剧增加，教育和实践是预防AIDS的极其重要的因素。

艾滋病病毒为逆转录病毒（图8.5A），是一类有包膜的正链RNA病毒，成熟的逆转录病毒为球形，毒粒直径为80～130nm，由内脂包膜和正二十面体的核衣壳组成。病毒的包膜来源于宿主细胞的细胞膜，包膜的表面有直径大约为8nm的糖蛋白突起，该突起由病毒的表面包膜糖蛋白（gp120）和跨膜包膜糖蛋白（gp41）组成，基质蛋白构成包膜和核衣壳间的基质层，核衣壳由衣壳蛋白组成，内含二倍体基因组、结合于基因组上的核蛋白和病毒酶蛋白，其中包括逆转录酶、蛋白酶和整合酶。

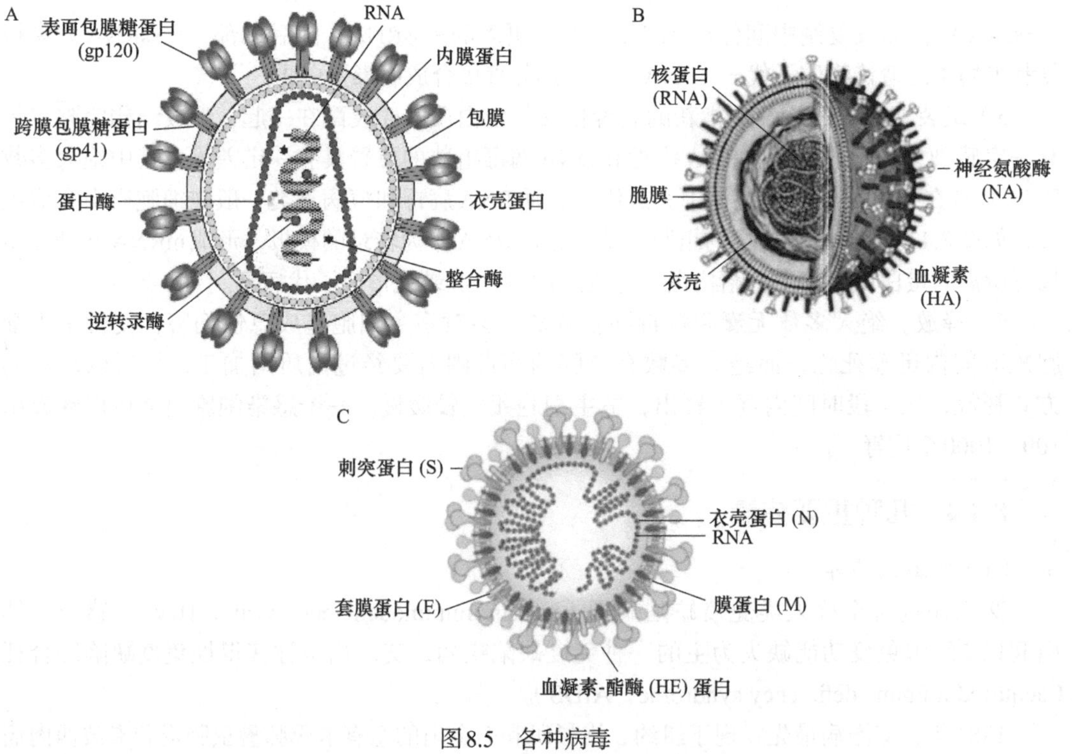


图8.5　各种病毒

A．艾滋病病毒；B．流感病毒；C．冠状病毒

（2）流感病毒

希波克拉底在公元前412年最早记载流感疫情，1933年英国人威尔逊·史密斯（Wilson Smith）第一次分离出该病毒，流感病毒往往每隔一段时间就会在世界不同地方流行。流感病毒属于正黏病毒，包括人流感病毒和动物流感病毒。病毒结构呈球形，直径为80～120nm（图8.5B），核心为7～8个有包膜的单股负链RNA构成，遗传物质为RNA，这也是其易变异的原因。

流感病毒根据其核蛋白的抗原性可以分为甲、乙、丙三种类型，它们具有相似的生化和生物学特征。人流感主要是由甲型流感病毒和乙型流感病毒引起的。甲型流感病毒抗原性易发生变异，往往2～3年可发生一次，多次引起世界性大流行，可使人、猪、马、海洋哺乳动物和禽致病，它在动物中广泛分布，并能在动物中引起流感流行和造成大量动物死亡。乙型流感病毒常常引起局部暴发，不引起世界性流感的流行，至今尚未找到它存在于人之外其他动物中的确凿证据，变异很慢；丙型流感病毒以散在形式出现，主要侵袭婴幼儿，一般不引起流行，猪也是它的天然宿主之一，未发现抗原变异。下文主要介绍甲型流感病毒。

甲型流感病毒表面抗原主要为血凝素（hemagglutinin，HA）和神经氨酸酶（neuraminidase，NA）（图8.5B）。HA呈柱状，能与人和动物红细胞表面的受体结合引起凝血，故而被称作血凝素。血凝素能识别靶细胞表面受体并与受体相结合，具有与靶细胞膜融合的活性，使病毒进入靶细胞，诱导机体产生保护性中和抗体，血凝素抗体可以中和抗体。NA能水解蛋白质，可水解细胞表面特异性糖蛋白唾液酸受体，当成熟的流感病毒以出芽的方式脱离宿主细胞后，细胞表面的血凝素与宿主细胞保持联系，需要由NA将唾液酸水解，切断病毒与宿主细胞最后的联系，因此是病毒复制完成后脱离细胞表面的工具，可保护病毒活力并提高病毒穿透力，保证病毒从感染细胞的释放，阻止病毒释放后形成聚集体。

表面抗原HA、NA均有变异特性，依据抗原的不同而分成各种亚型。流感病毒的抗原性变异就是指HA和NA抗原结构的改变，主要是HA。在亚型内部经常发生小变异（量变），称为抗原漂移（antigenic drift），大的抗原变异会出现新的亚型（质变）即抗原转变（antigenic shift），其为H和（或）N都发生了大的变异，由此而产生新的亚型，可引起世界性大流行。目前HA有15种亚型变异，NA有9种亚型变异，如$H_1N_1$、$H_3N_2$、$H_5N_1$等。

甲型流感对人类致病性高，曾多次引起世界性大流行。流感病毒大致的致病过程为人体通过呼吸吸入病毒颗粒，病毒通过HA进入呼吸系统的表皮细胞，由于病毒导致细胞死亡，产生了炎症反应，咳嗽进一步加速了病毒的传播，由于dsRNA（双链RNA）的出现触发了干扰素的生成，更多的流感症状如打喷嚏、热病、冷颤、肌肉酸痛、头疼、疲劳等产生。由于流感对呼吸系统的伤害，会导致如肺炎更多严重的疾病并发。患者一个激烈的咳嗽反射能将含有病毒的微液滴以每小时100英里①的速度排出，且每个微液滴中含有上百万个病毒颗粒，而启动一个个体的感染只需要几个或几十个病毒颗粒。这就导致了流感病毒可快速高效地传播。流感疫苗接种是世界公认的预防流感的有效方法。实践证明，免疫预防是减少流感危害的一种重要措施和手段，对高危人群接种流感疫苗是预防流感的有效方法。

微课
朊病毒与新冠病毒

（3）冠状病毒

1937年，冠状病毒首先从鸡身上分离出来。1965年，分离出第一株人的冠状病毒。1968

① 1英里≈1609.3m

年，朱恩·阿尔梅达（June Almeida）等对这些病毒进行了形态学研究，电子显微镜观察发现，这些病毒的包膜上有形状类似日冕的棘突，故提出命名这类病毒为冠状病毒。1975年，国际病毒分类委员会正式命名了冠状病毒科。

冠状病毒颗粒的直径为60～200nm，平均直径为100nm，呈球形或椭圆形，具有多形性。病毒粒中心为螺旋形核壳，宽9～15nm，是由一条长达27～31kb的RNA单链、核蛋白和RNA多聚酶构成。该RNA单链是RNA病毒中最长的RNA核酸链，具有正链RNA特有的重要结构特征，即RNA链5′端有甲基化“帽子”，3′端有polyA“尾巴”结构。这一结构与真核mRNA非常相似，也是其基因组RNA自身可以发挥翻译模板作用的重要结构基础，省去了RNA→DNA→RNA的转录过程。冠状病毒RNA不分节段，编码10种蛋白质，这也是目前发现的最大RNA基因组。

病毒粒子外包裹着磷脂膜，膜表面有巨大的刺状突起和膜蛋白，主要分为三种：刺突蛋白（spike protein，S），是受体结合位点、溶细胞作用和主要抗原位点，不同冠状病毒的棘突有明显的差异；套膜蛋白（envelope protein，E），较小，与包膜结合的蛋白；膜蛋白（membrane protein，M），负责营养物质的跨膜运输、新生病毒出芽释放与病毒外包膜的形成。少数种类还有血凝素-酯酶（haemaglutinin-esterase，HE）蛋白。

冠状病毒引起世界恐慌的疾病有2002冬至2003年春严重急性呼吸综合征（SARS）、2012年中东呼吸综合征（MERS）和2019年新型冠状病毒肺炎（coronavirus disease 2019，COVID-19）。

（4）肝炎病毒

肝炎一直是全球性重要公共卫生问题之一。世界卫生组织最新数据显示，全球共有20亿人感染肝炎病毒，其中约有5亿人（全世界1/12的人口）感染了慢性肝炎，每年约有100万人因此而死亡。肝炎病毒感染者包括肝炎病毒携带者和肝炎患者。病毒性肝炎是主要肝炎类型。病毒性肝炎是由多种肝炎病毒引起的，其中主要包括甲型、乙型、丙型、丁型和戊型5种病毒。按病毒性肝炎各自的主要传播途径，它可以分为两类：①主要通过粪口途径传播（通过污染的手、食物和水等传播），如甲型肝炎（简称甲肝）和戊型肝炎（简称戊肝）；②主要通过血液、性接触及母婴传播，如乙型肝炎（简称乙肝）、丙型肝炎（简称丙肝）及丁型肝炎（简称丁肝）。除乙型肝炎病毒遗传物质为双链DNA外，其他类型病毒均为单链RNA。下文主要介绍乙肝病毒和丙肝病毒。

1）乙肝病毒。1970年英国科学家丹娜（Dane）在澳抗（乙型肝炎病毒表面抗原）阳性者血清标本的电子显微镜中，发现了完整的血清型肝炎病毒体，命名Dane颗粒，也称乙型肝炎病毒（hepatitis B virus，HBV）。HBV在电镜下可以看到三种颗粒类型：小球形颗粒、管状颗粒和完整的病毒颗粒（图8.6）。HBV属于嗜肝DNA病毒科，是一个带有包膜的DNA病毒，完整的病毒颗粒大小约42nm。HBV有外壳和核心两个部分，外壳厚7～8nm，由脂质双层和蛋白质（如表面抗原，HBsAg）组成囊膜。核心内部为环状且有缺口的DNA双链，双链上依附有DNA聚合酶。HBV DNA只有3.2kb，是一个相当小的病毒，其基因组的功能单位十分密集，高度压缩，重复利用。核衣壳直径28nm，呈二十面体立体对称，主要由核心抗原（HBcAg）构成，同其抗体具有很强的亲和力，能迅速与血清中的乙肝病毒核心抗体（HBcAb）结合，形成免疫复合物，因而难以在血清中测得游离的HBcAg。e抗原（HBeAg）是核衣壳蛋白的分泌型，是一种可溶性蛋白质，高度保守，一级结构与HBcAg基本相同，

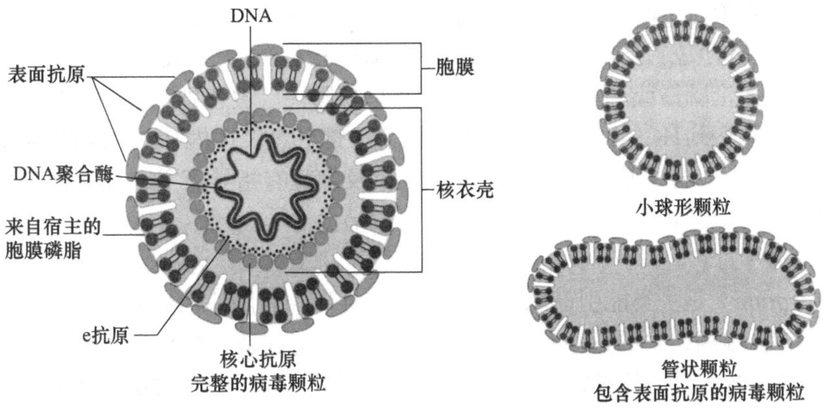


图8.6 乙肝病毒（Nester，2009）

HBeAg随HBV复制而增加，临床上将其作为判断HBV活动性复制的指标之一。

临床检测标志物的意义：①乙肝病毒表面抗原是机体感染乙型肝炎的标志，也是在机体血清中首先出现的病毒标志物，不反映病毒有无复制、复制程度、传染性强弱，病毒携带者HBsAg呈阳性。与其相对应的是乙肝病毒表面抗体（HBsAb）是一种保护性抗体，可阻止乙肝病毒穿过细胞膜进入新的肝细胞。HBsAb为阳性，提示机体对乙肝病毒有一定程度的免疫力。②乙肝病毒e抗原表明乙型肝炎处于活动期，为病毒复制标志，并有较强的传染性。若HBeAg持续阳性超过10周，表明病情可能趋向慢性。乙肝病毒e抗体（HBeAb）为病毒复制停止标志。病毒复制减少，传染性较弱，但并非完全没有传染性。③乙肝病毒核心抗体（HBcAb）为曾经感染过或正在感染者都会出现的标志。乙肝大三阳是指表面抗原（＋），e抗原（＋），核心抗体（＋）。乙肝小三阳是表面抗原（＋），e抗体（＋），核心抗体（＋）。大三阳表示患者体内乙肝病毒活跃状态、复制能力和传染力较强，小三阳则相对较弱。临床上目前无特效药可以完全清除病毒。

乙肝病毒具有顽强的抵抗力，它对热、低温、干燥、紫外线、一般浓度下的化学消毒剂都能耐受，平时常用的消毒剂如乙醇、碘酒对它根本不起作用，但乙肝病毒怕高热，如加热到100℃，只要10min就可使其失去传染性。乙肝病毒对0.5%过氧乙酸非常敏感，3%漂白粉也可以杀灭它。

2）丙肝病毒。1989年迈克尔·霍顿（Michael Houghton）教授和他的团队利用分子生物学克隆技术，分离出了丙型肝炎病毒（hepatitis C virus，HCV）的RNA片段（HCV-RNA），让丙肝检测从以往的排除法发现，进入精准化发现的新阶段。HCV为基因组高度变异的RNA病毒，可通过血液传播、性传播及母婴传播在人群当中流行。目前没有疫苗可以减少感染风险。2020年霍顿等由于发现HCV而获得诺贝尔生理学或医学奖。HCV的发现开启了该病毒进行高敏感性的血液检查，并且这些检查基本上消除了世界许多地方的输血性肝炎，大大改善了全球健康状况。

HCV由包膜、衣壳和HCV-RNA三部分组成。HCV-RNA是有包膜的单股正链RNA，全长9.6kb，有6个基因型，即1（1a、1b）、2（2a、2b）、3、4、5、6型，其中1、2、3型及其亚型分布最广泛。基因组RNA中间是长约9000个核苷酸的ORF，编码长约3000个氨基酸组成的多聚蛋白前体，在宿主细胞信号肽酶和病毒蛋白酶的作用下裂解成10余种病毒蛋白，包括核心蛋白和包膜蛋白（E1和E2）、离子通道蛋白p7和非结构蛋白等。

HCV血清学指标包括：HCV抗体、HCV活动性指标RNA、HCV基因分型。HCV抗体属于感染标志，无论既往或现症感染，该指标都呈现阳性。被感染患者一部分自发清除病原体，或经过治疗，达到HCV-RNA阴性状态，而有一部分患者体内HCV长期复制活跃，呈现RNA阳性状态；由于HCV基因分型对于治疗效果及疗程有指导意义，故对住院患者进行基因分型检查。不同于乙肝，目前绝大部分丙肝可以治愈。

（5）朊病毒

朊病毒（prion）是一类能引起哺乳动物的亚急性海绵状脑病的病原因子，这些疾病包括人的库鲁病、克-雅病，牛的疯牛病，羊瘙痒病等。朊病毒是一种小型的蛋白质颗粒，大小仅为最小病毒的1%，但是其毒害非常严重，而且有很强的传染性。20世纪80年代英国牛饲料中添加了羊和牛的肉和骨粉，使羊的瘙痒病病原传染给牛，使之发生牛海绵状脑病，俗称疯牛病，并且有人因食用病牛肉受到传染而发病，这在欧洲引起了极大的震惊和恐慌。现在认为这种病症是由朊病毒引起的。

1967年发现紫外线与电离辐射处理后，瘙痒因子仍具有传染性，20世纪80年代，人们成功地将瘙痒因子传染给仓鼠，从仓鼠脑组织中分离并部分纯化出病原，发现用修饰和分解蛋白质的试剂处理后能使其传染性丧失，而对核酸抑制剂具有抵抗性，因此，在1982年美国科学家斯坦利·普鲁西纳（Stanley B. Prusiner）用prion这一词代表该因子，意思是说它是一种蛋白质传染颗粒，以示与病毒和类病毒的不同，中国科学院院士、病毒学家田波将其翻译为朊病毒。1997年普鲁西纳获诺贝尔生理学或医学奖，以表彰他在研究和发现一种新的蛋白质性质致病因子中所做的贡献。

朊病毒能在人和动物中引起具有传染性的海绵状脑病或白质脑病，其共同特征是致死性中枢神经系统的慢性退化性疾病；病理学上的特点是大脑皮层的神经元细胞退化死亡，形成空泡并被星状细胞取而代之，因而形成海绵状态，大脑皮层（灰质）变薄而白质相对明显，即海绵状脑病或白质脑病。临床上相应地出现痴呆、共济失调和震颤等症状。用蛋白酶对瘙痒因子进行有限的水解后，剩下的核心是分子质量为27～30kDa的蛋白质，被称为朊病毒蛋白PrP，它是引起羊瘙痒症所必需的成分。把纯化后的PrP进行氨基末端的氨基酸序列分析，其序列为MWSDWGLC。用该序列推测出的寡核酸作为探针，与来源于宿主细胞的cDNA进行杂交，发现PrP是由染色体基因编码的，而不是来自瘙痒因子中的核酸。同时还注意到无论感染瘙痒因子与否，其宿主中的PrP mRNA水平无变化，说明PrP是细胞组成型基因表达的产物。

比较正常细胞所表达的PrP（$PrP^{c}$）和具有传染性的PrP（$PrP^{Sc}$）时显示二者的一级结构相同，共价键也无变化，但不同物种间的PrP氨基酸序列是不一致的。用光谱学技术研究表明（图8.7A）：$PrP^{c}$具有43% α螺旋，3% β折叠；而具有传染性的$PrP^{Sc}$只有30% α螺旋，β折叠激增，占43%，多个β折叠使之溶解度降低，抗蛋白酶水解能力增强。

普鲁西纳等提出了朊病毒仅由蛋白质组成，是细胞蛋白$PrP^{c}$经翻译后修饰而转变为折叠异常的病理形态$PrP^{Sc}$这一假说（图8.7B）。普鲁西纳等认为朊病毒的增殖是一个指数增长的过程：$PrP^{Sc}$首先与$PrP^{c}$结合形成一个$PrP^{Sc}$-$PrP^{c}$复合物，随后转变成2个分子的$PrP^{Sc}$。在下一周期2分子$PrP^{Sc}$与2分子$PrP^{c}$结合，随后形成4分子$PrP^{Sc}$。$PrP^{Sc}$与$PrP^{c}$相互作用，从而复制出越来越多的$PrP^{Sc}$分子。朊病毒研究的大量试验证实了普鲁西纳的假说。$PrP^{Sc}$感染的淋

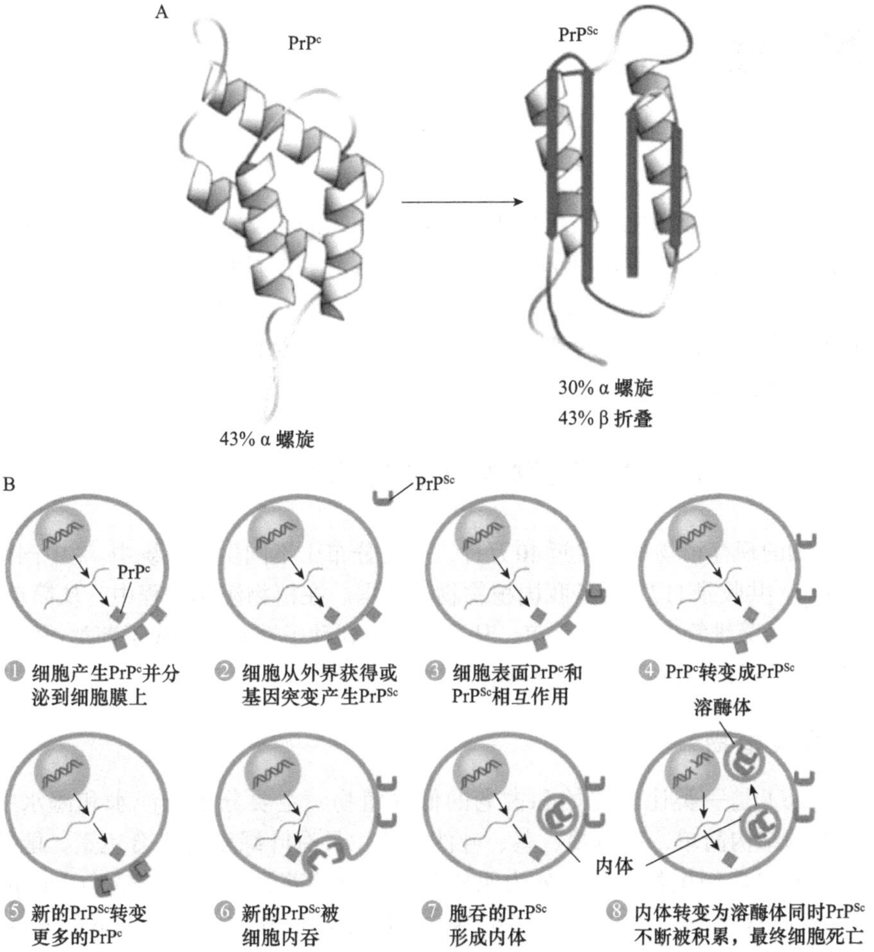


图8.7 朊病毒及其复制（Sateesh，2014）

A. 朊病毒；B. 朊病毒的复制过程

巴细胞或神经细胞中，$PrP^c$向$PrP^{Sc}$转变是在细胞内膜上进行的。PrP是在神经细胞和胚胎早期细胞中表达并在内质网中合成，然后被转运到细胞表面的一种糖蛋白。$PrP^c$可通过细胞膜再进入细胞内部，在细胞中富含胆固醇非酸性的腔隔内转变为$PrP^{Sc}$或者被部分降解，$PrP^{Sc}$的积累导致空泡形成，而$PrP^{Sc}$也只有在该空泡形成区被降解。但由于现在还不清楚$PrP^c$在细胞体内的确切作用，许多人认为它在细胞的兴奋性及突触的传递中起重要作用，而有些报道则是否定的，因而也就不知道$PrP^{Sc}$的致病性是由于$PrP^{Sc}$抗分解的积累，还是$PrP^c$转变为$PrP^{Sc}$而使$PrP^c$缺乏引起的。

动物感染一般是由于进食或在饲料中加入患朊病毒疾病动物的肉或内脏导致感染。人类感染朊病毒的途径包括：进食患病动物的肉、医源性传染（如使用脑垂体生长激素、促性腺激素和硬脑膜移植、角膜移植、输血等）、患者为家族遗传（15%）。

# 第9章 植　　物

植物是生命的主要形态之一，可以进行光合作用（photosynthesis），通过叶绿体利用光能，将$CO_2$和$H_2O$转化为化学能，同时释放$O_2$。因此，植物对地球环境及气候的塑造、对生态系统平衡的维持具有重要作用。植物也与我们的衣食住行息息相关，植物是人类和畜禽主要的食物来源，也为人类生活提供了棉、麻、木材等重要原材料。本章将对植物的形态、结构和生长发育调控做简要介绍。

## 9.1　植物的类群及基本特征

地球上已知的现存植物物种接近40万种，广泛分布于不同生态系统中。《中国植物物种名录（2022版）》共收录117 330条我国植物物种数据。在植物演化过程中，从简单到复杂，从水生到陆生，从无维管束到有维管束，从孢子繁殖到种子繁殖，形成了藻类植物、苔藓植物、蕨类植物、裸子植物和被子植物等不同植物类群。

### 9.1.1　藻类植物

藻类（algae）是一类比较原始和古老的低等植物，主要分布于淡水和海水中，少数可陆生。藻类的结构简单，没有根、茎、叶的分化，具有叶绿素等光合色素，能够进行光合作用，是一种自养型生物。藻类分为原核藻类和真核藻类，其中蓝藻（Charophyta）等原核藻类属于原核生物，藻类植物特指绿藻（Chlorophyta）、红藻（Rhodophyta）、褐藻（Phaeophyta）和轮藻（Chara）等真核藻类。

不同藻类物种在形态上具有很大差别，可以分为单细胞型、群体型和多细胞型。在目前发现的3万种藻类植物中，最小的直径只有1～2μm，最大的可以长达60多米。多细胞藻类可以形成丝状体、叶状体和假根等较复杂的结构。例如，水绵（*Spirogyra communis*）是一种生活在淡水中的不分枝的丝状体；海带（*Laminaria japonica*）是一种可食用的大型多年生多细胞藻类，可形成叶状体，其内无维管束和叶脉，下部有杆状柄，基部为分枝的根状固着器。

藻类植物可以利用营养体进行繁殖，也可采用无性生殖和有性生殖的方式进行繁殖，不少种类的生活史有世代交替的现象。例如，食用海带（图9.1）的带片上能形成丛生孢子囊，经减数分裂形成单倍体孢子。孢子长有鞭毛，可在海水中游动，在水底萌发形成丝状配子体。雄配子体分化成多个精子囊，雌配子体顶端分化成卵囊，内有一卵。精子具有鞭毛，可游动，与卵子融合形成合子并发育成孢子体。

藻类的高生产率、高增长率，远远优于陆地植物，而且对某些物种来说，储存大量脂类的能力使它们成为基于不与人类食物来源竞争的原料，是生物燃料有希望的一个来源。

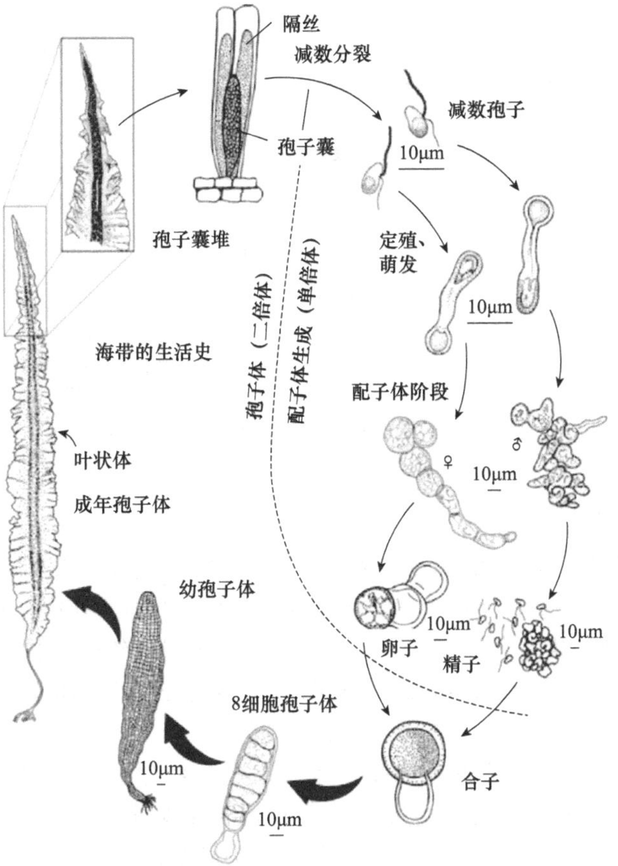


图9.1 海带的生活史

### 9.1.2 苔藓植物

苔藓植物（bryophyte）是一类小型的自养型陆生植物，结构简单，只有扁平的叶状体，部分具有假根，并出现类似茎叶的分化，但仍然缺少真正的维管束。苔藓植物分布范围极广，南极和北极地区也有分布。精子具有鞭毛，只有在水中才能完成受精作用，因此苔藓植物只能生长在阴暗潮湿的环境中。已知苔藓植物共有2万余种，我国约有3100种。苔藓植物属于过渡性的陆生植物，对于其演化目前仍有争论，一种观点认为苔藓植物起源于绿藻，另一种观点认为苔藓植物由裸蕨类植物退化产生。苔藓植物包含苔纲（Hepaticae）、角苔纲（Anthocerotae）和藓纲（Musci）三大分支。

苔纲多为扁平叶状体，有背腹之分，假根由单细胞组成；藓纲有类似茎、叶分化，假根由单列细胞组成。苔藓植物生活史（图9.2）中以配子体占优势，孢子体不能进行光合作用，只能依附在配子体上获取水分和营养物质，故日常见到的苔藓多是单倍体。孢子体萌发后形成原丝体（protonema），苔纲植物原丝体不发达，不产生芽体，每个原丝体只形成一个新的植物（配子体）；藓纲原丝体发达，其上可产生多个芽体，每个芽体均可形成一个配子体，故苔藓植物的生活史包含形成配子的配子体世代和形成孢子的孢子体世代。

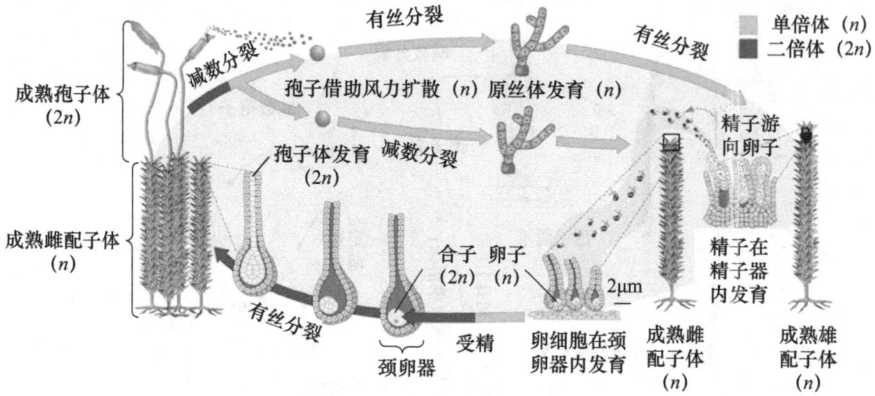


图9.2 苔藓的生活史（Reece et al.，2014）

## 9.1.3 蕨类植物

广义上的蕨类植物（Pteridophyta）又称为羊齿植物，包含石松类（lycophytes）和蕨类（ferns），是一类分布广泛的古老陆生植物，现除沙漠和极寒地区外均有分布。目前发现的蕨类植物约有12 000种，我国有约2500种。蕨类植物是最早的维管植物，多数蕨类植物可以分化出完整的根、茎、叶，具有真正的维管组织，因此能较好地适应陆地生活。蕨类体型多样，从几毫米的微小草本到数十米的乔木均有发现。

多数蕨类植物在叶片下表面长有孢子囊，通过减数分裂形成孢子（图9.3）。孢子成熟后从孢子囊中释放出来。孢子萌发后并不直接长出蕨类幼苗，而是先发育成原叶体（prothallus）。原叶体是蕨类植物的配子体世代，结构简单，只有一片叶状体匍匐在地面上，靠细小的假根从土壤中吸收水分和养分。原叶体上可以进一步分化出颈卵器（雌配子囊）和精子器（雄配子囊）。当原叶体表面被雨水或露水浸润时，精子可游入颈卵器中与卵子结合，

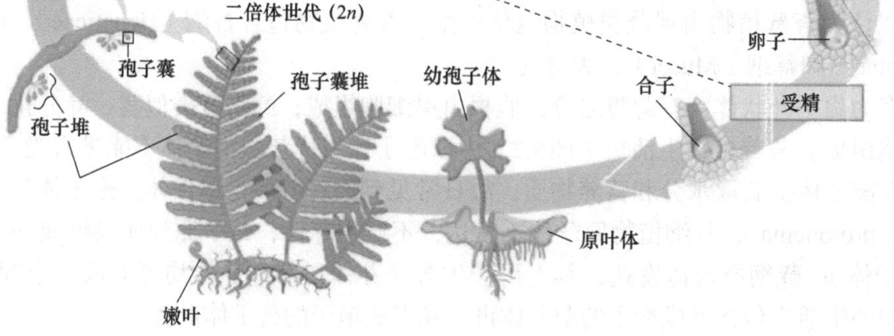


图9.3 蕨类植物生活史（Urry et al.，2016）

形成合子。合子吸收原叶体的营养，分裂形成幼胚。幼胚进一步生长，穿出原叶体发育成幼蕨，进入孢子体世代。因此，蕨类植物的生活史中世代交替明显。与苔藓植物不同，蕨类孢子体世代占绝对优势，并且配子体和孢子体均能独立生活。

### 9.1.4 裸子植物

裸子植物（Gymnospermae）为多年生木本植物，多是单轴分枝的高大乔木。裸子植物属于早期种子植物，可以产生真正的种子，它们有胚珠（ovule），但心皮（carpel）不包成子房（ovary），故胚珠裸露，其所结种子也是裸露的，所以称为裸子植物。裸子植物广布于南北半球，但以北半球更为广泛。全世界现存裸子植物约800种，我国有近300种，其中银杉（*Cathaya argyrophylla*）、水杉（*Metasequoia glyptostroboides*）、银杏（*Ginkgo biloba*）等都是仅存于我国的第三纪孑遗植物，是植物中的“活化石”。裸子植物虽然物种数量较少，但很多是重要的林业物种，占世界木材供应量的50%以上。

从裸子植物开始，植物的受精通过花粉完成，使有性生殖过程摆脱了对水的依赖，从而更加适应陆地生活（图9.4）。孢子体是包括裸子植物在内的种子植物的主体，其配子体极

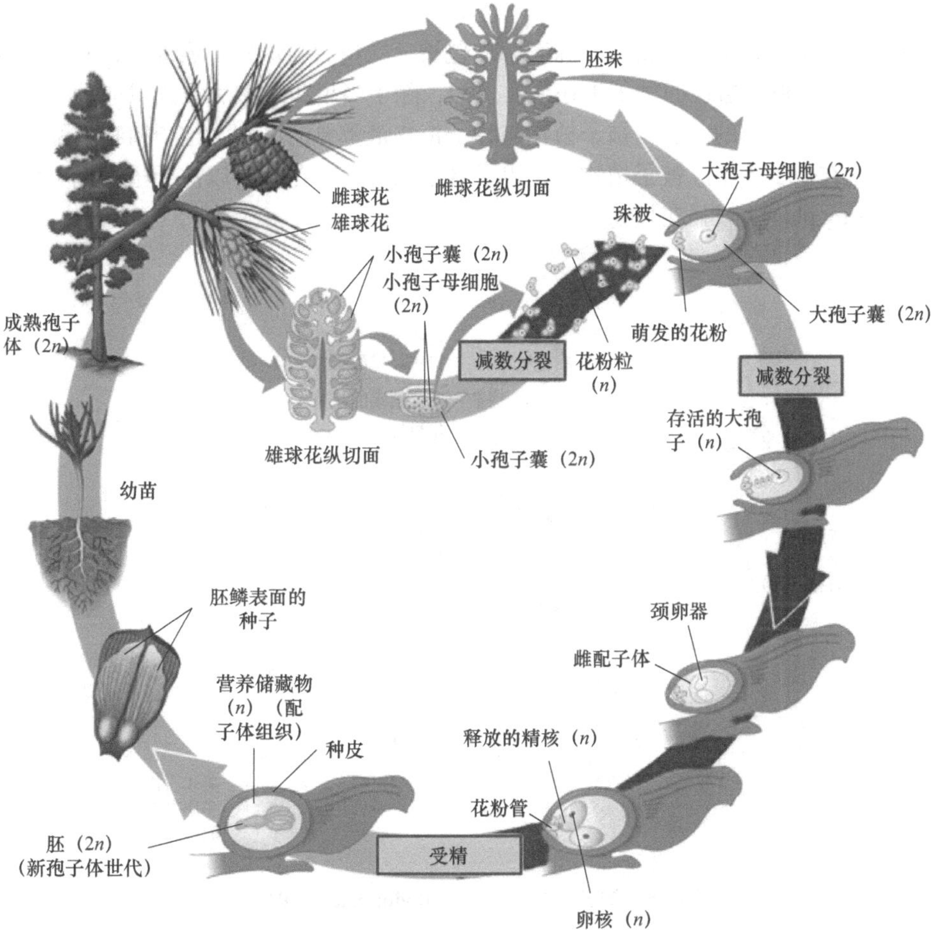


图9.4 裸子植物生活史（Urry et al.，2016）

度退化，配子体只有几个细胞，且完全生长在孢子体上。裸子植物小孢子叶具有孢子囊（花药），内含小孢子（花粉），花粉内有两个精子，萌发后其中一个与卵核结合，另一个退化；大孢子叶不形成封闭子房，着生有一至多枚裸露胚珠。胚珠直立或倒生，由胚囊（embryo sac）、珠心（nucellus）和珠被（integument）组成，顶端有珠孔（micropyle）。雌雄配子融合形成合子并发育成胚，胚中有胚根、胚轴、胚芽和子叶分化。裸子植物种子的种皮由珠被发育而成，胚乳是由雌配子体发育而来，作为营养组织包裹在胚外侧。

### 9.1.5 被子植物

被子植物（Angiospermae）属于种子植物，是当今世界种类最多、分布最广、适应性最强的植物类群，为陆地植被的主要组成类型。现知全世界被子植物共约有30万种，占植物界总数的一半以上；我国已知的被子植物3万余种。绝大多数农作物及栽培植物为被子植物。根据种子胚中子叶（cotyledon）的数目，被子植物又可分为两大类：胚中发育有2片子叶的双子叶植物（dicot）和发育有1片子叶的单子叶植物（monocot），前者如花生、大豆，后者如水稻、玉米等。双子叶植物有主根，多为直根系，叶脉网状，花器官常以4或5为基数；单子叶植物多为须根系，叶脉常平行排列，花器官多以3为基数，常为草本，同时由于缺少形成层，茎干不能逐年增粗。

与裸子植物不同，被子植物的胚珠有心皮包被，受精后胚珠发育成种子，心皮发育成果实（图9.5）。所以被子植物的种子生在果实里面，除了当果实成熟后裂开时或动物啃食后吐露，它的种子是不外露的。这是被子植物与种子植物最重要的区别。被子植物的配子体进一步简化，寄生在孢子体中。被子植物演化出了真正意义上的花，所以被子植物也可称为有花植物（flowering plant）或显花植物。

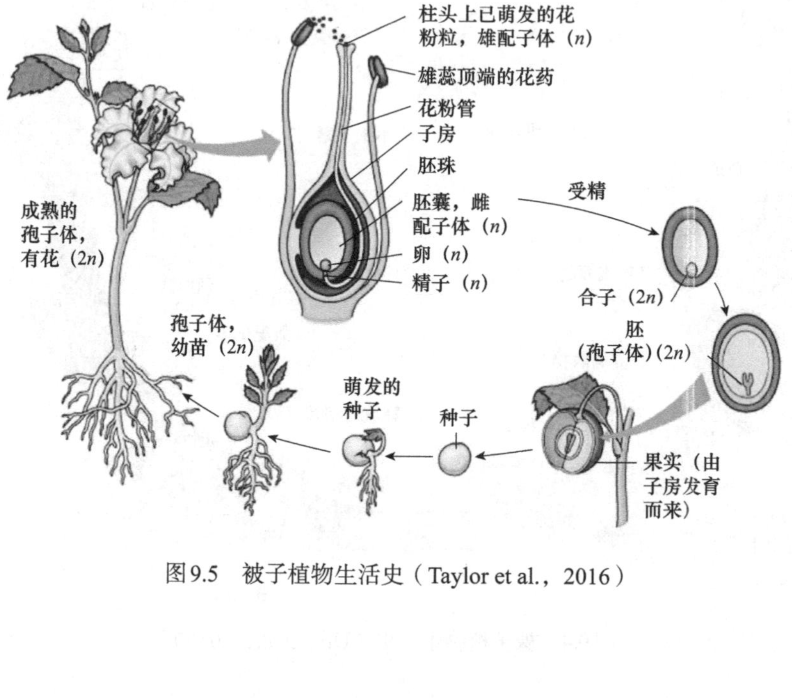


图9.5 被子植物生活史（Taylor et al.，2016）

# 9.2 植物的结构与生殖

## 9.2.1 植物的基本组成器官

植物是由多细胞组成的有机整体，细胞间存在紧密的联系，发育过程中细胞发生分化，形成形态结构和生理功能不同的组织与器官。植物在演化的过程中逐渐分化出根、茎、叶、花、果实和种子等不同器官，这里主要以被子植物为对象，介绍植物的结构与功能。

（1）根

植物要适应陆生环境，必须从土壤中吸收水分和矿质营养。根是维管陆生植物的地下部分，是吸收水分与营养的主要器官；根还能将植物固着在土壤中，提高植物的稳定性。根也是植物与土壤微生物共生的部位。双子叶植物的根由主根及许多侧根组成，称为直根系（tap root system）；单子叶植物缺少明显主根，为须根系（lateral root system）。植物根系表皮细胞可突起形成根毛，增加根系表面积，提高吸收水分和养分的能力。

植物的根（图9.6）通常呈细长圆柱状，越近末端越尖细。根的末端称为根尖（root tip），按形态和功能，根尖可自下而上分为以下几部分：①根冠（root cap），位于根尖的最先端，是根特有的结构，一般呈圆锥状，罩在根分生区外方，起保护作用。②分生区（meristematic zone），由分生组织细胞组成，是根尖细胞分裂最旺盛的部位，新增细胞分化成其他组织，形成根的各种结构。③伸长区（elongation zone），位于分生区上方，由分生区产生的细胞经生长分化形成，细胞停止分裂并迅速伸长，是根生长最快的部位。④根毛区（root hair zone），根毛密集，细胞停止伸长，多已明显分化成熟，故又称成熟区，是根吸收水分和无机盐的主要部位。

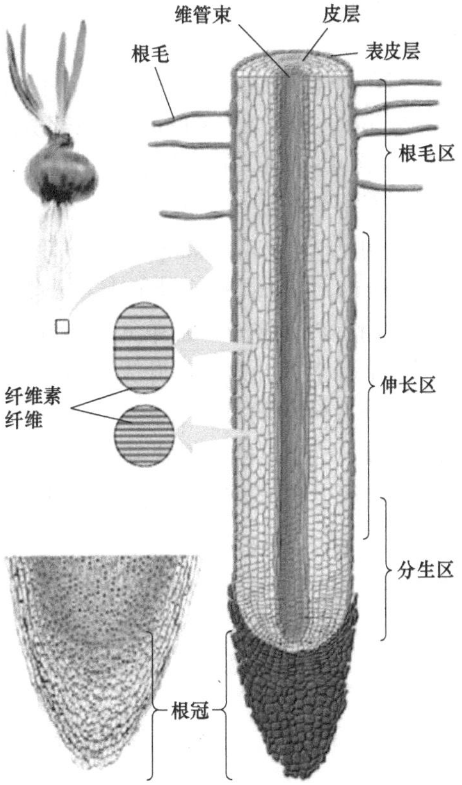

图9.6 根尖的纵切图（Taylor et al.，2016）

（2）茎

茎是由顶端分生组织分化和发育形成的，是着生并支撑叶、花和芽的器官。大多数被子植物的茎直立或匍匐生长在地面，起支持作用。同时，茎可将根吸收的水分和无机盐传输到地上各部，也可将叶片制造的有机物传输到根和植物的其他部分。茎本身也能利用绿色组织进行光合作用。

茎上有节（node），为叶片着生处。节之间的部分称为节间（internode）。着生叶和芽的茎称为枝条（图9.7）。芽（bud）是未发育的枝或花的原始体，按照位置可分为顶芽（terminal bud）和腋芽（axillary bud）。顶芽使植物长高，腋芽则存在于每一叶柄在茎上的着生处，可

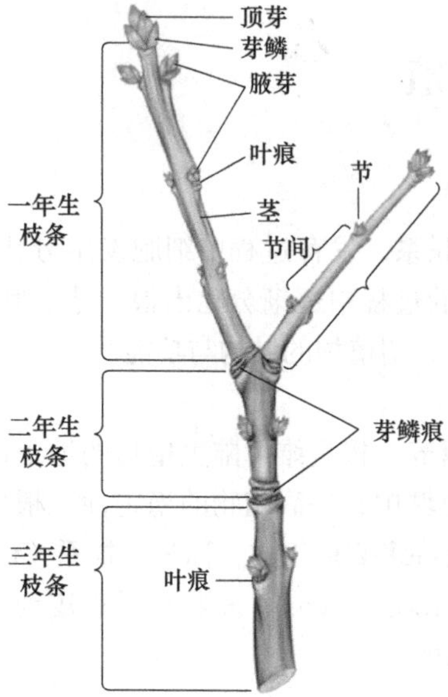


图9.7 枝条的组成（Reece et al.，2014）

生长为分枝。

许多植物存在顶端生长占优，侧芽生长被抑制的现象，称为顶端优势（apical dominance）。顶端优势在生产上具有重要作用，如及时除去侧芽，维护植物的顶端优势可促进主干生长；而在一些农作物（如棉花）的实际生产过程中，可通过打顶摘心，去除顶芽，抑制其顶端优势以促进侧枝生长，从而达到增产的目的。

（3）叶

叶是植物营养器官之一。其功能是进行光合作用合成有机物，并通过叶片的蒸腾作用（transpiration），为根系从外界吸收水和矿质营养提供动力。叶片也具有一定的吸收和分泌功能，有些植物的叶边缘还能形成不定根和不定芽，可进行无性繁殖。叶是植物体中感受环境最大的器官，在演化过程中为了适应所处环境，其形态和大小具有极为丰富的变异，可作为植物分类的依据。

双子叶植物的叶一般是由叶片（blade）、叶柄（petiole）和托叶（stipules）三部分组成的“完全叶”（图9.8），但有些植物的叶缺少叶柄或托叶，称为“不完全叶”。

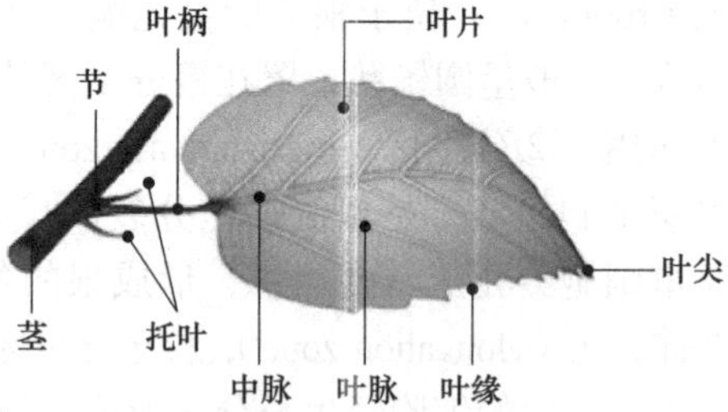


图9.8 完全叶的组成示意图

叶可分为单叶（simple leaf）和复叶（compound leaf）。单叶在一个叶柄上只着生一片叶，而复叶叶柄上着生多个叶片单元（小叶），小叶排列在同一平面上，叶落时小叶先脱落，叶轴后脱落。根据小叶在叶轴的排列方式，复叶（图9.9）分为掌状复叶、三出复叶、羽状复叶等不同类型。从起源上看，复叶是由单叶演变而成的，当叶片的裂片深达主脉或叶基并具小叶柄时，便形成了复叶。

图9.9 三种常见的复叶类型

水稻等禾本科植物的叶（图9.10）与其他植物不同，主要由叶片、叶鞘（leaf sheath）组成。叶鞘为叶基部的鞘状组织，一侧开裂，可保护茎的居间生长、加强其支持作用及保护腋芽。叶鞘与叶片的连接处为环状，颜色与叶片不同，这一结构称为叶枕（pulvinus）。叶枕具有弹性和延展性，可调整叶片的位置。在叶枕内侧有膜状突起物，称为叶舌（ligule），可防止水分、病原菌进入叶鞘内。有些植物在叶舌的两旁有一对从叶片基部边缘伸出的突起物，称为叶耳（auricle）。

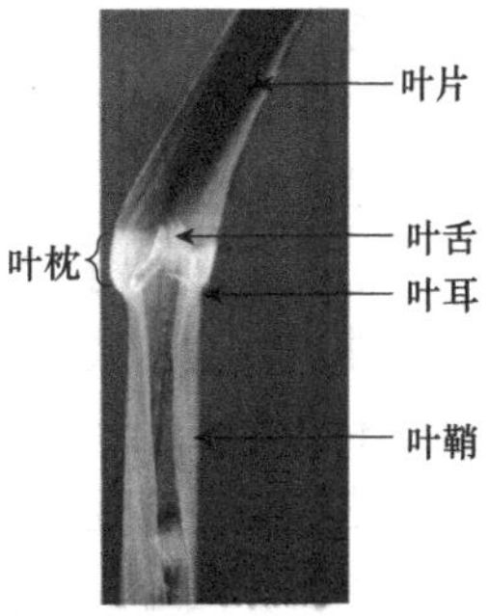


图9.10　禾本科植物叶的组成

（4）花

花是植物为了繁殖而演化出的一种变态短枝，由花芽分化而来。花是被子植物特有的繁殖器官，因此被子植物又被称为“显花植物”或“有花植物”。裸子植物开出的“花”是孢子叶球，并不是真正意义上的花。花的主要功能是形成雌、雄生殖细胞，进行有性生殖。

典型的花通常由花梗（pedicel）、花托（receptacle）、花被（perianth）、雄蕊（androecium）和雌蕊（gynoecium）等几部分组成（图9.11）。

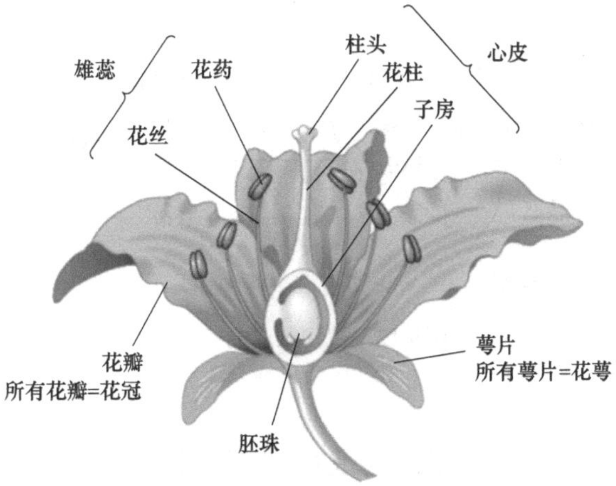


图9.11　花的组成示意图

花梗也称花柄，连接花与枝条，一方面支撑着花，另一方面将各种物质由茎运输至花中。花托是位于花梗顶端的膨大部分。

花被是花萼（calyx）和花冠（corolla）的总称，由扁平状瓣片组成，着生在花托的外围或边缘部，保护雌、雄蕊，也可吸引昆虫传粉。花萼和花冠二者在形态、大小和颜色上通常具有明显区别。花萼位于一朵花的最外侧，由若干萼片（sepal）组成；花冠在花萼内侧，由一轮或多轮花瓣（petal）组成。很多植物的花被既有花萼也有花冠，称为重被花或双被花（dichlamydeous flower）；有些植物的花被仅有花萼或仅有花冠，称为单被花（monochlamydeous flower）；也有花被完全缺失的，称为无被花（achlamydeous flower）。

雄蕊位于花被的内侧或上方，在花托上呈轮状或螺旋状排列，是被子植物花的雄性生殖器，能产生花粉。雄蕊数目因植物种类而异，一朵花中全部雄蕊总称为雄蕊群。雄蕊由花丝（filament）和花药（anther）两部分组成。花药是花丝顶端膨大成囊状的部分，通常由多个花粉囊组成，花粉囊内可产生许多花粉粒，成熟后经花粉囊破裂释放。

雌蕊位于花的中央，是被子植物的雌性生殖器官。雌蕊是由一种称为心皮的变态叶卷合形成的，是被子植物特有的器官。雌蕊由柱头（stigma）、花柱（style）和子房（ovary）三部分组成，常呈瓶状（图9.12）。柱头有黏液可以黏附花粉。花粉落到雌蕊的柱头上开始生长，穿过花柱到达子房。子房内有一粒或多粒胚珠（ovule），成熟的胚珠内含有雌配子体。每粒胚珠由称为珠被（integument）的保护层包围，以珠柄（funicle）与子房壁相连。胚珠在珠被上有一小孔，称为珠孔（micropyle）。花粉萌发后花粉管能通过珠孔将精细胞运送至胚珠内与雌配子进行受精。由1个心皮组成的雌蕊称单雌蕊（如豆类），由数个彼此分离的心皮形成的雌蕊称离心皮雌蕊（如草莓），由2个以上心皮合生的雌蕊称复雌蕊或合心皮雌蕊（如瓠瓜类），一朵花内所有的雌蕊总称为雌蕊群。

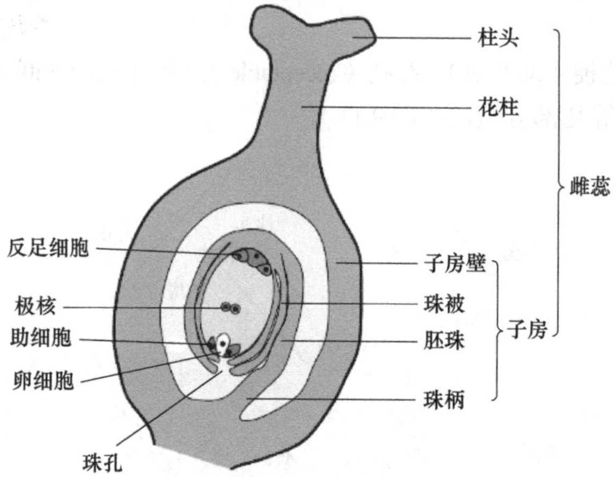


图9.12　植物雌蕊的组成

（5）果实和种子

果实是植物雌蕊经受精诱导，由子房或花的其他部分（如花托、萼片等）发育而成的器官，通常包括果皮和种子两部分。受精后子房新陈代谢活跃，在生长素等内源激素的刺激下迅速生长，胚珠发育成种子，子房壁发育成果皮，果皮包裹着种子就形成了果实。有些植物的果实单纯由子房发育成，称为真果（true fruit），如桃等；有些植物的果实除子房外还有其他花器官（如花托、花萼甚至整个花序）共同参与形成果实，这类称为假果（false fruit），如苹果、草莓等。

种子是子房内胚珠受精的产物，由种皮、胚和胚乳共同构成。其中种皮由珠被发育而来；胚由花粉粒中的一个精子和卵子受精形成的合子发育而来，成熟后可以发育成一个全新的完整个体，是新世代的开始；胚乳是另一个精子与中央细胞融合发育而来的营养组织，不参与世代传递，但是可为胚胎发育和种子萌发提供营养。水稻、小麦等禾本科植物的果实部分大部分退化，只留下薄薄几层果皮细胞与种皮紧密贴合在一起，称为颖果。

通常情况下果实和种子的发育需要授粉和受精作用的诱导，但是一些植物不经过受精作用也能结实，这种现象称为单性结实（parthenocarpy）。由于胚珠未经受精子房即发育成果实，单性结实的果实是不会产生种子的。生产上，可以通过激素处理等方法诱导单性结实，培育无籽瓜果。

### 9.2.2 植物的生长

植物的一生都在生长发育。生长是植物细胞、组织和器官在数量上的不可逆增加，是细胞分裂和膨大的结果。发育是植物体内不断发生的各种过程的总和，包括从受精卵的最初分裂开始、种子萌发、营养体形成、生殖体形成、开花、传粉和受精、结实等阶段，直至衰老死亡。发育过程中一些细胞会发生分化，从同一性质的细胞类型转变成结构上与功能上不相同的细胞类型，从而形成各种植物组织和器官。

植物的生长一般是无限的，这一点是和动物显著区别的。植物之所以能够无限生长，是因为生长区存在分生组织（meristem）。分生组织是由一群具有分生能力的细胞组成的，可以不断进行分裂，其中一些细胞分裂后仍然维持分生状态，另一些则发生分化，形成新的组织和器官。由于分生组织的存在，植物一生都可以不断生长。但是，无限生长不代表植物可以永生，植物也会死亡。一年生植物（annual plant）在一年或不到一年的时间内完成从萌发到开花结实、衰老死亡的整个生活周期。我们日常见到的很多农作物都是一年生的，如水稻、玉米、大豆等。二年生植物（biennial plant）是指在两个生长季节内完成其生命周期的植物。白菜、甘蓝等二年生植物一般播种当年为营养生长，越冬后翌年春夏季开花结实后死亡。多年生植物（perennial plant）是指个体寿命超过两年的植物。木本植物都是多年生植物，我国贵州省黔南布依族苗族自治州福泉市鱼酉村一株古银杏树，据考证树龄约有5000年。多年生植物的大多数都是在一生中多次开花结实，但也有一生中只开花结实一次的，如竹子、龙舌兰等。

植物的初生生长（primary growth）（图9.13A）是指根尖和茎尖的顶端分生组织（apical meristem）细胞分裂，通过分化和生长引起的植物生长，主要表现为植物体根和茎长度的增加，故也称为伸长生长。植物还可以进行次生生长（secondary growth）。次生生长是由侧生分生组织（lateral meristem）细胞分裂引起的根与茎加粗生长的过程，表现为粗度的增加。侧生分生组织包括维管形成层和木栓形成层。裸子植物和大多数双子叶植物有次生生长，大多数单子叶植物没有次生生长。竹子是单子叶植物，没有形成层，所以竹子一生中只能长高不能长粗，竹笋多粗竹子就长多粗。

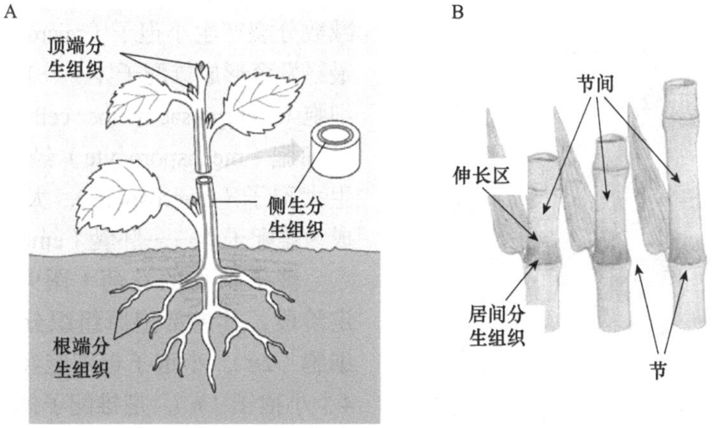


图9.13 植物分生组织的分布

A. 植物的顶端和侧生分生组织；B. 植物的居间分生组织

一些植物在已分化的成熟组织之间夹着一些未完全分化的分生组织，称为居间分生组织（intercalary tissue）（图9.13B）。例如，单子叶植物水稻、竹等茎的节间基部均有居间分生组织，它们的细胞分裂活动可使茎秆迅速伸长。与顶端分生组织不同，居间分生组织维持分生能力的时间有限，没有持续的周期性活动，经过一定时间的分裂后转变为成熟组织。毛竹（*Phyllostachys edulis*）的竹笋最快时每天能长1m，生长期会持续一到两个月，随后高度不再增长，毛竹不可思议的生长速度就是得益于竹笋内众多节间里的居间分生组织。

### 9.2.3 植物的生殖和发育

（1）被子植物的有性生活周期

所有植物都存在单倍体（$n$）世代和二倍体（$2n$）世代的相互交替。二倍体世代称为孢子体（sporophyte），孢子体通过减数分裂产生单倍体孢子，孢子经过有丝分裂形成配子体，配子体再经过有丝分裂和细胞分化形成成熟的雌、雄配子（$n$）。雌、雄配子经过受精形成合子（zygote），合子经有丝分裂形成新的孢子体。

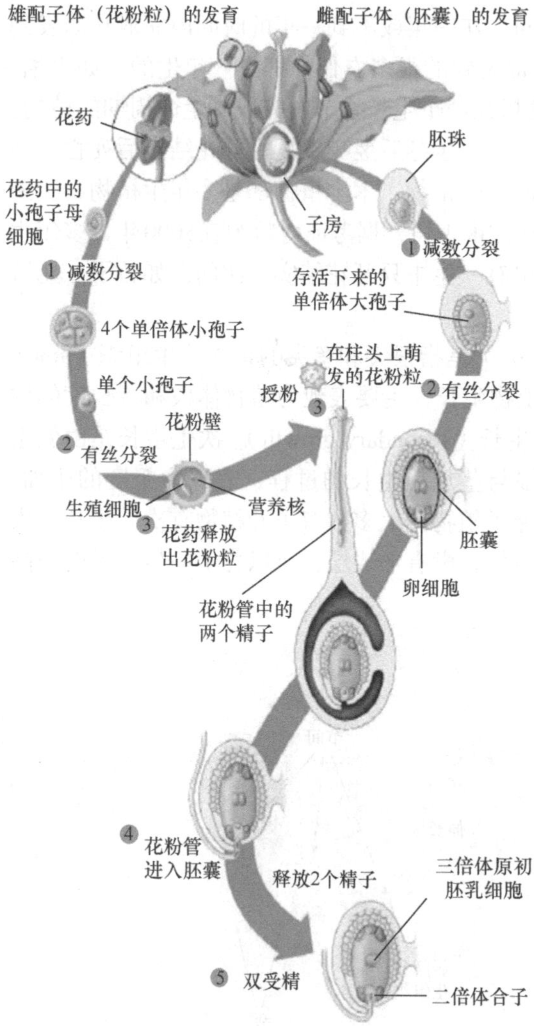


图9.14 被子植物雌雄配子体的发育和双受精作用（Taylor et al.，2016）

有一个非常有趣的趋势是越高等的陆生植物孢子体越发达，而配子体越退化。我们通常看到的裸子植物和被子植物都是孢子体，配子体是寄生在孢子体上的，只有在显微镜下才能观察到配子体的发育情况。而对于苔藓等低等植物，我们平常看到的都是配子体世代。

（2）植物性细胞的发育和双受精

植物的孢子是由孢子母细胞经过减数分裂产生的。花粉母细胞（pollen mother cell）又称为小孢子母细胞（microsporocyte）经过减数分裂产生小孢子（microspore），小孢子最终发育形成雄配子体——花粉粒。胚囊母细胞（embryo sac mother cell）又称为大孢子母细胞（megasporocyte）经过减数分裂产生大孢子（macrospore），大孢子最终发育成为雌配子体——胚囊（embryo sac）。

被子植物的花药（图9.14）发育到一定阶段，其内部孢原组织分化成小孢子母细胞（$2n$）。小孢子母细胞经减数分裂形成4个小孢子（$n$），是雄配子体的开始。每一个小孢子通过一次有丝分裂形成2个子细胞，一个称为营养细胞（vegetative cell），另一个称为生殖细胞（generative cell）。被子植物的生殖细胞会再经一次有丝分裂，形成2个雄配子（即精细胞）。这种具有3个细胞的成熟花粉粒称为雄配子体（male gametophyte），内含有1个营养细胞和2个精细胞。

与小孢子母细胞发育类似，雌蕊胚珠的珠心细胞发育到一定阶段分化出大孢子母细胞。大孢子母细胞经过减数分裂形成4个大孢子，其只有一个能够进一步发育（通常为离珠孔最远的那个），其余3个发生退化。对于大多数被子植物，大孢子细胞核会继续发生3次有丝分裂，形成一个8核细胞。这8个核分布在胚囊内的不同位置，其中3个靠近珠孔端，3个位于珠孔另一极，2个在胚囊中间。随后通过细胞化作用8个核最终发育成具有7个细胞的成熟胚囊，其中包括1个位于胚囊近珠孔端的卵细胞（$n$），分布在卵细胞两侧的2个助细胞（synergid，$n$），位于胚囊中间的由2个极核（polar nucleus，$n$）融合形成的中央细胞（central cell，$2n$），以及位于胚囊另一端的3个反足细胞（antipodal cell，$n$）。

花粉粒成熟后从花药中释放出来，在风或昆虫的帮助下落到柱头上并开始萌发。营养细胞的胞质从花粉粒上的萌发孔突起，形成快速生长的花粉管穿入柱头，两个精细胞位于花粉管前端。花粉管从胚珠珠孔进入胚囊后，释放2个精子，其中一个可以与胚囊内的卵细胞受精形成合子（$2n$），另一个可以与中央细胞融合，发育成原初胚乳细胞（$3n$）。这一现象称为双受精（double fertilization），是被子植物特有的有性生殖方式。

（3）种子的发育

种子是植物演化出的最成功的繁衍机制，能够使植物幼体更好地抵御不良环境，提升适应性并利于传播。被子植物双受精作用完成后，胚珠可发育成种子。其中，三倍体原初胚乳细胞经过细胞分裂和分化形成胚乳（$3n$）组织。胚乳内可积累大量淀粉、脂肪和蛋白质等储藏物质，为种子发育提供能量。双子叶植物的胚乳（图9.15）在胚胎形态建成过程中就被消耗降解掉，只留下一层胚乳遗迹（糊粉层）在种子内；水稻、小麦和玉米等单子叶植物的胚乳在种子发育过程中并不被消耗，始终保留在种子内，并成为人类重要的粮食来源。单子叶植物的胚乳在种子萌发过程中被逐渐消耗降解，为幼苗发育提供能量。因此作为双受精的产物之一，胚乳并不参与植物的世代传递，而是作为营养组织发挥作用。

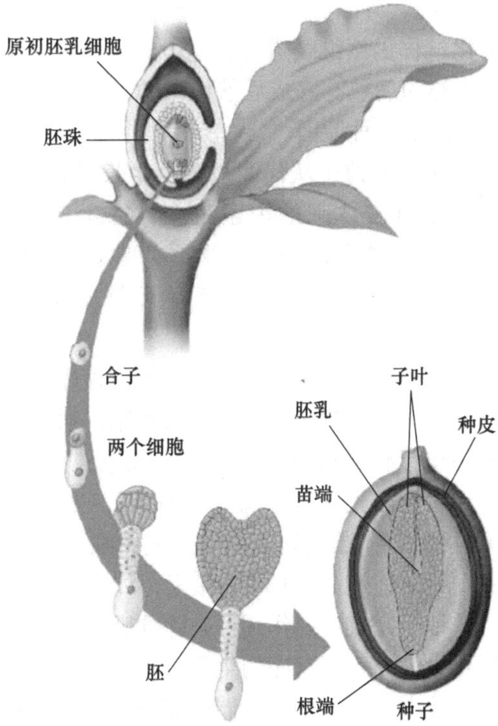

图9.15 双子叶植物胚的形态建成（Taylor et al.，2016）

双受精的另一个产物合子先分裂成2个细胞，其中上方的细胞经过多次分裂形成胚，而下方细胞经过分裂形成胚柄，连接胚和母体组织。胚进一步发育分化出子叶（cotyledon）、胚芽（plumule）和胚根（radical）等不同结构，

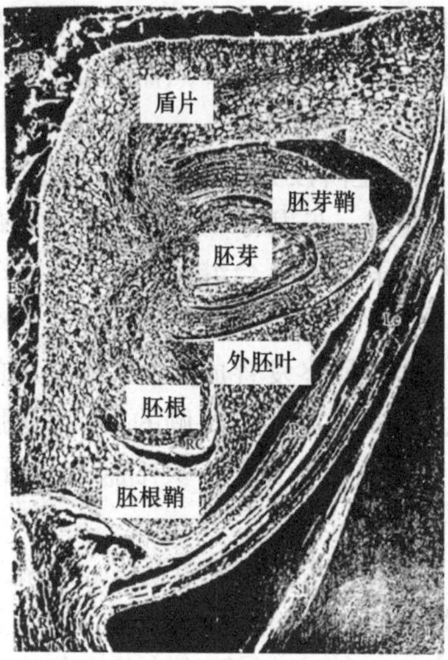

图9.16　禾本科植物（水稻）胚的纵切图

这一过程称为胚胎形态建成（embryogenesis）。双子叶植物的胚发育出2片子叶，而单子叶植物的胚只有1片子叶。对于水稻等禾本科植物，具有更为复杂的胚胎结构（图9.16），除了胚芽和胚根外，还有盾片（scutellum）、胚根鞘（coleorhiza）、胚芽鞘（coleoptile）和外胚叶（epiblast）等组织。一般认为盾片就是禾本科植物的单片子叶，但是其他结构的起源仍存在较大争论。

（4）种子休眠和萌发

胚形态建成后已经获得萌发成长为一个新的植株的能力，但是通常情况下种子会暂时停止生长和发育，即使在适宜的环境条件下仍不能萌发，这一现象称为休眠（dormancy）。休眠是植物的一种重要的适应性策略，不仅为种子的传播扩散争取了时间，还能促使种子在最理想的环境条件下萌发。例如，许多在夏季或秋季产生的种子，如果它们在冬季来临之前就已经发芽，那么很可能会被冻死，而休眠可以避免这种状况发生。又如，一些沙漠植物的种子，只有经过大雨之后才能萌发，以防萌发过早幼苗干旱死亡。不同植物休眠期的长短和强度存在差异，有些栽培植物的种子完全没有休眠，而有些植物的种子从母体上脱落后，虽然形态上已经成熟，但是种子内部的生理生化过程仍然继续进行，这段时期的变化实质上是成熟过程的延续，又是在收获后进行的，所以称为后熟。完成后熟作用的种子才是真正的生理成熟。后熟是休眠的一种状态，也是引起休眠的一种原因。

使休眠种子从代谢缓慢、生长发育停滞的状态恢复生长发育的过程称为打破休眠。诱使种子打破休眠的因素很多，在生产上，可以利用一些方法人为打破种子休眠，主要包括：①层积处理。冬季严寒地区的植物休眠期较长，而冬天的低温可以帮助种子打破休眠，保证种子在来年春天萌发。层积处理是利用类似机制解除种子休眠的一种方法，即将种子埋在湿沙中，经1～3个月的低温（1～10℃）处理就能有效地解除休眠。②破坏种皮。有些植物的种子表皮很厚、很硬，阻碍种子对空气和水分的吸收，即使将种子放在水里很长时间也不能吸水膨胀，从而一直使种子处于休眠状态。不伤害胚胎的情况下通过种皮穿孔或机械磨薄、热水或浓硫酸处理使种皮变软，可使种子的休眠被打破。③光处理。对于需光种子（莴苣和烟草），光处理能够破除休眠、促进萌发；而对于需暗种子（如苋科植物），黑暗处理能够打破休眠。④化学处理。硝酸钾、硫脲、乙烯氯化氢等是最常用的发芽促进剂。一些植物激素，如赤霉酸、细胞分裂素和乙烯处理，也会促进萌发。

种子完成后熟作用并破除休眠后，只要条件适宜即可萌发。种子萌发是指种子从吸胀作用开始的一系列有序的生理过程和形态发生过程。吸水膨胀后的种子内代谢发生变化，胚乳或子叶中的酶开始消化储藏养分，种子重新开始生长。胚中的胚芽可以分化发育出不同地上组织，胚根伸入土壤吸收水分和养分。

课程思政

## 正在消失的毛乌素沙地

毛乌素沙地又称为鄂尔多斯沙地，位于陕西、内蒙古两省（自治区）交界，是中国的四大沙地之一，总面积为4.22万$km^2$。昔日的毛乌素，黄沙漫天，“沙进人退”。新中国成立后，经过几代人的治理，千年毛乌素沙地（图1），60年变绿洲（图2和图3）。2019年被联合国官员盛赞，值得世界所有国家向中国致敬。

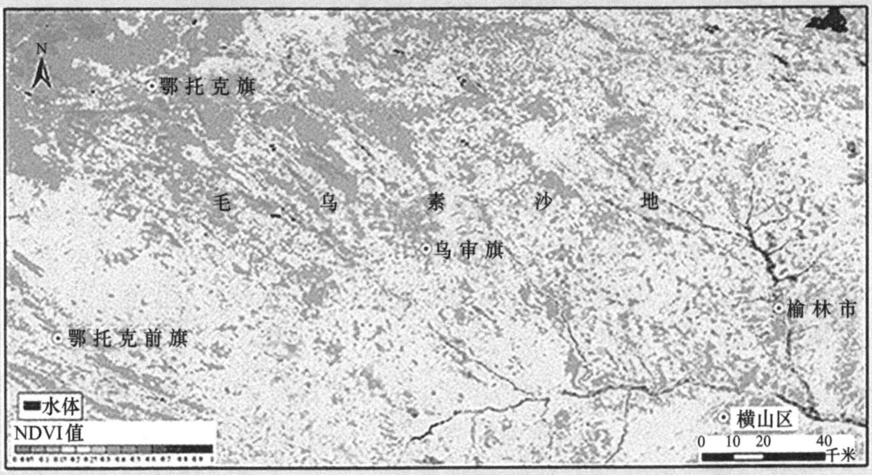


图1　2000年7月毛乌素沙地归一化植被指数（NDVI）（引自国家林业和草原局）　彩图

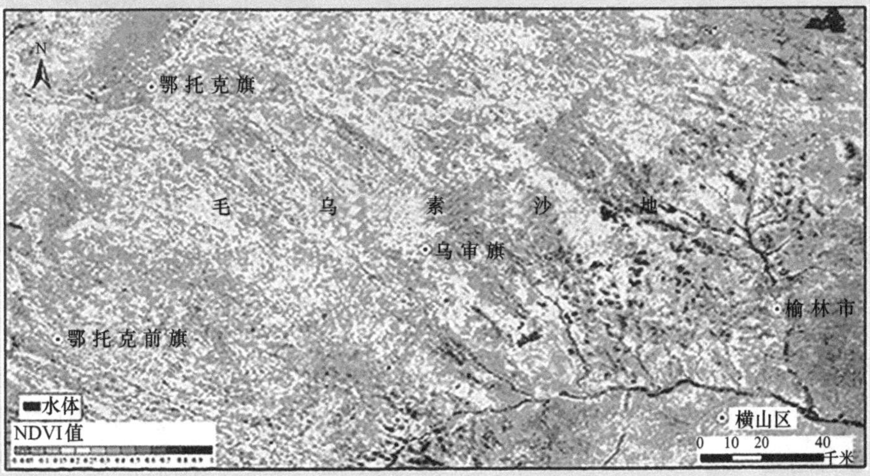


图2　2019年7月毛乌素沙地归一化植被指数（NDVI）（引自国家林业和草原局）　彩图

图3　2022年4月毛乌素沙地之榆林市

70年前，毛乌素漫天黄沙。狂风来袭时，沙子一卷而起，人随时可能迷失方向。为了生存，为了生态，生于斯长于斯的毛乌素人前仆后继，在中国科学院地理科学与资源研究所、中国林业科学研究院、中国农业科学院等机构的指导和合作下用双手，一个坑一个坑固沙，一铲子一铲子种树（图4），搭上半辈子光阴和性命，将一片片明沙"变绿"，在荒漠腹地上演绿色传奇。

图4　扎草方格治沙（白芨滩自然保护区）

当地村民治沙分三部曲：第一步防沙治沙，让沙子不要流动，恢复植被；第二步护沙用沙，保护自然的主观能动性，减少人为干涉；第三步建立一个跟气候、土壤、植物、动物等，协调统一、相辅相成的生态循环利用新模式，唤醒沙地的自我生命力，维持长久的绿色主色调。

# 第10章　纳米医学与自然界的纳米现象

在漫长的人类发展史中，尽管早在2500多年以前，古希腊人就已经提出原子的概念，并认为万物由原子构成，但直到1803年英国科学家约翰·道尔顿（John Dalton）提出原子学说才开始对肉眼范围外的世界进行理论研究，实验研究更晚，开始于显微镜的发明。

早在4000多年前中国周朝时期就发明了我们现在称为“水显微镜 ”的仪器，并了解和使用了放大术；在西方世界，13世纪发明家才开始尝试使用透镜；利用显微镜观察微生物的是17世纪荷兰科学家安东尼·范·列文虎克和英国科学家罗伯特·胡克；1959年12月29日物理学家理查德·费曼（Richard Feynman）在加利福尼亚理工学院举行的美国物理学会会议上发表的题为“底部有足够的空间”的演讲中，首次提出“纳米技术”概念；1981年当利用扫描隧道显微镜可以“看到”单个原子的时候，显微科学达到一个新的境界，开始出现现代纳米技术。在微观世界里纳米材料相比于常规宏观物质也表现出了异常独特的光、电、热、磁、力等物理性能和化学性能，广泛应用于生物医药、信息器件、能源环境和绿色制造等领域。本章主要介绍纳米与纳米技术在生物医学方面及仿生材料方面的应用。

## 10.1　纳米与纳米技术

微课
纳米科学简介

纳米科学汇聚了化学、物理、生物、材料等多学科领域在纳米尺度的焦点科学问题，已经逐步成为集交叉性、引领性和支撑性的前沿研究领域。纳米技术的发展深刻影响了现代科学的进程，成为支撑多学科发展的重要引擎。科学家不仅可以通过化学的方法合成纳米材料，也可以通过研究自然界的纳米材料获得灵感，还可以借助隧道显微镜和原子力显微镜等对纳米材料进行操纵和加工，这些都属于纳米技术范畴。

### 10.1.1　纳米相关的名词概念

微观世界是包括分子、原子和各种基本粒子的微观粒子和它们现象的总称，与之相对的是宏观世界。而纳米（nanometer，nm）作为一种几何尺寸的量度单位，1nm等于$10^{-9}$m，即1nm等于十亿分之一米，大约等于10个氢原子并排起来的长度，相当于万分之一头发的粗细。纳米正好处于原子、分子等为代表的微观世界和以人类活动空间为代表的宏观世界的中间地带，被称为介观世界。C60、血红蛋白、新型冠状病毒等都在1～100nm（图10.1）。纳米材料是由纳米粒子或称纳米结构单元构成，纳米粒子处在原子簇和宏观物体交界的过渡区域，这就使得这样的系统既不属于典型的微观系统也不属于宏观系统，而是一种介观系统。

当物质的三维空间中至少有一维达到纳米级，就成了纳米级结构的物质，即纳米材料（nanomaterial）。纳米材料具有广阔的应用前景，并以其为研究对象产生了一门前沿技术即纳米技术（nanotechnology），该技术是研究在千万分之一米（$10^{-8}$m）到亿分之一米（$10^{-9}$m）内，原子、分子和其他类型物质的运动和变化的学问；同时在这一尺度范围内对原子、分子

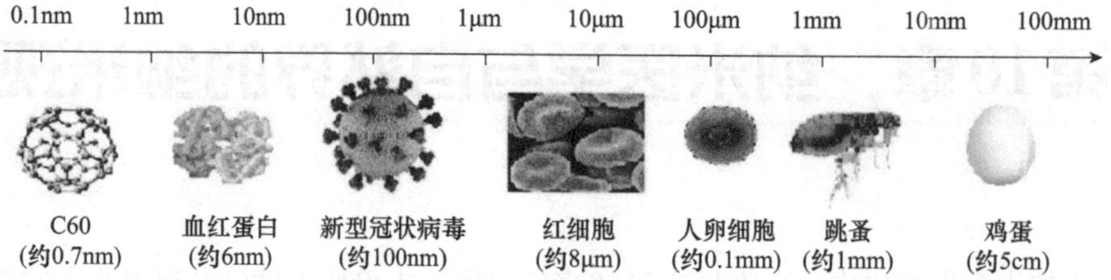


图10.1 纳米尺度图解

或原子团、分子团进行操纵和加工使其形成所需要的物质，即对纳米材料进行加工，制造出特定功能产品。

对纳米材料进行加工有两种方式，即自下而上（bottom-up）的自组装技术和自上而下（top-down）的微纳米加工技术，通过这两种方式可以制造大量的纳米结构和纳米器件。bottom-up是指将纳米尺度的分子组装成超分子体系，该体系的尺度范畴可以从几个纳米到亚微米、微米，甚至几十微米。基于沃森-克里克的碱基配对作用力的DNA自组装技术，以及因聚合链段之间的热力学不兼容所引起的嵌段高分子相分离的微畴结构的形成，都是典型的bottom-up技术。而top-down技术则是指在大尺度的表界面上进行图案化的微纳米加工技术，随着技术的进步，其横向分辨率已缩减至纳米级。

### 10.1.2 纳米材料的特殊特性

纳米材料相比于常规宏观物质，由于尺寸变小，表现出异常独特的光、电、热、磁、力等物理性能和化学性能，如高化学反应活性、高介电常数、吸收光谱的蓝移与红移、熔点降低、超塑性等。纳米材料相对于常规材料，所具有这种常规材料不具备的奇异或反常的物理、化学性能称为纳米效应（nanometer effect），主要表现在以下几个方面。

（1）*表面效应*

表面效应（surface effect）是指随着颗粒直径变小，比表面积将会显著增大，电子配位不足，使其具有很高的化学活性，性质上发生巨大变化。例如，无机的纳米粒子暴露在空气中会吸附气体并进行反应，金属的纳米粒子在空气中会燃烧。金属纳米颗粒表面具有很高的化学活性，可成为新一代高效催化剂。

（2）*小尺寸效应*

小尺寸效应（small size effect）是指随着颗粒尺寸的变小，纳米材料的颗粒表面层附近原子密度减小，能带变窄，使得材料的声、光、电、磁、热、力学等物理特性和化学特性发生改变。

1）特殊的光学性质。当材料尺寸减小到一定程度时，此时纳米颗粒具有很强的吸光性。一般不同的金属具有不同的颜色，但当其尺寸减小到一定程度时（纳米级别），几乎所有的金属都呈现出黑色。例如，黄金被细分到小于光波波长的尺寸时，即失去了原有的光泽而呈黑色。这是因为当尺寸细化到纳米尺度时，粒子对光的反射率会很低（$<1\%$），几微米的厚度就能完全消光。尺寸越小，颜色越黑。

2）力学性质。当颗粒的尺寸减小到纳米级别后，其晶界数量大幅增加，界面的原子排列是相当混乱的，原子在外力变形的条件下很容易迁移，可使材料的强度、韧性和超塑性得到极大的提高，对机械应力的反应完全不同，相比同类大块材料，其力学性能得到很大程度的提升，表现出甚佳的韧性与一定的延展性，强度也会提高。例如，人的牙齿强度高，是由于它由磷酸钙等纳米材料构成。

3）热学性质。纳米材料界面原子排列较为混乱、原子密度低、界面原子耦合作用变弱导致其比热和热膨胀系数都大于同类粗晶材料和非晶体材料的值。大尺寸固态物质的熔点一般固定且很高，但当其尺寸减小到纳米级后，其熔点会显著降低。例如，金的常规熔点为1064℃，但当其尺寸减小到2nm时，其熔点仅为327℃左右。

4）电学性质。纳米粒子体积极小，所包含的原子数很少，相对的晶界面上原子体积分数增大，随着纳米粒子直径的减小，能级间隔增大，电子移动困难，电阻率增大，从而使能隙变宽，纳米材料的电阻高于同类粗晶材料，甚至发生金属向绝缘体转变的现象。

5）磁学性质。大块磁性材料转变为小尺寸的纳米颗粒其磁性会显著不同，磁性纳米颗粒具有高矫顽力和超顺磁性的特性。利用磁性纳米颗粒的高矫顽力特性，可以制成高贮存密度的磁记录磁粉，应用于磁盘、磁卡等。

（3）宏观量子隧道效应

由于电子同时具备粒子和波动两种特性，即使微观粒子的总能量小于势垒高度，该粒子也能够穿越势垒。微观粒子具有贯穿势垒的能力称为隧道效应。科学家发现纳米材料的一些宏观物理量，如磁化强度、量子相干器件的磁通量及电荷等也具有隧道效应，它们可以穿越宏观系统的势垒产生变化，故称为宏观量子隧道效应（macroscopic quantum tunneling effect）。宏观量子隧道效应限定了磁带、磁盘进行信息存储的时间极限，确立了现有微电子器件进一步微型化的极限。

### 10.1.3 纳米科技相关的主要仪器

由于纳米的世界是肉眼看不见的，所以研究纳米科学的仪器是极关键的。纳米科技研究的重要仪器有扫描隧道显微镜（STM）和原子力显微镜（AFM）。

1982年，美国国际商用机器公司（IBM）的苏黎世实验室的格尔德·宾宁（Gerd Binning）和海因里希·罗雷尔（Heinrich Rohrer）研制出世界上第一台扫描隧道显微镜。STM使人类第一次能够实时地观察单个原子在物质表面的排列状态和与表面电子行为有关的物化性质，在表面科学、材料科学、生命科学等领域的研究中有着重大的意义和广泛的应用前景。

STM的工作原理（图10.2）是把极小的尖锐金属探针（针尖直径50～100nm）和被研究的物质表面作为两个电极，当样品表面与针尖的距离非常小（＜1nm）时，在外电场作用下电子即会穿过两极间的绝缘层流向另一极，产生隧道电流，隧道电流对针尖和样品表面间距离的变化非常敏感，其大小与间隙大小呈指数关系，当距离变化0.1nm时，隧道电流会变化10倍。并通过反馈电路传递到计算机上表现出来。针尖与样品互相作用时，可根据隧道电流的变化确定针尖同样品的远近，从而获得原子级样品表面形貌特征图像。利用STM针尖，可实现对原子和分子的移动和操纵，是纳米科技的全面发展的基础。

扫描隧道显微镜工作时必须实时通过检测针尖和样品间隧道电流变化实现样品表面成像，因此它只能用于观察导体或半导体材料的表面结构，当样品为绝缘体时必须镀金或镀碳才能表征，但镀金或镀碳会遮掩样品原本的形貌，掩盖部分被测物体的表面信息。为了研究绝缘体样品的表面结构，1986年格尔德·宾宁和斯坦福大学的卡尔文·奎特（Calvin Quate）

在扫描隧道显微镜的基础上发明了原子力显微镜（AFM）（图10.3），弥补了STM的不足。

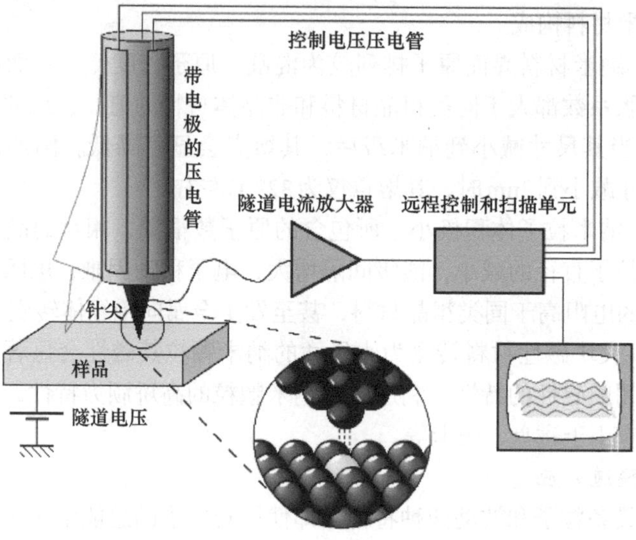


图10.2　扫描隧道显微镜原理示意图

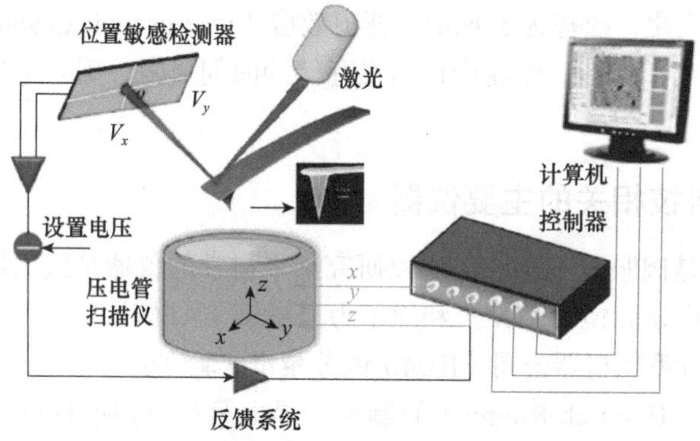


图10.3　原子力显微镜工作原理示意图（Guo et al.，2014）

它们的主要不同点是扫描隧道显微镜检测的是针尖和样品间的隧道电流，而原子力显微镜检测的是针尖和样品间的力。原子与原子之间的交互作用力因彼此之间的距离的不同而有所不同，能量表示也会不同。原子力显微镜广泛用于表面科学研究，在金属、无机、半导体、电子、高分子等材料中得到了应用。

## 10.2　纳 米 医 学

微课
纳米技术在生物医学中的应用

基于纳米材料的特殊性质，其在生物医学领域也得到了广泛应用。纳米医学作为医学领域中的新兴分支学科，主要研究纳米尺度的生命现象，以纳米尺度来进行原来不可能达到的医疗和防治。这是因为当材料的结构基元尺寸小到纳米量级的时候，其性能会有意想不到的变化，同时纳米量级与生命物质的结构单元尺度相匹配，能更加有效地与生物体进行物质和能量交换，从而提高治疗效果。纳米医学可分为两大类：一是传统分子医学的延伸，即在分子水平上进行医学研究，基因药物和基因疗法等就是代表性实例；二是把化学和材料领域的纳米研究新成果引入医学领域，如发展新型纳米材料并用于疾病诊断和医疗等。前者主要属于分子生物学技术，如基因编辑等。后者很多纳米材料都展现出诱人的医学应用前景，这些新方法极大地促进了纳米医学概念的形成，吸引了众多基础研究和临床试验兴趣，纳米材料用于诊断的方法学已日趋完善，国际上研究重点正逐渐转移到使用纳米材料进行疾病治疗，如纳米技术用于癌症早期诊断和治疗等。本节主要介绍用于肿瘤诊断检测和医学治疗的纳米材料与技术。

### 10.2.1　用于医学诊断检测的纳米材料与技术

近年来，科学家充分地利用了量子点独特的发光性质，并根据不同的生物用途和传感机理，对量子点表面进行功能化修饰，从而构建出多种多样的生物传感器，用于离子和各种生物分子的检测，其中最重要的是对肿瘤的检测。

癌症早期精准检测诊断对其治疗具有重要的意义，许多癌症患者因种种原因未能在早期检出，因而延误了病情，如能发展更为方便灵敏的早期检测方法，早治疗，术后5年生存率可达90%以上。

肿瘤发生是多种基因参与的结果，肿瘤的浸润与转移表达能够用一套分子标志物来预测与表征。肿瘤标志物的传统检测方法存在灵敏度与特异性方面的问题，对于早期诊断来说，诊断灵敏度是其中至关重要的因素，利用纳米粒子独特的光、电、热、磁和力学性能，可以显著增强检测的灵敏度与特异性，纳米技术推动了疾病诊断技术的快速发展。

目前，基于纳米粒子的肿瘤诊断检测技术主要包括早期肿瘤标志物检测技术、活体动态多模式影像诊断技术等。例如，将能够识别肿瘤细胞表面受体的特异性配体与纳米粒子结合，待纳米粒子与肿瘤细胞特异性结合后，利用物理方法如测试传感器中的磁信号、光信号等，通过成像系统显影，能够对体内是否存在恶性肿瘤进行早期诊断。

（1）用于医学诊断检测的纳米材料——荧光半导体量子点

荧光半导体量子点（fluorescent semiconductor quantum dot）是一种由Ⅱ～Ⅵ族（如CdSe和CdTe）或Ⅲ～Ⅴ族（如InP和InAs）或Ⅳ～Ⅵ族（如PbS和PbSe）元素组成的、直径一般在1～100nm、能够接受激发光产生荧光的半导体纳米颗粒。例如，在量子点（QD）表面包裹$SiO_2$，再连接上羟基并采用巯基乙酸修饰QD，可以解决其水溶性和生物兼容性问题。QD独特的光学特性、表面修饰和生物功能化及标记技术的优势使得QD在生物学、活细胞和体内成像、药物研究和筛选、生物芯片等领域得到了广泛应用。

一种典型的水溶性核壳型QD应该包括（图10.4A）：①一个半导体核（如CdSe），其直径决定荧光的波长；②一个半导体外壳（如ZnS），用来提高量子产率；③一个亲水层（包括配体），用来保证其水溶性和靶向性。

QD可以与特定抗体或小分子结合，在不改变其化学特性的情况下，当受到光激发后发出特定波长的荧光，实现对细胞的不同细胞器或骨架系统的标记。半导体纳米粒子的半径大小决定QD的发光波长（图10.4B）。可以用同一波长的光激发不同大小的QD发出不同颜色的荧光，从而使不同生物分子的标记、识别变得更容易，广泛地用于生物化学、分子和细胞生物学等研究领域，如免疫分析（图10.5）、核酸检测、肿瘤检测、生物成像等。

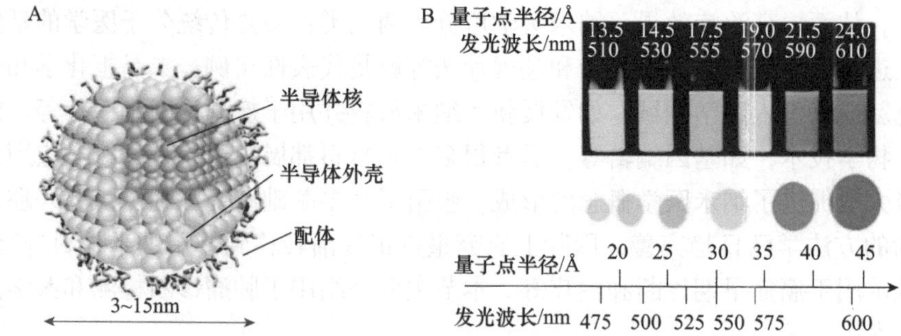


彩图

图10.4 量子点的基本结构及半径与发光波长的关系（Medintz et al.，2005）

A. 量子点的基本结构；B. 量子点半径与发光波长的关系

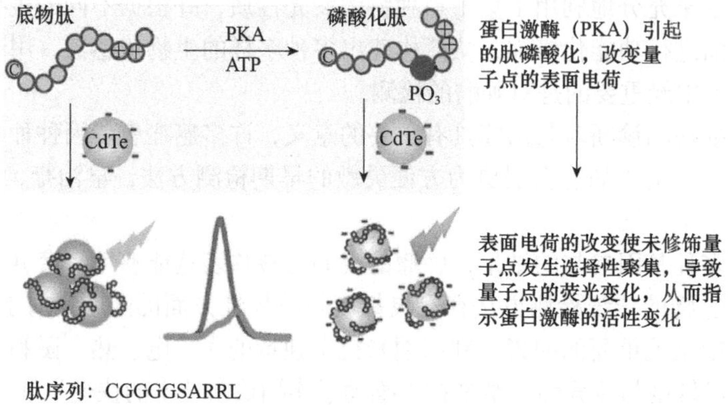


图10.5 基于量子点的荧光蛋白激酶活性分析（Xu et al.，2011）

（2）肿瘤标志物检测

1）基于肿瘤细胞特异受体的检测。肿瘤细胞表面经常高表达一些特异性受体，可选择性地与一定的配体结合，利用受体和配体结合的特异性，既能实现肿瘤的检测又能实现药物的主动靶向性输送。主动靶向过程是指通过载体结构修饰或生物识别作用，将检测试剂或药物定向运送至病变部位发挥作用，而不损伤周围的正常细胞、组织和器官的体系。

受体和其配体的结合具有高特异性、高选择性、饱和性、亲和力强和生物效应明显等特点，利用配体为药物或放射性核素的载体，通过受体介导作用，靶向病灶局部。这些受体往往正常细胞不表达，而肿瘤细胞却表达，如叶酸受体在卵巢癌、子宫内膜癌、肾癌、乳腺癌、肺癌、结肠癌、肝癌多种肿瘤细胞上中呈高水平表达，表皮生长因子受体（EGFR）在胰腺癌、乳腺癌、结肠癌和非小细胞肺癌等上过量表达等。

叶酸具有高亲和力、低免疫原性、体积小、易于修饰、高度化学和生物学稳定性、与有机溶剂生理相溶、成本低等优点，这些优点使得叶酸介导的肿瘤靶向研究得到迅速发展。例如，叶酸与荧光量子点脂质体纳米探针偶联（图10.6），制备得到荧光强度高、性质稳定的叶酸靶向荧光量子点脂质体纳米探针，用于检测肝细胞癌。

2）基于miRNA的检测。微核糖核酸（microRNA，miRNA）广泛存在于真核生物中，是一类由18～25个核苷酸构成的非编码单链RNA。大量研究证明，miRNA的表达失控与癌症的发生、发展、侵袭和转移过程密切相关，并具有抑癌基因（肿瘤形成过程中，一些

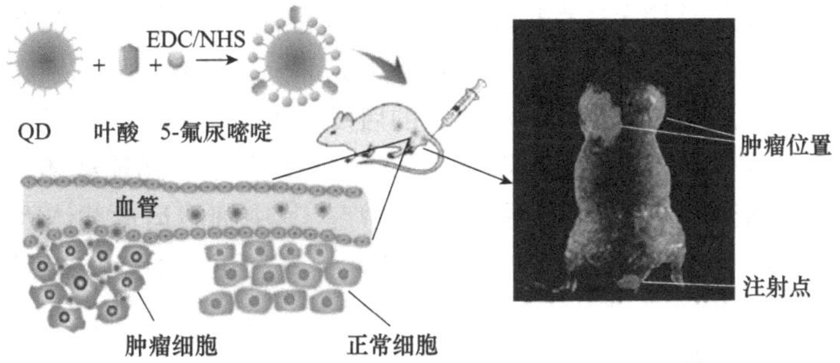


图 10.6　靶向肿瘤的叶酸-5-氟尿嘧啶-荧光量子点（Shi et al.，2018）

EDC. 1-乙基-（3-二甲基氨基丙基）碳酰二亚胺；NHS. *N*-羟基丁二酰亚胺

彩图

miRNA 低表达）和致癌基因（肿瘤形成过程中过表达的 miRNA）功能。miRNA 的异常表达在肿瘤中普遍存在，而且具有组织特异性，其表达水平对于肿瘤的诊断、预后及治疗响应具有重要的参考价值，被认为是一类极具发展潜力的肿瘤标志物。

miRNA 含量极低，仅为 RNA 总含量的 0.01% 左右，传统 miRNA 的检测方法如 Northern 杂交（需要的 RNA 样本量大）、微阵列（microarray）（灵敏度低）等均难以达到满意的效果。近年来基于纳米材料的信号放大技术为实现 miRNA 高灵敏度、高选择性检测提供了巨大推动力。这些纳米材料有纳米金、氧化石墨烯（GO）等。

GO 和单链寡核苷酸存在π-π堆积相互作用，能够有效猝灭其表面荧光分子的荧光（图 10.7）。当染料标记的 DNA 探针（肽核酸，PNA）和 GO 相互作用时，染料荧光被猝灭；当 PNA 与目标 miRNA 进一步杂交形成双链使 PNA 探针脱离 GO 表面时，染料荧光恢复。同时，核酸内切酶 DNase Ⅰ选择性剪切 DNA-RNA 双链中的 DNA 链，RNA 链保持完整，miRNA 的循环使用也使荧光信号得以循环放大。PNA-GO 探针能够进入细胞，且非特异性荧光极小，这使得低背景荧光下甚至在活细胞内的高灵敏度检测多种 miRNA 成为可能。目前，基于 GO-DNA 探针和循环酶放大技术的联合检测技术已经成功实现复杂生物样品中 miRNA 的高灵敏检测。

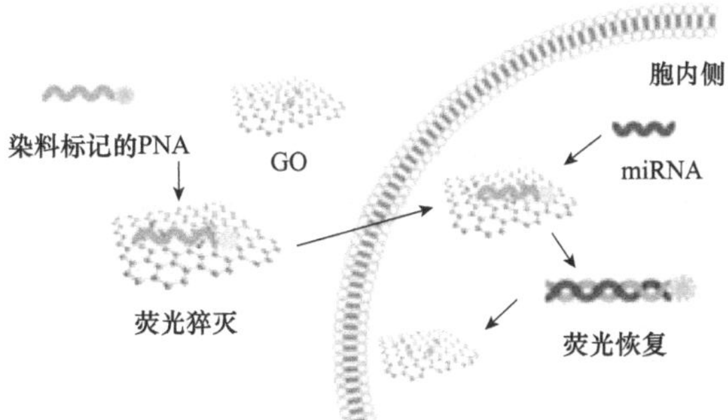


图 10.7　基于氧化石墨烯的细胞内 miRNA 纳米检测技术（Tonelli et al.，2015）

### 10.2.2　用于医学治疗的纳米材料与技术

众所周知，细胞是生命活动的基本单元，人体内的各种细胞能否正常完成各种生命活动对于生命体而言是至关重要的。例如，能够随血液流动遍布全身的红细胞具有良好的可塑性和弹性，能够通过改变形状穿过直径比自身更小的毛细血管，同时还具有氧气携载能力和一定的免疫能力。白细胞是机体免疫系统的重要组成部分，具有肿瘤识别和杀伤能力，能清除衰老和损伤的细胞。近年来，受到天然细胞的启发，人们尝试模仿天然细胞，构建仿生微纳米药物运输载体。其中，脂质体被证明是一种行之有效的药物运输载体，现已经有十几种脂质体药物载体和细胞运输载体被应用于临床医疗。其中细胞运输载体因其具有与自身细胞类似的细胞膜结构，可躲避机体免疫细胞的清除，具有更好的生物相容性及更低的毒副作用。

（1）生物膜界面化聚合物胶囊

磷脂双层膜是自然界中最重要和最被人熟知的自组装结构，将其组装在合成材料表面以促进合成材料生物化，可以显著提高合成材料的生物相容性。通过层层组装技术形成的聚合物胶囊在医药科学、生物化学、材料科学等诸多领域具有广阔的应用前景。

层层组装（layer-by-layer assembly，LBL）技术利用逐层交替沉积的方法，通过分子间弱相互作用（如静电力、氢键、配位键等），使层与层自发地形成完整、稳定的分子聚集体或超分子结构。大体组装步骤如图10.8所示，即通过多次界面组装来构建复合膜或微胶囊。

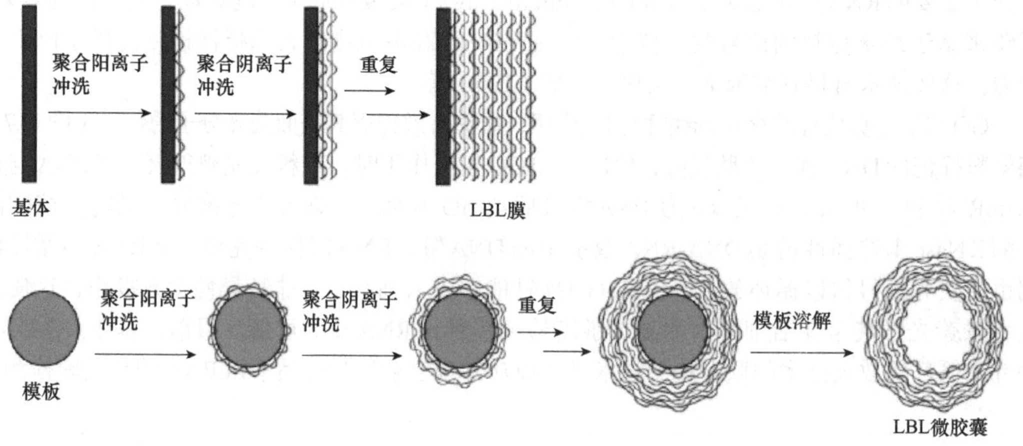


图10.8　层层组装技术

1）聚电解质微胶囊。利用层层组装的方法在其表面构建聚电解质多层膜，最后去除内核模板粒子，制备得到材料、壁厚可控的三维聚电解质中空微胶囊。

通过控制微胶囊多层膜可以改变微胶囊的渗透性，能够高效地控制包裹在微胶囊内部的药物等成分的释放速率，可避免给药过快对机体产生的不良反应。将有机染料、金属离子或纳米粒子及磁性颗粒组装到胶囊壁上，即可得到各种光、电、磁响应的功能胶囊。而且胶囊的装载能力不仅局限于其内部的中空结构，更能通过囊壁层的空间实现货物的高效装载及胶囊的功能化。胶囊的尺寸、形态、组成、壁厚等可通过组装条件进行精确控制，制备的胶囊具有独特的结构和多变的性能，被广泛应用于药物载体的设计及药物的可控释放。

聚合物胶囊里药物的理想释放方式主要有两种：快速释放和缓慢释放。当胶囊作为载体被细胞内吞或者靶向到特定位置时，需要快速释放；而当胶囊作为载体在血液循环系统中运输时，则需要保持有效的药物浓度，此时需要的释放方式是缓慢释放。快速释放的最直接方式就是通过外界或内部刺激来破坏胶囊壁的完整结构，提高胶囊壁的渗透性。

2）纳米凝胶颗粒。纳米凝胶颗粒是一种三维交联网络结构的亲水性纳米颗粒，能够保留大量的水或者生理溶液。诸如壳聚糖、透明质酸、葡聚糖、海藻酸钠、胶原蛋白、明胶等天然成分都能用来制备纳米凝胶颗粒。纳米凝胶颗粒具有类似生物组织的高含水量，因此能够降低生物流体界面张力，具有更好的生物相容性。可以通过控制凝胶基质的交联密度调节纳米凝胶颗粒的孔隙率，其孔隙率对于药物的装载和释放都发挥着至关重要的作用。

3）细胞及细胞膜修饰的微纳米载体。红细胞是血液中数量最多的一种血细胞。以红细胞为基础的“载体红细胞”已被广泛应用于生物活性物质运载等方面。相比较其他运输载体，“载体红细胞”具有更多的优势，它们具有天然的生物相容性、生物降解性，并且无生物免疫性。红细胞膜能够更好地保护被运载物质的活性，使其具有更长和更可控的生命期。红细胞作为载体运输外源物质的方法有多种，主要包括电穿孔、渗透作用和共培养等方法。

电穿孔是将红细胞暴露在强外加电场下，导致红细胞膜出现孔洞，药剂可随后扩散进入细胞内部。

渗透作用是基于红细胞在低渗环境下膨胀，红细胞膜继而形成直径为10～500nm的孔。细胞膜通透性的增加允许更多的溶液药剂利用浓度梯度进入红细胞内部。当重新置于等渗环境时，微孔会重新闭合，形成装载药物的红细胞载体。

氢化可的松、长春花碱等细胞膜活性药物可通过共培养的模式直接进入红细胞。对纳米颗粒而言，也可以通过共培养的方式利用纳米颗粒与细胞膜间的静电相互作用、范德瓦耳斯力或者疏水作用贴附到红细胞表面。

（2）微纳米载体的化学表面功能化

微纳米颗粒的表面特性是微纳米载体药物装载-释放能力、血液循环能力、肿瘤靶向能力、抗免疫清除能力等性能的一个重要影响因素。理想化的微纳米载体应该具有防止血清蛋白表面粘连的亲水表面，从而躲避巨噬细胞的吞噬。表面化学修饰能够改善微纳米颗粒的毒性、免疫原性、生物分布。目前可用的靶向配体有蛋白质、抗体段、多肽、碳水化合物及部分小分子（如叶酸）（图 10.9），它们能特异性识别并靶向细胞表面过度表达的靶点（图 10.10）。

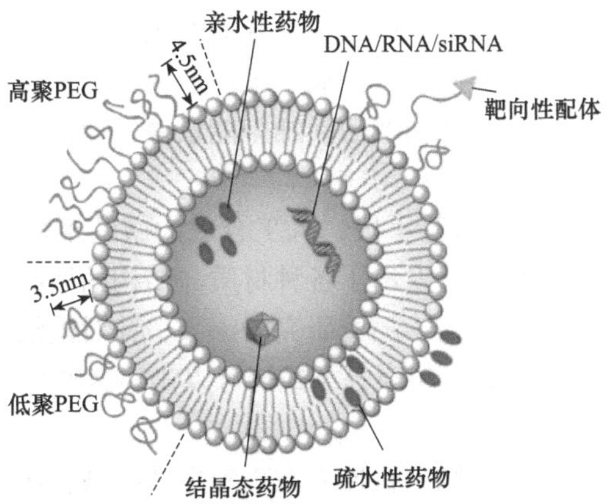


图 10.9　靶向受体的脂质体设计（Noble et al.，2014）

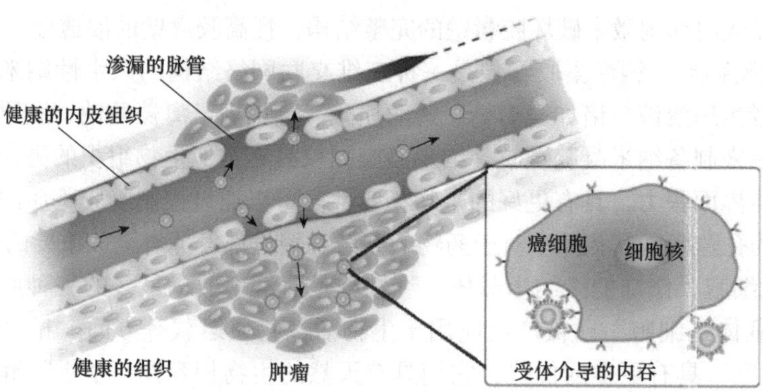


图 10.10　纳米颗粒通过增强渗透性和保留作用被动靶向肿瘤

微纳米载体只有具备长时间血液循环能力才有可能在肿瘤部位高效富集。延长微纳米载体血液循环时间的最常用的方法是利用聚乙二醇（PEG）表面修饰微纳米载体，它最早用于延长蛋白质微球的血液循环时间，现在已被广泛应用于保护脂质体、聚合物微纳米载体、胶束以躲避过早地被免疫清除。

### 10.2.3　用于医学领域的微纳米机器人

（1）微纳米机器人简介

1959年理查德·费曼（Richard Feynman）教授大胆提出“吞下外科医生”的有趣设想，7年之后，艺术家向费曼教授致敬，创作了美国科幻大片《奇异的航程》，片中科学家把变小的人和飞船注射进人体，让这些缩小的“参观者”直接观看到人体各个器官的组织和运行情况。人们一直梦想着创造出能在人体内部驱动和定位的微纳米机器人，以帮助实现疾病的诊断和治疗。随着纳米科技的飞速发展，功能性纳米材料在微纳米机器人领域和纳米医学之间架起了一座桥梁，科学家根据分子病理学的原理已经研制出各种各样可以进入人体的微纳米机器人，有望用于维护人体健康。

微纳米机器人是指尺度在微纳米级别（几纳米至几百微米）的微型机器人，其能够将磁能、光能、声能或其他形式的能量转化为机械运动，具备能完成更高效、更精确局部诊断和靶向治疗的潜在功能。由于其微小的结构及受控导航的能力，微纳米机器人已经广泛应用于生物医学领域，用来治疗动脉粥样硬化、抗癌、去除血块、清洁伤口、帮助凝血、祛除寄生虫、治疗痛风、粉碎肾结石、人工授精及激活细胞能量等，使人不仅保持健康，而且延长寿命。

近年来通过bottom-up及top-down等手段，人工合成的微纳米机器人不仅实现了从厘米级至微纳米级的突破，科研人员更是开发出了各种材质与结构的微纳米机器人，如管状、线状、棒状、阴阳球结构等微纳米机器人。随着研究的深入，针对微纳米机器人的运动控制手段也在日益发展，如利用电场、磁场、超声等方式均可以实现微纳米机器人的导航运动。

（2）微纳米机器人制备方式

目前类似于“细胞修复机”的微纳米机器人在现实中陆续被科研人员研制出来。比较常见的微纳米机器人的制备方法包括电沉积技术、物理气相沉积技术、自卷曲技术、可控组装技术、3D打印技术和生物杂化技术。下面主要介绍3D激光打印技术和生物杂化技术。

1）3D激光打印技术 。3D激光打印技术通过双光子聚合（双光子聚合是物质在发生双光子吸收后所引发的光聚合过程）的方式，可以设计创建几乎任意3D微纳米结构，可用于精确批量制造具有高分辨率的微纳米机器人。该方法的制造工艺包括以下几个步骤（图10.11）：首先，控制两束不同波长的激光束在激光焦点处汇集，导致双光子响应的分子聚合；然后，除去未聚合的光致抗蚀剂之后获得聚合物微结构；最后，通过物理气相沉积技术将磁性薄层（如Ni或Co）与生物相容性Ti层沉积在微结构上，最终得到磁性微纳米机器人。科学家采用3D激光打印技术制备可生物降解软螺旋微型游泳器（图10.11），可以刺激神经元细胞生长，激发靶向细胞治疗中枢神经系统创伤和疾病的新途径。

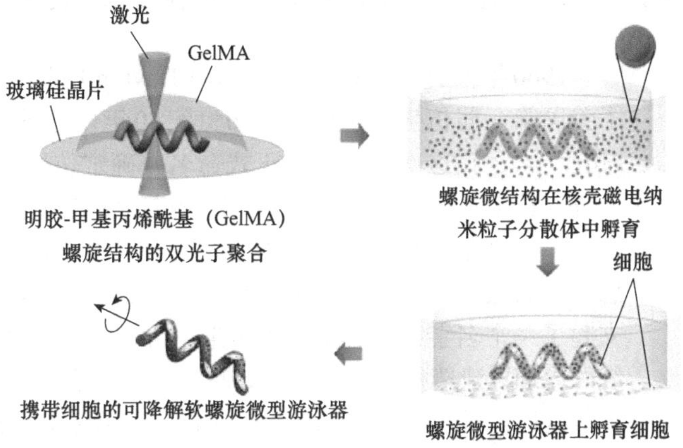


图10.11　可生物降解软螺旋微型游泳器制作工艺示意图（Dong et al.，2020）

2）生物杂化技术。自然界中存在着各种各样天然的小尺寸马达，小到生物分子如ATP合酶、驱动蛋白、动力蛋白等，大到细胞层次如中性粒细胞、大肠杆菌、精子等，均能将化学能转化为动能。科研人员通过将能运动的生物体与人工合成材料相结合，创造了生物杂化微纳米机器人，为人工合成微纳米机器人开拓了全新的方向。例如，将活细胞与人工合成材料结合，制备得到可自主运动的中性粒细胞杂化微机器人（图10.12）。首先获取大肠杆菌细胞膜，然后将其装载到载药的介孔硅粒子上，最后与中性粒细胞共培养。中性粒细胞通过吞噬修饰的介孔硅粒子，制备出活细胞杂化微机器人。在大肠杆菌产生的趋化因子浓度梯度下，该微机器人可以进行定向运动。科学家还利用杂化海鞘精子装载抗癌药物并实现趋化定向运动，利用大肠杆菌作为动力装置，与血细胞特异性结合，实现药物的装载与释放等。

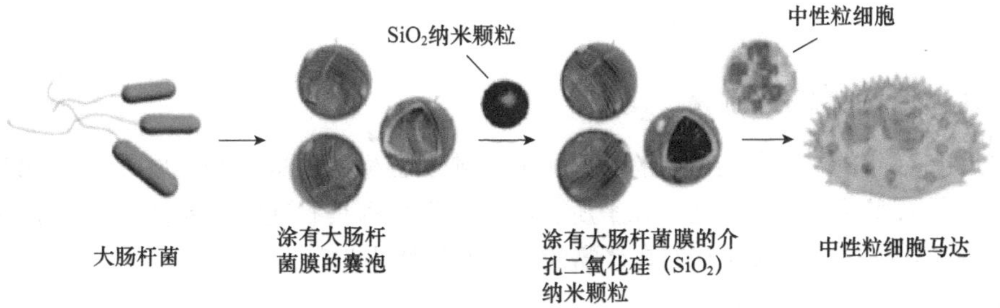


图10.12　涂有大肠杆菌膜的中性粒细胞杂化微机器人（Shao et al.，2017）

微纳米机器人具有迅速将治疗性药物直接运输到疾病部位的潜力，从而可以提高治疗效果，并大大降低药物带来的全身性副作用。许多研究已经证明微纳米机器人在体外环境中可以成功实现药物的靶向治疗。例如，科学家利用电沉积技术制备了多孔金属棒状纳米机器人，该机器人的多孔结构有利于装载更多的药物分子，并通过近红外光触发药物释放，最终在超声场驱动和磁场导向的作用下，实现了对单个癌细胞的靶向药物杀死。也有科学家将阿霉素修饰到聚合物微球上，并利用柔性磁驱动微机器人运输载药微球到达宫颈癌细胞附近释放载药微球，最终杀死宫颈癌细胞。

微课
大自然中的
纳米现象

## 10.3 自然界的纳米现象——纳米仿生学

1960年9月美国俄亥俄州代顿（Dayton）的一个空军基地，召开了美国第一届仿生学讨论会。20世纪50年代已成为一门独立学科的“仿生学”，在这次会议上被正式命名并确定仿生学符号（图10.13）。一位专长于精神病学和神经学，又受过数学和电子学训练的美国军医杰克·斯蒂尔（Jack Steel）博士根据拉丁文“*bios*”（生命方式的意思）和后缀“*nlc*”（具有……性质的意思），给这门新诞生的科学分支起了一个名字称为bionics（仿生学），并定义仿生学是模仿生物系统的原理以建造技术系统，或者使人造技术系统具有生物系统特征或类似特征的科学，简而言之仿生学就是“模仿生物的科学”。

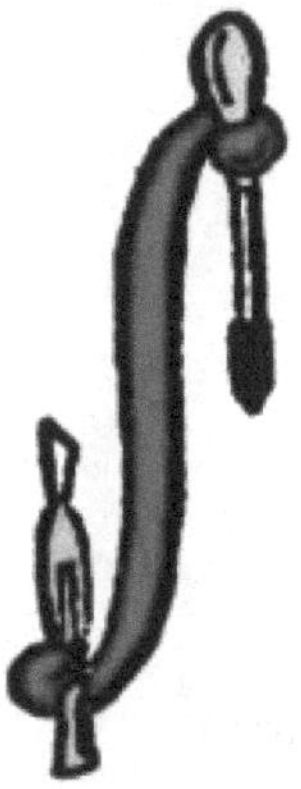

图10.13　仿生学的符号

仿生学是生物学、数学和工程技术学互相渗透而结合成的一门新兴的边缘科学。其符号为一个巨大的积分符号，把解剖刀和电烙铁“积分”在一起。这个符号的含义不仅显示出仿生学的组成，也概括表达了仿生学的研究途径。仿生学的任务就是要研究生物系统的优异能力及产生的原理，并把它模式化，然后应用这些原理去设计和制造新的技术设备。

仿生学是一门既古老又年轻的学科。中国古汉文中的仿生思想、风滚草与轮子、形似鱼尾船橹、鸟与飞机等都是古老仿生思想，随着科学技术的进步，发现大自然有越来越多的灵感值得我们学习。

自然界大量的动物和植物表面，经过亿万年的自然选择与进化，在遗传、变异、竞争及环境条件的作用下，形成了对现实复杂问题有效的解决机制，生物表面的功能特性，如自洁、防水、吸附、润滑、摩擦、磨损等，呈现出生物自身结构与其功能的高度统一性，为仿生功能表面的设计与制备提供了灵感和理论基础。本节主要介绍同纳米科学相联系的纳米仿生学。

### 10.3.1 自然界的超疏水现象

在将近45亿年的进化与自然选择中，大自然本身已经发展成一个高度成熟的系统，可以利用最小资源来实现最大的功能。几乎所有的自然生物都具有独特的属性，展现了结构和功能之间的协调与统一，以帮助它们在严酷的大自然环境中生存。

（1）超浸润现象与接触角

200多年前，超浸润现象就已经引起科研人员的关注，超浸润的理论研究逐步得到开展。

1805年，英国科学家托马斯·杨（Thomas Young）首次揭示了接触角这个概念，并提出用接触角来定义材料表面的液体浸润性。

接触角是指在固、液、气三相交界处，自固-液界面经过液体内部到气-液界面之间的夹角（$\theta$），如图10.14所示。若$\theta<90°$，则固体表面是亲水性的，即液体较易润湿固体，其角越小，表示润湿性越好；若$\theta>90°$，则固体表面是疏水性的，即液体不容易润湿固体。当液滴与材料表面之间的接触角接近0°，水可以在表面迅速散开并形成完全润湿表面的薄膜，这类表面称为超亲水表面；大于150°，水滴在表面无法滑动铺展而保持球型滚动状，这类表面称为超疏水表面（super-hydrophobic）。这两种表面统称为超浸润表面。

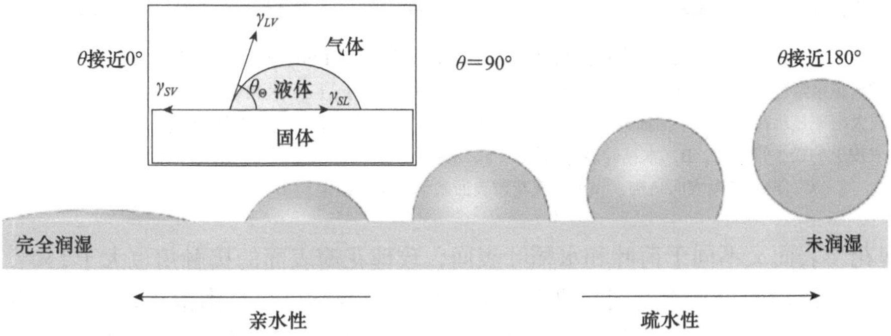


图10.14　接触角与亲疏水性

$\gamma_{LV}$：液体气体界面方向；$\gamma_{SV}$：固体气体界面方向；$\gamma_{SL}$：固体液体界面方向

（2）超浸润现象案例

近年来，超疏水表面引起了人们极大的关注，它在自清洁材料、微流体装置、水收集及生物材料等领域中有着广泛的应用前景。自然界中许多无污染、自清洁的动植物表面具有超浸润的能力，如荷叶、水稻叶、玫瑰花瓣、蝴蝶、水黾腿、壁虎脚等表面，都是人类可以学习模仿的对象。

1）植物超疏水表面。荷叶效应是自然界最具特色的超疏水体系，荷叶表面之所以有这种自清洁能力，是由于荷叶表面是超疏水表面，其表面与水的接触角可高达165°，倾斜2°水滴即可在表面滚动，以防止由于水的覆盖而抑制植物的蒸腾作用与光合作用。荷叶表面的超疏水性能来自两个原因：荷叶的表皮上存在许多的蜡质三维细管及每一个乳突上又分布着大量纳米级的细枝状结构，这样的微纳米复合结构致使水滴与荷叶表面具有很低的接触面积。因此，荷叶表面蜡质组分和微纳米复合结构共同作用（图10.15A），赋予荷叶独特的超疏水和低黏附性。

不同于荷叶表面上的水滴可以向任意方向滚动，水稻叶片上的水滴很容易沿着叶片生长的方向滚动，而在垂直的方向则较难滚动。虽然水稻叶表面具有类似于荷叶表面的微米与纳米相结合的阶层结构。但是，在水稻叶表面，乳突沿平行于叶边缘的方向排列有序，而沿着垂直方向呈无序的任意排列（图10.15B）。这种水稻叶片具有线形定向排列的突起阵列及一维的沟槽结构使水滴在这两个方向的滚动角大小也不相同，其中沿平行方向为3°～5°，垂直方向为9°～15°。水稻叶表面乳突结构的线性定向排列为液滴提供了在两个方向上浸润的不同能量壁垒，而荷叶表面的乳突分布是均一的。

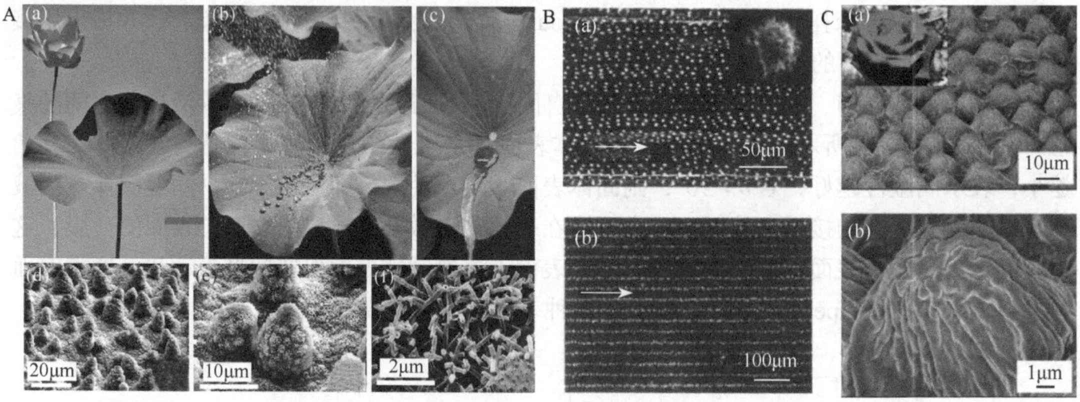


图10.15　植物超疏水材料（Koch et al.，2009；Feng et al.，2008；2010）

A．荷叶的超疏水特性与结构。（a）莲花与荷叶；（b）被黏土污染的荷叶；（c）水和黏土一起在荷叶上移动；（d）～（f）以不同的放大倍率显示荷叶表面［扫描电子显微镜（SEM）图］，（d）荷叶表面的乳突结构；（e）乳突上的纳米细枝结构；（f）荷叶表皮上的蜡小管结构。B．水稻叶表面结构。（a）水稻叶表面SEM图；（b）水稻状取向碳纳米管薄膜的SEM图。C．玫瑰花瓣表面结构。（a）玫瑰花瓣表面微纳米阵列结构；（b）单个乳突的折叠结构

玫瑰花瓣表面又不同于荷叶和水稻叶表面，玫瑰花瓣表面的接触角也大于150°，与荷叶表面可以轻松滚动的小水滴不同，玫瑰花瓣上的小水滴不可以自由滚动，即使将表面倒置，水滴往往牢牢地黏附在其表面上。通过对玫瑰花瓣的微观探索，科学家发现玫瑰花瓣表面由微米尺度的乳突组成，而在乳突的尖端则是许多纳米尺度的折叠结构，而这种纳米折叠结构（图10.15C）正是导致玫瑰花瓣高黏附特性的关键因素。气体可以存在于纳米折叠结构之中，而水则可以轻松刺入微米乳突之间，这些表面被称为高黏附的超疏水表面。

对植物叶表面进行研究，为制备仿生超疏水表面提供了新的方法。研究结果表明，纳米结构对得到具有高接触角的超疏水表面起着重要作用，而纳米与微米结构相结合的阶层结构可以有效地降低水滴在表面的滚动角。而且，微米结构在表面的排列直接影响到水滴的运动趋势。超疏水表面将在各个领域，如纺织、涂层、微流体及无损失液体输送等广泛应用。

2）动物超疏水表面。动物的身体上也存在超疏水表面，如“水上漂”水黾。水黾是一种在湖水、池塘、水田和湿地中常见的小型水生昆虫。它体长约1cm，在水上具有非凡的浮力（图10.16A）。水黾在水面站立时，其腿部与水面形成了大约4mm深度的涡旋而不是刺入水面下方（图10.16B），其腿能排开300倍于其身体体积的水量，每一条腿所具有的强健持久的超疏水作用力可以支撑其大约15倍的体重；在水面上每秒可滑行100倍于身体长度的距离，相当于一位身高1.8m的人以每小时400英里的速度游泳。江雷院士领导的课题组发现水

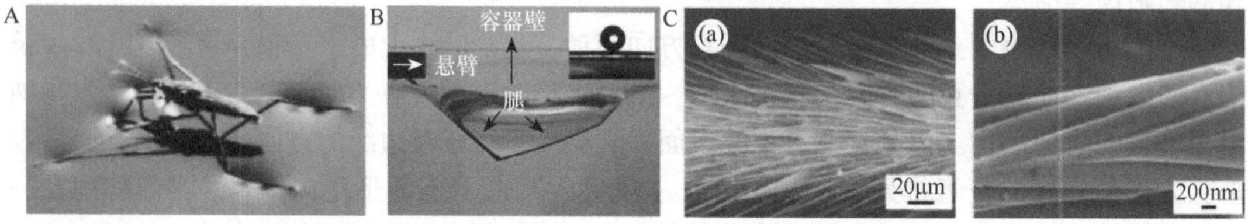


图10.16　水黾及水黾腿的分级结构（Gao and Jiang，2004）

A．水黾。B．水黾腿排水的侧视图。C．水黾腿的微结构。（a）水黾腿上的刚毛与腿表面以倾斜20°的方向排列；（b）刚毛表面呈螺旋状的纳米级沟槽

黾腿表面有许多取向的针状刚毛（图 10.16C），这些刚毛的直径在 3nm 到几百纳米，大多数刚毛的长度为 50μm，与腿的表面以倾斜 20° 的方向排列，在每个微米级的刚毛上还存在着很多复杂的呈螺旋状纳米级沟槽，形成独特的分级结构。这种独特的分层微纳米多尺度结构可以在水黾腿与水面之间有效地捕捉气体而形成有力的气膜。这些都是水黾腿超疏水，能排开 300 倍于其自身体积水量的原因。

水黾能在水面上行走自如主要缘于水黾特殊腿部微纳米结构和水面间形成的气膜，阻碍了水滴的浸润，让它们在水面上得以快速而稳定地行走或奔跑，即使在狂风暴雨和急速流动的水流中也不会沉没。这种绝大多数动物都不具有的超疏水特性成为科研人员模拟研制新型超级浮力材料的灵感。

人类的生产生活离不开水，没有水，万物皆不存在。然而在一些极端恶劣的环境里，如沙漠、戈壁等，水资源极其匮乏，但是这里的一些生物可以利用其表面独特的润湿性来捕获水汽，从而满足自身对水的需求。生长在非洲纳米布沙漠上的甲壳虫具备优异的水收集性质。这些甲壳虫背部表面包含了相间的亲水和疏水区域（图 10.17），这种特殊的润湿性表面是它们能够在空气中收集水的重要原因。晚间，从大西洋吹过来的雾气快速地沉积在亲水区域，慢慢地长大，长大到足以克服毛细作用力时从亲水位置滚落到疏水区域，而疏水区域可以将水运输到另一个亲水区域，如此周而复始，使得这种亲水疏水相间的表面就可以收集雾气中的水分并转移到嘴部下面储存起来，供一天饮用。生物仿生制备纳米布沙漠甲壳虫的表面模型，就是构建亲水疏水相间的功能性表面。在这样的一个特殊表面，至少在同一表面上构建两个不同的润湿性区域（亲水性和疏水性）。

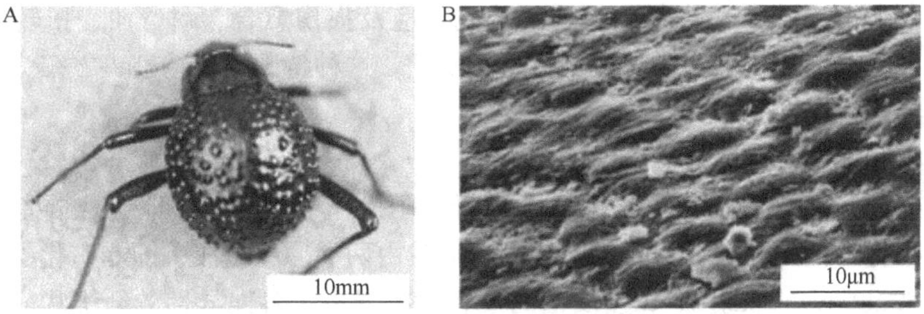


图 10.17　沙漠中的甲壳虫与水收集（Parker and Lawrence，2001）

A．沙漠中的甲壳虫；B．甲壳虫背部表面微结构

产于我国广西、云南和东南亚的大壁虎，其体重可达 150g，身长 310mm；运动速度可达 1.5m/s；负重能力强（在天花板上负重可达体重的 5 倍）。壁虎脚掌宏观上表现为弧状褶皱，科学家在显微镜下发现，壁虎脚趾上有数百万的较细刚毛，刚毛长度为 10～200μm，每根刚毛直径为 200～500nm，毛发前端有 100～1000 个类似树状的微细分枝，分支末端具有仿压舌板构造，整体看起来像花椰菜（图 10.18）。同时壁虎的脚掌具有超疏水、自清洁的功能，从而可保证刚毛与物体表面分子间的距离非常近，从而产生分子引力。在一定的接触角和有滑动的情况下，甚至离体的壁虎刚毛仍然具有很高的黏附力，科学家排除了机械锁合、静电吸引和摩擦附着的可能性，认为范德瓦耳斯力是壁虎脚底刚毛黏附的物理机制。由于具有超高的黏附能力，其无论是在光滑的表面还是粗糙的表面都可自由移动。

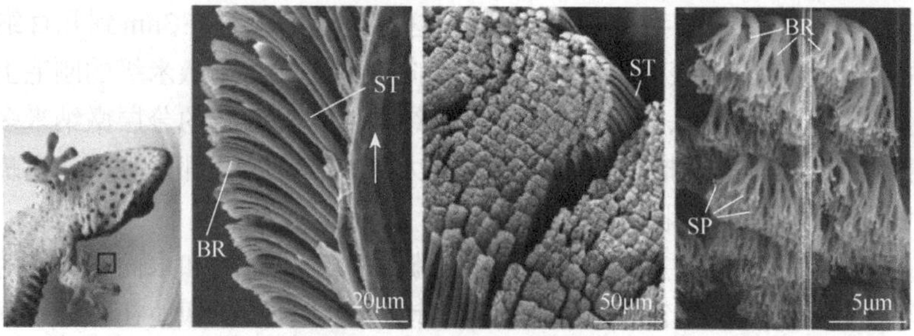


图10.18 壁虎脚的分层黏合结构（Gao et al.，2005）
BR：刚毛分枝；ST：刚毛；SP：铲状匙突

虽然每根细毛产生的力量微不足道，但累积起来就很可观。如果壁虎脚上数百万根细毛全部附着在物体表面上时，可吸附质量为130kg的物体。壁虎实际上只使用一只脚，就能够支持整个身体并爬行在天花板上不会掉下来。壁虎脚刚毛牵拉方向为30°角时脱落所需要的力最大，大于或小于此角度所需的力会变小，这是壁虎脚既能黏附又能脱落的根本原因。壁虎行走的表面是亲水性还是疏水性无影响。2006年3月，斯坦福大学研制出了一种仿壁虎爬墙机器人。

### 10.3.2 自然界的纳米复合材料

生物材料在亿万年的物种竞争选择进化过程中，为实现其自身的功能与承载需要，形成了比现人造复合材料更为复杂、精细和天然合理的复合微纳米结构。该复合结构是从纳米、微米乃至宏观进行分级组装的多尺度结构。该结构在实现结构和功能的完整性方面扮演着重要角色，使材料具有高强、高韧、轻质、功能适应及损伤愈合、耐弯曲、扭转和屈曲等能力，这是目前绝大部分人工合成复合材料所不及的。这种特殊的生物解决方案为科学家和工程师设计复合材料提供一些灵感。

（1）软硬相济的复合材料

生物矿化是以少量有机大分子为模板进行分子操作，高度有序地组合成有机材料的过程。这些生物材料结构千姿百态，各不相同。但其由两类原料组成，即非矿化的结构和矿化的结构。前者又称为“软组织”，主要由力学特性差异巨大各向异性的纤维状成分组成，如胶原、角蛋白、弹性蛋白、几丁质、木质素和其他的生物聚合物；后者又称为“硬组织”，主要由矿物质（如羟基磷灰石、碳酸钙及无定型的氧化硅）和有机纤维成分（胶原和几丁质）组成。生物复合材料由“软组织”和“硬组织”组成，但力学特性又极大地优于各自的单体，如鲍鱼壳、龙虾外骨骼、鹿角、犀牛角、硅化的海绵体及其错综复杂的骨针支架。生物矿化为人工合成具有特种功能的晶体材料和生物智能材料提供了一种新的思路。仿生材料工程也是开发新材料最重要的手段之一。

软体动物由于自身的需要，形成了适应自己生存的不同结构的复合材料。在生物矿化材料中，软体动物壳的形成又是一个受有机大分子控制最复杂有序的过程，且形成的高度有序的晶体复合体，与一般碳酸钙晶体相比具有很多特殊的性质，如其强度比单一矿物晶体高。例如，大风螺和鲍鱼壳是极具代表性的两种：前者的贝壳由约99%的文石晶体和低于1%的有机基质（主要为蛋白质和多糖）组成，是典型的交叉层叠结构；后者的贝壳则由约95%的文石晶体和约5%的有机基质组成，是典型的柱状层叠结构（图10.19）。

自1977年英国的科学家约翰·库瑞（John Currey）开展了一系列关于贝壳结构强度和力学性能的研究，发现贝壳是由厚约0.5μm、宽8～10μm的片层结构（文石）像砖砌墙样地组成，文石间为20～30nm的蛋白质层（图10.19）。

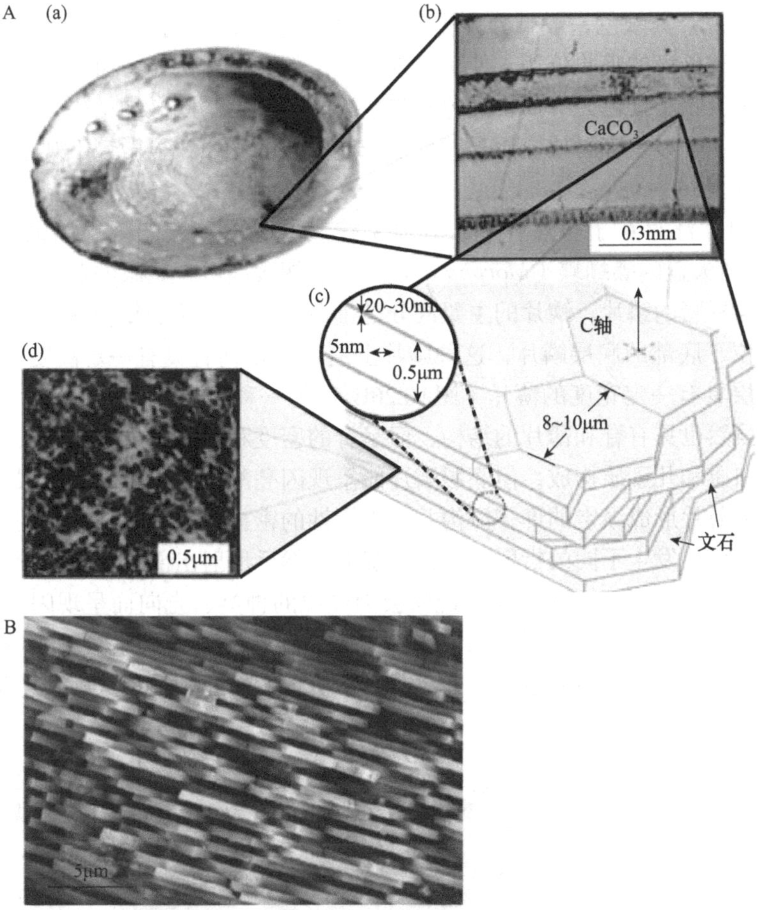


图10.19　鲍鱼的壳（Meyers et al.，2006）

A．鲍鱼壳分级结构示意图。（a）完整的鲍鱼壳；（b）鲍鱼壳的分层结构（表壳层、棱柱层和珍珠层）；（c）文石（鲍鱼壳构件）的微结构；（d）文石间有机基质纳米结构图（有机基质重量占比5%）。B．鲍鱼壳断口SEM图

当重力作用在贝壳上，裂痕可通过板块但不容易穿过蛋白质层，这种力的遗失能够阻止结构裂痕的龟裂。另外，蛋白质基质也有吸收裂痕能量阻止传播出去的作用。从力学角度看贝壳中的珍珠层主要有裂纹偏转、纤维拔出和有机物质的黏弹性作用等增韧机制，这些增韧机制的协同作用使贝壳珍珠层可在保持较高强度的前提下较大幅度地提高韧性。整体上是一种高强度并兼具韧性的复合材料。贝壳的断裂韧性是组成它的碳酸钙的3000倍。贝壳的强度和韧性等性能如此优异，与其结构和成分密不可分。鲍鱼壳主要成分是碳酸钙，但少量的有机基质却对鲍鱼壳的宏观力学性能起着极其重要的作用。

英国剑桥大学的比尔·克莱格（Bill Clegg）教授在这个理念下，研发了超高韧度的喷射引擎叶片（super-tough jet engine blade），成为21世纪的新材料。启发了诸如汽车活塞的超硬

陶瓷层、体积较小而更强更轻及龟裂自愈等先进材料的研发与应用。

（2）五光十色的纳米复合材料

大自然中的各种动物和植物通过长时间的进化，逐渐形成了其独特的、能与周围环境相适应的颜色，从而可以进行正常的生命活动、吸引异性、伪装自己和警示敌人。从生物呈现色彩的原理上来说，其颜色一般可分为化学色和物理色。化学色源自生物体内所含的色素，特定色素对特定波长光的吸收作用，使其显现出特定的颜色。例如，树叶在阳光照射下显现绿色是因为色素吸收了紫色光。而物理色则与色素无关，是不同微纳结构接受外来光线后能发生不同的折射、干涉、绕射效应而反射出特殊光频率的光线，显微镜下观察时本身是透明的，找不到颜色。

结构色现象广泛存在于自然界中，其典型代表就是南美洲的闪蝶属蝴蝶（*Morpho*）。图10.20显示巴西大蓝闪蝶蝴蝶（*Morpho didius*），蝶翅表面呈现耀眼的蓝色，而这种颜色源自均匀遍布蝴蝶翅膀的鳞片。鳞片的主要成分是蛋白质和几丁质的复合材料，这些鳞片分为两种，一种是位于底部的底层鳞片，这种鳞片上周期性排列着具有一定高度的“脊”，脊的两侧延伸出多层具有一定宽度的薄片（图10.20B）。另一种是覆盖在底层鳞片表面的表层鳞片，表层鳞片虽然也具有脊和薄片的结构，但是脊的密度和薄片的层数均不及底层鳞片。尽管它们都由蛋白质和几丁质构成，但底层鳞片能呈现闪亮醒目的蓝色，而表层鳞片则暗淡无色。原因是脊和薄片形成纵走的许多深沟并具周期性的密排构造，这样复杂的微纳结构使其接受外来光线以后能发生不同的折射、干涉、绕射，然后反射出部分特殊光频率的光线而产生灿烂的金属光泽或无色。宏观上这类翅膀会因光源的种类、光向而呈现闪光或变换颜色。这种鳞片在显微镜下观察时找不到颜色，鳞片本身是透明的；如果刮去鳞片，剩下的蝶翅膜透明轻薄如蝉翼，也没有任何颜色。而针对其光学机理的研究则发展成为仿生学中一个重要的研究方向。

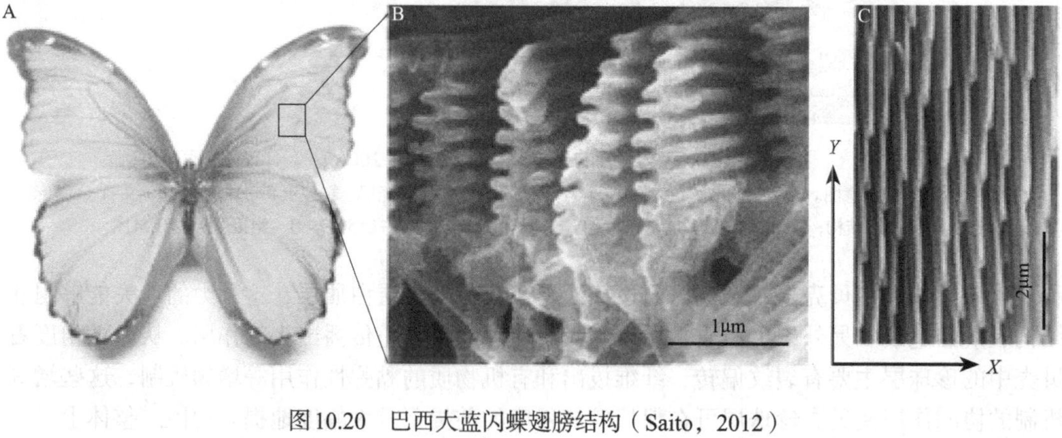


图10.20 巴西大蓝闪蝶翅膀结构（Saito，2012）

A. 巴西大蓝闪蝶；B. 闪蝶翅膀横截面SEM图；C. 闪蝶翅膀顶部视图SEM图

微课

蚊子叮咬及仿生应用

## 10.3.3 蚊子是如何咬我们的

大自然进化出各种各样独特的功能，大部分功能人类目前都无法实现，研究大自然往往是我们灵感的源泉。用注射器无论是注射还是抽取血液都会引起疼痛甚至创伤，但蚊子咬我们，引起的疼痛可以忽略不计，更不会有创伤，之所以会引起瘙痒或炎症是由于其分泌物引起的。蚊子如此小，其口器更小了，它的口器仅仅由蛋白质等有机质构成，而不是高硬度的金属，为何能咬破我们皮肤并吸血；并且当我们用一只带有完整口器的蚊子，人工将口器直接刺入皮肤，不但不会成功，口器还会发生屈曲，甚至折断。这些诸多问题引起了科学家的兴趣，弄清这些问题可为设计类似蚊子口器的微针带来灵感。

（1）蚊子口器的结构

蚊子隶属于昆虫纲节肢动物门，为典型的具有刺吸式口器昆虫。刺吸式口器的主要特点是上、下颚特化成针状口针，包于下唇延长成的喙管内，下颚针的内侧各有两条纵沟，当两个下颚针嵌合在一起时，两条纵沟合成两条极细的管道，其中一条用于排液，另一条用于吸食体液。

图 10.21 为蚊子口器示意图，从图上可以看到，该种口器较长，在取食时能够顺利刺入寄主的毛细血管内。蚊子口器结构为由外鞘下唇包裹着 6 根口针组成，外鞘由舌演化而成。6 根口针分别为：上唇、咽喉道、一对上颚与一对下颚。在非取食状态下，6 根口针被外鞘完全包裹。取食时鞘弯向一边，端部将口针引向寄主体内。雌蚊在吸食哺乳动物体液的过程中，口器中会分泌唾液，该种唾液有抗凝作用，有效防止在吸食过程中因血液凝固而导致食物道堵塞。

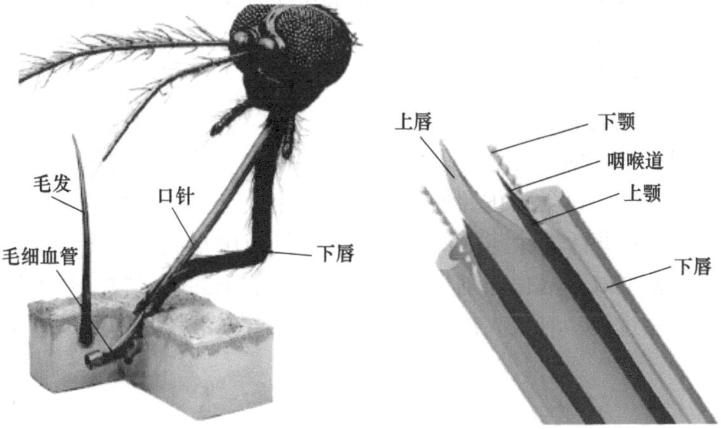


图 10.21　蚊子口器示意图

上唇尖端曲率半径为 100～200nm（工业纯铁晶粒尺寸为 1～100μm，普通绣花针曲率半径为 100μm）。下颚曲率半径为几百纳米；下颚上有锯齿，微纳锯齿曲率半径为 50～150μm。锯齿数目小于 14 主要吸食人类血液，大于 14 主要吸食家畜的血液。用 AFM 通过纳米压痕实验（图 10.22）检测发现上唇和下颚的弹性模量与聚合物材料相当，表面硬度则可媲美金属材料；硬度和弹性模量都呈梯度分布（尖端高，尾部低），这也是蚊子口针能刺入皮肤，随后发生拐弯寻找毛细血管的力学基础。

（2）蚊子叮咬过程

上唇尖端首先刺破皮肤表面，此后，随着刺入深度的增加，伴有周期性的振动，从而驱动带有微纳锯齿的下颚锯开皮肤。振动频率初始为 10～15Hz；中间刺入阶段，逐渐降为 6～8Hz；振动末期仅为 3～5Hz。蚊子口针自然进化出的复杂“微机械系统”，刺入力仅为几

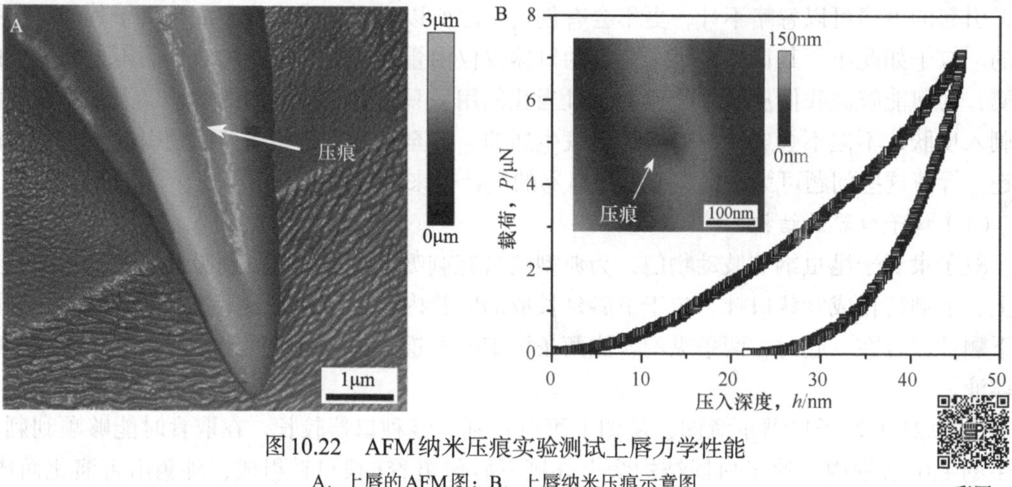


图10.22　AFM纳米压痕实验测试上唇力学性能

A. 上唇的AFM图；B. 上唇纳米压痕示意图

十微牛（大连理工大学吴承伟教授课题组测试），从不发生力学失效问题。目前人造微针刺入力约为10mN，普通注射器针头高达十几牛。

（3）蚊子口器的仿生应用

微针是指直径几十微米，长度100～1000μm的微型针头，微针经皮给药技术作为一种全新的药物传递方法，由于无痛、微创、无不良反应、对人体皮肤损伤微小、交叉感染概率小及可实现药物长效稳定释放等优点而备受关注。

目前制造人造微针的材料主要为硅、聚合物和金属。硅加工工艺成熟，但为脆性材料，使用过程中容易断裂；聚合物韧性好，但使用过程中针尖容易屈曲破坏；金属微针制造成本较高，并且容易氧化污染。科学家仿照蚊子口器制作出人造微针，根据结构的不同大致可分为4种类型的微针：实心微针、涂药微针、可溶解微针及中空微针（图10.23）。具体应用如加拿大卡尔加里大学根据蚊子吸血原理设计出用于血糖监测的电子蚊，其微针为空心的，可以模拟实体蚊子的吸血过程，刺入人体并抽取血液；涂有磺酰罗丹明的可溶解微针可以测试皮肤细胞的活性等。

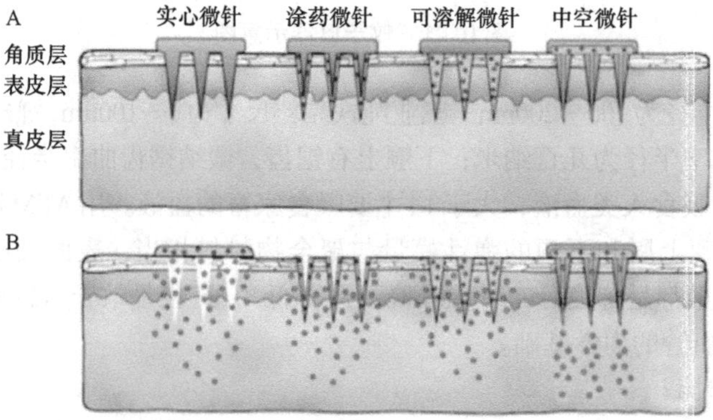


图10.23　各种形式的微针（Kim et al.，2012）

A. 4种类型微针作用示意图；B. 微针作用后药物释放示意图

课程思政

## 江雷院士与荷叶

热爱大自然，喜欢从大自然获得灵感的纳米材料专家江雷院士，在前人的结论中又提出自己独到的见解，并合成新型材料进一步证实，这种吸收前人的研究成果，但绝不盲从，敢于独立思考的科研精神值得我们学习。

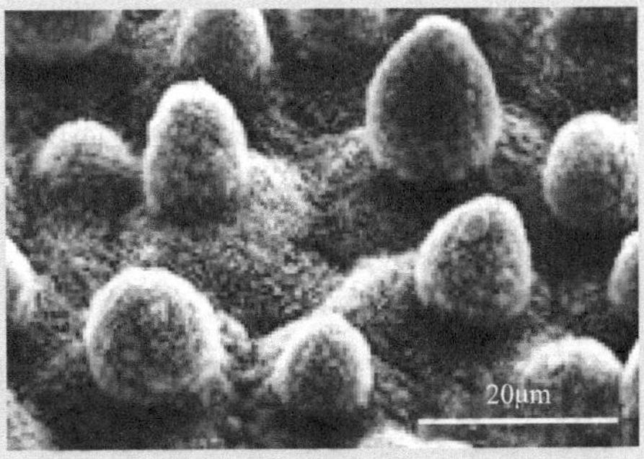


图1　荷叶上表面SEM图（一）

1997年，科学家Barthlott和Neihuis认为：荷叶的自清洁特征是由粗糙表面上的微米结构的乳突及表面蜡状物的存在共同引起的；乳突的平均直径为5～9μm（图1）。

2002年，江雷等提出微米结构下面还存在纳米结构，二者相结合的阶层结构才是引起表面超疏水的根本原因（图2），并合成出似荷叶上表面的取向碳纳米管薄膜（ACNT）（图3），单个乳突由平均直径为120nm结构分支组成。随后发现荷叶上表面为超疏水而下表面为超亲水特性（图4）。

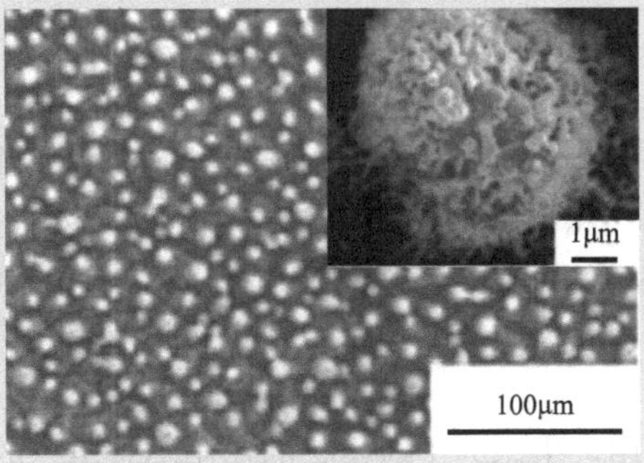


图2　荷叶上表面SEM图（二）

2017年江雷等学习荷叶，确定荷叶具有稳定漂浮性和抗翻转特性，提出了“二元协同纳米界面材料”设计体系，巧妙地将超亲水和超疏水特性结合，制备出上表面超疏水，下表面超亲水的具有两面浸润特性的Janus铜片。这种Janus铜片能够像荷叶一样稳定地飘浮在空气/水界面及油/水界面上，表现出稳定的界面漂浮性。Janus铜片具有显著增强的稳定性和抗旋转特性，能够像船只一般具有水面航行能力，即使是在湍急的水流中，也能抵御强风，征服瀑布，扩展了具有超浸润性的两性材料的应用范围。

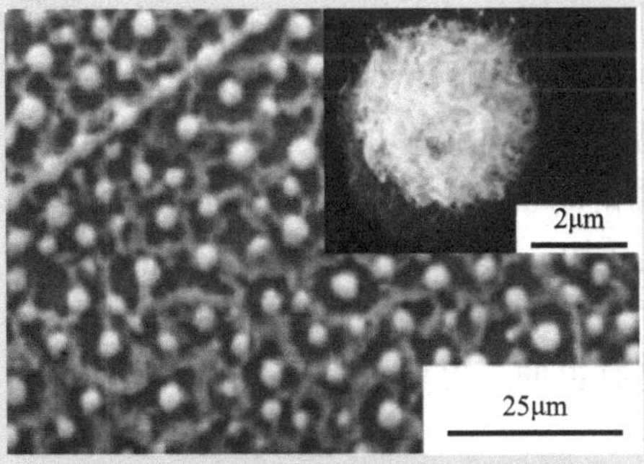


图3　似荷叶上表面的ACNT薄膜

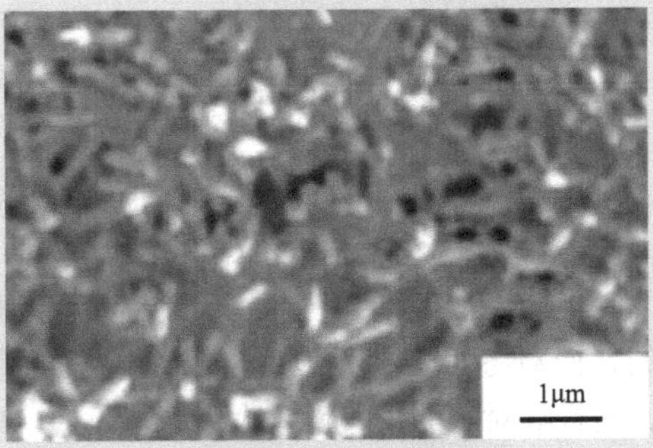


图4　荷叶下表面SEM图

# 第11章 生物与环境

包括植物、动物、微生物在内的地球上的一切生命形式，都生存在一定的环境中，生物的生存繁衍、遗传变异都跟所处的环境有关，研究生物及其生存环境之间相互关系和作用规律的学科就是生态学。人类是生物圈的重要组成部分。当前，人类对自然界的影响已经成为生态学研究的热点。本章主要介绍实现人类与自然和谐共生的生态学基本知识。

微课
生物与环境的关系

## 11.1 生物与环境的关系

### 11.1.1 生态因子的作用特点

环境是指某一特定生物或生物群体周围一切的总和，既包括一定的空间，也包括在这个空间内直接或间接影响该生物或生物群体生存的各种因素。环境是一个相对的概念，依据它的主体而定，可以大到整个宇宙，小到基本粒子。例如，主体是人类，那么地球上其他的生命和非生命物质均是人类的环境要素；主体是流感病毒，那么其他病毒、非病毒类生物及非生物因子就构成了流感病毒的环境。值得注意的是，在环境科学中，环境的主体是人类，这有别于生态学。

在各种环境要素中，对生物的生长、发育、生殖、行为及分布等有直接或间接影响的因子，就是生态因子，如光照、温度、水分、大气、土壤、食物和其他生物等。按照有无生命特征，生态因子可以分为生物因子（与其有捕食、竞争、寄生关系等作用的植物、动物和微生物）和非生物因子（光照、温度、水分、土壤等）。

生态因子与生物之间的相互作用有以下特点。

1）综合作用。生态因子对生物的作用不是单一的，任何一个因子的变化均会影响其他因子的作用。例如，光合作用是光照、温度、湿度、$CO_2$浓度等因子共同作用的结果（图11.1）。

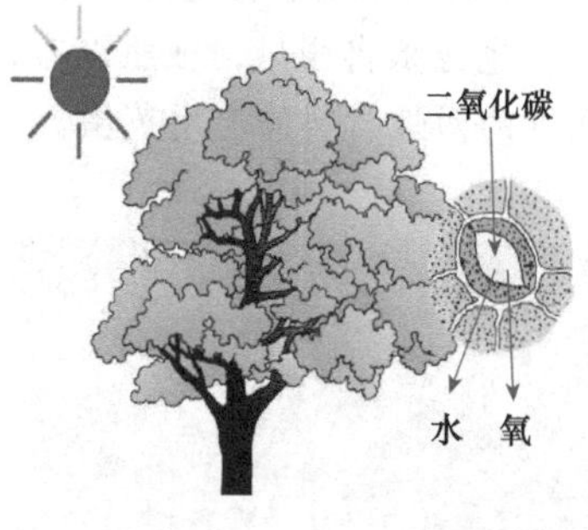


图11.1 光合作用受许多因子共同作用

2）主导因子作用。对生物起作用的众多因子并非是等价的，其中的一个或几个因子起决定性作用。例如，孵化时的温度决定了鳄鱼的性别；低温是冬小麦完成春化作用必需的因子。

3）阶段性作用。生态因子在生物生长的不同时期具有不同的作用。例如，低温对冬小麦的春化是必不可少的，但对冬小麦春化以后的各个阶段的生长则是有害的。再如，水是蝌蚪生存的必要条件，而青蛙对水的依赖性就大大减弱。

4）补偿作用和不可替代性。在一定条件下，某一生态因子在量上不足时，可以由其他因子来补偿，以获得相似的生态效应。例如，$CO_2$浓度的增加可以补偿由于光照强度减弱而引起的植物光合作用的下降（图 11.2）；环境中大量锶元素的存在可以补偿钙不足对软体动物壳生长的限制作用。值得注意的是，补偿作用只能在一定范围内适用，而不能由一种因子完全替代另外一种因子。

5）直接作用和间接作用。生态因子对生物的作用，可以是直接的，如光照、温度、水分等直接影响生物的生理过程；也可以通过影响直接因子而间接作用于生物，如海拔通过影响温度、降水等因素来影响生物的生长与分布。

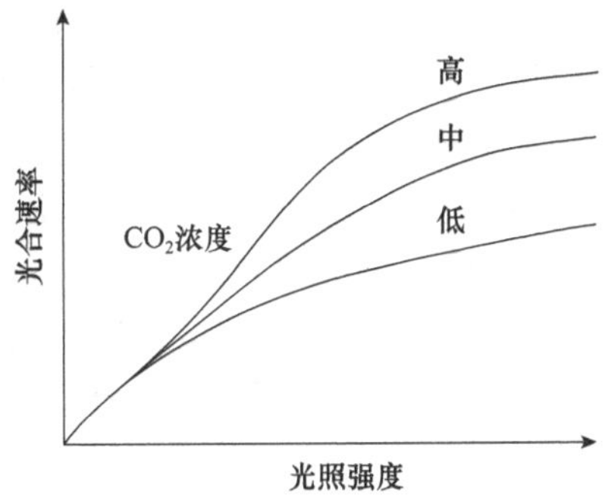


图 11.2 增加 $CO_2$ 浓度可补偿光强减弱引起的光合速率下降

### 11.1.2 生物与环境关系的原理

微课
生物与环境关系的原理

德国的农业化学家尤斯图斯·利比希（Justus Liebig）发现，作物的产量往往不受其需要量最大的营养物质的限制。例如，不受 $CO_2$ 和水的限制，而是受土壤中稀少而又为植物所需要的镁、铁等元素的限制。于是，他在 1840 年提出了最小因子定律：植物的生长取决于最小量状况的因子的量，这其实就是生态因子的木桶效应，在农业生产中，找到最小因子对提高作物的产量非常关键。

处于最小量的生态因子会限制生物生长，当其过量时，如过高的温度、过强的光照或过多的水分等，同样可以限制生物的生存、生长、繁殖或扩散。1905 年，英国的弗雷德里克·布莱克曼（Frederick Blackman）提出了限制因子定律：生物对每一种环境因素都有一个耐受范围，接近或超过这个范围就成为阻止其生存和繁殖的限制因子。例如，水分既是沙漠生物的限制因子，又是低洼地带生物的限制因子（图 11.3）。有研究发现，积雪覆盖的冬季鹿取食困难，食物就可能成为鹿种群的限制因子。人为增添饲料，可以降低鹿群的冬季死亡率。所以，找到限制因子，就意味着找到了限制生物存在和发展的关键因子。

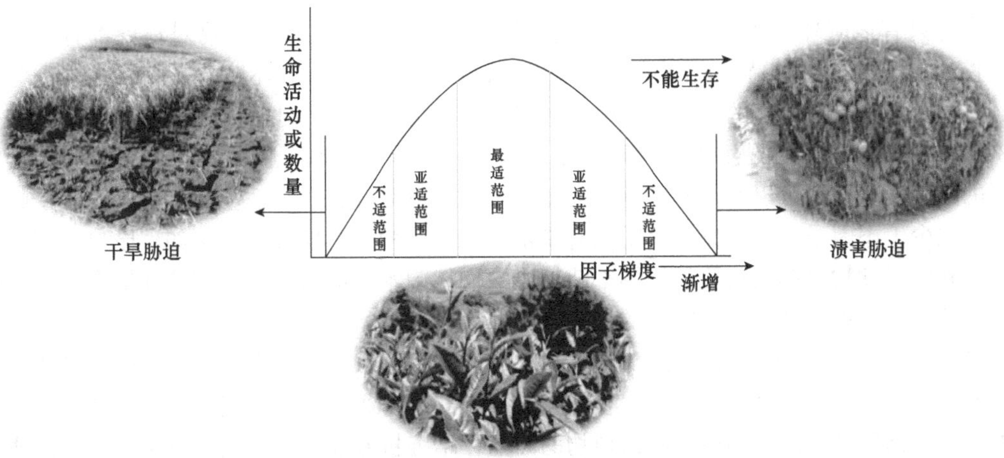


图 11.3 水分不足与过量都是生物生长的限制因子

在以上定律的基础上，美国的维克多·谢尔福德（Victor Shelford）于1913年提出了耐受性定律：任何一个生态因子在数量上或质量上不足或过多，即超过生物的耐受限度时，就会使该种生物衰退或不能生存。可见每一种生物对各种生态因子都有一个耐受上限和耐受下限，这两者之间的幅度，就是生态幅。在生态幅中有一个最适宜区域，在这个区域内生物的生理状态最佳，繁殖率最高，数量也最多。但在自然界，由于捕食、竞争等相互作用，生物往往并不能处于生态幅的最适宜区域。例如，当有天敌存在时，生物的分布范围会发生变化。可见，生物的分布是生态幅和环境共同作用的结果。

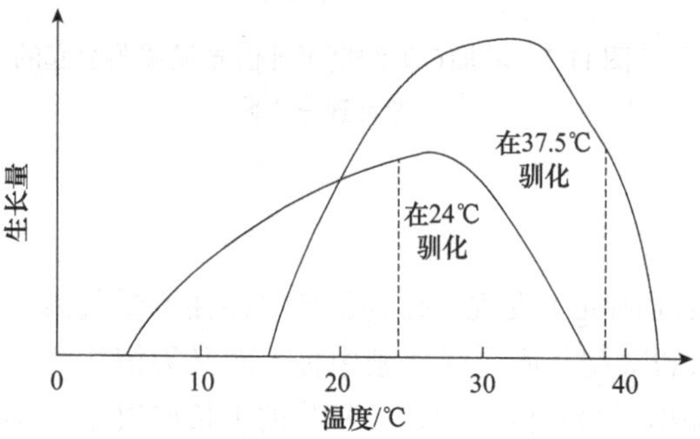

图11.4 驯化温度对鱼的水温适应范围的影响

生物的生态幅并不是固定不变的，通过自然驯化或人为驯化可以在一定程度上改变生物对生态因子的耐受范围，形成一个新的最适宜区域，从而适应新的环境。例如，在37℃和在24℃环境中驯化的同种鱼，对水温的适应范围出现了明显的差异（图11.4）。驯化是农业生产中成功引进新品种的一项重要措施。

环境作用于生物，生物在适应环境的同时，对环境也有着反作用，两者相互依存、相互制约。

环境对生物的作用是多方面的，可以影响生物的生长、发育、繁殖和行为。例如，受光照因子的影响，大多数鸟类、大部分灵长类、蝶类等在白天活动，蝙蝠、家鼠和夜鹰等则在夜晚或晨昏活动。环境也影响着生物的生育力和死亡率，使种群的数量发生改变。例如，冬小麦、油菜等长日照植物通常是在春季光照逐渐变得超过一定时长的时候才能开花；大豆、菊花等短日照植物则在秋季光照逐渐变得短于一定时长的时候才开花。这也是能通过人工光源控制菊花等鲜切花上市时间的原理。温度、水分等生态因子能够限制生物的分布区域。例如，受低温的限制，热带植物不能在寒冷的北方生存，而干旱则是荒漠地带物种稀少的关键因素。

生物只有适应环境才能生存繁衍，也就是说，自然界中的所有生物对环境都有一定的适应性。通过内稳态维持体内环境的相对稳定，可以减少生物对环境的依赖，提高适应能力。例如，不管是在严寒的北极还是酷热的赤道，人类和许多其他哺乳动物的体温都能维持在37℃左右。内稳态只是生物扩大环境耐受性的一种重要机制，但并不能使生物完全摆脱环境的限制。生物还可以通过不断调整形态、生理、行为等方式去适应环境中生态因子的变化，以减少生态因子的限制作用：①具有特定的形态结构以适应环境。例如，昆虫几丁质的外骨骼和爬行动物厚厚的角质层结构都能减少它们体内水分的散失。在寒冷环境下，恒温动物的四肢、尾巴和外耳等身体突出的部分有变短变小的趋势，以减少散热。例如，非洲热带的大耳狐、温带的赤狐和冻原地带的北极狐，随着栖息地由热到寒，它们的外耳逐渐变小（图11.5）。②通过调节生理功能来适应环境。例如，植物通过减少细胞中的水分和增加细胞中的糖类、脂肪及色素等物质来降低植物的冰点，增强抗寒能力。③通过特定的行为来适应环境。例如，动物通过冬眠或迁徙躲避低温、通过穴居或昼伏夜出躲避捕食者。生物对环境的适应往往是一整套协同的适应特性。例如，骆驼不仅能通过提高体温来适应沙漠的炎热，还能通过取食带有露水的植物嫩枝叶或者多汁植物补充水分，通过浓缩尿液减少失水，并且还进化出了能适应缺水的特殊的红细胞结构及储存有大量脂肪的驼峰。

大耳狐　　赤狐　　北极狐

图 11.5　三种不同气候带的狐的外耳

生物的生活也影响和改变着环境。例如，荒地育林后，树林能够吸收大量的太阳辐射，能保持水分、降低风速，形成新的小气候环境；树林的凋落物既可以作为绝热层防止土壤冻结和水分蒸发，其腐殖质又能改变土壤的结构与理化性质，从而进一步影响植物根系、土壤动物与土壤微生物的生命活动。人类无节制地毁林开荒、乱砍滥伐、过度放牧等活动，会造成水土流失，土壤肥力衰减，造成土地荒漠化。生物与作为其环境的其他生物之间的关系则更为密切。例如，猞猁与野兔的捕食关系、水稻和杂草的竞争关系等。两个相互作用的物种在长期进化的过程中，相互形成了一系列形态、生理和生态上的适应性特征。例如，猞猁发展了敏锐的视觉、灵活的躯体、锐利的爪子和有力的犬齿，有利于捕捉和啃食猎物，而野兔则发展了能增加听觉灵敏度的又大又长的耳朵和有利于逃避捕食者的善于奔跑的四肢。这种相互伴随的适应性特征，就是协同进化的表现。

## 11.2　种群增长与生物多样性

在一定时间内，占据一定空间的同种生物个体的集合构成一个种群。种群是物种在自然界中持续存在的基本单位，也是生物繁殖与生物进化的基本单位。

### 11.2.1　种群增长

（1）种群增长率

生物个体的生长与繁殖从根本上来讲依赖于细胞的生长与分裂，而一个种群中的生物如果能够成功地生长与繁殖，那么这个种群的数量就会增加。在自然界中，种群的个体数量是动态变化的，决定种群数量变动的基本因素是出生率、死亡率、迁入率和迁出率等，种群增长率＝（出生率＋迁入率）－（死亡率＋迁出率）。出生率或死亡率是指在单位时间内出生或死亡的个体数占种群个体总数的比例，是种群数量和密度改变的最直接表现。种群的出生率受个体的性成熟速度、单次产仔（卵）数、年繁殖次数、繁殖年龄的长短等因素的影响；死亡率的高低则与生物个体的生理条件、食物、捕食者、疾病、气候等因素相关。迁入率或迁出率是指单位时间内迁入或迁出个体的数量占种群个体总数的比例，反映了种群内的个体在地区间移动的频繁程度。气候的变化、水源或食物的丰缺、捕食者的多寡等都会影响种群的迁移率；人口的迁入和迁出还受教育、收入、就业、房价等社会经济因素的影响。总之，所

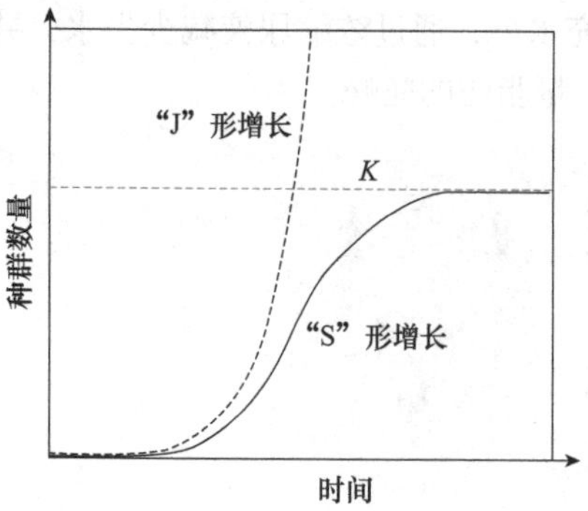


图11.6 种群数量的"J"形与"S"形增长曲线

有影响出生率、死亡率、迁入率和迁出率的因子都会影响种群数量的变动，这些因子的综合作用决定了种群数量的变动过程。

（2）种群增长模型

在新的、资源丰富的环境中，种群通常以指数形式增长。指数增长曲线也叫作"J"形曲线（图11.6）。拥有固定增长率的种群，其数量会随着基数的增加而增长得越来越快。例如，一个约20min就可分裂产生下一代的大肠杆菌，12h后它的后代为4096个，24h以后就多达$4.72 \times 10^{21}$个。自然界的资源和空间是有限的，随着种群的不断增大，生物对资源的竞争不断增强，种群的增长率逐渐下降。当种群消耗资源的速度等于环境提供这些资源的速度时，种群的大小达到环境的承载力（也称环境容纳量，*K*），此时，种群的出生率与死亡率相等，种群增长率为零。正常情况下，只要资源供给维持不变，大多数种群个体的数量基本都可以维持在一个水平上，即在*K*值附近上下波动。这种有限资源的环境下，种群个体数量的变化遵循的是"S"形曲线（也称逻辑斯谛增长曲线）（图11.6）。遵循"S"形曲线模式增长的种群，其个体数在开始期很少，种群增长缓慢；随着个体数的不断增加，种群增长加快；种群数量在达到环境容纳量一半（*K*/2）时增长最快；超过*K*/2后，种群进入缓慢增长阶段；之后到达*K*值附近，种群数量不再增加，维持在动态平衡状态。因此，在野生生物资源合理开发利用方面，保证捕捞或利用后生物种群数量不低于*K*/2，是获得最大利用量和维持种群快速增长的关键。

基于种群过去的增长情况及未来资源的假设状况，可以对种群的增长动态进行预测。种群都是由不同年龄的个体组成的，不同年龄个体的分布情况构成了种群的年龄结构。根据各年龄组个体数占比所绘的锥体图形状，将种群分为三种类型：稳定型、下降型和增长型（图11.7A）。稳定型种群中各年龄组的个体数分布比较均匀，出生率和死亡率大致相等，种群数量保持相对稳定。下降型种群的幼体比例减少，而老年个体占比很高，出生率小于死亡率，种群数量处于衰减阶段。增长型种群中有大量幼体，而老年个体很少，种群的出生率大于死亡率，种群数量呈增长趋势。年龄结构是影响未来种群增长的关键因素，它对了解种群历史，分析和预测种群动态具有重要价值。图11.7B为1970年和2019年北美洲和非洲人口的年龄结构，可以看出，1970～2019年，北美洲的年龄结构发生了重大变化；1970年，5～24岁的人口激增，代表了第二次世界大战结束后出生的"婴儿潮"一代。相比之下，非洲的年龄结构在此期间几乎没有变化，这表明非洲的人口将继续快速增长。

（3）人口增长

在人类历史的大部分时间里，人口增长缓慢，达到10亿用了20多万年，达到20亿用了105年。但17世纪以来，随着工农业迅速发展和医学水平的显著提高，世界人口呈指数增长趋势，从60亿（1999年）跳到70亿（2011年）只用了12年，2022年世界人口突破了80亿（图11.8）。目前，世界人口的增长速度正在放缓，1963年世界人口平均增长率为2.3%，2020年则低于1%。1950～2020年，全球人口出生率从3.75%降至1.10%，平均死亡率从1.95%下降至0.81%。同时，全球平均预期寿命显著增加。2019年，全球平均预期寿命为72.8岁，比

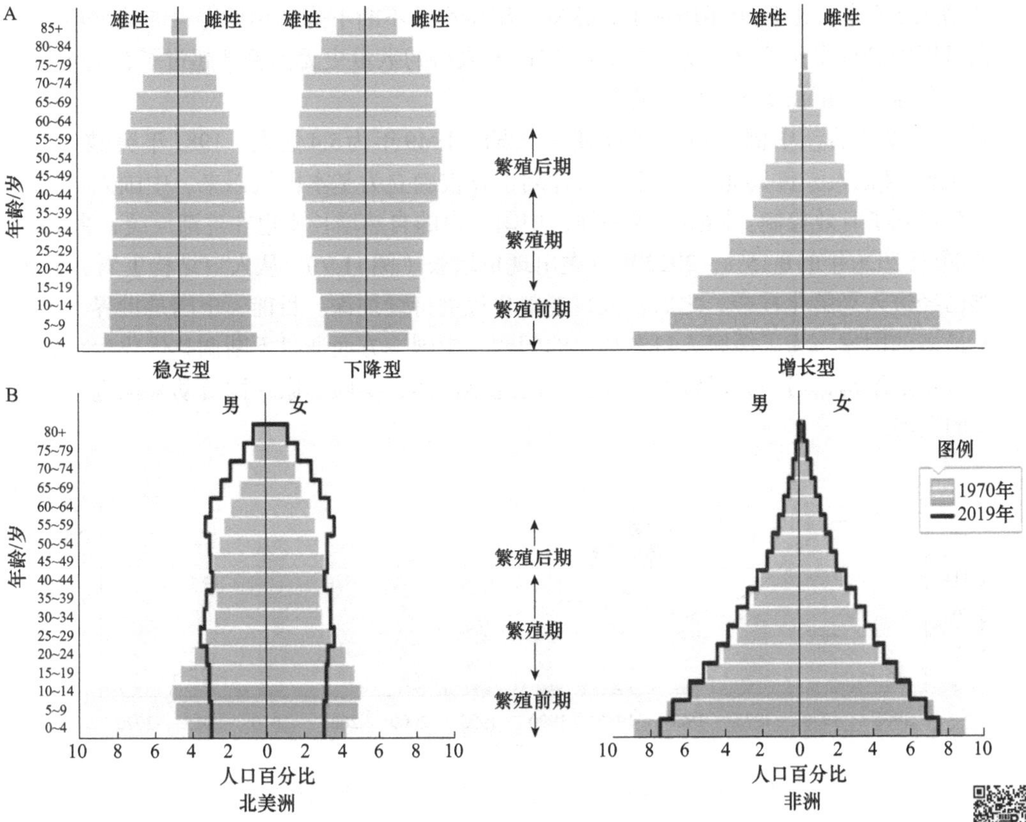


图 11.7　年龄结构类型（A）及人口年龄结构变化（B）（Russell et al.，2021）

A. 不同类型的年龄金字塔示意图；B. 北美洲和非洲两年的年龄金字塔

彩图

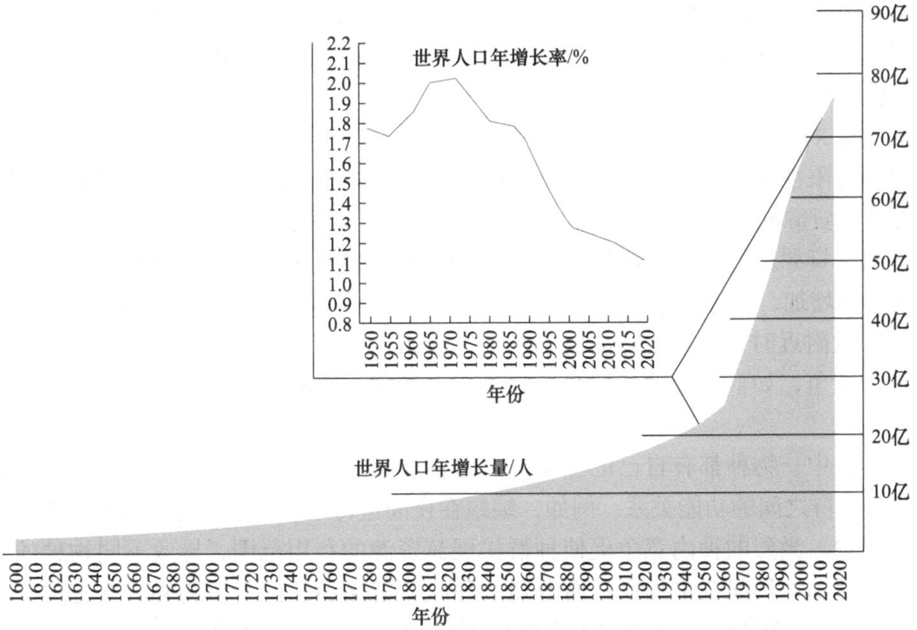


图 11.8　世界人口年增长量与年增长率（https://ourworldindata.org）

1990年增加了9岁，比1960年增加了20.3岁。出生率的不断下降和预期寿命的持续增长，使全球人口年龄结构发生变化。2018年，65岁以上人口的数量史无前例地超过了5岁以下人口的数量，全球人口正在步入老龄化阶段。

新中国成立后，中国人口进入高速增长期，1949年为5.4亿人，1981年突破10亿人，2019年突破14亿人。自20世纪70年代将计划生育被确立为基本国策以来，中国人口过快增长的势头得到了有效控制。同全世界一样，中国人口的自然增长率也在逐渐放缓，由1970年的2.6%降至2020年的0.15%，2022年首次出现负增长（图11.9）。从人口结构上看，到2000年中国已经进入老龄化社会，之后，人口老龄化程度持续加深。目前，中国是世界上老年人口数量最多的国家。为了缓解人口老龄化的问题，中国一方面通过不断调整优化生育政策来优化人口年龄结构；另一方面针对不断扩大的老年群体，实施健康中国行动来推进老龄事业和产业的发展。

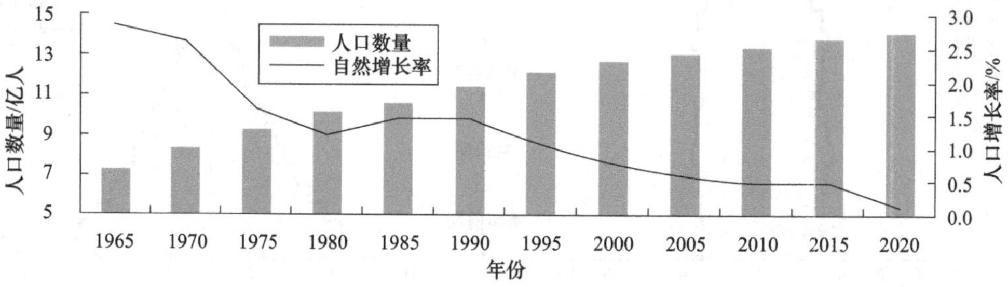


图11.9　自1965年来中国的人口数量及自然增长率

### 11.2.2　生物间的相互关系

自然界中，生物种群总要与其他物种共存于一个在特定的环境中，生活在某一特定区域内并相互作用的所有生物种群组成了生物群落。可以说，是生物间的竞争、捕食、共生等相互作用造就了群落。

（1）竞争关系

资源的有限性是造成生物群落内部的对抗性关系——竞争的根本原因，如植物对光照、水分、养分等资源的竞争，动物对食物、栖息地甚至配偶的竞争。在一个种群内，同一物种的成员对共享资源进行竞争，这是种内竞争。例如，遵循“S”形曲线增长的种群，随着种群数量的不断增加，同种个体间对于生存空间、食物等资源的竞争逐渐增强，当种群数量达到环境容纳量附近时，生物个体间的生存压力变得更加激烈。不同物种成员对共享资源的竞争为种间竞争，如群落中同样以绿色植物为食的鹿、羊和野兔等动物之间存在着的竞争关系。

在自然界中，物种都有自己的生态位，即在群落或生态系统中的时间与空间上的位置及其与相关种群之间的功能关系。例如，蝙蝠在夜间进行活动，而在此期间同样食虫的鸟类很少出来觅食。激烈的种内竞争促使种群扩展其资源的利用范围，导致不同物种的生态位靠近，重叠增加，种间竞争加剧；而激烈的种间竞争又促使两竞争物种的生态位分开（也称生态位分化）。例如，以同种幼虫为食的不同的莺，在杉树林冠层的不同位置进行猎食

（图 11.10），觅食空间的划分减少了它们生态位的重叠，也就减弱了物种间的竞争。生态位分化是自然选择和生物对环境长期适应的结果。竞争关系限制了大多数物种的分布和数量，生态位分化则降低了竞争的紧张度，使各个种群能够在群落中形成平衡而实现共存。

图 11.10　竞争关系中莺的生态位分化（Christensen and Leege，2016）

（2）捕食关系

一切生物都需要食物才能生存，取食其他种活生物个体的全部或部分的行为即捕食。捕食关系是生物群落的核心关系，食草动物吃植物组织，食肉动物猎杀动物，寄生生物生活在动植物体表或体内（通常不会直接杀死宿主）获取营养物质，都是捕食关系。捕食者与猎物的相互关系是经过长期的协同进化逐步形成的。所谓协同进化，就是指捕食者与猎物之间发生的针锋相对的进化。例如，捕食者在进化的过程中发展了锐齿、利爪、尖喙、毒牙等便于有力地捕食猎物的特征，而猎物则相应地发展了保护色、警戒色、拟态、假死、快跑等种种逃避被捕食的对策。协同进化在自然界中产生了一些令人咋舌的结果，如乳草植物能产生有毒的生物碱，几乎完全以此类植物为食的帝王蝶幼虫不仅能抵御这些生物碱的毒性，还能将其贮存在体内，来抵御鸟类等捕食者对自体和成虫的侵害（图 11.11）。

图 11.11　乳草植物与帝王蝶的幼虫及成虫

捕食者种群与猎物种群在自然界中是长期共存的。捕食作用对捕食者和猎物的种群数量均有调节作用。捕食者的数量通常受到可捕获的猎物数量的限制，同样，猎物的数量也受到捕食者的制约，当捕食者主要以某一单一物种为猎物时，这两个物种数量的增长和衰退周期就会呈现一致性。例如，随着野兔数量的增加，山猫的捕食行为增加，导致山猫数量增长，进而引起野兔数量的下降；野兔数量的减少随后又导致山猫数量的减少（图 11.12）。捕食作用除了调节捕食者与猎物的种群数量外，还能影响猎物种群的分布与结构。对于猎物个体而言，捕食行为的结果不是积极的，但对被捕食者种群而言却具有积极意义。例如，以果实和种子为食的动物在植物传播中发挥重要作用，以花粉和花蜜为食的动物在自身获取能量的同时也促进了植物的有性繁殖，保证了被授粉植物的遗传多样性；食肉的捕食者也往往更倾向于选择老、弱、病、残的猎物个体，最终促使整个猎物种群更加强健。所以，捕食行为能显著影响生物群落的物种多样性。作为“捕食者”的人类，只有合理有度地利用生物资源，才能实现人与自然的和谐共生。

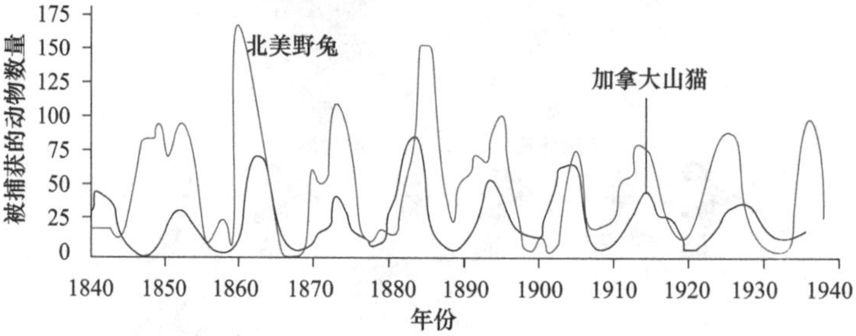


图11.12 捕食者与猎物的数量周期图（Christensen and Leege，2016）

（3）共生关系

物种之间相系依存的关系称为共生。两个互惠物种之间的共生关系为互利共生。例如，豆科植物与根瘤菌之间的共生：植物为细菌提供碳水化合物，细菌为植物提供生长所需的氮（图11.13A）。互利共生的影响往往延伸到整个生物群落。例如，固氮作用为整个生物界提供了不可或缺的氮。只对一个物种有利，对另一物种无影响的共生关系为偏利共生。例如，附生植物兰花、凤梨、苔藓等借助被附生植物的支撑获得更多的光照和空间资源（图11.13B）。共生关系是许多生物群落获得成功的关键，这些关系是物种间协同进化的结果。共生双方的结构或行为往往在一定程度上共同进化。例如，榕属植物与榕小蜂之间的特殊互惠关系（图11.13C）：无花果隐头花序的内卷包裹结构为其花和种子的发育提供了安全防护的同时，也将众多的授粉者拒之门外；但每种无花果都有一种专门的榕小蜂在其花序内生殖和发育，这个过程既完成了无花果的授粉，也实现了榕小蜂的生存与繁殖，达到共生双方物种延续的目的。

图11.13 物种间的共生关系

A．根瘤菌互利共生；B．附生植物的偏利共生；C．榕属植物与榕小蜂互利共生

生物群落中物种的相互作用驱动了自然选择，竞争者之间、捕食者与猎物、共生双方之间的协同进化，导致多种多样的动物、植物和微生物有规律地结合，构成稳定的生态综合

体。生物与生物之间存在着协同进化关系，源于自然的人类与其他生物之间同样也是协同进化的关系，如人类栽植了稻、麦、粟等农作物，驯养了狗、猪、鸡、牛、羊、马等牲畜，多种生物与人类朝夕相处，成为人类生存不可或缺的元素。在人与自然相互作用的过程中，人类在自然界中的位置不断提高，对生物群落的干扰能力和干扰强度越来越大，有时甚至威胁到了群落的稳定。因此，对于人与自然系统的发展与稳定而言，生物与生物之间、人与其他生物之间、人与环境之间的协同进化是非常重要的，是实现人与自然和谐共生的必由之路。

### 11.2.3 生物多样性

通过群落内生物间的相互作用可以看出，群落是动物、植物、微生物有规律结合的稳定生态综合体。在生态结构的各个层次上，各种生物的存在形式与组合的多样性就是生物多样性，可以分别从种群、群落和生态系统三个生态层次上来衡量生物多样性。种群多样性能够通过遗传多样性来度量，是物种内所有生物个体包含的遗传信息之和，即个体间的遗传变异性。例如，人类种群的身高、血型、肤色等特征，遗传多样性体现得尤为明显。基因突变是生物产生新遗传变异的本源；动植物种群中多通过有性繁殖方式进行基因交换与重组，产生不同的基因组合来增加后代间的遗传多样性。种群的遗传多样性提供了自然选择的基础，从而创造了适应环境的进化。遗传多样性是物种多样性和生态系统多样性的基础。

群落层次上的多样性主要是指物种多样性，它是衡量一个地区生物资源丰富程度的一个客观指标，有物种丰富度和物种均匀度两方面的含义。物种丰富度是指区域内物种数目的多寡，而物种均匀度则是指全部物种的个体数目在这个区域分配的均匀程度。多样性指数正是反映物种丰富度和均匀度的一个综合性指标，其计算公式有很多，以常用的辛普森指数（$D$）公式为例：

$$D=1-\sum_{i=1}^{S}P_i^2=1-\sum_{i=1}^{S}\left(\frac{N_i}{N}\right)^2$$

式中，$P_i$为物种$i$的个体数占群落中总个体的比例；$S$为物种的数目；$N_i$为物种$i$的数目；$N$为群落中全部物种的个体数。

辛普森指数越大，物种多样性越高。如图11.14所示，A、B两地均有4个物种的12只蝴蝶，故它们的物种丰富度相同。但B地的均匀度要高于A地，计算所得的辛普森指数也是B地高得多，可见，两地物种多样性差异的主要原因是物种均匀度不同造成的。

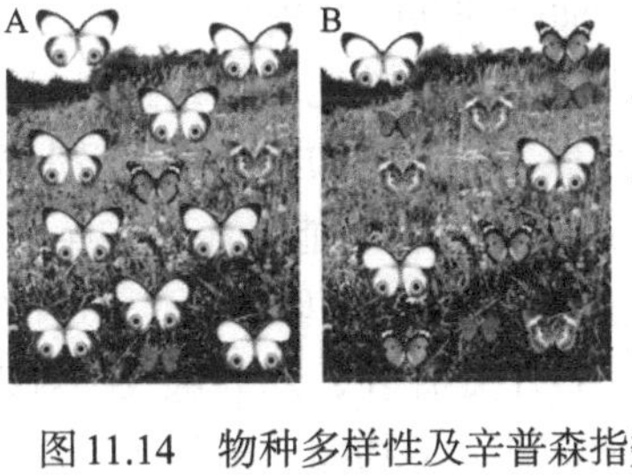


| | 物种1 | 物种2 | 物种3 | 物种4 | 辛普森指数 ($D$) |
|---|---|---|---|---|---|
| A地 | 9 | 1 | 1 | 1 | 0.4267 |
| B地 | 3 | 3 | 3 | 3 | 0.7500 |

图 11.14　物种多样性及辛普森指数计算（Christensen and Leege，2016）

生态系统是所有生物与其周围环境所构成的自然综合体，全部物种均是生态系统的组分。在生态系统中，各物种间相互依赖，彼此制约，如前文所述，生物与其周围环境之间同样存在相互作用。生态系统多样性是指自然界中生物群落、生境和生态过程的丰富程度。受地理位置、气候、地形、土壤等因素的影响，地球上的生态系统是多种多样的。因为气候条件，特别是水热组合决定着地球上植被的分布，并进一步影响着该地区动物和微生物的分布，所以说，气候是支配生态系统多样性的主导因素。例如，热带雨林的植物种类极其丰富，乔木、灌木、草本、藤本及附生植物等多层次相互杂生，且一年四季都有植物在生长发育，这些特点给其中的动物和微生物提供了常年丰富的食物和多种多样的栖息场所，所以，热带雨林也是地球上动物和微生物种类最丰富的地区（图11.15）。与热带雨林相反，荒漠的生态条件极为严酷，其中的植被十分稀疏且种类贫乏，相应的，动物和微生物种类及数量也因该地营养物质的匮乏而比较少。遗传多样性是物种多样性的内在形式，而物种多样性则是构成生态系统多样性的基本单元。因此，遗传多样性和物种多样性是生态系统多样性存在的前提。

图11.15　热带雨林生态系统（左）与荒漠生态系统（右）

生物多样性是维持生态系统稳定的保证。一个生态系统的生物多样性越丰富，它的抗干扰能力就越强。除了呼吸所必需的氧气外，自然界的生物多样性还为人类提供了丰富的食物、药材、水、能源、文化和精神支撑等，因此，生物多样性是人类赖以生存和发展的基础。然而，在人类社会发展的过程中，自然界的生物多样性遭到了严重的破坏。据联合国报告，自工业革命以来，全球渔业资源减少90%，1/3的两栖动物、1/5的哺乳动物和1/4的针叶树种濒临灭绝。因此，保护生物多样性是国际社会面临的共同挑战。

生物多样性保护主要有就地保护和迁地保护两种方式。就地保护是指通过建立自然保护区和各种类型的风景名胜区的方式，对有价值的自然生态系统和野生生物及其栖息地予以保护，以保持生态系统内生物的繁衍与进化，维持系统内的物质能量流动与生态过程。例如，可可西里自然保护区，主要是保护藏羚羊、野牦牛、藏野驴等珍稀野生动植物及其栖息环境。迁地保护也称为易地保护，有些物种因生存条件不复存在，或数量极少难以找到配偶等原因，生存和繁衍受到严重威胁，将它们迁出原地，移入动物园、植物园、水族馆和濒危动物繁殖中心等场所，进行特殊的保护和管理。例如，长江江豚和麋鹿都是迁地保护的受益物种（图11.16）。迁地保护是就地保护的补充。

图11.16　迁地保护成功的长江江豚（左）和麋鹿（右）

## 11.3　生 态 系 统

微课
生态系统的一般特征

### 11.3.1　生态系统的一般特征

生态系统是指在一定区域里的全部生物与非生物通过物质循环和能量流动而形成的生态集合体，全球总的生态系统就是生物圈。受地理位置、气候、地形、土壤等因素的影响，地球上的生态系统呈现多样化，如森林生态系统、草原生态系统、荒漠生态系统、湿地生态系统、海洋生态系统、湖泊生态系统、河流生态系统等。

生态系统由非生物环境和生命系统两大部分组成。非生物环境包括辐射、大气、水体和土体等，这些非生物组分共同构成了生态系统的生命支持系统。例如，太阳辐射是地球生命运动能量的最终来源，是一切地球生命过程的最根本驱动力之一；$O_2$和$CO_2$与生物的光合作用、呼吸作用密切相关；地球上的生命起源于水中，水占生物体60%～95%的重量，细胞内的一切代谢过程都是在水环境中进行的；土壤既是植物生长的最重要基质，又能满足其对水、肥、气、热等的需求，同时也是众多微生物和小动物的栖息场所。

依据生命系统在生态系统中的作用，将其分为生产者、消费者和分解者三大类群：①生产者主要是绿色植物，还有光合细菌、蓝绿藻和化能自养菌等，通过光合作用把水和$CO_2$等无机物质合成碳水化合物等有机物质，并把太阳能转化为化学能，储存在合成的有机物中。它们生产的有机物质不仅为自身的生存、生长等提供了营养物和能量，更为消费者和分解者的生存提供了能量。例如，在海洋中，生产者主要是各种藻类，它们是有机物质的主要制造者。因此，在海洋中，几乎一切生命的生存都依赖藻类。②消费者为异养生物，它们直接或间接地依赖生产者所制造的有机物，主要指那些以其他生物或有机物质为食的动物。按获取营养方式的不同，又可以分为食草动物和食肉动物两大类。此外，还有介于两者之间的杂食动物。寄生者是特殊的消费者。按消费者的营养方式进行分类：所有的食草动物都是一级消费者，如牛、野兔等；以食草动物为食的食肉动物是二级消费者，如狐狸、猫头鹰等，以食肉动物为食的大型食肉动物统称为三级消费者，如豹、鹰等。③分解者同样属于异养生物，主要是细菌、真菌等微生物，还包括某些原生动物和食腐动物，如蟹、蚯蚓和螨虫等。分解者将动植物体的复杂有机物分解为生产者能重新利用的简单化合物，并释放能量。大约90%

的陆地初级生产量都需要分解者将其分解并返回环境，土壤、湖底和海洋底部大量的微生物在分解有机体、维持生态系统的物质循环方面的作用是任何其他生物所不可替代的。如果没有它们，养分就封存在死亡生物和弃置粪便的有机化合物中，不能被后代生物利用，生态系统也会毁灭。

生产者所固定的能量和物质，通过一系列取食和被取食的关系在生态系统中传递，以这种关系排列的生物序列形成了食物链。按照生物与生物之间的关系可将食物链分为捕食食物链、碎屑食物链和寄生食物链。捕食食物链从食草动物吃植物的活体开始，俗话说的“大鱼吃小鱼，小鱼吃虾米”“螳螂捕蝉，黄雀在后”就是典型的捕食食物链类型。碎屑食物链从分解动植物尸体或粪便中的有机物质颗粒开始，如碎叶→蚯蚓→鸫鸟→雀鹰。寄生食物链以大动物为基础，小动物寄生到大动物上形成的食物链，如哺乳动物→跳蚤→原生动物→细菌→病毒。

图11.17　生态系统中的营养级

按生物在食物链中所处的层次，将其分为不同的营养级：一个营养级是指处于食物链某一环节上的所有生物种的总和（图11.17）。例如，作为生产者的绿色植物和所有的自养生物都位于食物链的起点，共同构成第一营养级，所有以生产者为食的动物都属于第二营养级，所有以植食动物为食的动物为第三营养级，较大型的食肉动物构成第四、第五营养级。营养级的数目是有限的，多为4～5级。因为当物质和能量通过食物链由低营养级向高营养级流动时，高一营养级的生物不可能利用低营养级生物的全部能量和有机物，这样，每经过一个营养级，能量总量就会大幅度减少，营养级的位置越高，归属于这个营养级的生物种类和数量就越少，少到一定程度时，就不能再维持另一个营养级生物的生存了。所谓“一山不容二虎”便是这个道理。

由于一种生物常常以多种食物为食，而同一种食物又常常被多种消费者取食，于是，食物链交错形成食物网。一般来说，具有复杂食物网的生态系统，一种生物的消失不至于引起整个生态系统的失调。反之，食物网越简单，生态系统就越容易发生波动或遭受毁灭。例如，地衣是苔原生态系统食物链的基础，大气中二氧化硫含量超标会破坏地衣的生产力，从而给整个生态系统带来毁灭性的灾害。

微课
生态系统的
能量流动

### 11.3.2　生态系统的能量流动

生物有机体的活动，如生长、代谢、繁殖和运动等都需要能量，一切生物所需要的能量归根结底都来自太阳能，绿色植物的光合作用将太阳能转化为储存于有机物分子中的化学能，并沿着食物链依次流动。所以，绿色植物被称为初级生产者，其所固定的太阳能或所制造的有机物质的量就是初级生产量，扣除植物呼吸作用消耗掉的那部分，剩下的可用于植物的生长和生殖的能量就是净初级生产量。净初级生产量是生产者以上各营养级所需能量的唯一来源。

任何一个生态系统中的净初级生产量都可能流失到这个生态系统以外的地方去。例如，有些植物部分不可食用，有些植物长在动物吃不到的地方。总之，对动物来讲，初级生产量或因不可食或因得不到或因动物种群密度低而吃不完等原因，总有相当一部分未被利用，即使是被动物吃进体内的植物，也有一部分通过动物的消化道排出体外。例如，蝗虫只能消化吃进食物的30%，其余70%以粪便的形式排出体外，被食腐动物和分解者利用。在被同化的能量中，有一部分用于动物的呼吸、代谢和生命的维持，这一部分能量最终将以热的形式消耗掉，剩下的用于动物各器官、组织的生长和繁殖新个体的那部分就是次级生产量。因此，次级生产量就是动物和其他异养生物靠消耗植物的初级生产量制造的有机物质或固定的能量。因此，一个动物种群的净生产量等于它从外界摄食的能量，减去呼吸能量，再减去粪尿能量（图11.18）。

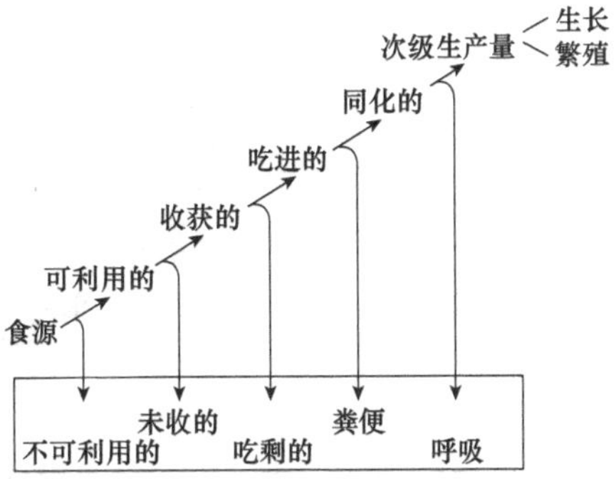

图11.18 次级生产量的生产过程示意

进入生态系统固定在有机物中的能量最后通过分解者的作用，再回归到环境中。能量流经生态系统的整个过程是单向的，逐级递减的。因此，任何一个生态系统都需要不断地从外界获得能量补给。生物圈之所以能够生生不息，正是由于太阳辐射提供了能量。

### 11.3.3 生态系统的物质循环

微课
生态系统的物质循环

生命必需的各种元素最初来源于岩石或地壳。不同于能量流动的单向性，生命元素在生态系统中能被反复利用，即以原子的或分子的、生物的或非生物的形式在生物群落与无机环境中进行循环。在全球范围内，这些物质的运动称为生物地球化学循环（简称生物地化循环）。生物地化循环可分为水循环、气体型循环和沉积型循环三种类型。$CO_2$、$O_2$等气体形式的分子参与的循环就是气体型循环，大气和海洋是其主要贮存库，循环速度较快，时间以小时、天来计。磷、钙等主要通过岩石风化和沉积物分解成为可进入生态系统的营养物质，属于沉积型循环，其贮存库是岩石、土壤和沉积物，循环速度慢，时间以百年、千年计。气体型循环和沉积型循环都受太阳能的驱动，并都依托于水循环。组成生物体的C、H、O、N等元素不断从无机环境到生物群落，又从生物群落到无机环境，进行着往复循环运动。下面介绍几种重要的物质循环实例。

（1）水循环

地球上的大部分水贮存在海洋中，太阳辐射使地球表面的水蒸发进入大气，再以降水形式回到陆地或海洋（图11.19）。当水分通过生物和大气圈时，就参与细胞内的代谢过程，维持关键养分通过生态系统的流动，并负责全球范围内的能量与热量分配。因此，没有水循环就没有生物地化循环，水循环越活跃的地方，生命活动就越活跃。例如，冰川水的周转期为8600年，地下水的周转期为5000年，江河水只有11.4d，植物体内水分的周转期夏季则仅有2～3d。在生物圈中，水的循环平衡是靠世界范围的蒸发和降水来调节的，森林砍伐、农业活动、湿地开发、河流改道、建坝等活动均能影响水循环，从而改变局域的水源。繁茂的森林可截留夏季降雨量的20%～30%，草地可截留5%～13%，可以说“有森林就有水源”。因此，保护森林和草地植被对调节全球水分平衡十分重要。

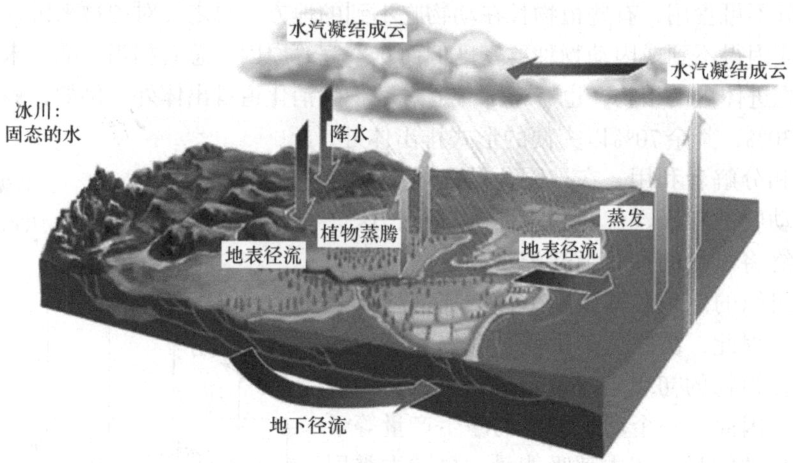


图11.19　全球水循环示意图

（2）碳循环

碳作为有机分子的构件，是生命的基本元素，含碳化合物中的化学能也提供了生命的代谢能。光合作用和呼吸作用是驱动全球碳循环的两个相反过程。从生物进行光合作用吸收$CO_2$开始，气态的$CO_2$转变为较不活跃的有机分子，碳原子被固定在化合物中，通过食物链的传递，在生态系统中进行流动，经呼吸作用和微生物的分解作用，重新释放到大气中（图11.20）。碳循环途径可长可短，如固定在用于呼吸作用的葡萄糖分子中的碳，可能在1h或更短时间内被以$CO_2$的形式呼出来；固定在植物和微生物的遗体沉积于地下以煤、石油等形式存在的碳，只有在燃烧后才能释放出来。在人类近几个世纪的干预之前，化石燃料一直是休眠的碳储存库。人类开采利用煤、石油和天然气等燃料时，把$CO_2$释放到大气圈，或者砍伐大片的森林时，自然界原有的碳循环系统的平衡就不可能继续保持。

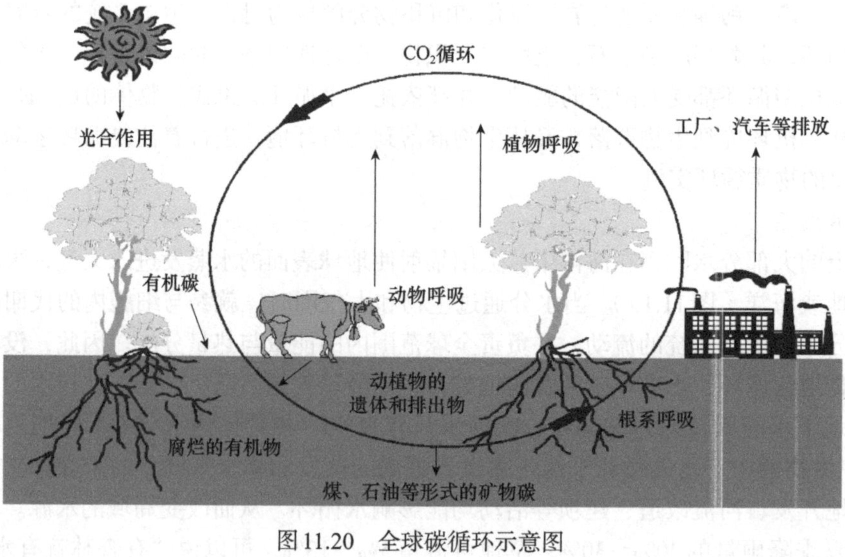


图11.20　全球碳循环示意图

（3）氮循环

蛋白质是生命存在的基础，氮是蛋白质的基本组成成分。虽然大气中有 79% 的氮，但不能被一般生物直接利用。大豆、苜蓿等植物根上的根瘤菌能够将 $N_2$ 转变成硝酸盐或亚硝酸盐，供植物利用；硝化细菌等也能合成能被植物体直接利用的氨或硝酸盐。动植物排泄物或残体中的有机氮被微生物分解为无机氮后可再返回到环境（图 11.21）。人工固氮对养活世界上不断增加的人口做出了重大贡献。使用合成肥料、栽种固氮植物和燃烧化石燃料等人类的活动，均可不同程度地干扰氮循环。

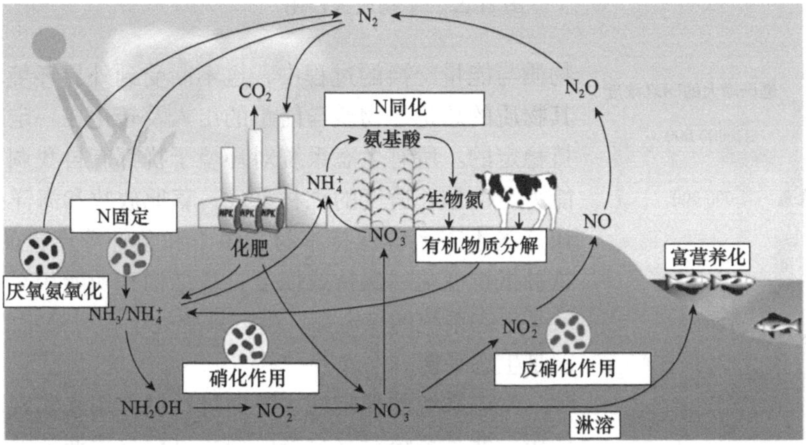


图 11.21　全球氮循环示意图

（4）磷循环

磷是核酸、细胞膜及能量传递系统等的重要组成成分。岩石风化释放出磷酸盐，被植物吸收后，在生物体内主要以有机磷形式沿着食物链传递，再以残体、粪便等形式回归土壤。磷循环通常十分缓慢，完成一次循环需要百万年。磷肥的开发大大加速了磷的使用及其在环境中的运动。

有些物质进入生态系统后，能在一定时间内直接或间接地有害于人或其他生物，故称其为有害物质或污染物。有害物质进入生态系统的途径多样，既有人们直接抛弃到环境中的，也有通过冶炼、加工制造、化学品储运及日常生活、农事操作等过程进入生态系统的。进入生态系统的某些物质，沿食物链移动时，既不被呼吸消耗，又不容易被排泄，而是浓集在有机体的组织中，通过食物链的延长和营养级的增加在生物体内逐级富集，浓度越来越大的现象，就是生物放大作用（图 11.22）。越是位于上层营养级的生物，其体内的有害物质浓度就越高。例如，生物体内的 DDT 浓度能随着食物链的延长扩大百万倍（图 11.23）。

### 11.3.4　生态系统的稳定与维持

微课
生态系统的稳定和调控

在生态系统中，能量流动和物质循环总是相伴发生，物质为能量流动提供载体，能量则是物质循环的动力。生态系统并不具备明显的边界，它是开放的，物质和能量可以从周围环境流入，也可从其中流出。例如，太阳能和雨水可以进入生态系统，而热量和水流也能从其中流出。这些物质和能量的获得与消耗影响着生态系统的功能。生态系统在与外界环境进行

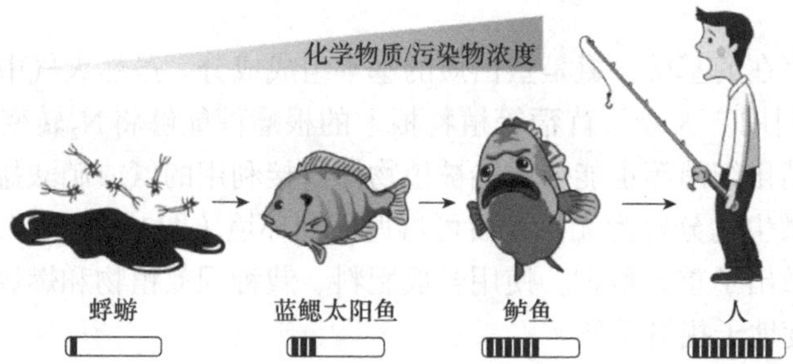


图 11.22　生物放大作用

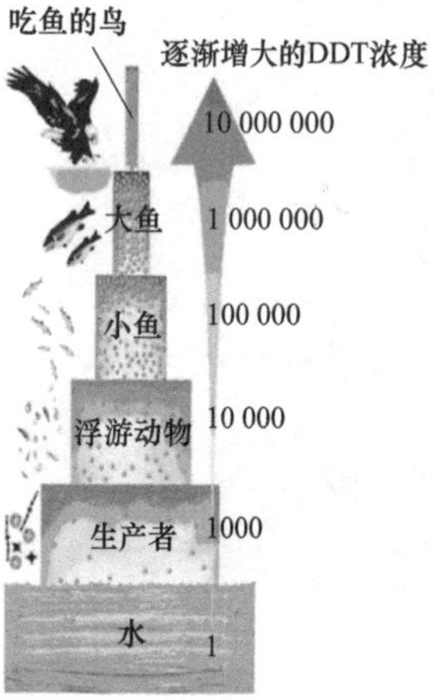


图 11.23　DDT在生物体内富集

物质与能量交换的过程中，也不断受到外界环境的干扰，但其物质的总量、物质与能量的出入及转化在一定时间内是保持稳定的。所有生态系统对环境干扰都有自我调节和修复的能力。例如，适度的森林采伐、草原放牧和海洋捕捞依然能让这些生态系统保持木材、牛羊和鱼虾等产量的相对稳定。这种抵抗变化、保持或恢复自身结构和功能相对稳定的能力就是生态系统的稳定性。生态系统处于相对稳定的一种状态，就是生态平衡。

生态系统的稳定性主要通过反馈作用来实现。所谓反馈作用，就是系统对其自身的变化进行自我调节的能力，有正反馈和负反馈两种方式。自身调节向加强这种变化的方向发展的作用是正反馈。例如，湖泊受到污染后，造成其中的鱼类等生物死亡、数量减少，死亡腐败的生物会进一步加重污染并引起更多的鱼等生物的死亡。如果没有任何措施来阻止这种变化，那么正反馈作用会破坏生态系统的稳定性。负反馈作用则是系统的自我调节向抑制或减弱这种定向变化的方向发展。例如，草原上的野兔数量因为植物繁茂、食物丰富而增加，植物则会因为受到大量野兔的过度啃食而减少，植物数量的减少又反过来抑制野兔的数量（图11.24）。负反馈机制使生态系统趋于稳定。在自然生态系统中，长期的反馈联系促进了生物的协同进化，产生了诸如致病力-抗病性、大型凶猛的进攻型-小型灵活的防御型等相关性状。这些结构形式表现出来的长期反馈效应对自然生态系统形成一种受控的稳态有很大作用。反馈作用还能使系统的抗干扰能力、应变能力大大增强。

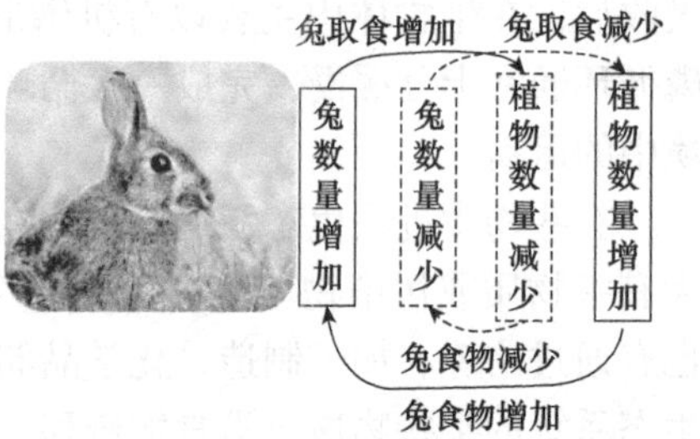


图 11.24　负反馈机制使生态系统趋于稳定

生态系统的稳定性来源于物种多样性及其相互关系的复杂性，这种多样性和复杂性为生态系统中物质与能量的流动提供了多种途径。生物多样性越高，食物网越复杂，生态系统抵抗干扰的能力也就越强。相反，食物网越简单，生态系统就越容易发生波动、受到破坏。例如，相对于物种丰富、结构复杂的热带雨林，极地苔原的稳定性就低得多，在遭到过度放牧、火灾等干扰后，恢复的时间也十分漫长。可见，会降低生物多样性的人类活动就会降低生态系统的稳定性，因此，保持生物多样性是维持生态系统稳定性的重要条件。

生态系统的自我调节能力是有一定限度的，超出此限度，自我调控机制就会降低或消失，相对平衡遭到破坏，引起生态平衡的失调，甚至生态危机。造成生态平衡失调的原因主要有自然因素和人为因素。台风、暴雨、地震、泥石流、火灾等自然因素都带有很强烈的突发性的破坏作用。例如，2019年澳大利亚的一场持续了210d的大火，过火林地面积超过1000万$hm^2$，近10亿只野生动物在火灾中丧生（图11.25）。采矿和化石燃料燃烧等人类活动加速了许多元素从岩石圈到生物圈的通量，人类对土地利用类型的改变以及合成化肥的使用同样改变了生物圈中营养元素的通量和库，这些改变直接影响了自然生态系统的稳定性。人为因素常能导致自然因素对生态系统干扰作用的强化。例如，人类活动排放的温室气体可造成全球气候变暖，并进一步导致暴雨、干旱、龙卷风等全球极端气候的增加。生态平衡是生物圈作为正常的生命维持系统的重要条件，也是人类赖以生存的基础。生态系统的空间与资源是有限的，其自我调节能力也是有限的，这就需要人类根据生态学原理，维持生态系统结构与功能的稳定，实现人类社会和自然环境的和谐发展。

图11.25　生态平衡遭到破坏

## 11.4　人与自然和谐发展

微课
生态平衡及其维护

自然生态环境是人类赖以生存发展的土壤，也是人类幸福美好生活不可或缺的前提。目前世界人口总数超过80亿，庞大的人口从环境中获取各种资源，并将大量的废物排到环境中，人类活动引发的诸如环境污染、生态失衡、极端气候和重大自然灾害等一系列问题，对生物圈产生的巨大冲击有目共睹，如何保护和管理好各类生态系统及生物圈，实现人与自然和谐共生是生态学家乃至整个人类社会面临的重要课题。

### 11.4.1 全球变暖

全球变暖是指地球表层大气、土壤、水体及植被温度年际间缓慢上升的现象。自1800年以来，地球温度上升了1～2℃，且过去40年中，这种变暖的趋势尤为明显（图11.26）。大气中的$CO_2$、$CH_4$、$N_2O$等对长波辐射有强烈吸收作用，它们浓度变化引起的全球变暖就是温室效应，这类气体也被称为温室气体。

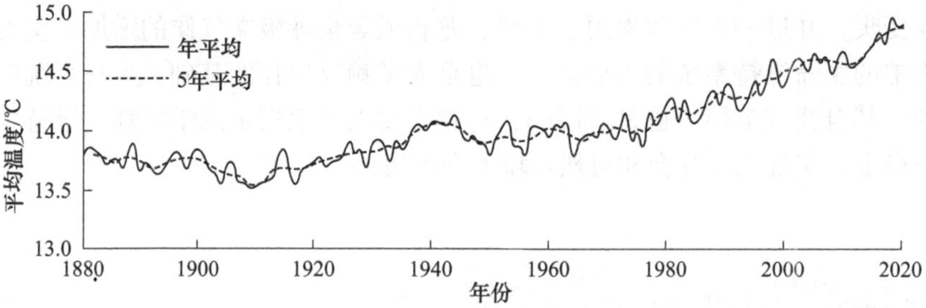


图11.26 全球气候正在变暖

人类活动直接或间接地造成了当前的全球变暖现状。$CO_2$是碳元素在大气、海洋和生物中进行循环的主要载体。人类活动如化石燃料的大规模使用、森林的大面积砍伐等均向大气中排放了大量的$CO_2$，导致滞留在大气层中$CO_2$增多，这打破了大气层中$CO_2$浓度的平衡。自工业革命以来，大气中的$CO_2$浓度从1750年的280ppm[①]变到了目前的370ppm。科学家预计，按照当前的速度增长，到2100年，大气中$CO_2$的浓度将可能增到550ppm。大气$CO_2$浓度与全球温度保持了较好的一致性（图11.27），因此，对碳循环造成重大影响的人类活动，很大程度上是当代气候变化的重要原因。除$CO_2$以外，科学家还发现其他温室气体的浓度变化也有与$CO_2$相似的趋势。例如，工业和农业释放了大量的$CH_4$和$N_2O$，它们在大气中的浓

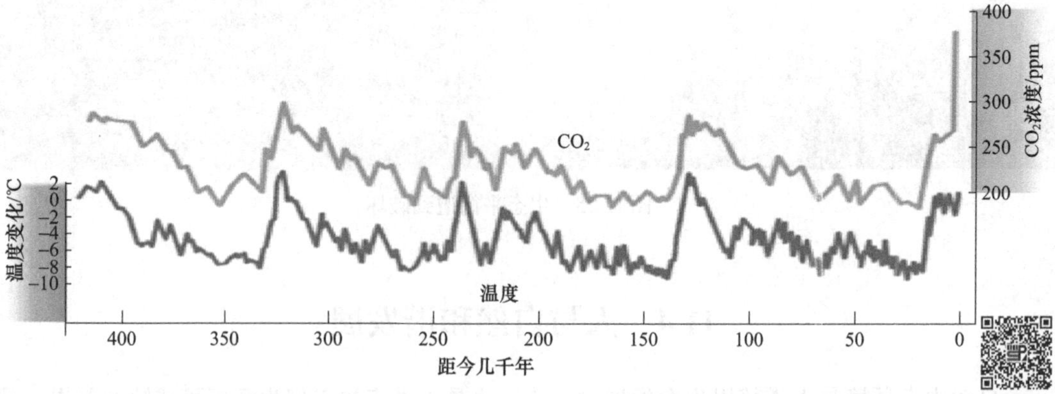


图11.27 全球温度与大气$CO_2$浓度变化情况（https://www.feedbackreigns.net） 彩图

① ppm．百万分之一

度较工业革命以前分别增加了151%和17%，对全球变暖同样负有重要责任。可见，人类活动是造成近代地表温度明显上升的主导因素。

变暖的气候正在影响着整个生态系统，给地球环境带来不可逆的变化。全球变暖对地球最直接的影响就是冰川融化，海平面上升。地球上超过80%的冰川正在消融，海冰的减少导致北极熊的数量减少30%；消融的冰川水及热膨胀增加了海水水量，过去的50年，海平面以每年1.8mm的速度上升，并且上升速度最近已加快到每年3mm。海平面上升已经对地势较低的沿海城市造成侵蚀和盐碱化的影响。全球气温升高还会使湿润区与干旱区重新配置，导致气候带北移和旱涝灾害频发，如南北美洲、亚洲和欧洲的大部分地区降水明显增多，而非洲撒哈拉以南、地中海和北美西部地区却变得更加干旱。全球变暖对动植物的分布模式和生物多样性也产生了明显的影响。研究发现，气候变化正在导致北方乔木和灌木向北极和高山苔原扩张，荒凉的北极苔原开始变绿，由苔藓、地衣和浆果植物等构成的北极苔原正在逐步让位于灌木丛和北方森林（图11.28）。此外，一些脊椎动物的繁殖能力和爬行动物的性比也会受到气候变暖的影响。例如，鳄鱼的性别是由卵孵化过程的温度决定的，温度越高，雄性幼崽的比例就越多。

图11.28　正在变绿的北极苔原

全球变暖是人类活动使得环境长期定向变化的一个典型结果。即使大气中温室气体的浓度保持当前这个水平，进一步的变暖仍是不可避免的。因此，人类的农业、水资源管理、海岸管理、工业和公众健康等许多活动都需要适应这些变化。例如，选用抗旱品种、使用高效灌溉技术和将海水转化为淡水的技术等来应对环境的进一步干旱。《京都议定书》的签订标志着在世界范围内温室气体减排的共识已达成。许多国家都在努力减少温室气体的排放，并且制定了一系列相应的政策与措施。

### 11.4.2　资源问题

资源是指一定时间、一定空间条件下能产生经济价值以提高人类当前及将来福祉的自然环境因素和条件。人类对资源的需求包括住所、食物、能源及废物处理处置需要的土地等，自然界中凡是能提供人类生活和生产需要的任何形式的物质，均可称为自然资源，它是人类生存的基础。有史以来，人类通过改造生态系统来增加所需资源的供给。虽然全球人口近年来以指数形式增长，但人类赖以生存的资源却不以这种方式增加。

（1）土地资源与粮食安全

土地是人类赖以生存最基本的资源，属于可更新资源，在土壤中生存的各种生物可以不断地生长、发育、繁殖和死亡，土壤中的水分和养分也不断地消耗和补充，经常处于动态平衡之中。然而，土地也是最容易出现管理问题的资源。人类过度使用化肥农药、过度毁林造田、过度放牧等活动，都会给土地资源造成极大破坏，影响农业生产和生态平衡。人口的过快增长引起的土地资源短缺的状况也日益严重。据联合国粮食及农业组织统计，1965～2015年，全球耕地面积总量变化不大，但人口的急剧增加造成了人均耕地面积的大幅度下降（图11.29）。民以食为天，迄今为止，谷物仍然是人类最重要的膳食热能来源，它提供了全球所需热量的50%。因此，粮食安全是事关人类生存发展的根本性问题。毋庸置疑，粮食问题已然成为全世界面临着的前所未有的挑战。全球气候变化带来的极端干旱和洪水、降雨模式改变等对农业的影响远超过其他任何产业，已经显著影响到世界各地农作物的产量，导致农业生产的不确定性增加。另外，人口和耕地资源在全球的分布不均，而粮食具有生产集中、消费分散的特点，使得贸易也成为保障粮食安全的重要因素。

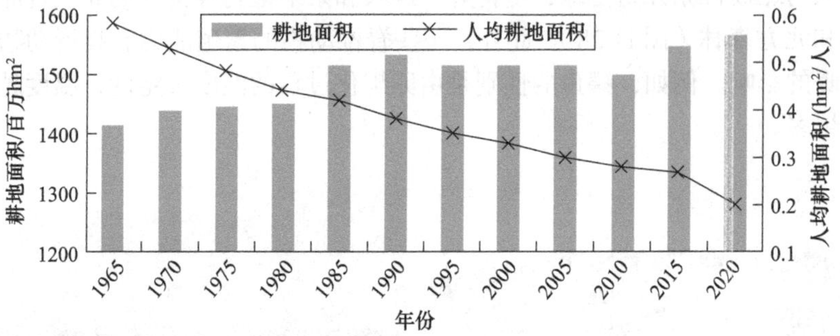

图11.29 全球人均耕地面积

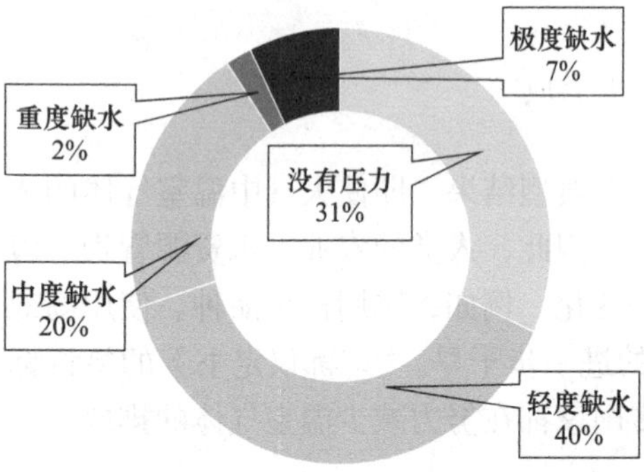

图11.30 世界人均水资源压力人口分布情况

（2）水资源

尽管地球表面约70%被水覆盖，但仅有不超过3%的是淡水资源，而能被人类直接利用的淡水资源不到淡水总量的0.3%，可见地球上的淡水资源是非常宝贵的。人口的快速增长同样意味着人均水资源的日益减少。根据联合国粮食及农业组织统计，目前，全球范围内近10%的人口生活在重度缺水或极度缺水的国家（图11.30），40%以上的人口面临水资源短缺的问题。中国的水资源总量居世界第6位，但由于人口基数大，人均水资源仅为世界人均占有量的1/4，因此，中国也面临着十分严峻的水资源问题。

（3）森林资源

森林是全球碳循环的一个非常重要的环节。森林覆盖率是气候健康的一项重要指标。全球森林面积40.6亿hm²，约占总陆地面积的30%，人均森林面积达到约0.52hm²。森林在全球的分布并不均匀。世界上一半以上的森林分布在俄罗斯、巴西、加拿大、美国和中国5个国家（图11.31）。自1990年以来，全球已有1.78亿hm²的森林面积因砍伐而消失。全球森林面积损失率在1990～2020年的三个10年间依次为7.8%、5.2%、4.7%（图11.31），可见森林净损失率在大幅下降。损失率减少的主要原因是人类减少森林砍伐和增加植树造林以及森林的自然扩张。将森林转变为农田、牧场、厂房或城市等其他非自然的土地，将导致森林中的大部分生物碳释放到大气中；同时，森林土壤中的大量有机碳也将被排放出来。因此，保护森林和植树造林同样是应对气候变化的重要举措。目前，中国的森林覆盖率超过24%。在过去20年间，中国植被增加量至少占到全球植被增加量的25%，而中国对全球绿化贡献的42%源于植树造林。

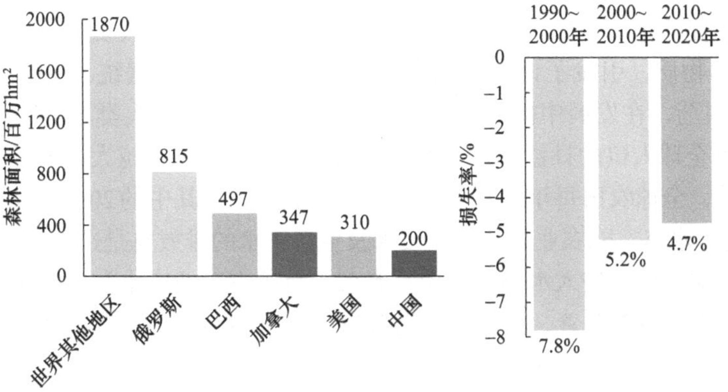


图 11.31　全球森林面积概况

（4）能源

能源是人类赖以生存和发展的基础。世界上绝大多数能源为石油、煤炭和天然气等不可再生能源。自工业革命以来，人类使用的能源更多地来自化石燃料，它满足了当前世界上80%以上的能源需求（图11.32）。全球人口的过快增长增加了能源的消耗。随着世界工业和科技的发展，世界各国对于能源的过度消耗现象也越来越严重。世界上的石油储量是由数百万年地质过程的产物，如今人类开发石油的速度大约是其再生速度的100万倍，这些不可再生的能源资源终将枯竭。同时，化石燃料的开采和燃烧是损害环境与污染空气的主要原因。大力发展水能、风能、太阳能、生物质能等可再生新型能源是当今世界控制能源过度利用的重要途径。

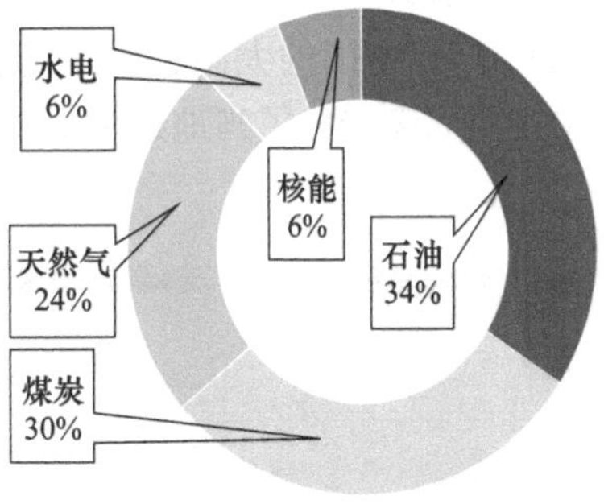


图 11.32　2020年全球能源消费结构占比

## 11.4.3　环境问题

地球环境由一切决定生物生长和生存的物理、化学及生物因素构成。几个世纪以来，人类为了自身的生存和发展不断向周围环境获取物质和能量，逐渐成为地球环境最主要的促变因素，人类的活动正在导致全球变暖、生物生境的破坏和缩减等，给全球生态环境带来了巨大的挑战。

人口的增长和城市化的推进降低了许多地区的空气质量。世界卫生组织的数据显示，2019年全球99%的人口生活在空气污染严重的地区。大气污染物有颗粒物（PM）、$O_3$、$NO_2$、$SO_2$和CO等180多种，这些污染物可能来自车辆、发电、农业/废物焚烧、工业，以及以木材或煤炭等为燃料进行烹饪的过程。从笼罩在城市上空的烟雾到室内的烟雾，空气污染对健康和气候构成了重大威胁。长期暴露于污染的空气中，会增加患呼吸系统疾病、高血压、糖尿病、中风和心脏病等疾病的风险。据世界卫生组织估计，全球每年有700万人因空气污染而过早死亡，这些过早死亡的人中，约89%发生在低收入和中等收入的国家。通过支持更清洁的发电方式和工业、使用更清洁的家庭能源和交通工具、完善城市废弃物管理等政策、措施和投资，可以有效减少环境空气污染的主要来源。

世界人口的增长和工业化的发展同样加剧了水和土地等环境的污染。当前化肥、农药、除草剂的使用在提高作物产量、增加世界粮食供应方面做出了巨大贡献，但同时也向环境中排放了大量化学物质，引发了许多食品安全和环境污染问题。据统计，全球每年向环境喷洒460万t化学农药，在发展中国家，农药对非目标物种（包括人类）的经济影响每年约为80亿美元。随着全球人口的日益增长，农田持续增产的需求越来越大，氮肥的使用量也呈增加趋势，据统计，全球农田每年向农田施用约1.2亿t氮肥，其中的20%最终在土壤和生物量中累积，35%进入水体。除农业外，工业废水及生活污水的排放也是造成水污染的重要原因。据估计，由于人类活动而进入水体中的磷，有62%是来自工业废水和生活污水。尽管废水处理技术和管理水平在不断改善，但全世界仍有1/3的人口无法享有干净的水资源。

氮肥的过度使用和污水的排放，使得水体中氮、磷等植物营养物质含量过多而引起的水污染，这种现象称为富营养化。当水体出现富营养化时，藻类大量繁殖，水中的溶氧量急剧下降，水质恶化，造成鱼类及其他生物大量死亡。藻类的大量繁殖往往使水体呈现不同的颜色，此现象在江河湖泊等淡水水体中出现时称为“水华”，在海水中出现称为“赤潮”（图11.33）。中国的太湖、洪泽湖、滇池、洱海等都曾出现过水华现象，日本北海道在2021年出现的赤潮造成了当地近9成海胆死亡。

彩图

图11.33 水华（左）和赤潮（右）

有些化学物质不易被自然过程分解，对许多生物体都是有害的。例如，钢铁冶炼，造纸、除草剂生产、垃圾焚烧、汽车尾气的排放等过程，都会向环境中排放大量的二噁英，这是一种能通过食物链富集的、具有较强生物毒性的有机化合物。近些年，随着技术的进步和标准的提高，生活垃圾焚烧等过程的二噁英的排放量大幅度下降，如欧盟2015年二噁英的排放量比1990年减少了99.99%。尽管排放量大幅度降低，但由于其分解速度非常缓慢，所以当前依然有较高浓度的二噁英残留在损害着许多生态系统的功能。

人类已逐渐开始意识到有些活动所带来的环境污染问题，并且已经为控制污染、保护环境进行了卓有成效的努力。1972年，联合国在斯德哥尔摩的人类环境会议上提出了保护环境口号——“只有一个地球”，发表《联合国人类环境会议宣言》，并将每年的6月5日确立为世界环境日。世界环境日是联合国鼓励全世界对环境的认识和行动的主要工具。1992年联合国在里约召开的环境与发展大会中通过了《地球宪章》《21世纪议程》，签署了《气候变化框架公约》。

中国政府积极参与国际环境保护合作，相继颁布了《大气污染防治法》《水污染防治法》《环境保护法》等一系列法律、法规。针对大气污染，中国加强了对燃煤、工业、机动车船、扬尘、农业等方面的综合防治，并取得了积极的成效。从2015～2022年，全国空气质量优和良的天数占比增加了12.8%，重度及以上污染天数的比例则下降了71.9%（图11.34）。主要大气污染物排放总量显著减少，PM2.5（直径小于等于2.5μm的颗粒物）浓度下降了57%。

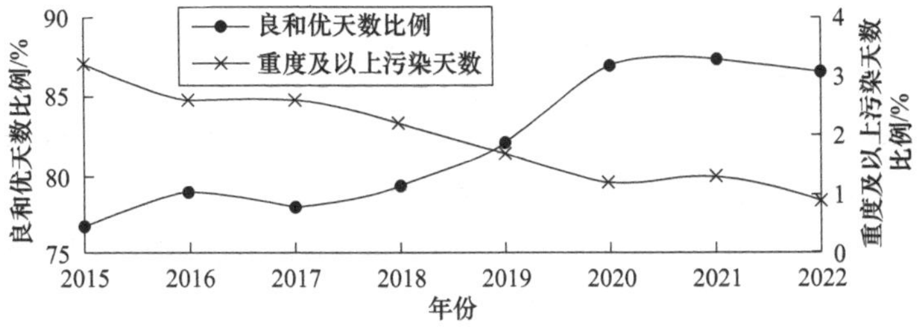


图11.34 2015～2022年中国空气质量情况

### 11.4.4 可持续发展

地球是一个总的生态系统，任何一个区域的生态失衡，都可能会成为全球性的问题。人类社会发展所引起的气候变化、资源紧张及环境污染等问题，使得我们认识到，可持续发展之路是人类的必然选择。1987年世界环境与发展委员会在《我们共同的未来》报告中第一次阐述了可持续发展的概念：既满足当代人的需求，又不损害后代人满足其需求的能力。1992年联合国在《21世纪议程》中，将可持续发展由理论变成了各国人民的行动纲领。可持续发展概念一经提出，作为世界上最大发展中国家的中国就敏锐地认识到，在人口众多、人均资源少、生态环境脆弱的中国，实施可持续发展是适合国情的正确选择。1994年，中国率先制定了《中国21世纪人口、环境与发展白皮书》，作为指导国民经济和社会发展的纲领性文件，从此拉开了中国可持续发展的实践序幕。2003年，中国制订了进一步推进可持续发展进程的《中国21世纪初可持续发展行动纲要》，该纲要指出，中国21世纪初可持续发展的总体目标是：可持续发展能力不断增强，经济结构调整取得显著成效，人口总量得到有效控制，生态环境明显改善，资源利用率显著提高，促进人与自然的和谐，推动整个社会走上生产发展、生活富裕、生态良好的文明发展道路。截至2020年底，中国在《2030年可持续发展议程》的多个可持续发展目标上取得了积极进展：历史性地解决了绝对贫困问题，全面建成小康社会；经济和人民生活水平稳步提高；生态环境总体优化，绿色低碳转型稳步推进。

人类只有一个地球，一个世界，作为一个命运共同体，世界各国及各个地区的人们应当携起手来，一起行动，维持地球生态整体平衡，使其能够持续维持人类良好的生活，实现人与自然的和谐共生。因此，我们每一个人都是可持续发展的实践者和推动者，积极行动起来，促进人与自然双向奔赴、和谐共生。

课程思政

## “双碳”目标与废旧物资循环利用

“双碳”目标：碳达峰（二氧化碳排放量由增转降的历史拐点）与碳中和（二氧化碳排放量正负抵消，达到相对零排放）。

1997年12月，《京都议定书》首次以国际性法规的形式量化减少温室气体排放的指标和减少排放的承诺，没有规定包括中国在内的发展中国家的具体减排义务。

中国于1998年5月签署并于2002年8月核准《京都议定书》。

2020年12月中央经济工作会议将“碳达峰”列为2021年八大工作重点之一，2021年3月将“碳达峰”和“碳中和”写入“十四五”规划，制定了实现“双碳”目标的具体策略，环保和可持续发展成为中国未来发展的重点。

2021年7月，中国发布《“十四五”循环经济发展规划》，2022年1月发布《关于加快废旧物资循环利用体系建设的指导意见》，保障国家资源安全，建立健全绿色低碳循环发展经济体系，推动中国实现“碳达峰”和“碳中和”目标。

气候异常、资源紧张是全人类必须共同面对的系统问题，共商共议、人人参与，助力中国实现“双碳”目标，最终实现人类与自然的和谐共生。

# 主要参考文献


高崇明．2013．生命科学导论．3 版．北京：高等教育出版社

靳德明．2017．现代生物学基础．3 版．北京：高等教育出版社

李博．张大勇．王德华．2016．生态学：从个体到生态系统．4 版．北京：高等教育出版社

牛翠娟．娄安如．孙儒泳．2015．基础生态学．3 版．北京：高等教育出版社

王冬梅，吕淑霞．2017．生物化学．2 版．北京：科学出版社

吴相钰．陈守良．葛明德．2014．陈阅增普通生物学．4 版．北京：高等教育出版社

翟中和．王喜忠．丁明孝．2011．细胞生物学．4 版．北京：高等教育出版社

张惟杰．2016．生命科学导论．3 版．北京：高等教育出版社

Adams DC, Glynne E, Kaliontzopoulou A. 2020. Interspecific allometry for sexual shape dimorphism: macroevolution of multivariate sexual phenotypes with application to Rensch's rule. Evolution, 74 (9): 1908-1922

Alberts B. 2014. Molecular Biology of The Cell. New York: Garland Science

Asbury CL. 2017. Anaphase a: disassembling microtubules move chromosomes toward spindle poles. Biology, 6 (1): 15

Barrangou R, Horvath P. 2012. CRISPR: new horizons in phage resistance and strain identification. Annual Review of Food Science, 3: 143-162

Christensen N, Leege L. 2016. The Environment and You. 2nd ed. London: Pearson

Cleal K, Norris K, Baird D. 2018. Telomere length dynamics and the evolution of cancer genome architecture. International Journal of Molecular Sciences, 19(2): 482

Dong M, Wang X, Chen X, et al. 2020. 3D-printed soft magnetoelectric microswimmers for delivery and differentiation of neuron-like cells. Advanced Functional Materials, 30(17): 1-7

Eid J. 2009. Real-time DNA sequencing from single polymerase molecules. Science, 323(5910): 133-138

Feng L, Zhang Y, Xi J, et al. 2008. Petal effect? a superhydrophobic state with high adhesive force. Langmuir, 24(8): 4114-4119

Feng L, Li SH, Li Y, et al. 2010. Super-hydrophobic surfaces: from natural to artificial. Advanced Materials, 14 (24): 1857-1860

Foltz DR, Stukenberg PT. 2012. A new histone at the centromere? Cell, 148: 394-396

Ford EB. 1975. Ecological Genetics. London: Chapman and Hall

Gaj T, Gersbach CA, Barbas CF. 2013. ZFN, TALEN, and CRISPR/CAS-based methods for genome engineering. Trends in Biotechnology, 31 (7): 397-405

Gao H, Wang X, Yao H, et al.2005. Mechanics of hierarchical adhesion structures of geckos. Mechanics of Materials, 37: 275-285

Gao X, Jiang L. 2004. Water-repellent legs of water striders.Nature, 432: 36

Gaspar P, Almudi I, Nunes MDS, et al. 2019. Human eye conditions: insights from the fly eye. Human Genetic, 138(8-9): 973-991

Guo D, Xie GX, Luo JB. 2014. Mechanical properties of nanoparticles: basics and applications. Journal of Physics D-Applied Physics, 47: 25

Hillis DM, Heller CH, Hacker SD, et al. 2020. Life: The Science of Biology. 12th ed. Oxford: Oxford University Press

Itzstein MV. 2008. The war against influenza: discovery and development of sialidase inhibitors. Nature Biotechnology, (1): 26

Jyotaki M, Shigemura N, Ninomiya Y. 2010. Modulation of sweet taste sensitivity by orexigenic and anorexigenic factors. Endocrine Journal, 57(6): 467-475

Kang HW, Lee SJ, Ko IK, et al. 2016. A 3D bioprinting system to produce human-scale tissue constructs with structural integrity. Nature Biotechnology, 34(3): 312-319

Kim YC, Park JH, Prausnitz MR. 2012. Microneedles for drug and vaccine delivery. Advanced Drug Delivery Reviews, 64(14): 1547-1568

Kobayashi Y, Habara M, Ikezazki H, et al. 2010. Advanced taste sensors based on artificial lipids with global selectivity to basic taste qualities and high correlation to sensory scores. Sensors, 10(4): 3411-3443

Koch K, Bhushan B, Barthlott W. 2009. Multifunctional surface structures of plants: an inspiration for biomimetics. Progress in Materials Science, 54(2): 137-178

Lawrence PA. 1992. The Making of a Fly: The Genetics of Animal Design. Oxford: Blackwell Scientific Publications

Mader SS. 2008. Biology. 8th ed. London: Pearson

Medintz IL, Uyeda HT, Goldman ER, et al. 2005. Quantum dot bioconjugates for imaging, label and sensing. Nature Materials, 4(6):

435-446

Meyers MA, Lin AYM, Seki Y, et al. 2006. Structural biological composites: an overview. Journal of Management, 58: 35-41

Molles MC. 2015. Ecology Concepts and Applications.7th ed. New York: McGraw-Hill Education

Moran LA, Horton RA, Scrimgeour G. 2012. Principles of Biochemistry. 5th ed. London: Pearson

Mundy GR. 2002. Metastasis to bone: causes, consequences and therapeutic opportunities. Nature Reviews Cancer, 2(8): 584-593

Nester EW. 2009. Microbiology: A Human Perspective. 6th ed. Burr Ridge: McGraw-Hill Higher

Newton AC. 2008. Spatiotemporal dynamics of lipid second messenger signaling. The FASEB Journal, 22(S1): 412.2

Noble GT, Stefanick JF, Ashley JD, et al. 2014. Ligand-targeted liposome design: challenges and fundamental considerations. Trends in Biotechnology, 32(1): 32-45

Parker AR, Lawrence CR. 2001. Water capture by a desert beetle. Nature, 414: 33-34

Punjabia PB, Chauhanb NPS, Jangida NK, et al. 2015. Conducting Polymers: Biodegradable Tissue Engineering. New York: Taylor and Francis

Qiu H, Guo W. 2012. Detecting ssdna at single-nucleotide resolution by sub-2-nanometer pore in monoatomic graphene: a molecular dynamics study. Applied Physics Letters, 100(8): 1146

Reece JB, Urry LA, Wasserman SA, et al. 2014. Campbell Biology. 10th ed. London: Pearson

Russell PJ, Wolfe SL, Hertz PE, et al. 2021. Biology: The Dynamic Science. 5th ed. Farmington Hills: Cengage Learning

Saito A. 2012. Corrigendum: material design and structural color inspired by biomimetic approach. Science & Technology of Advanced Materials, 12: 064709

Salzburger W. 2018. Understanding explosive diversification through cichlid fish genomics. Nature Review Genetics, 19: 705-717

Sateesh MK. 2014. Innovation, Future and Sustainable Approach in Modern Biotechnology. Bangalore: National Conference on 'Sustenance of Business, Environmental, Linguistic and Techno Scientific Resources'

Schliwa M, Woehlke G. 2003. Molecular motors. Nature, 422(6933): 759-765

Shao J, Xuan M, Zhang H, et al. 2017. Chemotaxis-guided hybrid neutrophil micromotors for targeted drug transport. Angew Chem Int Ed Engl, 56(42): 12935-12939

Sharma D, Khulbe RK, Pal RS, et al. 2021. Wild progenitor and landraces led genetic gain in the modern-day maize (Zea mays L.). DOI: 10.5772/intechopen.96865

Shendure J, Ji H. 2008. Next-generation DNA sequencing. Nature Biotechnology, 26: 1135-1145

Shi X, He D, Tang G, et al. 2018. Fabrication and characterization of a folic acid-bound 5-fluorouracil loaded quantum dot system for hepatocellular carcinoma targeted therapy. RSC Adv, 8(35): 19868-19878

Taylor M, Simon E, Dickey J, et al. 2016. Campbell Biology: Concepts & Connections. 9th ed. London: Pearson

Tonelli FM, Goulart VAM, Gomes KN, et al. 2015. Graphene-based nanomaterials: biological and medical applications and toxicity. Nanomedicine, 10(15): 2423-2450

Turner DJ. 2011. Next-generation DNA Sequencing Technologies. New York: John Wiley & Sons, Ltd

Urry LA, Cain ML, Wassermans SA, et al. 2016.Campbell Biology.11th ed. London: Pearson

Wahl D, Solon-Biet SM, Wang QP, et al. 2018. Comparing the effects of low-protein and high-carbohydrate diets and caloric restriction on brain aging in mice. Cell Rep, 25(8): 2234-2243

World Health Organization. 2004. The WHO cross-national study of health behavior in school-aged children from 35 countries: Findings from 2001-2002. Journal of School Health, 74(6): 204-206

Xu XH, Xin L, Zhou N,et al. 2011. Label-free fluorescent detection of protein kinase activity based on the aggregation behavior of unmodified quantum dots. Analytical Chemistry, 83(1): 52-59

Ziglio E, Currie C, Rasmussen VB. 2004. The WHO cross-national study of health behavior in school aged children from 35 countries: findings from 2001-2002. J School Health, 74(6): 204-206